Compact

現代人の国際社会学・入門

トランスナショナリズムという視点

西原和久・樽本英樹［編］

有斐閣コンパクト
YUHIKAKU COMPACT

はしがき

国際社会学はおもしろい。そのおもしろさは，世界で起きていることをよく理解できるからだけではない。いまや世界が，私たち一人ひとりの日常生活とも深く関係し，その人の人生とも密接につながっているということ，このことを国際社会学は教えてくれるからでもある。

私たちは，世界が自分の生活や生き方とも大いに関係する時代を生きている。食糧，衣服，家具からインターネットを活用したコミュニケーションに至るまで，いまや世界と関わることなしに，私たちが生きることは難しい。自分の人生設計・生き方も，世界をつねに視野に入れて考えることが不可避となっている。かつて社会学者ウルリッヒ・ベックは，「個々人の人生はすでに世界社会に対して開かれて」おり，「個々人の人生の一部である」と述べていた（『危険社会——新しい近代への道』）。

しかし，国際社会学においてさえも，グローバル化する世界の様子を特定地域に偏らずに概観する本は，残念ながらこれまであまり存在しなかった。あるいは，存在したとしても，欧米先進国の視点からの論述，あるいは特定地域のエリア・スタディの形での論述が多かったように思われる。

また，国際社会学も社会学であるから——本書のなかですぐに論じられるが——，社会学独自の視点が存在する。それは企業活動中心の国際経済学や国家の覇権をめぐる国際政治学の視点ではない。社会学は，まさに日常生活を営む人々の行為に関心があり，人々の社会的行為のあり方を問う視点に特徴がある。そしていま，グローバル化する世界において社会学が着目するのが，人々が国境を越えて移動し，交流し，ときには反目・対立しつつ，共存・共生する姿である。それは一言でいえば，「トランスナショナル」な事態である。日本を例にとれば，かつての経済目的の移民や現在の外国人労働者や難民といった現象だけではなく，留学，海外就業（駐在），国際結婚，NGO 活動，さらには海外旅行もまた，身近にあるトランスナショナルな出来事である。

本書の最大の特色は，人々の「トランスナショナル」な実践に焦点を当てている点にある。要するに，本書はグローバル化する現代世界を社会学の視点から読み解く入門書であり，特に，社会学のなかでも最近注目されている「国際社会学」という立ち位置から，「トランスナショナリズム」に焦点を合わせる点に特徴がある。

以上を踏まえていえば，本書のユニークさは次の 3 点にまとめられるだろう。①単なるエリア・スタディーズ（地域研究）ではない「グローカルな視点」（グローカル＝グローバル＋ローカル）を採用して世界の各地域を論じ，②その際は特に，日本やアジア，そして南半球（発展途上の地域が目立つ）の動向も重視して，欧米偏重にならないように努め，③そして何よりも，日常の人々の「トランスナショナルな移動・交流・共生」の諸相を描く点にある。こうした点から検討を始めて，最終的には，未来に向けた社会のあり方を読者とともに考えられるようにすること，それが最終的な狙いの一つである。

各執筆者には，日本との関係も視野に入れて，トランスナショナルに移動する人々の過去と現在に論及するようにお願いした。目次をみるとすぐわかるように，取り上げたのは，日中韓などの北東アジア，東南アジア・南アジアからイスラームの世界，そして北米とヨーロッパ，最後に南米とアフリカ，オセアニアといった，いわば「南」の世界である。編者としては，そこから学んだことをもとに，読者自身が未来の新たな社会形成をも展望できるようになることを心から望んでいる。そのためにも，国際社会学やトランスナショナリズムの解説を含む第Ⅰ部と，未来を展望する手がかりの一つとして，今後の可能性を論じる終章を設けた。

大学などで学ぶ学生だけでなく，一般の読者の方々も想定して，なるべくわかりやすく論じたつもりである。本書が，授業やゼミだけでなく，読書会や勉強会などでも活用されて，さまざまに議論のやり取りをする題材を提供できれば，望外の喜びである。

さあ，読者のみなさん，国際社会学の視点から，トランスナショナルな「世界一周旅行」に旅立ってみましょう。

最後になりましたが，有斐閣編集部の四竈佑介氏には，企画段階からたいへんお世話になりました。社会学系大学院出身の四竈氏は，いわば第3の編者といってもよいほどの活躍ぶりで，彼の適切な助言がなければ本書は成り立たなかったと思われます。ここに特にお名前を記して，深く感謝申し上げる次第です。

2016年2月

編者記す

■執筆者紹介

（執筆順，〔〕内は担当箇所，◇は編者。コラムについては目次末の一覧を参照）

◇樽本 英樹（たるもと ひでき）　〔第１章・第10章〕

北海道大学大学院文学研究科教授

主要業績　『国際移民と市民権ガバナンス――日英比較の国際社会学』ミネルヴァ書房，2012年。“Émergence et gestion des nouvelles tendances migratoires: le cas Japon,” *Migrations Société*, Vol. 27, no. 157.（Traduit de l'anglais par Catherine Wihtol de Wenden et Myrna Giovanella）, 2015.『よくわかる国際社会学〔第２版〕』ミネルヴァ書房，2016年。

◇西原 和久（にしはら かずひさ）　〔第２章・第３章・終章〕

成城大学社会イノベーション学部心理社会学科教授・名古屋大学名誉教授

主要業績　『意味の社会学――現象学的社会学の冒険』弘文堂，1998年。『間主観性の社会学理論――国家を超える社会の可能性〔1〕』新泉社，2010年。『トランスナショナリズムと社会のイノベーション――越境する国際社会学とコスモポリタン的志向』東信堂，2016年。

首藤 明和（しゅとう としかず）　〔第４章〕

長崎大学多文化社会学部教授

主要業績　『中国の人治社会――もうひとつの文明として』日本経済評論社，2003年。『分岐する現代中国家族――個人と家族の再編成』（共編著）明石書店，2008年。

郭　基煥（かく きふぁん）　〔第５章〕

東北学院大学経済学部教授

主要業績　『異郷被災――東北で暮らすコリアンにとっての3.11』（共著）荒蝦夷，2015年。「災害ユートピアと外国人――あのときの『共生』を今，どう引き受けるか」『世界』第839号，2013年。

髙谷　幸（たかや さち）　〔第６章〕

岡山大学大学院社会文化科学研究科准教授

主要業績　「近代家族の臨界としての日本型国際結婚」大澤真幸ほか編『講座現代7　身体と親密圏の変容』岩波書店，2015年。“Making Irregular Migrants Insecure in Japan,” Jiyoung Song and Alistair D. B. Cook eds., *Irregular Migration and Human Security in East Asia*, Routledge, 2014.

人見 泰弘（ひとみ やすひろ）　〔第７章〕

名古屋学院大学国際文化学部専任講師

主要業績　「グローバリゼーション」櫻井義秀・飯田俊郎・西浦功編『アンビシャス社会学』北海道大学出版会，2014年。「在日ビルマ系難民の移住過程――市民権・雇用・教育をめぐる諸問題」吉原和男編『現代における人の国際移動――アジアの中の日本』慶應義塾大学出版会，2013年。

明石 純一（あかし じゅんいち）　〔第８章（共著）〕

筑波大学人文社会系准教授

主要業績　『入国管理政策――「1990年体制」の成立と展開』ナカニシヤ出版，2010年。『移住労働と世界的経済危機』（編著）明石書店，2011年。

鹿毛 理恵（かげ りえ）　〔第８章（共著）〕

佐賀女子短期大学特別研究員

主要業績　『国際労働移動の経済的便益と社会的費用――スリランカの出稼ぎ女性家事労働者の実態調査』日本評論社，2014 年。「海外就労奨励政策と経済発展の展開と課題」荒井悦代編『内戦後のスリランカ経済――持続的発展のための諸条件』アジア経済研究所，2016 年。

岡井 宏文（おかい ひろふみ）　〔第９章〕

早稲田大学人間科学学術院助手

主要業績　「イスラーム・ネットワークの誕生――モスクの設立とイスラーム活動」『国境を越える――滞日ムスリム移民の社会学』（共著）　青弓社，2007 年。“Non-Muslim Japanese Residents'Attitudes toward Islam and Muslims: A Case Study of Fukuoka City”, Organization for Islamic Area Studies, Waseda University and Asia-Europe Institute, University of Malaya, eds., *Islam and Multiculturalism: Coexistence and Symbiosis*, JSPS Asia and Africa Science Platform Program, 2014.

新原 道信（にいはら みちのぶ）　〔第 11 章〕

中央大学文学部教授

主要業績　『“境界領域”のフィールドワーク――“惑星社会の諸問題”に応答するために』（編著）中央大学出版部，2014 年。『うごきの場に居合わせる――公営団地におけるリフレクシヴな調査研究』（編著）中央大学出版部，2016 年。

江成　幸（えなり みゆき）　〔第 12 章〕

三重大学人文学部准教授

主要業績 「ブラジル人移住労働者の生活構造におけるジェンダー要因に関する考察」『人文論叢（三重大学人文学部文化学科研究紀要）』第 33 号，2016 年。『ヨーロッパ・ロシア・アメリカのディアスポラ』（編著）明石書店，2009 年。

アンジェロ・イシ（Angelo Ishi）　〔第 13 章〕

武蔵大学社会学部教授

主要業績 『ブラジルを知るための 56 章〔第 2 版〕』明石書店，2010 年。「ジョアン・トシエイ・マスコ――『第二の故郷』で挑戦する日系ブラジル人」『ひとびとの精神史 第 7 巻 終焉する昭和』岩波書店，2016 年。

塩原 良和（しおばら よしかず）　〔第 14 章〕

慶應義塾大学法学部教授

主要業績 『変革する多文化主義へ――オーストラリアからの展望』法政大学出版局，2010 年。『共に生きる――多民族・多文化社会における対話』弘文堂，2012 年。

宮脇 幸生（みやわき ゆきお）　〔第 15 章〕

大阪府立大学現代システム科学域教授

主要業績 『辺境の想像力――エチオピア国家支配に抗する少数民族ホール』世界思想社，2006 年。『講座世界の先住民族 ファースト・ピープルズの現在 05――サハラ以南アフリカ』（共編著）明石書店，2008 年。

Column 執筆者

山口博史（やまぐち ひろし）　〔Column ⑧〕

都留文科大学 COC 推進機構准教授

芝　真里（しば まり）　〔Column ⑪〕

日本学術振興会特別研究員（PD），成城大学社会イノベーション学部非常勤講師

小坂有資（こさか ゆうすけ）　〔Column ⑱〕

成城大学大学院博士課程，愛知みずほ大学ほか非常勤講師

後藤悠里（ごとう ゆり）　〔Column ⑲〕

名古屋大学学生相談総合センター障害学生支援室学生相談員

■目　次

第Ⅱ部 北東アジアの現在

第Ⅲ部
東南アジア・南アジアとイスラーム社会

第V部
南からの視線
南米・オセアニア・アフリカ

Column 一覧

本文中で参照された文献は（著者姓 刊行年：引用元のページ）の形式で表記した。本文中の写真のうち出所表記のないものは，すべて各章の著者が撮影した。

第 I 部

国際社会学とトランスナショナリズム

Introduction

グローバル化がますます進展し，私たちの生活にきわめて大きな影響を与えるようになっている。グローバル化による影響を分析し理解し，そしてグローバル化時代を生き抜いていくために，国際社会学はとても有望な学問的なツールである。それではどのような意味で有望なツールなのだろうか。さらに，近年の国境を越える人々の移動はトランスナショナリズムと呼ばれる社会現象や研究視角，未来展望を生み出している。はたしてトランスナショナリズムとはどのような社会現象なのだろうか。どのような研究視角，すなわちどのような社会現象の見方なのだろうか。どのような未来を描くことを可能にしてくれるのであろうか。第I部では国際社会学とトランスナショナリズムについて概説し，それら2つの可能性について論じることにしよう。

I

第1章 国際社会学とは何か

●現状と課題

アメリカ・ロサンゼルスのコリアタウン

現代は，さまざまなモノ，お金，人，情報・文化，感染症などが頻繁に国境を越える時代である。グローバル化は日常的なものとなり，社会を大きく変動させている。なかでも人の国境を越える（超える）移動とその影響の分析を，社会学は求められるようになった。ところが伝統的な社会学は，国民国家またはその一部のみを社会と想定し，年齢，性別，人種，家柄など個人の努力では変えられない属性ではなく，個人の努力や能力による業績で地位や資源が配分されるようになると仮定していた。そこで，国境を越える（超える）相互行為や制度，そして社会を分析し，属性のなかでも特に人種やエスニシティの働きを捉えるため国際社会学が誕生した。近年，移民の循環移動，国境を越える（超える）政治活動や社会貢献，経済活動や送金といったトランスナショナリズムをいかに捉えるかが国際社会学の課題となっている。

1　グローバル化の日常化

身近に迫るグローバル化　私たちはグローバル化の真っただ中で生きている。周りを見渡してみよう。たくさんのモノが国境を越えてやってきている。急速に必需品になりつつあるスマートフォンは，いろいろな国でつくられたたくさんの部品が中国などで組み立てられ各国へと送られている。よく知られているように，日本でつくられた部品も重要な役割を担っている。みなさんが着ている衣服を見てみよう。メイド・イン・チャイナなどが多いのではないだろうか。少々前に問題になった冷凍の餃子や，日本のファーストフード店で使われていると話題になった鶏肉など食物も，国境を越えてやってくる。

お金も国境を越える。円高や円安が起こるのも，株価が上下するのも，海外投資家が日本円や日本企業の株を売り買いしていることによる影響が大きい。人も国境を越える。あなたの住んでいる街に外国人住民が住んでいるかもしれない。海外旅行へ行ったことのある人も多いことだろう。

文化や情報も国境を越える。お目当ての俳優を見るため，ハリウッド映画に足を運ぶ人も少なくない。世界中でたくさんのファンを獲得し一大ブームとなった韓流ドラマも国境を越えてきた文化である。洋楽やエスニック・ミュージックなど国境の向こうから来た音楽を好きな人もいるだろう。

他にも意外なものが国境を越えてくる。東京の公園の蚊から感染したデング熱や，アフリカ諸国から広がったエボラ出血熱は，病気も国境を越えることを物語っている。PM 2.5 など環境汚染も国境を越える。温暖化防止条約などの国際条約を結ぶ必要があるのは，

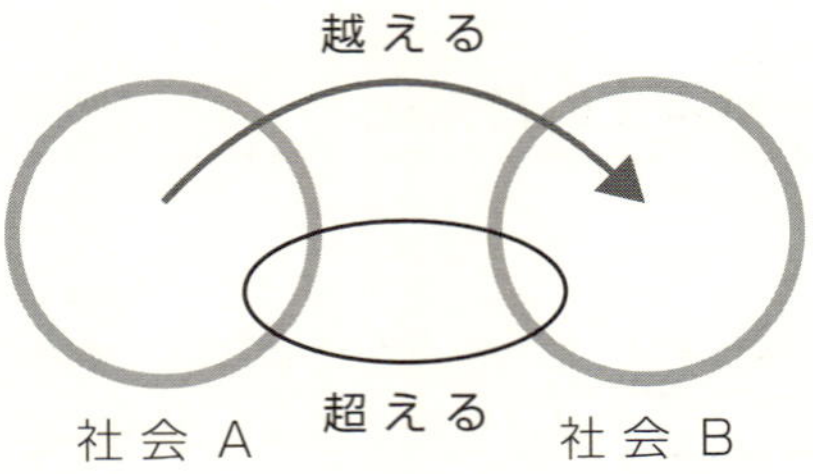

図 1-1　国境を「越える」と「超える」

各国で排出されたフロンなど温室効果ガスが，全地球に容易に広がってしまうからである。

資源・情報の移動と社会学

このようなモノ，お金，人，情報・文化などを総称して「資源・情報」と名付けておこう（吉田 1990）。さまざまな資源・情報が国境を越える／超えること，そしてさまざまな影響を引き起こすことをグローバル化と呼ぶことができる。私たちはグローバル化の時代を生きている。私たちはグローバル化から逃れることができない。

ここで，「国境を越える」と「国境を超える」の違いを考えておこう（**図 1-1** 参照）。具体的な現象において区別できない場合もあるけれども，概念的には区別すべきだからである。「国境を越える」は資源・情報の何かがある地点から別の地点へ国境を横切って移動することを多く指す。たとえば日系ブラジル人がブラジル・サンパウロ州の街から日本の東海地方の街へと移動するとき，「国境を越える」という表現を用いることができる。一方「国境を超える」は，資源・情報の「国境を越える」移動が恒常的になるなどして，国境をまたがった社会空間ができあがっている状態を指すことが多い。たとえば，日系ブラジル人の移動が頻繁になり，国をまたがって情報やお金がやりとりされ，そこにブローカーや雇用主が介在するなどして制度になっているとき，「国境を超える」という言い方をすることができる。本章では，両者が区別できない場合には「国境を越（超）える」と表現しておくことにしよう。

ここで誰しも疑問に思うことであろう。なぜ資源・情報は国境を越える／超えるのであろうか。その資源・情報の移動は具体的にどのような影響を与えているのであろうか。その影響が何らかの問題を引き起こしているとき，その問題をいかにして解決することができるのであろうか。

グローバル化に伴って浮上してきたこのような疑問に答えるため，新たな学問分野や手法が必要となってきた。特に，グローバル化が人々の活動，関係，制度に関連しているとき，社会学の視点や理論や方法が役に立つのではないかと有望視された。たしかに，社会学はまさに人々の諸行為とその帰結を自らの分析対象としてきた。この意味では，社会学に期待が集まるのはもっともなことであろう。しかし同時に，グローバル化に十分アプローチするために社会学を刷新することも必要となったのである。

なぜ社会学の刷新が必要なのだろうか。

2　なぜ「国際」社会学でなければならないのか

伝統的社会学の前提①：国民国家の中の社会

社会学を刷新し「国際社会学」を生み出さねばならなかった主な理由には2つある。第1の理由は「社会とは何か」という問いにかかわっている。

少なくとも1980年代半ばまでの社会学は，社会を「国民国家」または「国民国家の一部分」であると暗黙に仮定し，疑うことはほとんどなかった。社会というと，日本やアメリカ合衆国や英国などを指すか，またはそれら各国内部の都市，農漁山村，集団や組織などのことだとしていたのである。ところが，すぐ上で見たように，資源・情報のグローバル化が進展した結果，社会が国境を越える／超えることは非常に容易になった。

たとえば，人の国際移動が非常に活発になり，移動先の国籍をもっていない人々が多く定住するなど，世界中のほとんどの社会は多文化になっていった。その社会は地理的な意味で国境によって囲まれてはいるものの，その内部は複数の文化で構成されている。すなわち「国境を超えている」のである。また，人の流れを中心として資源・情報がA国の特定地域とB国の特定地域の間で頻繁にやりとりされているとき，それら2つの地域間には国境を超えた人々のつながりや越境的コミュニティが形成されていると理解される。このような事態を伝統的な社会学は想定していなかった。

超国家共同体と宗教共同体

また，超国家共同体と呼ばれる社会制度も伝統的社会学の分析射程に入っていなかった。ヨーロッパ連合（EU），北米自由貿易協定（NAFTA），東南アジア諸国連合（ASEAN）などは加盟国主導で形成されたという意味では国民国家の連合体と捉えたくなる。

しかし同時に，これら超国家共同体で生じている現象は必ずしも個々の国民国家に還元して理解し尽くせないものも含まれている。たとえば，地中海にランペドゥーサ島というイタリア領の小島がある。ここに北アフリカや中東から次から次へとやってくる移民たちは，単にこの島やイタリアを目指しているのではない。その多くはイタリアを入口にして英国やドイツなどEUに加盟する各国へ向かおうとしているのである。その背景には，EUがその内部で人の移動の自由化を進めており，この意味で国民国家を超えた政治体となっていることが挙げられる。このような国民国家を越（超）えた社会は伝統的社会学の分析対象に入っていなかったものである。

さらにもう一つ，宗教共同体を例に出しておこう。宗教は国境を超えたコミュニティをつくる強力な理念となりうる。特におけるイスラム教の存在感の高まりは，国ごとの違いを超える勢いを示している。1991 年に勃発した湾岸戦争時において，英国のイスラム教徒は戦争反対を訴え国境を越えて中東諸国のイスラム教徒を支援した。2014 年からシリアとイラクの国境に建国を宣言した過激派組織「イスラム国（IS）」は，まさにイスラム教を核として国境を超えて政治コミュニティをつくろうとする動きである。

以上のようなグローバル化の帰結は，社会という対象を考え直すよう社会学に反省を迫っている。国民国家とその一部分は，もはや唯一の社会ではないのである。

伝統的社会学の前提②：属性から業績へ

社会学を刷新し国際社会学を確立することが求められるもう一つの理由は，伝統的社会学の理論的な前提がグローバル化時代において通用しなくなったことである。

1970 年代までの社会学の理論的背景は２つに分かれており，ほとんどこれら２つしかなかったといえる。第１の理論的背景を近代派と呼んでおこう。その中心を占めたのが T. パーソンズ（Talcott Parsons）の研究を元にした構造機能主義（Structural- functionalism）である（たとえば Parsons 1951＝1974）。

近代派は次のように考えていた。工業化が起こり，さらにサービス経済化が起こるなど経済が近代化していけば，政治や家族など他の社会領域にも近代化が波及する。そして高度な機能分化が生じ社会は複雑化する。人々は流動化し村落共同体から都市へと流入する。人々への地位や資源の分配の基準は，その人々の出自などの「属性」ではなく，人々に何ができるかに関する「業績」となる。この過程で，社会は平等になっていくというのである。

伝統的社会学のもう一つの理論的背景は，マルクス派と呼べる。もちろん 19 世紀に活躍した哲学者・社会科学者 K. マルクス（Karl

Marx）に端を発した社会理論であり，社会階級論をその中核のひとつとする（たとえばMarx 1962-63＝1969-70）。

マルクス派は次のように考えた。社会が資本主義化していくと人々は資本家階級と労働者階級に分化していく。すなわち，貧富の差が広がり社会は二極分化していく。しかし，貧富の差が広がれば広がるほど労働者階級は不満を蓄積し，革命を起こして政権を奪取する。資本家階級という属性はもはや地位や資源を優先的に分配する基準とはならなくなる。その結果，社会は平等化するというのである。

一見すると近代派とマルクス派はまったく異なることを主張していたかのように見える。しかし社会が高度化するとその結果人々の間に平等が達成されるという帰結の想定は同じであった。

さらに両者は共通の理論的な前提をもっていた。それは，社会が高度化（近代派の場合は近代化，マルクス派の場合は社会主義化）すると地位や資源は出自など人々の属性を基準としてではなく，能力に応じた業績を基準として分配されるようになるというものである。すなわち，「誰であるか」は意義を失い「何ができるか」が主要な基準になるというのが伝統的社会学の揺るぎのない共通了解であった。

エスニック・リバイバル

ところが，伝統的社会学は属性の意義喪失という理論的な前提に関しても反省を迫られることになる。1960年代後半から70年代半ばにかけて，高度に近代化したはずのいくつかの先進諸国で，人々の属性のひとつであるエスニシティを根拠とした分離独立運動や権利要求運動が噴出した。英国ではスコットランドやウェールズが，スペインではバスク地方が，カナダではケベック州が，自らの「固有の文化」を掲げてこれまで所属してきた国民国家に反旗を翻《ひるがえ》したのである。

このような運動を，エスニック・リバイバル（ethnic revival）と呼ぶ。近代化によって消滅していくと考えられていたエスニシティという属性がよみがえったというわけである。ほぼ時期を同じくして，ジェンダーや年齢といった他の属性に関する不平等や格差も社会問題化していった。伝統的社会学の前提に反して，属性が突然復活したように見えた。

これ以後，社会学は属性の意義喪失を前提にはできず，属性の力を認め積極的に分析に取り入れることを迫られた。特に，移民集団やエスニック集団に着目せざるをえなくなった。21 世紀になった現在でも，エスニック・リバイバルの問題は継続している。2014 年に住民投票が行われた英国・スコットランドやスペイン・カタルーニャの独立問題は，伝統的社会学が刷新しなければならなかった理由をよく物語っているのである。

このように属性と業績に関する理論的な前提への反省が，社会学の刷新を必要とした第 2 の理由である。

国際社会学の基本的姿勢

それでは，国際社会学とはどのような学問領域なのだろうか。伝統的社会学とはどこが違うのであろうか。

他の学問領域でもよくあるように，国際社会学に確固とした境界があるわけではない。すなわち国際社会学といえるかどうかが微妙な学問的営為もたくさんある。しかし，私たちがそのような学問的営為を排除する必要はないだろう。むしろ，さまざまなものを内に取り込んで多様性を保ったほうが実りある研究が可能となるであろう。

一般に国際社会学はつぎの 3 つの学問領域の呼び名として使われてきた。第 1 に，「国際社会」をひとつの社会と見なして研究を行う「国際社会・学」である。第 2 に，国境を越（超）える現象に社会学の理論や方法でアプローチする「国際・社会学」である。第 3 に，これまで見過ごされがちだったアジア諸国やアフリカ諸国など第三世界や旧植民地の地域社会を対象にする「海外地域研究」である（馬場 1993；梶田 2005：4，9-11）。このなかで本書は第２の意味での国際社会学を主眼におく。しかし第１，第３の意味での国際社会学を排除する意図はない。繰り返せば，学問領域の内部の多様性は研究をより生産的にすると信じるからである。

さらに，次の３つの基本方針を共有した社会学研究を国際社会学の中心であるとゆるやかに位置づけておくことにしよう。

⑴ 国境を越える／超える現象の中に社会（関係）を積極的に読み込む。
⑵ 人種やエスニシティを中心とした属性による社会的境界の形成と，不平等や階層格差の拡大・維持に着目する。
⑶ 社会学の視角・理論・方法を最大限駆使する。

人に関する国際社会学の主要な３テーマ

以上のように国際社会学を把握しておくと，どのようなことが分析できることになるだろうか。国際社会学は多様なトピックを対象にしうる。たとえば国境を越（超）える人々に関する主要なトピックには以下のようなものがある。

第１に，エスニシティの復活・持続である。もちろんこのトピックは1960年代終わりごろ顕著になったエスニック・リバイバル以来，関心を持たれ続けている。国際移民などのエスニック集団が受け入れ社会やその社会の文化に同化しないのはなぜか，エスニシティを共有していると理解している集団や地域が分離独立しようとするのはなぜか，エスニック集団をホスト社会に統合するにはどのようにしたらよいか，などの問いが探究されている（たとえば Alba and Nee 2005）。社会学理論とのつながりでいえば，社会運動論やコミュニティ論の問題意識や理論が適用されることになる。

第２に，エスニック階層の形成・持続・変容である。エスニック階層とはエスニック集団別にわかれた社会階層のことである。社会階層とは教育，職業，住宅など資源の分配の多寡により社会的地位が上層から下層まで層状に構成された社会状態と理解される。エスニック集団は特定の層に集中してしまうことが多い。特に，最下層であるアンダークラスの形成は解決すべき大きな問題である。他にも，下層から中層に脱出した中間者マイノリティ，それと重なりつつよりビジネスに成功したエスニック企業家，受け入れ社会の全体経済の中にエスニック集団が独自の経済圏としてつくりあげるエスニック・エンクレイヴなどが研究対象となる（樽本 2009：84-9）。

第３に挙げられるのは市民権である。第二次世界大戦後，多くの西ヨーロッパ諸国は戦後復興に伴なう労働力不足を解消するため多数の移民労働力を導入した。その後，1973 年の石油危機をきっかけに厳しい経済不況が起こり，各国は労働移民の導入を止め移民たちを帰国させようとした。ところが，移民たちの多くは帰国せず定住してしまった。特に労働し終われば帰国すると想定されていたゲストワーカーたちが受け入れ社会に定住してしまった。定住しただけではない。ほとんどが単身男性だったゲストワーカーたちは妻や子ども，その他の親族を母国から呼び寄せ始めたのである。スイスの作家 M. フリッシュ（Max Frisch）は象徴的な言葉を残している。「スイス経済は労働者を呼んだのに，来たのは人間であった」と。

この「意図せざる結果」に直面し，各国は移民たちをいかに社会統合したらよいか苦闘し始めた。社会統合政策のポイントは，国籍を持たない定住者にどの種類の権利をどの程度与えたらよいのか，移民たちは社会統合のためにどのような市民権を与えられるべきなのだろうか，どうしたら異なる文化をもった移民たちが確実に市民権を享受できるようになるかといった問いで示される。試練に立たされた西欧諸国の苦闘は，デニズンシップ（denizenship）やポストナショナル・メンバーシップ（postnational membership）と呼ばれる外国人定住者のための市民権として結実していった。前者は居住していることを根拠として外国人居住者が市民権を享受できると想定しているのに対して，後者は国際人権規範が外国人の市民権の根拠となっているというものである（Hammar 1990＝1999; Soysal 1994; 樽本 2012）。

3 国際社会学の新たな挑戦

●トランスナショナリズム

トランスナショナリズムとは

1980 年代の半ばあたりから，日本で国際社会学は着実に発展してきた。大学に授業が設けられ，学会での研究発表や学術論文も増加していった。今日では，学問領域として公式に認められたといってよいであろう。

このような国際社会学は新たな挑戦に直面している。国際社会学はトランスナショナリズム（transnationalism）を分析できるのかと。トランスナショナリズムはまだ確定した概念ではない。トランスナショナリズムは新しいことなのか，もしそうだとするといかなる意味で新しいのか，議論されている。しかし，少なくとも現象を新たな見方で見る「視角」という意味では新しいであろう。たとえば A. ポルテスらはトランスナショナリズムを「国境を越えた長期間生じる規則的で持続的な社会的接触を必要とする職業や活動」と定義している（Portes et al. 1999: 219）。また T. ファイストは，トランスナショナルな空間を「少なくとも 2 つの空間にまたがって存在しうる社会的・象徴的絆，ネットワーク内の位置，組織ネットワークの組み合わせ」と定義している（Faist 1998: 217）。そして具体的にはこれまでの研究者たちは以下のような現象にトランスナショナリズムを読み込んでいる。

Column ① ポップカルチャーのトランスナショナリズム

「“Spirited Away” を見たか？」10 年ほど前イギリスで，宗教社会学の名誉教授に尋ねられた。邦題は『千と千尋の神隠し』。この作品がアカデミー賞を受賞するなど，宮崎駿のアニメは広く世界で楽しまれている。しかし，日本のポップカルチャーが国境を越えたのは，これが初めてではない。第二次世界大戦後間もない 1950 年代には，映画『ゴジラ』が海を越えアメリカ合衆国で人気を博した。60 年代にはテレビアニメ『鉄腕アトム』がやはり合衆国で人々の心を捉えた。さらに半世紀以上さかのぼった幕末から明治時代にかけて，フランスを中心に活動した印象派の画家たちが当時のポップカルチャーであった浮世絵を参考に絵を描いていた。V. v. ゴッホは歌川広重の模写をし，C. モネはフランス人の女性モデルに日本の真っ赤な着物をまとわせた。日本のポップカルチャーは，人の移動が盛んになるよりずっと前に国境を越え，海外の人々に楽しまれていたのである。

第 1 に，循環移民（circular migration）である。出自国からホスト国へと移動したものの，一定期間を経て帰還し，再びまたホスト国へ移動するというように，循環するように移動する人々がいる。典型例はアメリカ合衆国とメキシコの間の循環移民である。合衆国の街の特定の地域とメキシコの特定の村を行き来する移民たちは「自己永続的」になっているといわれる。というのも，国境を越える移動の回数や移動先での滞在期間が増加すると，さらに移動する可能性が増すというのである（Massey 1987）。また，移民の先駆者に後続者がどんどん連なる連鎖移民（chain migration）ができあがっており，国境を越えて情報が頻繁にやりとりされているともいう。したがって，国境を超えた「移民システム」（migration system）が形成されているのである。

第 2 に，国境を越えた政治活動が挙げられる。亡命者などによって母国の民主化を支援する政治活動は，トランスナショナリズムの事例として言及されてきた。たとえばカリブ海にあるハイチとグレナダや，東南アジアのフィリピンの独裁政権から逃れアメリカ合衆国・ニューヨークなどに移住し，強い結束を保ちながら母国の民主化活動を続ける人々がいる（Basch et al. 1994: 6）。類似の現象をB. アンダーソン（Anderson 1992＝1993）は遠隔地ナショナリズム（long-distance nationalism）と名づけたけれども，単なるナショナリズムと見なすべきではない。国境を越えて母国を支援するだけでなく，カリブ・アイデンティティのような国民国家を超えた帰属意識を伴っていることもよくある。また，滞在国政府に母国への支援を働きかけることもある。

第3に，国境を超えた経済活動もトランスナショナリズムの事例として語られる。受け入れ社会へと移住した移民企業家のなかには母国に投資するなど国境を超えた企業活動を行っている者がいる。ラテンアメリカ諸国からアメリカ合衆国へ移住した移民たちがその例となる。コロンビア，ドミニカ，エルサルバドル出身の自営業者たちのそれぞれ4割，5割，8割が，自国と定期的に連絡をとることで商売が成功していると答えているのである（Portes 2003）。

その他，生まれ故郷のまちおこしを手伝うなどの社会貢献がよくトランスナショナリズムの事例として語られる。また，近年注目されている国境観光もトランスナショナリズムの事例といえるだろう。日本近辺でいえば，いまや対馬はプサンなどからの韓国人観光客で賑わっているのである（岩下・花松 2014）。

トランスナショナリズムとして挙げられている事例は，人の国際移動，政治，経済，社会貢献のように領域が異なる。しかしトランスナショナリズムという視角は，たとえば送金のような経済的現象とアイデンティティのような社会文化的現象を並べて考察することを可能にしてくれる。その理由は，トランスナショナリズム概念が領域横断的に共通した含意を与えてくれるからである。すなわち，

「国際移民の諸活動により，国境を越（超）えたトランスナショナルな社会空間ができあがっている」という含意である。

国際社会学はトランスナショナリズムを分析できるのか

国際社会学はこのようなトランスナショナリズムからの挑戦に応えることができるのだろうか。どのようにしたらトランスナショナリズムを分析できるのだろうか。

第 1 に，トランスナショナリズムに含まれる具体的現象は，国際社会学の問題構成によく適しているように見える。なぜなら前で見たように，国際社会学の基本的姿勢は国境を越（超）える現象の中に社会を読み込むことであり，またトランスナショナリズムはそのような越境した活動に社会を読み込んでいるからである。この意味では，国際社会学はトランスナショナリズムを十分対象にできるであろう。ただし，どのような活動を社会（空間）と見なすかに関しては，課題として国際社会学に残されている。たとえば，どの程度頻繁に国境を越えて移動したり，送金したり，母国政治にかかわるとそれら現象が国境を超えたトランスナショナリズムと認定できるのかを今後考察しなくてはならない。

第 2 に，トランスナショナリズムの論者たちの多くは，国家や多国籍企業による「上からのグローバル化」ではなく国際移民たちの個人的な活動，すなわち「下からのグローバル化」こそがトランスナショナリズムだという。また，既存研究はエリートによる国境を越（超）える活動ではなく，ノン・エリートによる日常的な越境的活動にこそトランスナショナリズムだとも主張している（Smith and Guarnizo 1998）。社会学の主要な目的のひとつは諸個人の関係や相互行為の分析であることを考えると，国際社会学が「下からのグローバル化」に着目することも問題ないであろう。ノン・エリートを対象とすることも社会学の得意とするところである。しかしこれらの点に関して国際社会学にはさらなる課題がある。それは「上からのグローバル化」と「下からのグローバル化」がいかに関連しているかを示すことである。また，ノン・エリートがなぜ越境的活動を活発に行うことができるようになったのかも明らかにする必要があるだろう。

最後に，国際社会学がトランスナショナリズム研究の弱点を補強できることを指摘しておこう。「下からのグローバル化」やノン・エリートに着目したためもあり，トランスナショナリズムの既存研究では国家が軽視される傾向にあった。しかし国家もトランスナショナリズムに積極的な役割を果たしていることが近年研究され始めている。そこで，国家そして国民国家をトランスナショナリズムという現象の中に位置づける必要がある。この点でも国際社会学はトランスナショナリズム研究に大きく寄与することであろう。

読書案内

1　樽本英樹『よくわかる国際社会学〔第2版〕』2016年，ミネルヴァ書房。

国際社会学を学ぶためにまず開くとよい教科書である。国際社会学で扱われているテーマが網羅的に論じられている。後半の各国別の記述も役に立つ。

2　樽本英樹『国際移民と市民権ガバナンス――日英比較の国際社会学』2012年，ミネルヴァ書房。

国際社会学の応用編である。国際移民の市民権制度のポストナショナルな展開とその限界が理論的に検討された後，英国と日本が比較社会学的に論じられている。

3　S. バートベック『トランスナショナリズム』（水上徹男・細萱伸子・本田量久訳）2014年，日本評論社。

トランスナショナリズム研究に関する鳥瞰図を与えてくれている。世界が，社会文化，政治，経済，宗教などさまざまな観点で社会変容過程の真っただ中にいることがよくわかる。

■参照文献

Alba, R. and V. Nee, 2005, *Remaking the American Mainstream: Assimilation and Contemporary Immigration*, Harvard University Press.

Anderson, B., 1992, The New World Disorder, *New Left Review*, 193: 3–13. =1993，関根政美訳「〈遠隔地ナショナリズム〉の出現」『世界』586：179–190（部分訳）。

馬場伸也，1993，「国際社会学」森岡清美・塩原勉・本間康平編『新社会学辞典』有斐閣。

Basch, L., N. GlickSchiller and C. SzantonBlanc, 1994, *Nations Unbound: Transnational Projects, Post-colonial Predicaments, and Deterritorialized Nation-States*, Routledge.

Faist, T., 1998, Transnational Social Spaces out of International Migration: Evolution, Significance and Future Prospects, *Archive Européenne de Sociologique*, 39: 213–47.

Hammar, T., 1990, *Democracy and the Nation State: Aliens, Denizens and Citizens in a World of International Migration*, Avebury. =1999，近藤敦監訳『永住市民と国民国家――定住外国人の政治参加』明石書店。

岩下明裕・花松泰倫編，2014，『国境の島・対馬の観光を創る』北海道大学出版会。

梶田孝道，2005，『新・国際社会学』名古屋大学出版会。

Marx, K., (and F. Engels), 1962–1963, *Das Kapital: Kritik der politischen Ökonomie*, Dietz. =1969–1970，向坂逸郎訳『資本論』岩波書店。

Massey, D. S., 1987, Understanding Mexican Migration to the United States, *American Journal of Sociology*, 92 (6): 1372–403.

Parsons, T., 1951, *The Social System*, Free Press. =1974，佐藤勉訳『社

会体系論』青木書店。

Portes, A., 2003, Conclusion: Theoretical Convergencies and Empirical Evidence in the Study of Immigrant Transnationalism, *International Migration Review*, 37 (3): 874-92.

Portes, A., L. E. Guarnizo and P. Landolt, 1999, The Study of Transnationalism: Pitfalls and Promise of an Emergent Research Field, *Ethnic and Racial Studies*, 22 (2): 217-37.

Smith, M. P. and L. E. Guarnizo, 1998, *Transnationalism from Below*, Transaction Publishers.

Soysal, Y. N., 1994, *Limits of Citizenship: Migrants and Postnational Membership in Europe*, University of Chicago Press.

樽本英樹，2009，『よくわかる国際社会学』ミネルヴァ書房。

樽本英樹，2012，『国際移民と市民権ガバナンス――日英比較の国際社会学』ミネルヴァ書房。

吉田民人，1990，『情報と自己組織性の理論』東京大学出版会。

第2章　*トランスナショナリズムとは何か*

●もう一つの可能性を問う

東京・原宿駅

ニュージーランド・オークランド

世界を旅するバックパッカー

国連の人口統計局によれば，現在の国外移住者数は 2 億人を超えている。1965 年には 7500 万人であったので，ここ半世紀で約 3 倍になっている。「国際移民の時代」といわれるゆえんだ。だが，この数値は 1 年以上外国にいることが基準で，季節労働者・短期留学生，あるいはビジネスや観光などでの短期海外滞在者は数に含まれない。そうした人を含めれば，もっと多くの人々が実際には国境を越えて移動しているといえるだろう。

人の移動という現象の社会的意味は何か。またどのようにこの現象に対処すればよいのか。本章では，前章とは異なる観点からトランスナショナリズムを考える。そして，トランスナショナルな移動を軸として新たな未来社会像を展望する理論的な試みにも迫りたい。

若い世代のバックパッカーを含め，中高生の修学旅行，駐在員家族の渡航，熟年者の海外旅行など，人々が国境を越えて移動することはもはや珍しいことではない。世界の主要都市で多様なエスニシティの人々に出会う。交通手段や通信手段の発達，たとえば格安航空会社の登場やインターネット・無料国際通話の普及が，この移動を後押しする。航空チケットの購入から移動先での通信に至るまで，通信手段のイノベーションによって人々のコミュニケーションもグローバルになった。いま世界は，文字通り国際移動の時代に入りつつある。

1990 年前後の東欧・ソ連の激変から地球環境の問題化，さらにはネット社会の出現などで，世界は一つの共同体だという意識も生まれ始めている。少なくとも，自分の所属する国を離れ国境を越えて人々が移動すること，すなわちトランスナショナルな移動は現代世界を特徴づけているものだ。そして，国家のあり方も，EU（ヨーロッパ連合）の成立と統一通貨ユーロの出現，さらに欧州議会や欧州中央銀行などが機能している現状を考えてみればわかるように，いまや近代国民国家（modern nation-state）の変容がリアリティをもって語られている（本書の終章参照）。本章では，人々のトランスナショナルな移動に着目して，いま社会学が焦点化すべきもう一つの論点を考えていきたい。最初に考えたいのは，「トランスナショナリズム」という言葉の最も広い意味合いである。

1　トランスナショナリズムの意味

トランスナショナルな社会関係

前章でも触れたように，国際社会学は社会学として人々の相互行為に着目する。国際政治学の主なアクターは国家

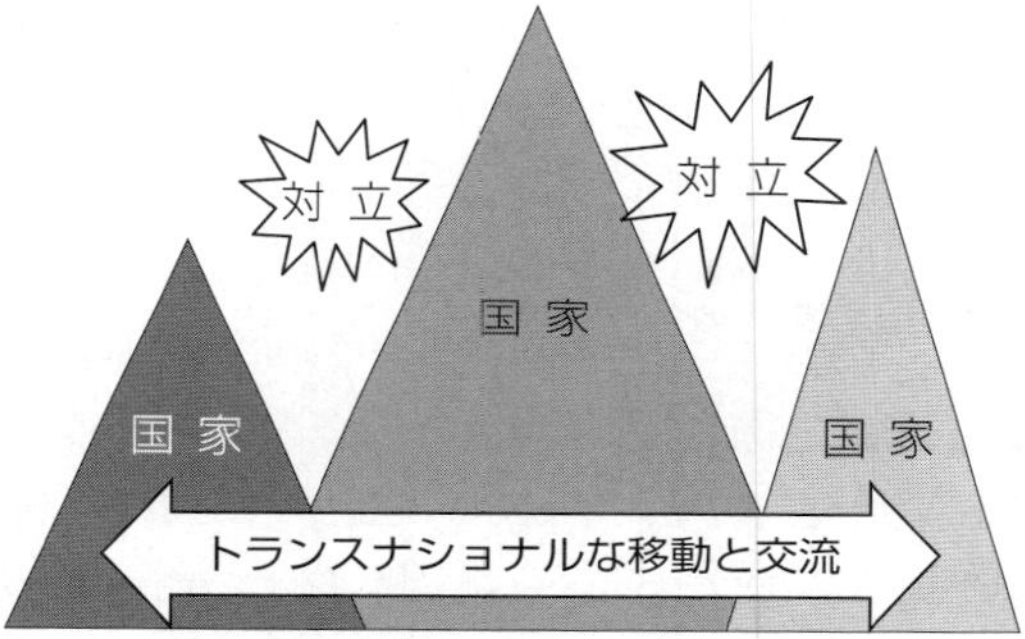

図 2-1　国家と国家を超える移動のモデル

であり，国際経済学の主なアクターは企業であるのに対して，国際社会学の主なアクターは文字通り「行為者」，すなわち個人である。なお本章では，インターナショナル（international）という言葉は，国家の存在を自明な前提とした国家間の関係（国際関係）の場面を表現するものと捉える。それに対して，国家を超えて諸個人が交流するなどの相互行為が形成する社会関係は，トランスナショナル（transnational）な関係――「国際関係」に対置される「人際関係」（西原 2010）――だと捉えられる。つまり，このような国家・国境・国籍の差異を超えて人々が相互交流する場面，それを表現するための用語としてトランスナショナルという言葉を使う（**図 2-1** 参照。ただし，国家間の戦争の場合は国家の比重が大きく，かつ相互交流ではなく相互対立の場面が主要なので，「トランスナショナル」という言葉では表現しない）。

次に，人文社会科学で使われるトランスナショナルという言葉にも簡潔に触れておこう。それは，20 世紀の終わりごろから人類学，政治学，歴史学，社会学，あるいはカルチュラル・スタディーズや国際関係論などにおいて本格的に注目されている（たとえば社会学以外でトランスナショナルな視点をもつ読みやすい文献として，片倉 1995，入江 2014 を挙げておく）。だが，その意味するところは論者ごとに微妙に異なっている。そこでまずは，この言葉の複数の意味合いの整理から始めてみよう。

トランスナショナリズムの語義

トランスナショナリズムは，トランス（trans）・ナショナル（national）・イズム（ism）の３要素からなる。トランスには，主に①越境・横断，②超越・超脱，③連接・接合，といった意味合いがある。①は transverse（横切る），trans-American（アメリカ横断）など境界を越えていくこと。②は文字通り transcend（超越する）ことで，「脱―」とも表現できる場合である。そして③は少しわかりにくいが，transfer（乗り換える），transmit（伝達する），translate（翻訳する）など，２つの物事を結果的に「橋渡し」「つなぐ」という意味合いである。

では，ナショナルとは何か。語源的には，ナショナルの基となるナチオ（Natio）は①「生まれ」を意味し，そこから②同郷団体といった意味も生じ，さらに近代では③民族・国民・国家（nation）という意味が派生してきた。今日，ナショナリズムは，民族主義・国家主義・国民主義などと訳される場合もある。

そして最後にイズムである。イズムは主に，たとえばマルクス主義（Marxism）や実存主義（existentialism）のような主義・主張あるいは考え方を表す用法や，alcoholism（アルコール依存症）や autism（自閉症）のような「状態」を表す用法がある。

トランスナショナリズムの３つの焦点

さて，以上のような事情もあって，「トランスナショナリズム」にも複数の意味合いが含まれる。そこで，混乱を避けるために，その意味合いの主要なものを２つだけ挙げておきたい。すなわち，

・人々が実際に国境を越えて移動している状態を示す用法

・ナショナリズムを超える脱国家的な考え方を示す用法

である。一般的に，この前者は，実際の社会のあり方を記述するための概念（記述概念）であり，後者は，一定の主張を伴う理念や望ましい状態を表す概念（規範概念）ということができる。つまり，移動の事実や事態を一方の極として，主義や主張として国境を越える交流を積極的に是とする規範的理念をもう一方の極とする数直線を考えることができる。論者によって異なるものの，それらの考え方は，多くの場合，この数直線上に位置づけることができるだろう。いずれにせよ，「トランスナショナリズム」は，その各要素（トランス・ナショナル・イズム）の意味合いが組み合わされて用いられ，明確な定義が示されにくいのが実情である。

そこで，ここでは次のようなトランスナショナリズムの３つの主要な焦点を区別して示しておきたい。

①「事実としてのトランスナショナリズム」：人々が事実として国境を越えて移動するという事態。ここには人々が主観的にそうした移動を是とする考え方を現実に抱いていることも含めておく――経験論的トランスナショナリズム。
②「視角としてのトランスナショナリズム」：現実のそうしたトランスナショナリズムに焦点を当てて学問的・社会学的に捉えようとする研究の視角――方法論的トランスナショナリズム。
③「理想としてのトランスナショナリズム」：狭いナショナリズムを超えて，人々がトランスナショナルに交流し結びつくこと（連接・接合）が望ましいとする理想・理念――理念論的トランスナショナリズム。

そこで，まず論じられるべきなのは「事実としてのトランスナショナリズム」であろう。世界の多くの国・地域でのトランスナショナリズムに関して経験的事実を踏まえて論じるのは，本書の目的の一つである。立ち入った記述は他の章の具体的論述に委ねることにしたい。とすれば，ここで論じなければならないのは，研究視角としての「方法論的トランスナショナリズム」である。

2　方法論的トランスナショナリズム

ここで論じる「方法論的トランスナショナリズム」は，社会学においてはまだ一般的ではない。社会学でこれと関連する用語・概念は，ドイツの社会学者 U. ベックが用いているので，まずこの点に触れていこう。

方法論的ナショナリズム批判

ベックは，従来の社会学が一つの国民国家内の社会事象（たとえば階級関係や権力構造）を中心に論じてきたことを批判し，そうした学問のあり方を「方法論的ナショナリズム」と呼んだ（ベック 2011）。方法論的ナショナリズムは，エスノセントリック（自民族中心主義的）な国家主義であるナショナリズムではないにせよ，知らず知らずのうちにそのようなナショナリズムに加担する恐れがある。グローバル化が進んだ現代，自分の国のことだけを考えるような態度は受け入れない。NGO も積極的に関与する地球環境問題を考えるとわかりやすいだろう。19〜20 世紀が近代国民国家間の対立・抗争（戦争）の歴史であった点を考えれば，21 世紀はむしろ近代国民国家のあり方そのものを再検討するとともに，新たな時代を切り開いていく構想力が求められる（西原・油井編 2010）。それは絵に描いた餅ではない。長いあいだ対立・抗争を繰り広げてきたヨーロッパは，前述のように EU を成立させ通貨統合も進んでいる。EU は，EU として大統領をもち，選挙で選ばれた議員からなる議会があり，中央銀行や裁判所もある。明らかに，EU は近代国民国家のあり方に再検討を迫る事例である。

そこで，ベック自身は，現代世界でみられる経済・政治・文化などのさまざまな領域でのグローバル化と区別して，人々の相互行為や相互依存が世界規模で展開されるようになることを「コスモポリタン化」と呼んで，そこに着目する「方法論的コスモポリタニズム」（ないしは「コスモポリタン社会学」）を提唱している（ベック 2016）。

このコスモポリタニズムとは元来，「世界市民主義」とも訳され，歴史的には古代からあるものだ。近代においては哲学者カント（Kant 1984［1795］＝1985）が深くかかわり，現代では政治学者や社会学者や地理学者なども含めて，本格的に語られ始めている理想像である（本書の終章参照）。こうした思想動向を踏まえてなされた，「方法論的ナショナリズム」批判から「方法論的コスモポリタニズム」へというベックの主張は，方法論としては了解できる部分も多い。ただし，そこには理想と現実をめぐる用語上の不明確さもみられるように思われる。現実の世界では，民族対立・宗教対立・経済対立から内戦や地域紛争も絶え間なく起こっており，コスモポリタン的理想と現実とがあまりにも乖離している。とくに，身近な北東アジアを例にとれば，文化的には共通点も多い日本・韓国・中国の間にさえ，領土問題など種々の対立が際立つ。そのような対立が現実にあるなかで世界市民主義的な用語を掲げることは，かえって現実を適切に捉えにくくする。国家の力も，実際にはまだまだ強力に作用している。

方法論的トランスナショナリズムへ

とはいえ，北東アジアにおいて，中国・香港・台湾そして韓国からもたくさんの観光客が来日している。日本のアニメ文化・韓国のドラマや音楽は，国境を越えて普及している。

また，「外国人技能実習生」だけでなく，中国・韓国を含む東アジアから日本への「国際結婚移民」も増えている。つまり，よくいわれる政治的には対立などの冷たい関係があるが，経済交流は活発だという「政冷経熱」だけではなく，国家の土台ともいえる人々の間での社会文化的な交流もまた活性化している。

したがって，北東アジアの場合，「コスモポリタニズム」はあまりにも理想論であるが，「トランスナショナリズム」は「事実として」無視しえない状況にある。それだけではない。日常の人々のトランスナショナルな社会文化的な交流は当面の理念として，一つの目標となりうるかもしれない。隣人同士が対立ではなく，協力・協調していく状況の実現は多くの人々が願っていることではないだろうか。そしてそうしたトランスナショナルな交流の先に，コスモポリタン的な理想も見えてくるのではないだろうか。

国際社会学の新たな視角

そこで，ベックに再登場願おう。ベックは，「伝統的な学問による検討だけでは，古い思想の殻を打ち破ることはできない」とし，「経験的社会調査が求めるような全体の傾向を代表するような論述」（それは「過去の忠実な再現でしかない」）ではなく，「新たに出現しつつある未来を視野に入れようとする別の要請」に従うのが望ましい，と述べていた（Beck 1986: 12＝1998: 8）。

このような主張は，ベックだけが行っているわけではない。これに近い主張は，『社会を越える社会学』（Urry 2000＝2006）という本を書いたイギリスの社会学者 J. アーリによっても主張されている。アーリは，社会学はこれまでの社会概念を新たにする必要があると説き，地域コミュニティのような人々が「定住」している姿を社会の基本として捉える発想から，むしろ人々が「移動」しているあり方に着目すべきだとして，社会学の「移動論的転回」を唱えた。それは，ベックが論じたことだが，「政府が（依然として）国民国家の枠組みのなかで行為するのに対して，個々人の人生はすでに世界社会に対して開かれている。さらに世界社会は，個々人の人生の一部である」(Beck 1986: 219＝1998: 269-270) という認識と重なり合う。

あるいは，アメリカ社会学会で会長を務めたE. O. ライトの「リアル・ユートピア」という発想も興味深い (Wright 2010)。「リアル・ユートピア」とは，いまは十全なかたちではどこにもない（＝ユートピア）が，その萌芽は部分的に現実に（＝リアルに）に存在しているような事態を指す。そしてそれをグローバルな規模で探求するのが「リアル・ユートピア」論だ（ライトによれば，たとえば参加型の民主政治によって地方自治体の予算が決定されているような，ブラジルのある地域における民主的な営みがその例である)。トランスナショナルな人々の移動のなかにも，「リアル・ユートピア」あるいは「新たに出現しつつある未来」の可能性はあるのか。トランスナショナリズムは，事実としてだけでなく，今後の社会のあり方を考えるうえで大いに注目できる見方として捉えられるのではないか。

少なくとも，多様なトランスナショナリズムに着目しつつ，人々の国家を超える交流に焦点化して社会学的検討を進めること，これこそが社会学における「方法論的トランスナショナリズム」と呼ぶことができる立場である。この立場は，まだ生まれたばかりのよちよち歩きの段階である。この「方法論的トランスナショナリズム」をより確固としたものにしていくためには，この視点に立つ研究が今後ともさらに積み重ねられていく必要がある。

3 トランスナショナリズムとその関連概念

●グローカル化・多文化主義・間文化主義

最後に，「理念論的トランスナショナリズム」とそれに関連する諸概念にも触れておきたい。トランスナショナルな交流を積極的に進めていくことが理想だと考える理念論的トランスナショナリズムも，現在，十分には論じられていない。そこで，関連する諸概念から検討を進めるという回り道をたどってみたい。

グローカル化

トランスナショナリズムは，特にここでは国境を越える人の移動にかかわるものであった。そして移動する人々には，その出身地と移住地がある。そしてそれらは，ともにローカルな場である。グローバルな展開に目が向きがちなトランスナショナルな移動だが，それは地球規模でのグローバル化と地域生活の場でのローカル化という二側面を伴う。それゆえ，こうした移動に関してはグローバルな視点とローカルな視点が必要だ。

その両者の視点は「グローカル」（グローバル＋ローカル）な視点だと表現することができる（社会学で最初に本格的にこの言葉を用いたR. ロバートソンの著作 Robertson 1992＝1997 も参照されたい）。グローバル化はむしろグローカル化としてこそ適切に捉えられる。それはグローバルな動きがローカルな生活に影響を与えることや，ローカルな展開がグローバルな場に影響を与えるというだけではない。ローカル同士のトランスナショナル／グローバルな関係もまた重要な問いとなるのである。

多文化主義の問題

さらに，トランスナショナルな移住先の国家政策や地域コミュニティという視点からローカルな場を考えてみよう。そこでは移住を受け入れた地の多文化主義（multiculturalism）が見えてくる。国家としての多文化主義政策は，1970 年代前半からのカナダやオーストラリアの政策がよく知られている。多文化主義とは，「一つの社会の内部において複数の文化の共存を是とし，文化の共存がもたらすプラス面を積極的に評価しようとする主張ないしは運動」（梶田 1996：235）という定義が妥当だろう。

しかし最近では，多文化主義の変質が語られ始めている。特にオーストラリアではそれが顕著だ。オーストラリアの多文化主義は，人権や福祉を考えた多文化主義から経済的な効率を優先する多文化主義へ変質したといわれている。今日では，移民許可の際に点数で能力・属性などをはかるポイント制の強化や国家への忠誠を求めること，さらに高度専門職移民の優先などが特徴だ。そして，多文化主義への批判もまた示されてきている（塩原 2010 参照）。

多文化主義への現実的批判としては，エスニック・コミュニティごとに互いに分離し，社会の分断を導くことになる「タコツボ化問題」，またカレー・バッシングとも呼ばれるインド人襲撃事件に象徴される「差別や排除の問題」（白人側の逆差別意識や失業問題もかかわる），さらには多文化主義政策維持にかかる「コスト問題」などが問われている。これらはいわば多文化主義が抱え込んでいる現実的諸問題の例である。だがそもそも，文化の多元性を認める多文化主義は，「国民文化」を中心に捉えることで，本来は多様で変化もする文化を固定的・類型的に捉えるという「国民文化偏重」や「文化の固定化＝物象化」という問題も抱え込んでいる。そうした場面では，さまざまな「文化の共存がもたらすプラス面」が活かされず，また新しい文化や意識，あるいは新たなアイデンティティなども育ちにくい（西原 2016）。

間文化主義という視角

そこで最近では，多文化主義をその内部から乗り越えていこうとして，間文化的な対話を重視する間文化主義（interculturalism）という視点が出始めている。その例が，欧州評議会から出された『間文化的な対話に関する白書――「尊厳ある平等としての共生』（Council of Europe 2008）である。そこでは，文化の多様性（diversity）の民主的ガバナンス（よりよい統治）として，間文化的な対話を促進するための５つの政策が提言されている。それらは，多様性の尊重，人

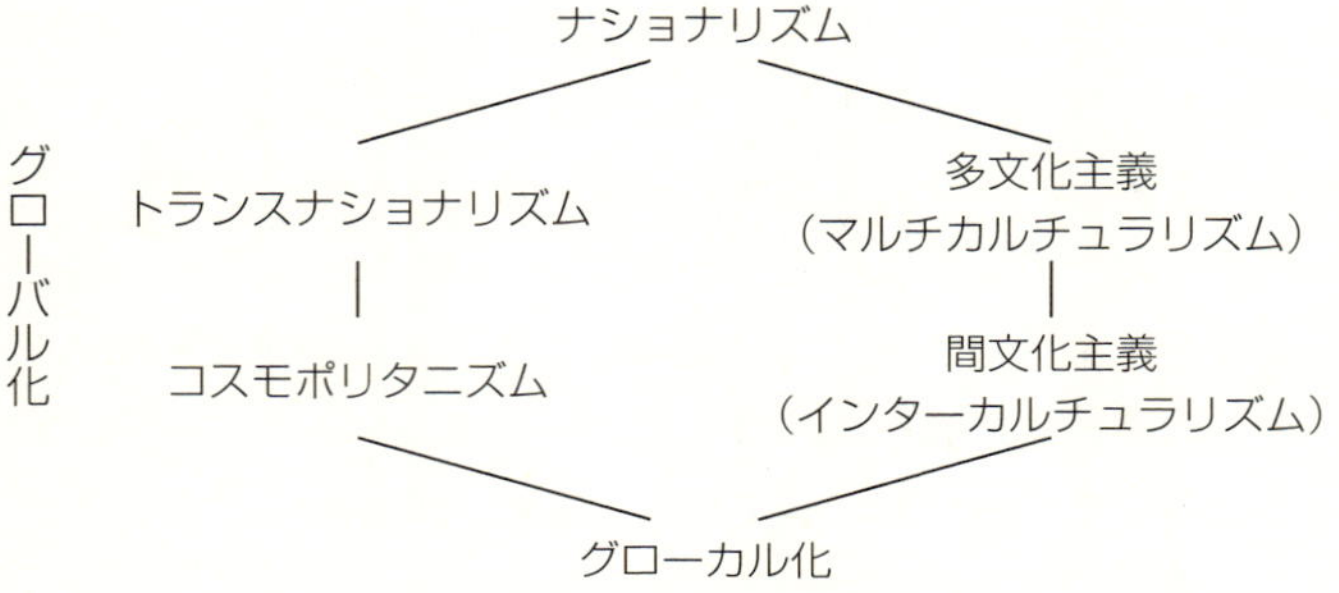

図 2-2　諸概念の連関図

権の尊重，市民参加，多言語教育，対話の場の創出である。さらに，N. メアら（Meer and Modood 2001）は，間文化主義と多文化主義を比較しながら，間文化主義は多文化主義よりも相互行為や対話に重点があり，多文化主義よりもより「タコツボ化」が少なく全体性にいっそう関与でき，さらに間文化的対話の過程の一部として非リベラルな文化実践への批判に向かいやすくなる，と述べている。ようするに，間文化主義は多文化主義の問題点を対話と対話の場の創出という視点から乗り越えていこうとする努力だといえよう（Cantle 2012 も参照）。

トランスナショナリズムがナショナリズムを超えていくのは，一方でローカルな視野で多文化主義から間文化主義へ，他方でグローバルな視野でトランスナショナリズムからコスモポリタニズムへという 2 つの方向をとりあえず区別しておくことが可能だ。ただし，それらは別々のものではない。それらは「グローカル」な視点を取ることで結びつくし，実際に結びついている（**図 2-2** 参照。なお，現時点では，間文化主義は外国にルーツをもつ子どもたちもともに学ぶグローカルな場である教育現場で切実な問題として実践的にも理論的にも検討が進み始めている）。

Column ② 世界の格差への視点

現在，世界の人口の上位 20% が世界の所得の 80% 以上を占め，下位 20%（最貧層）は世界の所得の 2% にも満たないと言われている。いま格差問題は，国内だけでなく，世界規模で問われている。国際機関のデータによれば，欧米や中東で 15 億人が肥満問題を抱えているが，他方でアフリカを中心に 10 億人近くが栄養不足に悩まされている。自分の国・国民が何よりも大切で，他国のことは他国に任せればいい，というように考えることは適切なのか。グローバル時代のいま，世界の格差や不公平の問題は問われるべき事柄ではないか。

戦争（平和），環境（自然）の問題とともに，格差（貧困）は現代世界の大きな問題である。こうした問題を前に，社会を考える際の「ナショナルな枠」（＝国家や国民といった枠内で「社会」――いわば「国家内社会」といえるもの――を考えようとする思考習慣）は，いまや再検討を迫られている。移民・移動者によって国境を越える社会空間が生まれ，地球規模での連携も求められる時代となった。たとえば「国境なき医師団」などの活動は，文字通り国境を越える支援に尽力している。国連の諸機関の活動も重要だ。国家を越える／超える人々の移動とそれに伴う相互行為を対象とする国際社会学では，トランスナショナリズムという視角から，たとえば難民問題のような世界規模で生じる事態への検討を含めて，コスモポリタンなまなざしをもって問題解決に迫ることも重要な課題の一つである。

国際社会学とトランスナショナリズム論の可能性

このように見てくると，トランスナショナリズム論は，国際社会学の一つの基礎理論としてだけでなく，未来を展望する可能性をもった具体的な実践をも伴う考え方として，社会学的な検討に値すると思われる。それは，トランスナショナリズム論が適切に活用されれば，批判的社会理論（critical social theory）として現状へのクリティカルな（現状批判的な）批判機能をもつ可能性があるからだ。

国家を超える想像力は，一方で，国民国家の枠をクリティカルに捉えつつ，自分自身の生活世界を意味あるものにしようとし，個々人の能力の展開を拒んでいるものへのクリティカルなまなざしとなる可能性がある。もちろんそれは可能性に過ぎない。しかしそれは，社会の現状を批判して未来を展望する可能性をもち，トランスナショナルに思考し実践することで世界の格差や不公正にも立ち向かう回路を開いていく可能性をも秘めているのではないだろうか（Column ②参照）。

こうして，トランスナショナリズム論を展開する国際社会学もまた，単に現状を追認するだけでなく，こうした批判機能や将来を展望する機能をもつこと，この点もここではあえて強調しておきたかった。グローバル時代には，学問分野という枠も含めて，これまでの枠を「トランス」する想像力もまた求められているのである。

読書案内

1　ウルリッヒ・ベック『危険社会――新しい近代への道』（東廉・伊藤美登里訳）1998年，法政大学出版局。

科学技術が急速に進展した近代がグローバルに抱えこんでいる環境問題を中心に論じつつ，既存の社会学への批判的視点をも含む，今日のグローバル・リスク社会論の基になった示唆に富む必読文献。

2　ジョン・アーリ『社会を越える社会学――移動・環境・シチズンシップ』（吉原直樹監訳）2006年，法政大学出版局。

移動論的転回を説く著者が，旅行などを含めた21世紀の移動現象を展望しながら，感覚・時間などにも言及し，かつシチズンシップ論も視野に入れた，国家を越える／超える社会と社会学を論じた重要な文献。

3　片倉もとこ『イスラームの世界観――「移動文化」を考える』2008年，岩波現代文庫。

イスラム世界のトランスナショナルな移動を論じ，さらに近代の時間意識とは異なるイスラムのゆったりとした時間の流れ（＝「ゆとろぎ」）を描いている。一部急進派の考えとは異なるイスラム世界のトランスナショナルな視点を知ることができる。

■参照文献

Beck, U., 1986, *Riskogesellschaft: Auf dem Weg in eine andere Moderne*, Suhrkamp. ＝1998，東廉・伊藤美登里訳『危険社会――新しい近代への道』法政大学出版局。

ベック，U., 2011,「第二の近代の多様性とコスモポリタン的構想」U. ベック・鈴木宗徳・伊藤美登里編『リスク社会化する日本社会』岩波書店。

ベック，U., 2016,「社会学におけるコスモポリタン的転回――カエルにキス！？」西原和久・芝真里編訳『国際社会学の射程――社会学をめぐるグローバル・ダイアログ』東信堂。

Cantle, T., 2012, *Interculturalism: The New Era of Cohesion and Diversity*, Palgrave and Macmillan.

Castles, S. and M. J. Miller, 2009, *The Age of Migration: International Population Movements in the Modern World* (Forth Edition), Palgrave and Macmillan. ＝2011，関根政美・関根薫監訳『国際移民の時代〔第４版〕』名古屋大学出版会。

Council of Europe, 2008, *White Paper on Intercultural Dialogue: Living Together as Equals in Dignity*, Council of Europe Publishing.

入江昭，2014,『歴史家が見る現代世界』講談社。

梶田孝道，1996,『国際社会学のパースペクティブ――越境する文化・回帰する文化』東京大学出版会。

Kant, I., 1984 [1795], *Zum ewigen Frieden*, Reclam. ＝1985，宇都宮芳明訳『永遠平和のために』岩波書店。

片倉もとこ，1995,『「移動文化」考』日本経済新聞社（1998，同名で岩波同時代ライブラリー所収，さらに2008,『イスラームの世界観――「移動文化」を考える』として岩波現代文庫所収）。

Meer, N. and T. Modood, 2011, How does Interculturalism Contrast with

Multiculturalism?, *Journal of Intercultural Studies*, 33 (2).

西原和久，2010，『間主観性の社会学理論――国家を超える社会の可能性〔I〕』新泉社。

西原和久，2016，『トランスナショナリズムと社会のイノベーション――超境する国際社会学とコスモポリタン的志向』東信堂。

西原和久・油井清光編，2010，『現代人の社会学・入門――グローバル化時代の生活世界』有斐閣。

Robertson, R. 1992, *Globalization: Social Theory and Global Culture*, Sage. ＝1997，阿部美哉訳『グローバリゼーション――社会理論と地球文化』（部分訳），東京大学出版会。

塩原良和，2010，『変革する多文化主義へ――オーストラリアからの展望』法政大学出版局。

Vertovec, S., 2009, *Transnationalism*, Routledge. ＝2014，水上徹男・細萱伸子・本田量久訳『トランスナショナリズム』日本評論社。

Urry, J., 2000, *Sociology Beyond Societies: Mobilities for the Twenty-First Century*, Routledge. ＝2006，吉原直樹監訳『社会を越える社会学――移動・環境・シチズンシップ』法政大学出版局。

Wright, E. O., 2010, *Envisioning Real Utopias*, Verso.

第Ⅱ部

北東アジアの現在

Introduction

第Ⅱ部では，日本および日本ときわめて近い距離にある中国と韓国が主に取り上げられる。特に各章は，越境者や移動者，さらに少数民族などの視角から論じられている。それらの視角と関連する人の移動の歴史にも目を向けつつ，現在そして未来の関係のあり方を考えていく手がかりとなることが，この第Ⅱ部では期待されている。各章とも，日ごろのテレビや新聞などのメディアではあまり語られない視点から論じられている。現代の北東アジアのトランスナショナルな状況のさまざまな断面を捉えながら，歴史的にも関係の深かったこれら３国の関係も読み解くことで，政治的な対立とは異なった地平でのトランスナショナルな交流の様子を捉えることが重要だ。そこに，今後のより良き関係のあり方の可能性がみられるからである。

Ⅱ

第3章　日本における「越境者」

●トランスナショナルな移動の過去・現在・未来

農村で働く中国人
「技能実習生」

「研修」「実習」という名目で
働きに来たフィリピン人

日本の農村の外国人（長野県にて）

日本はこれまで「閉ざされた国」だといわれてきた。江戸時代の鎖国のことを言っているのではない。現代の日本でも，英語が通じにくい，外国人差別がある，難民認定数が少ない，そして外国人非熟練労働者の導入を認めていないなど，外国人が入国・居住しにくいことを，それは表している。2010年代になっても，日本における外国人の居住率は1%台だ。欧米の主要国では10%前後であるのに対して，この数値はきわめて低い。しかし，その様子は現在，少しずつ変化が見られるようになってきた。それは何を意味するのか。本章では，歴史社会的・かつグローバルな視野のもとで，日本にかかわるトランスナショナルな移動と交流を通して，その過去，現在，未来を考えてみたい。

表3-1　日本の出入国者数

年	日本人の年間出国者数	外国人の年間入国者数
1950	8,922人	18,046人
1960	119,420人	146,881人
1970	936,205人	775,061人
1980	3,909,333人	1,295,866人
1990	10,997,431人	3,504,470人
2000	17,818,590人	5,272,095人
2010	16,637,224人	9,443,696人

（出所）法務省ウェブサイトの出入国管理の統計表。（2015年6月閲覧）から作成。（http://www.moj.go.jp/housei/toukei/toukei_index2.html）

「閉ざされた国」？

日本社会の様子は，1980年ころから変化の兆しが見え，2010年ころまでの30年ほどの間で，かなり変化しつつある。特に本章で注目したいのが，日本においても人々の国境を越える移動が際立つようになった点である。**表3-1**を参照してすぐわかることだが，日本人の出国者は，1980年にはまだ300万人台であったが，1990年には1000万人を超え，さらに2000年には1700万人となり，現在もほぼ同水準で推移している。また，日本への外国人入国者数も1980年には130万人弱であったが，1990年には350万人となり，さらに2000年には527万人余りとなり，2010年には944万人となった。そして，2013年にはついに1000万人を超え，2015年には一気に2000万人に迫って，メディアもこのことを大きく取り上げた。

これらの数値に含まれるのは大部分が観光旅行者だが，それ以外にも留学生や国際結婚移住者などが含まれている。現在，海外からの留学生の数は，1990年ごろと比較すると4倍ほどの大幅な増加を示している。国境を越えるトランスナショナルな移動は，これまで比較的閉ざされた国だといわれてきた日本でも，はっきりとした形で顕在化してきているといえるだろう。

本章では，国境を越える移動者をトランスナショナルな「越境者」と呼んで，鍵括弧付の「越境者」と表記しておく。そこでまず，日本という国・地域における「越境者」の歴史的系譜を簡潔にたどっておこう。ただし「越境者」には，日本に来る「入国者」と日本を去る「出国者」が含まれる。移民の場合は，日本からの「出移民」と日本への「入移民」ということになる。歴史的に見て，日本は必ずしも「閉ざされた国」ではなかった。

1　日本における「越境者」の歴史的系譜

● 1970年代までの動向

「日本」と「日本人」の原点？

日本における「越境者」の系譜を歴史的にたどろうとすると，すぐに問題につきあたる。そもそも2万年余り前ごろまでは，「日本」は大陸と地続きだった。そのとき「日本」とはどこを指すのか。あるいは，そもそもその時期に「日本」は存在したのか。そう考えると，歴史上「日本」はいつ成立し「日本人」とは誰なのかという大きな問題に出会う。こうした問題はさまざまな議論の観点があるので簡単には論じられない。そこで，ここでは（とりあえず）現在の日本（国籍上の日本人やその領土など）を過去に投影して考えざるをえない。「日本」や「日本人」が昔から（現在の形で）存在したわけではないということは十分に留意しておく必要がある。

さて，現生人類は約20万年前にアフリカで誕生し，10万年近く前ごろから移動し始めてヨーロッパやアジアに向かい，さらにいまのベーリング海峡を越えて1万年余り前ごろには南米の南端まで到達したといわれている（篠田 2007）。「日本人」の祖先は，そうした移動の流れのなかで，現在の日本に南から，中国大陸から，そして北からやってきたと考えられている。それを「入移民」というのには無理があるが，ともかく多数の人々が移動してきた。「日本」という国がある程度の形を成しつつあるときでさえ，いわゆる渡来人と呼ばれる人々がさまざまな技術をもって日本に「越境」してきたこともよく知られている。さらに東北や北海道にはアイヌの人々がいた。また沖縄では，15 世紀には日本と別の統一王朝が成立していた。「日本」は，この段階では現在よりも小さかった。

近世前後の「越境者」の系譜

他方，出国者の歴史的系譜はどうか。3 世紀に卑弥呼が魏に使者を送り，7 世紀には遣隋使／遣唐使が越境し，10 世紀末から 13 世紀には日宋貿易が，15〜16 世紀には日明貿易が行われるなど，日中間には少なからぬ交流があったし，朝鮮半島との間でも密接な関係があった。だが，国外に越境し住み着くという点では，16〜17 世紀が特筆すべきであろう。タイ・アユタヤの山田長政やフィリピン・マニラの高山右近などは比較的よく知られている。アユタヤは今日では観光目的とはいえ日本村が再建されており，またマニラには記念碑が建っている。さらにベトナム・フエ近くにも日本人村があった。また 1613 年の慶長遣欧使節団の一部は，メキシコやスペインに住み着いて「ハポン」村（ハポンとはスペイン語で日本のこと）を形成していた。その子孫も多数いるといわれている。そのほかにも 17 世紀初期にメキシコに渡った伊達藩士や，明治に入ってからは榎本殖民団が知られている。新政府に対立した榎本武揚がメキシコに新天地を切り拓こうとしたのだ。またカリフォルニアには戊辰戦争後の会津藩士からなる若松コロニーの試みも存在した。

「島国・日本」だが，海を渡って多くの人が出移民として海外に向かった。海は人々が往来し，交流・交易する通路であったのだ。

島国だから孤立しているわけではない。網野善彦が論じたように，海に囲まれていたから，海路で大量の人や物資を輸送することができたのである（網野 2005）。

とはいえ，江戸時代の17世紀前半からの鎖国政策によって，オランダ，中国，そして朝鮮半島の人々との交流は続いたにせよ，日本は孤立状態に近い状況が一時的に生じた。しかし，早くも18世紀の終わりごろからは交易等を求めて外国船が日本の各地に寄港するようになった。そして1853年の黒船の到来。日本は開国を選択し欧米の主要国と条約を結んだ。開国後の明治政府は積極的に外国の学問・技術や制度や文化を取り入れるように努め，欧米への視察や留学（石附 1992）も活発になされただけでなく，「お雇い外国人」と呼ばれる外国の研究者・技術者の日本招聘も年間500人規模で盛んに行われた。そしてその時期，欧米人との国際結婚も見られるようになった（Nishihara and Shiba 2014: 329f.）。ただし当初は，日本国内（内地）で外国人は一定の居留地以外に住むことはできなかった。内地雑居が認められたのは，1894年のことである。

近代日本の出移民の系譜

では，明治以降の庶民の移民はどうだったのだろうか。まず，「元年者」と呼ばれる明治元年（1868年）の150人余りのハワイ移民がいた（同じ年にグアムにも移民が渡っている）。ここでいう移民には，一定期間の「出稼ぎ」も含まれる。この元年者と呼ばれる移民は，必ずしも移住先に定住するつもりではなく，数年働いて得たお金を貯め，やがて帰国して故郷に錦を飾るはずだった。それ以降の移民の多くもこうした発想が主流であったようだ（王堂・篠遠編 1985）。

日本政府は明治に入っても，法的には江戸時代の鎖国政策を引き継ぐかたちで原則として長期の出移民を正式には認めてこなかった。この政策は1885年に転換される。そこで，1885年にはいわゆる「官約移民」第一陣として，ハワイ王国への正式移民者900人余りがシティ・オブ・トウキョウ号で日本を出航した。サトウキビ畑での労働が主たる仕事であった（矢口 2002）。また，1900 年早々には沖縄からの移民の第一陣 26 人もホノルルに到着した（ただし「日本人〈ヤマトンチュ〉」と「沖縄人〈ウチナーンチュ〉」は，同じプランテーションでも住む場所は区別され，差別もあったといわれている）。

次がペルー移民。1899 年，日本人 800 人近くを乗せた佐倉丸が横浜を立った。ブラジル移民に先立つこと約 20 年前のことだ。だが，異国での生活は予想外に厳しく，多数の病死者も出てうまくいかなかったようだ（吉田 2006：71）。その後，1903 年には第二次移民船が日本人移民 1000 人余りを乗せて神戸を出港している。後に日系のフジモリ大統領を生み出すことになるペルーはまず，移民が制限されたハワイに代わる重要な移民先だったのである。

そして次がブラジルである。1908 年，日露戦争で捕獲した船を改造した笠戸丸で約 800 人の日本人移民がブラジルに向かった。ブラジルは 1888 年に（アフリカ出身者の）奴隷制を廃止し，労働力不足が生じていた。仕事は主にコーヒー農場での労働であった。ただし，ペルーは太平洋で渡ることができたが，ブラジル行きは 1914 年にパナマ運河が開通するまで大西洋経由であった。なお，ブラジルからアルゼンチンに転住する人々も少なくなかったようだ（アルゼンチン日本人移民史編纂委員会編 2002：41）。いずれにせよ，大正末期から昭和の初期には，南米への一種の移民ブームが巻き起こっていた。「さあ行かう一家をあげて南米へ」という標語が，ブラジルを中心とする南米の地図とともに移民募集に用いられていた（キクムラ＝ヤノ編 2002：74）。1940 年ころ，北米に 20 万人余り，中南米には 30 万人余りが住んでいた。現在，日系ブラジル人は 150 万人ほどいるといわれている。

帝国日本の「越境者」問題

だが，「帝国」日本にとって他の重要な「越境者」も存在した。第１に，それは旧満州国（中国東北部）への「出移民」である。満州国の建国は1932年だが，1930年代後半から移住が本格化し，長野県出身者を筆頭に満蒙開拓団などとして，最終的には30万人近くが新天地で農業を中心とする新たな生活を求めて「越境」した。そして，1945年の敗戦。満州国は消滅した。その時点で在満邦人は約150万人といわれている（吉田2009）。そこで移住者たちは帰国を余儀なくされたが，その途中で，いわゆる残留孤児問題（子どもたちの命を救うために中国人に養育を頼み，彼らが成人して中国人養父母から事実を知らされ，1980年代以降に日本への帰国を希望することになったいわゆる「中国帰国者」にかかわる問題）も発生した。

第2は，帝国日本への編入・移動の系譜である。1870年代のいわゆる琉球「処分」と呼ばれる沖縄の日本編入，そして1895年の台湾の植民地化，1899年の北海道旧土人保護法制定による日本への同化政策，1910年の日韓併合，さらに第一次世界大戦後の南洋諸島の統治などである。「日本」および「日本人」は膨張したのだ。ここで，「入移民」という視角から語ろうとすれば，日本の内地の炭鉱などでは中国や朝鮮から多数が（強制を含めて）移動し働いていた点が挙げられる。たとえば長崎で世界遺産となった軍艦島などの地下には炭鉱があり，そこでもたくさんの中国・朝鮮からの移住者が働いていた。あまりにも悪条件での労働だったのだろう，その一部は暴動を起こし，いまは長崎の原爆投下地の平和公園となっている場所にあった収容所に「暴徒」として収監されていた。そして，長崎の原爆投下の際には，彼らもまた直下で被爆し亡くなった。だが，そのことはあまり知られていない。

こうした悲惨な出来事もあったが，他方で，たとえば戦前には日本に在住していたコリアンの人々に選挙権があったこともあまり知られていない。もちろん差別はあったが，日本の「領土」であった朝鮮半島の人々もまた「日本人」であり，日本本土に居住する「日

Column ③　オイジンとカナダ・バンクーバー

オイジンこと及川甚三郎（1855～1927）は宮城出身で，若いころ，地元の村に工場を建て成功した。だが彼はそれに満足せず，カナダでサケの筋子が捨てられていると聞き輸入を考えた。そして1896年にバンクーバーに赴き，1906年には地元民ら82人を船に乗せてバンクーバーに向かった。だがこれは密航船だった（新田 1979）。彼らは逮捕され，内陸で鉄道建設労働に従事させられた後，バンクーバーに戻された。そこでオイジンは，サケ加工用に市内の川の２つの島を購入し工場を建てた。これらの島は現在，無人島だ。約400人が移住し働いていた島とは思えない。なぜ無人島化したのか。また，バンクーバーのパウエル通りには，1910～40年代初頭までリトル・トウキョウなどと呼ばれたジャパンタウンがあり，数千人が住み，多様な店も存在した（Kobayashi 1992）。だがここも現在，寂れている。

問題は1941年12月8日（日本時間）に生じた。真珠湾攻撃による日米開戦。カナダでも同盟国アメリカや一部の南米と同様に，敵性外国人である日系移民は強制収容所に入れられた。しかもカナダの場合，財産は没収・売却された。それゆえ島も日本人街も面影すらなく変容した。戦後，この日系人排斥政策に対し名誉回復・損害賠償を求めるリドレス運動がアメリカとカナダで起こり，1988年カナダ政府は日系人に謝罪し多額の補償金を支払った（末永 2010：153）。現在，日本からの国際結婚移住女性が多数集う日系国立博物館もそのときの基金で建立された。謝罪・賠償は，カナダ政府が1970年代初頭からの多文化主義政策の延長線上でなされたというべきだろう。この点は，植民地政策下で労苦を強いられた外国人への日本政府の対応とは対称的だ。日本の場合は多文化主義政策が打ち出されないまま，かつ過去の民族差別的政策への十分な反省がないまま，今日に至っているのではないか。

本人」である限り，同じ皇民（国民）であり，納税額など一定の条件を満たす限り被選挙権さえ付与されていた。それが法的に廃止されるのは，戦後になってからである。

戦後の外国人政策と新しい「越境者」の系譜

なお，戦後の経済の混乱のなか，1970年代前半までは南米を中心とする出移民の流れは続いた。沖縄からもボリビアへの移民が目立った。和歌山県のアメリカ村と称された美浜町三尾でも，カナダ移民の流れは続いた。他方，国内では戦後，着々といわば「外国人排除」が法制化された。いわゆる「1952年体制」（樽本 2009：144）の確立である。1950年に父系血縁原理（これは1984年の改定まで続いた）のもと「国籍法」が定められ，51年には「出入国管理法」が制定され，朝鮮や台湾の人々の「外国人化」がなされ，さらに52年には「外国人登録法」ができ，外国人登録証を所持し，かつ指紋押捺が義務づけられた（指紋押捺は20世紀の終わりまで続いた）。こうした一連の法制化で，「日本人」の範囲は縮小したのだ。なお，その後の1970年代の日中国交回復は，同時に台湾との国交断絶を意味していたことも記しておこう。それにより，在日台湾出身者は，日本国籍か中国国籍，あるいは無国籍を選択せざるを得なかったのである（陳 2005）。

さて，1970年代には戦後日本経済の高度成長によって，日本人の生活も安定し，これまでのような「出移民」は減ってきた。むしろ，この経済の高度成長期には，農村の若い世代が大都市に越境する人口移動が見られた。いわゆる「金の卵」ともてはやされて，中卒で東京や大阪に集団就職するケースである。このことは，高度成長期に必要となった労働力は，日本の場合，農村の過剰人口の都市への移動（国内移動）によって賄うことができたことを意味する。つまり，その時点では，外国人労働者の導入はほとんど考えられなかった。

しかし，「出移民」も「入移民」も，1980年代中ごろからは様子が変わり始める。新しい形での「越境者」が見られるようになってきた。次に，この新たな状況を見ておこう。

2 現代日本の「越境者」たち

●1980年代以降の動向

新しい入移民

1980年代あたりからは，海外進出する企業が「研修生」として日本で学ばせる形で，少しずつ外国人が日本に働きに来るようになった。さらに，日本の少子化，高学歴化，3K労働の忌避などの要因で非熟練労働を中心に労働力不足が顕著となり，経済の国際競争に太刀打ちできるように安い労働力を必要とした事情も加わった。たとえば群馬県の大泉町ではこうした傾向が1980年代後半から見え始めていた。その動向を決定的に推し進めることになったのは，1989年に成立し1990年に施行された新しい「出入国管理法」（正式には「出入国管理及び難民認定法」：略称は入管法）の導入である。特にこの改定入管法によって，日本人の「血」を引いているので，日系南米人の2世，3世が日本で働いてよいことになった。そこで，静岡県浜松市や愛知県豊田市などにも多数の日系ブラジル人や日系ペルー人が働きに来るようになった。ピーク時に在日日系ブラジル人は30万人を超えた。かつて日本から出移民した人々の後続世代が，今度は日本に入移民するという逆転現象である。

そして，それと同時に日本政府は，労働力不足に対処するために別の方法も考えた。日本政府は原則として非熟練の外国人労働者の導入を（現在も）認めていない（安里編 2011）。だが労働力不足は深刻になりつつある。そこで「研修生」という名で，労働ではなく「研修」目的で外国の若い労働力を活用する政策を導入したのだ。1993年から動き出したこの制度は，その後若干の制度改定がなされつつ，上限3年の滞在を認め，かつ2010年以降は「技能実習生」という呼び方に変わりながら，現在も年間15万人から20万人規模で，製造業だけでなく農業や水産業の場でも続いている。

今後も，その職種は広がり，林業や自動車修理，さらには家事や介護の仕事でも導入が図られて拡大傾向にある（なお，こうした「研修生」制度は韓国でも日本と同様に一時期導入されたが，あまりにも実情とかけ離れて問題が多いので廃止され，現在は雇用許可制になっている。なお，この点については有田ほか編 2016 を参照）。二国間の EPA（経済連携協定）に基づく看護師・介護福祉士候補者の受け入れも——日本語の国家試験の難しさなど問題点は多いが——2008 年のインドネシアを皮切りに，フィリピン，ベトナムからも，と拡大していることも付け加えておこう。高齢社会対策でもあるが，間違いなく「日本」「日本人」は外国人頼みとなってきている。

新しい出移民

他方，出移民の新しい傾向としてのトランスナショナルな移動に関しても言及しておこう。その端的な例がワーキング・ホリデー制度の活性化であろう。1980 年代に入ってから，日本は，オーストラリアやカナダなどとワーキング・ホリデー（略称：ワーホリ）制度の取り決めを結んだ。それは基本的に二国間で，若い世代の休暇目的の出入国と滞在資金を補うための一定の就労を認める制度である。1980 年にオーストラリアと，1985 年にはニュージーランドと，さらに 1986 年にはカナダと，さらに独仏英などとも取り決め，近年では台湾，香港，ノルウェーも加わり，10 カ国を超えている。受け入れの人数（年間ビザ発給枠）に関しては年間 5000 人までとか，あるいは制限を設けないなど多様である（また年度によって発給枠の変動もある）。だが確実に毎年 2 万人程度の日本の若者が，この制度を利用して国境を越えている。

筆者自身の調査に基づいてカナダ，オーストラリアなどでのこの制度の活用のされ方を見ると，ワーホリを，単なる休暇を越えて労働ビザや永住ビザの取得のための前段階と考えているケース，あるいは国際結婚へとつながっていったケースなど多様である。2015年にニュージーランドで行ったワーホリに関するヒアリング調査では，カナダでのワーホリの後，ニュージーランドでもワーホリを利用し，いずれ労働ビザを取得して定住したいと考えている者，最終的にはアメリカでの永住権の取得を目指しているが，とりあえずニュージーランドでワーホリを活用して英語力をつけたいと考えている者など，多様な活用方法が存在した。ワーホリで外国人と親しくなり国際結婚を夢見るケースもあった。

留学生の問題

さらに，こうした事例とは別に，日本人が海外に留学するケースも確実に増えている。最近の日本人学生は留学を嫌い，内向きになっているという指摘もなされたが，文部科学省や日本学生支援機構のデータを全体的に見るかぎり，1980年代に1万人であった日本からの海外への留学生総数が1990年代早々には5万人を超え，21世紀の2000年代には8万人を超え，現在も6万人前後で推移しており，確実に増加してきたと考えるべきだろう。

また海外からの日本に来る留学生の増加はもっと著しい。現在，世界全体では留学生の数は400万人ほどだが，そのなかで日本に勉学に来る留学生はきわめて少ない。とはいえ，1980年代の初めには1万人程度のその数が，日本語教育機関を含めた数値では今日20万人に迫っている。1980年代前半に当時の中曽根康弘首相が留学生10万人計画を開始し，ようやく2003年にそれが達成され，その段階で今度は当時の福田康夫首相が留学生30万人計画を立てた。そのための施策も実施されて，大学の国際化も確実に進みつつある。

外国人へのまなざしの変容

そして，2010年を過ぎたころから，テレビを中心とするメディアでは，いわゆる「ハーフ」（ダブル，ミックスともいう）のタレントの活躍などとともに，しばしば一般の来日外国人や在外日本人が取り上げられるようになった。「You は何しに日本へ？」（2012 年放送開始），「世界の村で発見！　こんなところに日本人」（2013 年放送開始）などの番組である。メディアでのトランスナショナルな人の移動・移住は関心の対象になった。2020 年の東京オリンピック開催決定がこうした流れを加速させた。他方，1990 年ごろから「多文化共生」という言葉が使われ始め，2001 年には外国人集住都市会議が発足し，2006 年には総務省の研究会も「多文化共生」に関する報告書を出している（総務省 2006）。

こうして，多文化共生は人々の間に定着しつつあるかにみえる。横浜中華街，神戸南京町，長崎新地中華街などオールドカマーのチャイナタウンは存在したが，2000 年前後から，ニューカマーを中心に，東京・池袋には第 4 のチャイナタウンの存在がささやかれ始め，新大久保には大きなコリアタウンが出現し，さらにイスラム横丁も出現している。また最近は，江戸川区葛西ではリトルインディア，高田馬場ではリトルヤンゴンと呼ばれ始めている地区もあらわれてきた。だが同時に，今日では，1990 年代から本格化する「自虐史観批判」とも連動した「嫌韓論」「嫌中論」，そしてさらに「ヘイトスピーチ」と称されるゼノフォビア（外国人嫌悪）的な排外的動向も目立っている点も付け加えておかなければならない。

3　現代日本の「越境者」を考える

●多文化共生を超えて

21 世紀の日本と世界

このように，「閉ざされた国」だと思われてきた日本も，現在では変化し始めている。鎖国期や戦後の一時期などを除いて，日本と外国はそれなりに活発な交流の歴史ももっていた。だが，戦後に形成された「単一民族神話」（小熊 1995）の影響力は大きく，日本では日本人論などで明らかなように，過剰なまでに「日本」の特殊性が強調されてきた（杉本・マオア 1995）。今日，東日本大震災後のキャンペーンや「おもてなし」の東京オリンピック誘致成功などもあって，メディアなどで「日本はすごい」式の言説が目立つように思われるが，日本だけがすごいというエスノセントリック（自民族中心主義的）な言説には，注意しておくべきであろう。

これからの時代は，国家中心の発想で「国際競争」に勝つというよりも，いかに「国際協力」を進めつつ，戦争・平和，格差・差別，地球環境などの国家を超える世界規模の問題に貢献できるかが問われている。そして，場合によっては，「国家」の存在を自明とするような発想それ自体をも問い直す姿勢が求められる。ここでいう「国家」とは植民地支配と戦争とを繰り返してきた 19 ／ 20 世紀型の（帝国主義的な）近代国民国家のことを指している（西原 2010）。そうした国家中心の発想は 21 世紀には転換を余儀なくされるのではないか。EU や ASEAN の試みは，その先鞭をつけるものだと言えるだろう。もちろん，いきなりコスモポリタニズム的な発想だけを追求することは非現実的である。その意味で，これからの社会では，グローバルかつローカルな（つまりグローカルな）発想が，不可欠であり，現実的なのである。そうした視点から，最後に，多文化主義の日本的展開である「多文化共生」に言及しておきたい。

多文化共生の定義と問題点

多文化主義に関しては，すでに本書第 2 章で触れてあるが，その多文化主義の日本版が「多文化共生」である。前述の総務省の報告書は「地域における多文化共生の推進に向けて」というタイトルが付いたもので，そこに「地域における多文化共生」の定義が記されている（総務省 2006）。すなわちそれは，「地域における多文化共生を『国籍や民族などの異なる人々が，互いの文化的ちがいを認め合い，対等な関係を築こうとしながら，地域社会の構成員として共に生きていくこと』と定義」された（同書の6頁）。この定義は，その後の国の政策に反映され，一定の影響力をもっている。

しかし多少の違和感もある。まず第1に，「互いの文化的ちがい」だけを取り上げて述べている点だ（文化間の同一性の無視）。「国籍や民族などの異なる人々」も，人間として多くの文化的同一性をもっている。それゆえ，同一性も確認しながら，差異にも配慮し，対等な関係を築こうとすると述べる方がベターだろう。

第2に，多文化共生を「地域における」もの，つまり「地域社会の構成員として」だけでない，トランスナショナルな発想が求められる（多文化化の地域閉塞性）。多文化共生における「共生」という概念は，それを地域や国家の枠のなかだけで考えるのではなく，社会観や国家観の再検討にまで及ぶようなパラダイム転換の可能性を秘めているように思われる。コスモポリタニズムを論じている杉本良夫の論考では，この点が指摘されている（Sugimoto 2012: 452ff.）。

そして第3に，多文化共生や多文化社会を語る際に，そもそも「文化」とは何かという問題もある。それはアイデンティティともかかわる問題だが，文化には，地域文化，世代文化，階層文化，ジェンダー文化，時代文化など多様なものがある。多文化共生の場合，多文化の「文化」は往々にして「国民文化」だけが固定的・類型的・物象化的に想定されがちである。紙幅上，この点には細かく立ち入ることはできないが（西原 2016 を参照），少なくとも文化の多義性・多層性の無視，文化の同一面の忘却，そして文化の国民文化への回収（文化を国民文化だけで論じるナショナルな枠）を避けて，文化を考える必要があること（文化の固定化・物象化への批判），この点はぜひとも指摘しておかなければならないだろう。

新しい「越境者」再考

最後に，日本における新しいトランスナショナルな「越境者」の傾向について再考しておきたい。先にワーホリについて述べた。かつてのような生活苦による移民（かりに経済移民と呼んでおこう）ではなく，たとえば芸術活動などを例に自分の才能を磨き活躍の場を求め自分を試すために越境する「文化移民」（藤田 2008），あるいは「自分探しの移民」（加藤 2009）や「ライフスタイル移住」（長友 2013）とも呼ばれる「新移民」も出現している。もし「越境者」を，強制的／自発的という軸と，移動／定着という軸で考えると，経済移民は半ば強制的に仕方なく越境し，移住先で定着し成功を目指す。他方，文化移民は，かなり自発的に越境し，移住先でも自分の活動場所を探して移動する。1980 年代後半からは，ワーホリ体験や海外への国際結婚移住，あるいは今日，日本の大学受験の進学校に現れ始めてきているという（日本の有名大学の受験を回避して）海外有名大学に直接進学するといったケースなどに，新たな傾向を見ることができる。これは，堅苦しい日本社会を忌避する志向性をもつトランスナショナルな一つの傾向だろう。

ただ，これまでの「新移民」研究では，どちらかというと，こうした文化移民的な「越境者」はうまくいかずに，むしろ帰国を決断して「やはり日本はいい国だ」といったようなナショナリズム的な傾向を強めている面に光が当てられてきた（藤田 2008：231）。だが，英語力をもった人が，さらにトランスナショナル／コスモポリタンな生き方を選択する可能性も語られている（藤田 2008：233）。何よりも，文化移民を「自己」や「アイデンティティ」の問題，あるいは「ナショナリズム」の問題にだけ回収しないで検討することは，国際結婚移住者やワーホリ体験者などの場合にも必要だろう。問題点も指摘されてきた「多文化共生」も，あらためて「リアル・ユートピア」的な理念的・規範的な探求（本書の第２章参照）の対象として再検討すべきなのではないか。

多文化関係における媒介者とユートピア

東日本大震災の際に，義援金という形で諸外国からもたくさんの支援があった。また，実際に現地にも足を運び，支援活動をした外国人も少なくない。そこには，R. ソルニットが「災害ユートピア」と呼ぶような活動の輪が出来上がっていた（Solnit 2010）。だが，2010 年のハイチ地震の際にブラジルのいくつかの自治体が避難所を設けてハイチ人被災者を受け入れたことはあまり知られていない。まして，東日本大震災のときに韓国の菓子メーカー会長がソウル郊外の自社ビルに日本人被災者約 30 人を受け入れたことはほとんど日本人には知られていないと思われる。

筆者としては，文化や国籍を超えて人々を橋渡しし結びつける「共振者＝媒介者」の存在への着目が今後においても重要だと考えている（本書の終章参照）が，少なくとも，こうした「リアル・ユートピア」を「災害ユートピア」だけに終わらせない仕組み作りはぜひとも必要だろう。その点で，NGO/NPO 的な活動にも注目する必要があろう。トランスナショナルな移動を契機に，下からの関係形成の方向性がいま一層求められていると思われるのである。多文化共生もそのような理念的なトランスナショナリズムへの志向が求められているのではないだろうか。本章でみてきたような「越境」が既存の社会への問い直しと結びつくとき，21 世紀の日本と世界の新たな可能性も切り拓かれると思われるからである。

読書案内

1　網野善彦『日本の歴史をよみなおす（全）』2005 年，ちくま学芸文庫。

本章とかかわる「日本」の成立や「海から見た日本列島」などの興味

深い論考が収録されている。日本の歴史を考えようとする際の必読文献である。

② アケミ・キクムラ＝ヤノ編『アメリカ大陸日系人百科事典』2002 年，小原雅代訳，明石書店。

百科事典と題されているが，10 章からなり，主に国別に日系移民に関する歴史と現在がわかりやすく記されており，日系移民を知ろうとする際には非常に役立つ。

③ 杉本良夫／ロス・マオア『日本人論の方程式』1995 年，ちくま学芸文庫。

既存の日本人論がもつ「同質同調論」を方法論的な問題にも言及して批判的に考察した著書であり，日本人を考えるときの必読書である。

■参照文献

網野善彦，2005，『日本の歴史をよみなおす（全）』ちくま書房。

有田伸・山本かほり・西原和久編，2016，『国際移動と移民政策――日韓の事例と多文化主義再考』東信堂

安里和晃編，2011，『労働鎖国ニッポンの崩壊――人口減少社会の担い手はだれか』ダイヤモンド社。

アルゼンチン日本人移民史編纂委員会編，2002，『アルゼンチン日本人移民史』第一巻（戦前編），在亜日系団体連合会。

陳天璽，2005，『無国籍』新潮社。

藤田結子，2008，『文化移民――越境する日本の若者とメディア』新曜社。

石附実，1992，『近代日本の海外留学史』中央公論社。

加藤恵津子，2009，『「自分探し」の移民たち――カナダ・バンクーバー，さまよう日本の若者』渓流社。

キクムラ＝ヤノ，A. 編，2002『アメリカ大陸日系人百科事典』小原雅代訳，明石書店。

Kobayashi, A., 1992, *Memories of Our Past: A Brief History and Walking Tour of Powell Street*, NRC Publishing.

長友淳，2013，『日本社会を「逃れる」――オーストラリアへのライフス

タイル移住』渓流社。

西原和久，2010，「21 世紀の社会学の課題――共に生きる社会の構築」西原和久・油井清光編，『現代人の社会学・入門――グローバル化時代の生活世界』有斐閣。

西原和久，2016，『トランスナショナリズムと社会のイノベーション――越境する国際社会学とコスモポリタン的志向』東信堂。

Nishihara, K. and M. Shiba, 2014, Migration and Migration Policy in Japan: Toward the 21st Century Multicultural Society, in S. K. Kim, et al., eds., *A Quest for East Asian Sociologies*, Seoul National University Press.

新田次郎，1979，『密航船水安丸』講談社。

小熊英二，1995，『単一民族神話の起源――〈日本人〉の自画像の系譜』新曜社。

王堂フランクリン・篠遠和子，1985，『図説ハワイ日本人史 1885～1924』ビショップ博物館出版局。

Solnit, R., 2010, *A Paradise Built in Hell: The Extraordinary Communities that Arise in Disaster*, Viking. ＝2010，高月園子訳『災害ユートピア――なぜそのとき特別な共同体が立ち上がるのか』亜紀書房。

末永國紀，2010，『日系カナダ移民の社会史――太平洋を渡った近江商人の末裔たち』ミネルヴァ書房。

篠田謙一，2007，『日本人になった祖先たち―― DNA から解明するその多元的構造』日本放送出版協会。

総務省，2006，「多文化共生の推進に関する研究会報告書――地域における多文化共生の推進に向けて」。（www.soumu.go.jp/kokusai/pdf/sonota_b5.pdf/；2015 年 12 月 8 日アクセス）

Sugimoto, Y., 2012, Kyōsei: Japan's cosmopolitanism, in G. Delanty, ed., *Routledge Handbook of Cosmopolitanism Studies*, Routledge.

杉本良夫・R. マオア，1995，『日本人論の方程式』筑摩書房。

樽本英樹，2009，『よくわかる国際社会学』ミネルヴァ書房。

矢口裕人，2002，『ハワイの歴史と文化――悲劇と誇りのモザイクの中で』中央公論新社。

吉田忠雄，2006，『南米日系移民の軌跡』人間の科学新社。

吉田忠雄，2009，『満州移民の軌跡』人間の科学新社。

第4章 中国にみる トランスナショナリズム

●グローバル行為の規準へ

雲南省保山の村のモスク（ここでアラビア語を学ぶ子どもたちの多くは，将来，中東や東南アジアのイスラーム圏の大学へ進学することを夢見ている）

中国では56の民族が政府によって認定されている。そのうち，中国でイスラームを信仰する民族は回族を含めて10民族とされる。回族の人口は約982万人（台湾では約4万人）で，少数民族ではチワン族についで多い。回族の祖先は，唐と元の時代，2度の大移住の波に乗って中国へやってきた。その後の長い歴史のなかで，先住のイスラーム教徒や漢族などと混血を進めながら，次第に故郷と母語を喪失していった。回族の民族としての原型は，中国を故郷として中国語を話すようになるなかで形成された。

本章では回族とともに，華僑およびアフリカ系移民を取り上げて，中国のトランスナショナリズムを論じていこう。

7　漢民族の国際移動の歴史

●華僑・華人のトランスナショナル・ネットワーク

「越境」から「グローバル行為」へ

グローバル化のもとでは，時空間が圧縮し人・モノ・情報の移動が加速，増加する。そのなかで，「越境」は常態化し「境界侵犯」の日常化が進行している。つまり，地球上のあらゆる場所は他の場所との関係なくして存立しえなくなっているのである。この「境界侵犯」は時として近代の領域的な秩序に抵触する。その反作用はさまざまだが，たしかに境界や領域の再編，再強化につながっているケースも目につく。たとえば昨今の東アジアにおける隣国への国民感情などは，人々が意識的にも無意識的にも領域的な秩序にかかわっている証拠であろう。その一方で「境界侵犯」が領域的秩序とは異なる新たな意識や行動をもたらすこともある。この場合，「境界侵犯」は，国民社会を前提とした「社会的行為」を再編・強化するのではなく，むしろ「越境」がもたらす「創発特性」（emergent property）に関係づけられながら，「グローバル行為」の生成を支える。

第２章でみたように，トランスナショナリズムの位相は，事実・方法・理念の３つの次元から分析できる。また，本書が取り上げる国際移動は「境界侵犯」の主要な一場面を構成している。議論の見通しをよくするために，本章でのトランスナショナリズムの方法と理念をあらかじめ述べておきたい。

まず方法に関連して，いかなる人々の国際移動を対象とするのか。ここでは，周縁化された人々の移動に着眼し，華僑や少数民族（回族）およびアフリカ系移民を取り上げ，どのような創発特性や「グローバル行為の規準」が見出せるのかみてみたい。次に「理念」では，①「誰に対しても居場所が開かれた社会」の実現を目指すこと（齋藤 2000），②対立と協力が共存することから生まれる多様性や，他者とのかかわりのなかで発見される自己の能力や価値などを問題解決のための源泉とすること（安田 2001）の２つを挙げておきたい。

アジア海運の発達と東南アジア華僑社会

中国人の海上活動は，唐の時代半ばに始まり（8～9 世紀），北宋中期から大きく展開し（11～12 世紀），南宋・元・明にかけて世界最初の海上帝国期を打ち立てた（13～16 世紀）。その象徴として 15 世紀初頭，鄭和艦隊の 7 回にわたる遠征（1405～33 年）が挙げられよう。鄭和は示威，朝貢の勧告，商業調査などを目的に南京を出てペルシア湾岸から東アフリカを就航した。東南アジアに分布する今日の華僑社会の原型は，唐から明の 8～16 世紀に成長した。アジア海域ネットワークの形成は，高い技術から生産される唐貨とその市場の存在，造船術と航法における技術革新，通商情報や現地情報の蓄積などによって支えられた（斯波 1995：24-54）。

特に 16 世紀までの東南アジアでは，海外との通商で海上王国が中心的な担い手を占めた。王国は，集散地の港市《こうし》を人民支配の要所としつつ，その後背地を有した。インド，アラブ，中国などの外国人商人は港市にそれぞれ集住区をもち，後背地に土地や農奴をもつものもいた。華僑は華商や海員を主軸とし，豊かな資力を背景にして現地の王室の御用商人となり，中国への使節を兼ねながら通商を統率した。華僑は同族，同郷，同業のネットワークを背景にして情報，商品，資本，顧客の集積で優位に立ち，一方，現地の王国は華僑を支援しつつ税金からの収益を得る相互依存の関係を深めていった（斯波 1995：53-54）。

その後，1511 年のマラッカ，71 年のマニラの開港は，東アジア海域の海上商業を，地球を東西双方向から一周する新しい世界情勢のなかに組み込むこととなった。新参のスペインはマニラ城塞

(1582年) を，オランダはジャワ島中部にバタビア城塞 (1611年) を建設したが，当地にはすでに華僑が入植し，中国人街も築かれていた。城塞建設に伴う城壁，運河，建物の施工や後背地の入植では，現地の華僑が労務者として動員されるだけでなく，新たに福建出身者を中心として数万の移民たちも渡ってきた。ヨーロッパの新参者たちは，通商のために港・町・村へと張り巡らされた華僑の商業ネットワークを求めただけでなく，中国人の技術・労働力・補給力を求めて商人や農民のほか，職工人や建設労働者などさまざまな移民を招き入れた。16世紀から18世紀にかけて，摩擦や競合のなかでスペインやオランダなどヨーロッパ勢力が中心となって華僑を虐殺する不幸な事件も何度か発生したが，植民地の建設や開発につれて，各種労働者や女性の移住もはじまり，華僑の大量永住化も進行した (斯波 1995：70-81)。

近代の大量出国の時代へ

16世紀，中国大陸は未曾有の規模と速度での人口増加を経験した。漢民族はその後数世紀にわたって周縁未開発地区を埋め尽くし，さらに華僑として海外へ移動した (山田 1995：i)。海外への移動は，国内の移動と連続線上に位置づけてこそ，そのダイナミズムを理解できる。たとえば，長江下流域から東南海岸域にかけて，特に東南アジア華僑の最大の故郷である福建では，人口過剰による土地不足ゆえに他の地域に先駆けて商品作物の導入や手工業特産品の育成，外地出稼ぎなどが進んだ。また，海域ネットワークで「中継と集散の好立地」を占めることが国内外の移動を媒介する一大要因となり，早くから海外移民を輩出した (斯波 1995：24-36)。

華僑社会の形成が本格化する16世紀以降，むしろ中央政府のマクロな外交政策やその制度は内陸重視の中華主義へと向かった。すなわち，朝貢貿易の体制化へ向かう大きな流れのなかで，明の洪武帝の「海禁」政策 (沿岸封鎖) (1371～1567年) や，永楽帝の海上遠征の断念，清に抵抗する鄭成功艦隊の制圧を狙った「遷界令」（海上封鎖）（1661〜83年），そして政府監督の下での広州一港による貿易独占体制（1757〜1843年）などが敷かれていった。しかし実態としては，福建南部から広東の東南アジア貿易を通じて，アジア海域における相互依存はますます強まっていった（斯波 1995：44-48）。

朝貢関係による緩やかな地域間関係とヨーロッパが参加した国際秩序の重なり方にも影響を受けながら（濱下 2013：279），永住化に際して華僑と現地社会の関係にはいくつかのパターンがみられた。福建省南部（漳州や泉州）を主とする集団がタイ，カンボジア，ベトナムに移住したが，わずか1,2世代で現地に同化し吸収される傾向にあった。他方，フィリピン，ジャワ，マレーでは，むしろ混血して言葉や風俗が混成（クレオール化）した半中国風，半現地風の社会層を形成していった（斯波 1995：85-110）。

19世紀に入ると，イギリスなど新興勢力を含むヨーロッパ勢は，東アジア海域にうち立てた植民地をベースにして，西太平洋世界の一次産品を西洋に輸出した。世界資本主義の東漸で国際分業の網に組み入れられたアジアは廉価で巨大な労働力の調達先となり，特に華僑とインド移民，そして原住民の労働力が動員された。1820年代から1920年代にかけて，中国から東南アジアへ向かった移民は約1000万人，うち現地へ定住した数は約300万人と推定される。移民先進地の福建人の渡航先は主にフィリピン，シンガポール，マレーで，広東人（汕頭後背地の客家人や潮州人，広州一帯の広東人など）は主にタイ，シンガポールであった。また，植民地における黒人奴隷の使用を禁じる風潮は，黒人奴隷の代替としての中国人やインド人移民への需要を高め，広東南部の珠江デルタ，三邑や四邑地方の人々を中心とした苦力《クーリー》の投入（1830〜1930年代）が行われた。1840年代のアメリカ西岸，50年代のオーストラリア・ビクトリア州でのゴールド・ラッシュ，60年代アメリカ大陸横断鉄道敷設などが

表 4-1　上位 20 カ国における華僑・華人数

国　別	華僑・華人数 （　）は1980年代	国　別	華僑・華人数 （　）は1980年代
1 インドネシア	7,261,984（600 万）	11 ロシア	998,000
2 タイ	6,994,372（465 万）	12 オーストラリア	573,468
3 マレーシア	5,920,200（509 万）	13 日本	381,225（13 万）
4 アメリカ	3,360,000	14 カンボジア	321,180（30 万人）
5 シンガポール	2,594,234（200 万）	15 イギリス	229,977
6 カナダ	1,413,592	16 フランス	227497
7 ペルー	1,300,000	17 インド	180,584（11 万）
8 ベトナム	1,220,566（96 万）	18 ラオス	172,933
9 フィリピン	1,096,169（110 万）	19 ブラジル	146,180
10 ミャンマー	1,018,074（71 万）	20 オランダ	140,182

（出所）　賈海濤・石滄金（2007：95）より濱下武志が作成（2013：293）。

中国人移民を吸引したが，彼ら苦力の 8 割は短期出稼ぎで，儲けをつかむと帰国した（斯波 1995：118-160）。

「帰国華僑」というトランスナショナリズム

華僑・華人が中国社会にもたらした影響について，特に僑郷と海外華僑・華人に関して多くの研究蓄積がある。例を挙げれば，中国東南沿海部の僑郷における親族および地域の社会構造をモデル化した M. フリードマン（Freedman 1958; 1966）や，僑郷と海外移民の交流に着眼し検証した民族誌研究として，香港新界農村では J. ワトソン（Watson 1975）や瀬川昌久（1991），福建南部の閩南農村では潘宏立（2002）などがある。特に東南中国の農村では，親族組織の形成や教育，就業機会の提供，養老，保健衛生，道路整備といった福利厚生，祖先祭祀や地域祭祀などの伝統文化の再編復興において，海外移民とのつながりが大きく作用している。

1980 年代の中国の改革開放政策による東南アジアと中国沿海ならびに華南地域の経済発展のなかで，歴史的な移民・送金・交易の関係が大きく寄与した。たとえば華僑送金には，①家族，親族への送金，②事業投資，③教育，文化，宗教活動への慈善，交易，寄付などがあり，トランスナショナルな地域間関係の形成がネットワーク多角化の根拠となり，当該地域のダイナミズムを支えた（濱下 2013：273-327）。

このように中国社会への影響も大きい華僑・華人であるが，現在における世界の人口を正確に割り出すのは難しい（**表4-1** 参照）。混血や帰化を通じて華人の現地化が進んでいるからである。『華人経済年鑑（2000～2001）』は，世界の華人総人口を 3000 万人あまり，90% 以上はすでに居住国などの国籍を取得しており，中国国籍保有者は 200 万人あまりにすぎないと推定している（山下編 2005：21）。

華僑・華人のアイデンティティは，移民先における政策（同化と排華）や中国社会の帰国華僑に対する政策や態度（包摂と排除）などに応じて，自他を分ける基準を多元的に構成してきた。たとえば，①家族制度，郷党，方言グループなどに基づき，中国への誇りや懐古の表出を特徴とする「歴史・文化的アイデンティティ」，②南京条約（1842 年）以降の不平等な国際条約や，海外寄留先での国家建設，民族主義に晒されるなか，母国からの呼びかけで民族（ネイション）と人種（レース）が結びつき，積極的な民族主義を求めるようになった「民族主義のアイデンティティ」，③ 1960 年代以降，海外居留地での国民国家浸透のなかで，異化か同化かを迫る市民権とからんで形成された「政治的アイデンティティ」，④国民国家が文化的な多元主義を認める環境のなかで形成された「文化アイデンティティ」，⑤国民国家が同化を遂げた少数グループの権益を保障するなかで形成された「エスニック・アイデンティティ」，⑥経済的収入や社会的威信によって形成される「階級アイデンティティ」などである（斯波 1995：218-227）。

こうした華僑・華人アイデンティティの多元性は，「帰国華僑」においてさらに濃縮される。奈倉京子によれば，「帰国華僑」は第三国への再移住の可能性があり，その意味で移民の過渡的状態にある。そして「実際に自分を何者と捉えているかという問題について，『帰国華僑』というカテゴリー以外にも複数のカテゴリーが考えられ，しかもそれは固定的なものではなく，それぞれの個人のその時々の情況によって『以前の華僑』であったり，『帰国華僑』であったり，すべてを放棄して『中国人』になったりと，変化していく」(奈倉 2012：22)。

従来の華僑・華人アイデンティティに関する研究が，移住先での政治的，経済的，文化的，身体的な影響と，中国（僑郷）からのそれら影響との二元的影響を，いわゆる中国伝統文化からの距離という尺度でもって計測し，彼ら彼女たちのアイデンティティを理解してきたとするならば（奈倉 2012：5)，「帰国華僑」のアイデンティティへの着眼からは，二元的な影響を「越境」することで「境界侵犯」がもたらす創発特性を垣間見ることができるに違いない。その創発特性とはまさしく「私の故郷はどこなのか？」「私はどこの出身なのか？」「私はどこの国の人なのか？」（奈倉 2012：5）という，その人の存在や認識そのものにかかわる問いを促すのであり，同時に，あらゆる人々に開かれた「居場所」をめぐっての，周囲の人々を巻き込んだ最適解の探求を導くものである。

2　少数民族の国際移動の歴史

●回族を例として

母語と故郷を失い，中国を故郷とすることで生成した民族

中国の国際移動について，少数民族からみた場合，漢族とは異なる様相を発見できよう。特にRoots（起源）ではなくRoutes（経過）という視座に立てば（Clifford 1997)，その発見はより広く深いものとなろう。

中国では，国土と少数民族分布の特徴が結びついて地政学的問題を構成している。国家が民族として識別した56民族のうち，漢族を除く少数民族人口は約1億人である。民族区域自治が実施されている地域は国土の64%を占め，しかも陸上国境線の1.9万kmに及ぶ（総国境線は2.1万km）。当然，少数民族自治区域は国防上の要衝となり，さらにここに豊富な鉱物資源が存在する。辺境での国防と資源開発のために中心からは権力と資本が集中的に投下され，中心と辺境の時空間をめぐってその圧縮と輻輳《ふくそう》が進んだ（首藤 2015）。そのなかで多くの少数民族は国境を越えて存在する。

回族の歴史を張承志『回教から見た中国』から紐解いてみよう。唐代の7世紀半ば以降，西アジアや中央アジアから，天山山脈の麓を通る陸路（シルクロード）や，インド洋を渡って広州に向かう海路を伝って，多くのイスラーム教徒が中国へやってきた。シルクロードの拠点，長安は世界の文化と商業の中心地として隆盛を極め，無数の文物を吸収しながら新しい中国文化を創り出していった。インド，ペルシア，アラブなどから伝来した音楽や舞踊が流行し，仏教，道教，景教，拝火教，摩尼教，イスラーム教など大小さまざまの寺廟，教会，モスクが立ち並んだ。一方，海路の拠点，広州は，アラブやペルシアから訪れた胡商に対して不検閲や低税率など自由貿易政策を採った。数十万にのぼる外国人が定住し，裕福な胡商は高利貸しなど金融業などを営み，後々まで国の財政を動かすほどの力をもった。当時，広州に建立された懐聖寺は，中国に現存するモスクのなかで最も古いものである。宋代になると海路はさらに発展し，泉州をはじめ揚州や杭州なども世界的な貿易港として繁栄し，多くのイスラーム教徒が住みついた。

唐朝は外国人に対して，国籍，身分，職業にかかわらず，信仰，結婚，永住，所有，相続，経済活動などの自由を与えた。今日からみても驚くほどに開放的である。唐王朝は坊里制度で都市を区画したが，外国人である「蕃客」たちには「蕃坊」を設置して住まわせ，居住の安全を保障した。さらには，イスラーム教の政教一致に配慮して，「都蕃長」（裁判官）を彼らに選ばせ，イスラーム教の風俗習慣による居住区内の管理を行わせた。唐の開明的な政策に呼応して，ペルシャ，アラブ，中央アジアなどからはさまざまな職業の者が絶えずやってきた。またアラブは，唐王朝の要請に応えて軍を唐に派遣し内乱の鎮圧に加勢したが，その後，大勢のアラブ軍人が長安の南に与えられた居留地（沙苑）に留まった。

中国に住みついた西アジアや中央アジアの外国人は蕃客や胡人と呼ばれた。その後裔は「土生蕃客」（現地生まれの蕃客）と称された。唐は彼らに結婚と姓氏の自由を与えたが，結果的にこのことは蕃客や胡人の祖国喪失を招来した。中国人女性との混血が進み，中国風の名前への改姓とともに，中国化が促進された。非ムスリムの蕃客や胡人のなかには種族，出身地，母語などを忘れ，完全に漢族と溶融した民族もいた。

時代は下って 13 世紀，チンギス・ハーンの号令の下，モンゴル遊牧民は西アジアや中央アジアの各地を大侵攻した。多くのイスラーム教徒は，技術者，職人，商人，官吏，奴隷，あるいは新たに軍に編入された兵士として，中国まで連行された。唐代の自由に溢れた移動とは対照的であった。技術や文化の面で劣っていたモンゴルにとって，金や南宋の前王朝を倒し，元朝を打ち立てるにあたっては，連行したイスラーム教徒やすでに中国に定着していたイスラーム教徒たちから得た政治，財政，技術，軍事諸方面での援助が大きな力となった。

元朝成立後，各省州県のモンゴル長官は，「回回（人）」と呼ばれたイスラーム教徒たちを身辺に配して統治を行った。唐代では長安や海港にイスラーム教徒が集住したが，元代では各地の行政区に配属され，全国至る所に回回人が住みついた。現在でも「回回は天下に遍し」といわれるゆえんである。彼らもまた，先住のイスラーム教徒たちや漢族などと混血を進めながら，次第に故郷と母語を喪失し，中国を故郷として中国語を話すようになった。その後，明朝や清朝による弾圧を経験しながらも，その特殊な信仰と生活習慣ゆえに，国民党時代では「回教徒」として識別され，中華人民共和国成立後は回族として民族が公認された。現在では宗教信仰の有無を問わず，血縁的に両親の一方が回族であれば回族として認められている（張 1993）。

イスラーム教と儒学の「境界侵犯」：国際移動の高まりを支える「共生の作法」

今日，回族にみる多様性は，各地域でイスラーム教徒が経験した歴史と，そのなかで中国に対して行った自己呈示のあり方に関係がある（首藤 2012）。こうしたことを踏まえておくと，今日の回族の国際移動にみる地域ごとの多様性をよく理解できる。

具体的な事例として，雲南省保山の回族を取り上げてみたい。雲南は 4000 km に及ぶ陸上国境線を有し，ミャンマー，タイ，ラオス，ベトナムと国境を接している。すでに元代から「馬幇《マーバン》」と呼ばれる隊商を組んで，これらの国々で商業貿易活動を営んできた。また，雲南からヤンゴンを経由して海路マッカに向かう巡礼のルートも隆盛した。明代の雲南回族がミャンマーやタイなどで華僑として存在したことは『明史』にも記されている（馬 1995：245）。19 世紀中ごろには，雲南からミャンマーのチャイントン，タイのチェンマイを中継地とし，ミャンマーのモウラミャインへ至る交易にも従事した。当時，ベンガル湾に勢力を張った大英帝国やインドシナに進出したフランスなどとも交易を行っている（やまもと 2004：34-35）。

保山は，中国イスラーム思想の四大経学家（明清四大イスラーム漢文訳著家）の一人，馬注（1640〜1711 年）に所縁のある地である。馬注の主著『清真指南』（1681 年ころ）は「宋儒の天理性命説や格物究理説を用いてイスラームの一元論的世界を説明」しようとし，「イスラーム思想を中国の精神風土に根づかせるのに重要な貢献をした」（松本 2002：761）。馬注は，イスラームの一神論と儒学との関係を，アラビア語やペルシア語ではなく漢語を用いて注釈し，両者の社会上の作用を同一と見なした。さらに，宗教とは時と場所に応じて旧来の制度，慣習，方法などを自ら革新するものだとして，「権教」（変化の内容）と「因教」（変化の方向）を思索した（秦主編 2005：191-193）。

馬注の生きた時代，明末清初からは，イスラーム教徒が漢語を用いてイスラーム教を翻訳，解釈することが盛んになった。教徒の間で科挙に及第して天子（皇帝）に仕え朝廷の官僚となるケースが増えた時期だった。当然，唯一神アッラーに対する崇拝と天子に対する忠実との関係が問題となるが，馬注は一神論を堅持しつつも，「二元忠貞」にかかわる孝道や「人道五倫」（君臣の義，父子の親，夫婦の別，長幼の序，朋友の信）など儒学のもつ社会的機能を積極的に評価し，イスラームの社会的機能と同一であるとした。時代は下って現代，馬注がいうところの，ムスリムは「真主」と「君主」の双方に忠実であれという「聖俗並存的信仰体系」は，「二元忠貞」（二元忠実）として，余振貴（中国イスラーム教協会副協会長を歴任）によって注釈された。この「二元忠貞」はさらに「愛国愛教」という標語に取って代わられるが，その根底には二重信仰体系が存在する（高 2006：209-210）。

今日の雲南ではイスラーム・トランスナショナル・ネットワークの前景化がみられる。貿易はもちろんのこと，街や村のモスクでアラビア語を学んだ子女たちのあいだでは，中東や東南アジアなど，イスラーム圏の大学への進学熱が高まっている。こうした「越境移動」を，グローカル化の有する創発特性に関連させて理解するのも興味深い。すなわち，中国イスラーム哲学の基礎を築いた馬注の思想は「共生の作法」として地域に継承され，馬注にまつわる記憶や

Column ④ 台湾への視点

1571年のスペインによるマニラ開港（占領）は，東アジア海域に大きな影響をもたらした。もちろん台湾もその例外ではない。トウモロコシ・サツマイモ・タバコ・落花生などの新大陸作物は，16世紀からの東アジアの人口爆発に加えて，17世紀からの中国での未開発地拓殖で威力を発揮した。それらは，福建華僑がマニラから仕入れたものであるが，中国内地の人口激増にともなう移民の波を，台湾を含む海外に押し出す一因となった。当時，朝貢関係とヨーロッパが参加した国際秩序の重なり方に影響を受けながら（濱下 2013：279），永住化に際して華僑と現地社会の関係にはいくつかのパターンがみられた。

東南アジアの他の地域とは異なり，中国にとっての辺境最前線であった台湾では，その入植もまた中国政府の影響下にあった。すなわち，1661年に明末の遺臣，鄭成功（彼の母親は平戸の人，田川氏とされる）勢力がオランダ勢力を台湾から駆逐し，83年には清軍が鄭氏勢力を制圧，その後，1770年代ころまでに台湾への移住，土地接収，原住民同化の枠組みが清朝によって作られた（斯波 1995：54-93）。

1895年には，日清戦争に敗北した結果，台湾は日本の植民地となり，それは1945年まで続いた。その後，中国で共産党に追われた国民党関係者が台湾に移住し（外省人と呼ばれる），蔣介石以降の独裁体制が続いたが，1988年には民主化され，それ以後，親中派と目される国民党と台湾独立派とされる民進党との二大政党時代が続いている。

墓，故郷などが再発見されている。馬注思想は，回族が漢族など他の民族も巻き込みながら行っているまちづくりにおいてその精神的支柱となっており，また，仕事や修学，信仰などにみる回族のトランスナショナル・ネットワーク活性化においては，他の民族との摩擦や矛盾を回避する安全弁の役割を果たしている。

3 「越境」にみる「グローバル行為の規準」

「三非外国人」というまなざし：身体性や人称性の欠如

1978年以降の中国の改革開放後，外国人の出入国が増加している。そのうち，公安部出入境管理局の統計から入国者数をみてみると，1978年以前は延べ50万人に満たなかったのが，84年300万人，96年674万人，2001年1123万人，2010年には2500万人に増加している。1996年には各レベルの地方政府による外国人就業の管理および許可制度が始まり，2006年の統計公報からは，就業許可証をもつ外国人および香港・台湾人の人数も示されるようになった。すなわち06年に18万人，上位から順に上海在住5.5万人，北京3万人，広州7000人であった。また，09年末には，中国全土の就業人口7億7995万人，そのうち就業許可証をもつ外国人は22.3万人とされる（叶 2011：90-91）。

外国人の不法入国，不法滞在，不法就労について，中国では「非法入国」「非法滞在」「非法就労」と表記し，合わせて「三非外国人」や「三非」などと略称されている。「三非」に関する公式データを入手することはできないが，メディアではその不断の増加を盛んに報道している。2001年からの5年間，全国の公安機関での「三非」検挙人数は12.3万人，1996年からの10年間の送還処分は延べ6.3万人だった。広東省だけでみてみると，2007年の「三非」検挙数は7000人あまり，検挙数は前年比で平均40％ずつ上昇している（叶 2011：90-91）。

「三非外国人」に対しては，出入国，滞在，就労の違法性に加えて，麻薬密売や密貿易など反社会的活動への関与が取り沙汰され，新たに出現した「他者」への過剰ともいえる意味づけが散見される。

たとえば広州では，アフリカ系滞在者が 20 万から 30 万人，あるいは 50 万人にも達するという噂や物言いが流布している。しかし 2014 年 10 月，市公安局は広州に居住する外国人を 11.8 万人と報告している。その構成はアジア 5.7 万人，ヨーロッパ 2.2 万人，アフリカ 1.6 万人，北米 1.4 万人，南米 0.5 万人であった。近隣からの入国者が多く，日本が最多，ついで韓国，アメリカ，インド，ロシアの順となっている。上位 20 位のうち，アフリカからはナイジェリアが 14 位，エジプトが 17 位であった。また，外国人居住者 11.8 万人のうち，常住人口（半年以上滞在者で留学生も含む）は 4.7 万人で，アフリカからは 4000 人に過ぎない。にもかかわらず，アフリカ系居住者の規模が誇大にいわれるのは，違法犯罪行為の誇張や，中国産の廉価な小商品市場に対する旺盛な需要，青壮年労働者の都市中心部への集住，戸外での活発で可視化された活動などが影響している。

1997 年のアジア通貨危機以降，中国とアフリカの経済関係は急速に深まった。2000 年から 13 年にかけて，中国とアフリカの貿易額は 105 億米ドルから 2000 億米ドルに増加し，アフリカ各地に中国企業や中国労働者が進出した。同時に，特に北京オリンピック以降，広州や義烏，杭州，武漢などでのアフリカ系滞在者の増加が国民やメディア，政府の関心を集めた。しかし，中国の法制度では“移民”に相当する概念がなく，中国社会において外国人が直面する労働，工商，税務，宗教などの諸問題は，地方政府による管理，なかんずく地方公安部門による圧力が大きい（牛 2015：124-131）。

また，中国社会でのアフリカ系居住者は“アフリカ人”や“黒人”として一括りにされがちである。しかし反対にその内部にあっては，国籍，言語，宗教，地域，部族，職業，嗜好などでお互いの差異が強調される傾向にある。中国に身を投じたアフリカ人のなかでも，技能をもち有効な旅券を所持する人々は，能力開発やスキル習得，金銭獲得などで個人の力がより一層発揮できるようになったと感じている。また，より高いレベルへの社会移動や賃金も享受している。しかしその一方で，中国人と実質的な人間関係を築くことが難しく，精神的な充足や正当な支持が得られにくい，しかも敵意や差別のなかで低い階層への社会移動と賃金に甘んじ，常に搾取と国外追放の危険に晒されていると感じている人たちも少なくない（Adams 2015: 85-87）。

「グローバル行為の規準」を導くために

本章の目的は，「境界侵犯」がもたらす創発特性のなかに，「グローバル行為の規準」を見出すことであった。この「グローバル行為の規準」，すなわち本書でいうトランスナショナリズムでは，既述のように目指すべき理念として，①「誰に対しても居場所が開かれた社会」（居場所にかかわる理念），②多様性を問題解決の源泉とすること（多様性にかかわる理念）が挙げられる。この理念とかかわらせて若干の考察をし，まとめに代えたい。

先にみた広州におけるアフリカ系移民のケースでは，グローバル化のもとで進行する「境界侵犯」の日常化が，国家や地方政府による旅券や居留の管理などの問題に回収されている。また，“アフリカ人”や“黒人”を通して表象される「他者」には，身体性や人称性が捨象されがちである。ここに「居場所」や「多様性」をもたらす創発特性や，新しく生成していく社会の姿を見出すのは，一見，困難かもしれない。

また，「帰国華僑」についても，海外華人の投資を期待して国内外に広がる華僑・華人ネットワークを重宝するというまなざしだけでは，「帰国華僑」のトランスナショナリズムがもつ可能性を見誤るだろう。すなわち，そうしたまなざしだけでは，統一性や一貫性を欠き状況主義的で多元的な揺らぎのなかにある「帰国華僑」のアイデンティティは，「境界侵犯」を通じて，生産や効率のシステムに内包される人間疎外の論理を告発する存在であることを見出せないだろう。また，翻訳可能な〈他者〉のみを自文化の脈絡に回収し自社会に位置づけるようなシステムや人格のあり方に対して，「帰国華僑」は警鐘を鳴らしていることに気づかないだろう。

回族の「トランスナショナリズム」とは，記憶すべき共通の過去を持ち，祈りを捧げる明確な対象を持つ人々のトランスナショナル・ネットワークの蘇生や転生である。この「トランスナショナリズム」は記憶と祈りを通じた共同性に基づくものであり，「居場所」や「多様性」を承認し支援するための“原則”をもっている。それゆえ一方で，「共生の作法」を支える言説の構築を意識的（政治的）に図っていかざるを得ず，常に緊張が存在する。

では，これら課題をいかに解決していけばよいのか。同義反復めいて聞こえるかもしれないが，それはやはり「越境移動」や「境界侵犯」がともなう「創発特性」に「グローバル行為の規準」を見出すしかない。気をつけたいのは，それは決して際限のない循環に陥ったロジックではないということである。

その理由は以下のように説明できる。今日の私たちの「居場所」は，現存の境界線の上を生き続ける姿に見出せる。つまり，移りゆく時のなか，空間と時間，差異と同一性，過去と現在，内と外，包摂と排除などが複雑に交錯し絡み合う形象のなかに，私たちは存在する。当然，主体の位置に関して，人種，ジェンダー，世代，組織，地政学的地域，性的欲望のあり様などのカテゴリーを単独に取り上げて認識することは，すでに過去のものとなりつつある。代わりに必要なのは，Roots（起源）ではなく Routes（経過）への着眼であり，文化の差異が分節化される際のプロセスや契機への注目である。差異が輻輳したり置換されたりする「多様性」のなかには「裂け目」が現れる。この「裂け目」こそは，私たちに主体の位置に関する問いかけを許す空間であり，所与の非対称的で階層的，領域的な秩序とは異なる差異のあり方を構築する実践的空間なのである（Bhabha 1994＝2005: 1-16）。

読書案内

1　ホミ・K. バーバ『文化の場所――ポストコロニアリズムの位相』（新装版）2012 年，法政大学出版局。

差異の領域が接する「裂け目」とは，私たちに主体の位置に関する問いを許す空間だ。この空間とは何かを「越える」ことで得られ，それには土着のものから引き離される感覚の攪乱がつきまとう。「越える」とは何かを探してさまよう運動のことである。

2　張承志『回教から見た中国――民族・宗教・国家』1993 年，中公新書。

故郷と母語を失い血縁と信仰を拠り所に中国に住まう回族は，中庸を標榜する中華文明の人道主義を浮き彫りにする。皇帝が範を示すこの人道主義は，専制権力の状態に左右されながらも回族への限りない寛容性を示してきた。しかし，ときに容赦のない弾圧を回族に加えることもあった。

3　王柳蘭『越境を生きる雲南系ムスリム――北タイにおける共生とネットワーク』2011 年，昭和堂。

中国・ビルマ・タイの複数国家を跨いで移動してきた雲南系ムスリムは，国家や地域，宗教や民族など重層的なネットワークを通じて移民社会を再構築し，自らのエスニシティの発現とともに多様な他者との共生を図っている。

■参照文献

Adams, C. J., 2015, Structure and Agency: Africana Immigrants in China, *The Journal of Pan African Studies*, 7 (10) : 85-108.

Bhabha, H., 1994, *The Location of Culture*, Routledge. ＝2005, 本橋哲也・正木恒夫・外岡尚美・阪元留美訳『文化の場所――ポストコロニアリズムの位相』法政大学出版局。

Clifford, J., 1997, *Routes*, Harvard University Press. ＝2002, 毛利嘉孝・有元健・柴山麻妃他訳『ルーツ―― 20 世紀後期の旅と翻訳』月曜社。

Freedman, M., 1958, *Lineage Organization in Southeastern China*, Athlone Press. ＝1991, 末成道男・西澤治彦・小熊誠訳『東南中国の宗族組織』弘文堂。

Freedman, M., 1966, *Chinese Lineage and Society: Fukien and Kwangtung*, Athlone Press. ＝1995, 田村克己・瀬川昌久訳『中国の宗族と社会』弘文堂。

高明潔, 2006, 「一神教土着化の合理性――中国ムスリムの信仰体系と宗教活動に基づいて」愛知大学国際中国学研究センター編『現代中国学方法論とその文化的視角（方法論・文化篇）』シンポジウム報告：207-223.（『愛知大学国際問題研究所紀要』(128)：21-48 に再録）。

賈海濤・石滄金, 2007, 『海外印度人与海外華人国際影響力比較研究』山東人民出版社。

濱下武志, 2013, 『華僑・華人と中華網――移民・交易・送金ネットワークの構造と展開』岩波書店。

馬維良, 1995, 『雲南回族歴史与文化研究』雲南大学出版社。

松本耿郎, 2002, 「馬注」大塚和夫・小杉泰・小松久男・東長靖・羽田正・山内昌之編『イスラーム辞典』岩波書店。

奈倉京子, 2012, 『帰国華僑――華南移民の帰還体験と文化的適応』風響社。

牛冬, 2015, 「"过客社团"」『社会学研究』2015 (2)：124-148。

潘宏立, 2002, 『現代東南中国の漢族社会――ビン南農村の宗族組織とその変容』風響社。

秦恵彬主編, 2005, 『中国伊斯蘭教基礎知識』宗教文化出版社。

齋藤純一, 2000, 『公共性』岩波書店。

瀬川昌久，1991，『中国人の村落と宗族――香港新界農村の社会人類学的研究』弘文堂。

斯波義信，1995，『華僑』岩波書店。

首藤明和，2012，「回族の宗教実践と『中国』」『社会学雑誌』(29)：66-85。

首藤明和，2015，「チャイニーズネスを構成する『言説の資源』『地域』『歴史の逆説性』――四大イスラーム漢文訳著家・馬注と雲南回族の『共生の作法』から（特集チャイニーズネスと境界）」『日中社会学研究』(23)：36-44。

Watson, J. L., 1975, *Emigration and the Chinese Lineage: The 'Mans' in Hong Kong and London*, University of California Press. ＝1995，瀬川昌久訳『移民と宗族』阿吽社。

山田賢，1995，『移住民の秩序』名古屋大学出版会。

やまもとくみこ，2004，『中国人ムスリムの末裔たち――雲南からミャンマーへ』小学館。

山下清海編，2005，『華人社会がわかる本――中国から世界へ広がるネットワークの歴史，社会，文化』明石書店。

安田雪，2001，『実践ネットワーク分析――関係を解く理論と技法』新曜社。

叶氢，2011，「走向有序統一――三非外国人治理研究」『政法学刊』28(2)：90-96。

張承志，1993，『回教から見た中国――民族・宗教・国家』中央公論社。

第5章　コリアン・ディアスポラとトランスナショナリズム

（EPA＝時事）

東日本大震災直後にソウルのミョンドンで出ていた垂れ幕

民族集団や国民共同体――ネーション――という枠を超えて，人が人と結び合い，ともに生きようとする態度や実践という意味でのトランスナショナリズムは，私たちの社会に根づくことはあるのだろうか。それが，ネーション内の人々の結びつきを本質的なものと見なすようなナショナリズムを抑制するほどに力をもつ未来はありうるのだろうか。こうした可能性を考えるのに，「祖国」を離れ，「異国」で生を営む人々，あるいはその子孫であるディアスポラについて，その人たちの置かれている環境やアイデンティティを考えることは有益である。というのも，他ならぬディアスポラにとって，トランスナショナリズムは多くの場合，生活世界においてすでに実践されているものでもあるからだ。本章では，コリアン・ディアスポラを取り上げる。

「祖国」との関係を何らかの形で維持しつつも，「異国」で生活を営む「ディアスポラ」。彼ら／彼女らは，「祖国」出身者同士のコミュニティの中に籠るのではない限り，程度に差はあっても，生活世界の中では「異国」の人たちと感情や境遇の共有をするのが現実である。ディアスポラは，トランスナショナリズムの実践者としての側面をもっている。

このことを踏まえ，本章では，特に日本の近代化の歴史と深いかかわりをもつコリアン・ディアスポラについて，その経緯と現実，アイデンティティの諸相を確認し，そのうえで，日本におけるコリアン・ディアスポラとの共生について考える。歴史修正主義とコリアンに対するヘイトスピーチが蔓延している現状を踏まえたとき，共生の可能性をどこに見出すことができるのだろうか。

1　コリアン・ディアスポラの形成

●植民地期を中心に

700万人のコリアン・ディアスポラ

韓国の国内人口がほぼ5000万人である一方で，韓国政府の統計によれば2013年時点で国外に暮らしている韓国・朝鮮系の人々――コリアン・ディアスポラ――の数は700万人を超えている。最も多くのコリアン・ディアスポラが住む国は中国で，その数は257万人である。それは中国朝鮮族と呼ばれる人たちである。ついで多いのはアメリカで，市民権を得た在米コリアンを含めると，209万人である（なお，在米コリアンに関しては，韓国の統計はアメリカの国勢調査よりもかなり数が多いが，これは国勢調査に応じていないコリアンがいるためと考えられる）。第3位は日本で，日本国籍に変更したコリアンを含めれば，89万人となる（ここまでの諸々の韓国政府の統計については，ウェブサイトで簡単にアクセスできる）。

これらの数字から明らかなように，韓国は，国内人口の規模からすれば世界でも稀有と言いうるほどに，多くの国外ディアスポラを擁する国である。では，どのような経緯をたどって，これほど多くのコリアンが世界に散っていったのだろうか。

「構造的暴力」を背景にした移住

近代のコリアン・ディアスポラの始まりは，1860年代後半の数年間に及んだ自然災害と農村経済の疲弊により，農民たちが朝鮮半島の北端を流れる鴨緑江と豆満江を越えて，中国東北部の地域（間島）へと移住したことにある。農民の移住はさらにロシア領の沿海州にまで及んだ。当時，朝鮮半島には西洋列強の船舶が頻繁に現れて通商を要求し，これに対して政府が拒否する過程で，近海で衝突がしばしば起こっていた。頑強に門戸開放を拒む姿勢から，「儒教の国・コリア」は西洋人の目に「隠者の国」と映っていたが，他方でそのときすでにその北辺ではトランスナショナルな移動が始まっていたわけである。

しかし，朝鮮半島で人の移動が本格化するのは，日本が西洋列強の帝国主義的膨張に対抗しつつ，自らそれを忠実に模倣する形で朝鮮の主権を段階的に奪い，1910年に「併合」するに至ってからのことだった。日本の植民地統治機構（朝鮮総督府）は土地所有制度を近代化していく過程（1910～18年の「土地調査事業」）で，伝統的な土地所有者であった貴族（両班）の所有権を確固としたものにする一方で，こうした制度やその利用のための手続きに不慣れな農民から多くの土地を奪った。植民地の伝統的なエリートやヒエラルキー構造を宗主国による支配のために意図的に温存し，利用することは植民地経営の常套的な方法であるが，土地調査事業はまさにそうした方法のひとつであった。これが近代の本格的なコリアンのディアスポラ現象を引き起こした最初の衝撃となったのである。

土地を失った農民の多くは朝鮮半島内の都市へ，その一部は中国東北部やロシア領内の沿海州，そして日本に向かうこととなった。さらに1920年に日本国内で深刻化していた食糧問題の解決のため，朝鮮米の日本への移入を増加させる政策（産米増殖計画）を実施した結果，増産のための諸経費を担わされた朝鮮の農民の負債が増大し，土地を手放さざるを得なくなったことが移動に拍車をかけた。こうした経済的な要因による移動は，仮にその当事者にとっては「生計を得るため」という「自発的」なものであったとしても，そこには資源を収奪しやすいよう日本が朝鮮の社会／経済構造を変質させたという事情について指摘せざるをえない。農民が従来の土地で生存することが不可能なまでに作り替えられてしまった社会構造が，移動を促したのである。この意味で，つまり，特定の誰かというよりは，強制された社会の仕組み（構造）そのものが朝鮮人を苦境に陥らせたという意味で，移動は構造的暴力による結果だったといえる。移動先として日本を選んだ朝鮮人は，日本国内の工業化の進展に伴い労働者の需要が高まるなか，炭鉱，紡績工場，土木工事現場などの労働市場に組み入れられることとなった。

こうして朝鮮人が日本に住むことが促されるなか，1923年の9月に関東にいた朝鮮人のうちの数千人が，その誰ひとりとして想像していなかったはずの方法と理由で，突如，命を奪われることになった。地震（関東大震災）発生後，朝鮮人が井戸に毒をもっているなどといったデマが広がった結果，軍や警察ではなく日本人民衆がいたるところで集団的に朝鮮人を殺害するという事件が起こったのである。その死者数は政府が調査を妨害したため定かではないが，千人単位であったことが有力視されている（姜 1975：215-220）加藤直樹は当時の街の状況を「ジェノサイド」〈＝特定集団に対する大規模な殺害〉と表現する（加藤 2014）。構造的暴力によって故郷から引き離された末，それをもたらした宗主国の首都で日本人民衆によって命を奪われたコリアン・ディアスポラの目に最期に見えたものは何だったろうか。

抵抗としての移住と政策による移住

植民者として朝鮮に入ってきた日本人（最終的には70万人ほどに至る）による威圧的な支配体制は，それ自体が多くの朝鮮人を半島の外へ出ることを動機づけた。特に，1919年に半島全土に広がった独立運動（3.1独立運動）が非武装路上デモであったにもかかわらず，植民地政府によって武力で弾圧されて多数の死傷者が出ると，その支配から逃れ，あるいは独立闘争をするために中国東北部への移民が増加した。支配地域から逃れることもまた，服従の拒否という意味で「抵抗」だとすれば，この移民の多くは「抵抗」としての移民だった。実際，その地は武力闘争を含むさまざまな形で帝国日本からの独立運動の拠点となった。独立運動は朝鮮国内のみならず，上海やロシア領沿海州，アメリカなどのコリアン・ディアスポラのさまざまな形態の運動とも，新聞などのメディアを通して連動していた（玄 2013）。また，この地域の抗日武装闘争は中国人との共闘でもあった。その意味では，独立を目指す当時の朝鮮ナショナリズムは「国境を越えたナショナリズム」だったといえよう。

その一方で，1931年の満州事変のあと，日本が傀儡《かいらい》政府である「満州国」を建てると，日本政府はこの地の植民化を確固としたものとするため，国策として朝鮮半島の農民をそこに移住させた。さらに1937年，日中戦争が始まると，「開拓」のための朝鮮人の集団的移住政策が実施され，在満朝鮮人はさらに増加した。日中戦争はロシア領沿海州に暮らしていたコリアン・ディアスポラにも予想していなかった試練を与えた。1937年までに沿海州には20万人近くのコリアンが住んでいたが，同年，全体主義体制を敷くソ連政府はそのコリアン・ディアスポラが日本のスパイの手先となることを防ぐという理由または名目で，そのほとんどを中央アジアに強制移住させたのである（Kim 2001＝2007: 406）。

強制的な移動

日本政府は日中戦争から太平洋戦争へと戦争を拡大するにつれ，朝鮮人を含む帝国内の「臣民」を国家のための人的資源として動員する体制を徹底していく。これ以前において，コリアンの移動は「主観的には自発的な移動」であった。つまり多くの朝鮮人は構造的暴力によって故郷で暮らすことができなくなったが，国家が移住を強制したわけではなく，もちろん行く先を決めたわけではなかった。しかし，これ以降の移動は国家権力による強制的な「動員／連行」によるもので，朝鮮人は国家が命ずるまま移動することを余儀なくされた。その結果，1941 年には日本に 140 万人を超える朝鮮人がおり，そのうち 77 万人が労働力として動員されることになる。その後さらに少なくとも 50 万人が日本に移動させられている。その多くはもっとも過酷な労働に従事させられた。たとえば鉱山での労働に従事していた朝鮮人は 13 万人を超えていたが，坑内労働者の 60～70％が朝鮮人であった。1 万数千人に及ぶ朝鮮人が樺太にまで動員されていたことも指摘しておくべきであろう（今西 2012：38）。

1944 年までには全朝鮮人人口のうち 11.6％ が朝鮮外に居住することになった。「これに匹敵する地域は世界のどこにもほとんどなかった」（Trewartha and Zelinsky 1955: 14）。さらに国内移動も含めると，約 20％ が生まれ故郷ではない（国内外の）どこかに住んでいた。成人人口に関していえば，約 40％ がディアスポラとして故郷から引き離されていたという推計もある（Cumings 1997＝2003: 280）。朝鮮の解放時，満州と日本だけを見ても，最終的に朝鮮人がそれぞれほぼ 200 万人ずつ住んでいた。

2 解放後のコリアン・ディアスポラと新しい移民

日本に残ったコリアン・ディアスポラのその後

日本の敗戦とともに，その時点で日本に住んでいたコリアンの多くが故国に帰ることになったが，強制的動員が始まる以前に日本に渡航してきた人たちを中心に60〜70万人が日本に残ることになった。その人たちが日本に残留した背景には解放後の朝鮮半島の政情不安や，長期にわたる日本滞在の結果，故郷にはもはや生活の基盤がなかったことなどがある。その人たちにとって長く離れていた故郷はもはや異郷と化していたわけである。

日本に残ったコリアンに対する日本政府の扱いは，大日本帝国の時代のそれと「逆向き」のそれだった。帝国時代においては，日本人と朝鮮人が起源において共通しているとする「日鮮同祖論」がもてはやされたことが象徴するように，特に朝鮮人は日本人と「同じである」または「似ている」ことが強調され，しばしば「兄弟」として表象された（小熊 1995）。このような表象は近隣国の住民への支配に他ならないものを，あたかも歴史的に必然的な「融合」であるかのように見せかけるようなものだった。また実際の政策においても，「日本語教育」や「創氏改名」など日本人への同化が強固に推進された。しかし，サンフランシスコ講和条約の発効後，日本政府は，朝鮮人を一方的に「外国人」と規定するようになった。朝鮮人を日本人化してきた数年前までの政策の責任を引き受けることはなかったのである。

こうして突如，法的に外国人として差異化された日本在留のコリアンは，この差異を根拠に，その後，参政権から排除される――帝国日本においては日本列島内の成人男性に限り認められていた――

など，文字通り，「合法」的に種々の権利の制限がなされることになった。また，「異民族を抱える帝国」から「日本人のための国」へと変わっていく「民族国家化」（樋口 2014：187）が進むなか，コリアンは多くの場合，存在が忘れ去られているか，そうでなければ「我々の社会の中の異質な存在」として就職などの場で差別を受けるリスクを負うことになった。

もちろん，地域社会における顔の見える関係や「親密圏」においては，いたるところで両者の間に確固とした人間関係が存在していたし，今も存在していること，また国際的な人権意識の高まりや社会的な啓発活動の結果，目に見えるような差別が改善されてきたことは否定すべくもない。そのことは，阪神淡路大震災や東日本大震災のときのような危機において，その社会的な不安が，かつて関東大震災のときに起こったような，コリアンに対する暴力という形で噴出することがなかったことからもうかがい知ることができる。しかしながら，そうだとすればなおさら，昨今のヘイトスピーチ問題に象徴されるような，在日コリアンを標的にした（あるいは「スケープゴート」とした），ネット空間を温床とした排外主義的言説の広がりは，この問題の根の深さを物語っていると言わなければならないだろう。

現在，日本には 200 万人ほどの「外国人」が住んでいるが，帝国主義のもたらした構造的暴力によって生み出されたコリアン・ディアスポラ——オールドカマーと呼ばれることもある——については 1990 年頃以降に日本にやってきたコリアンを含めた「ニューカマーの外国人」とは，渡日の経緯，日本語や日本文化への同化の程度，社会関係等において，大きく異なっている点に注意すべきだろう。

中国に残ったコリアン・ディアスポラのその後

日本の敗戦後，その「戦勝国」である中国に残った朝鮮人は 100 万人程度であった。今日，「中国朝鮮族」と称される，このコリアン・ディアスポラは，かつての宗主国日本に留まったコリアンとは大きく異なる道を歩むことになった。

中国のコリアン・ディアスポラは，日本のコリアン・ディアスポラと比べると人口比率的には圧倒的なマイノリティであるにもかかわらず，中国公民として1952年以来，その地の各所に大小さまざまな自治領を形成してきたのである。またそれによって朝鮮文化が長く維持されてもきた。中国の政策は同じ時期に日本に渡ってきたコリアンに対して，戦後の日本が採用してきた政策と著しい対照をなしている。中国で自治領が認められた背景にはまず居住地域が延辺などに集中していた点があげられるだろうが，それ以上に，抗日闘争／日中戦争をともに戦ってきたという経緯，および国共内戦では共産党を支援し，さらに朝鮮戦争で多くの在中コリアンが中国義勇軍に参加したという経緯がある。こうしたいわば「運命共同体の一員」としての「功労」に対する評価が国内の朝鮮族に高度な自治を与えてきたことの背景にある。

翻って日本はかつて朝鮮人を「運命共同体の一員（臣民）」として訓育し，資源として最大限に利用してきたが，その（強制された）「功労」に鑑みてたとえば（コリアン集住地区の）大阪生野区の鶴橋にコリアンの自治を認めようなどというアイデアは，筆者の知る限りいまだかつて発せられたことがない。

とはいえ，自治領において長く朝鮮文化を維持してきた中国朝鮮族も，現在，そのコミュニティは流動的になっている。まず，中国が鄧小平の指導体制のもと，1978年に改革開放路線を打ち出すと，経済的機会を求めて，中国の大都市や沿海地域，そして外国へ向かう移動が激しくなった。さらに東西冷戦構造の崩解後の1992年，中国と韓国の間で国交が樹立すると，韓国への朝鮮族の「還流」が促進された。2013年の韓国の政府統計によれば，韓国には「還流」してきた中国朝鮮族が50万人程度暮らしている。現在，韓国には

150万人程度の「外国人」が暮らしているので，その3分の1近くがこの中国朝鮮族だという計算になる（この人たちは通常，「中国籍」を所有しているため，「外国人」の中に含まれる）。朝鮮族は今，韓国以外にも日本や北米にも向かっている。韓国を経由して，日本にやってくる朝鮮族も少なくはない。こうして多方面への移動が続く朝鮮族は，自治領そのものが消失する可能性も指摘されている。

この場合，移動のインセンティブになっているのは，ほとんどの場合で経済的なものであるが，それは中国朝鮮族のアイデンティティにも影響を与えている。1970年代以前において，北朝鮮が韓国よりも経済的に優位と見られている間は，朝鮮族にとって祖国とは北朝鮮だった。そうした認識は北朝鮮が居住国の中国よりも経済的に優位であったために，いっそう強化された。ところが，韓国の経済力が際立ってくるにつれ，むしろその「韓国」を祖国と見なす傾向が生まれてきたのである。こうした人が日本にやってきて，結婚などを機に日本国籍を取得した場合，「日本国籍者であり中国朝鮮族であり韓国人の人」が生まれるだろう。（その人を前にしたとき，「ナニジンか」という問いは意味をもつだろうか。その答えを聞き出し，それによって，その人について理解した気になったとき，その人はその人だろうか。）

アメリカに向かったコリアン

海外に住むコリアン・ディアスポラのうち，もう一つの主要国はアメリカである。アメリカへの移住は，1902年のハワイへの農業移民に始まるが，1924年以降は，アメリカが移民の人種別割当制を実施したため――日本からの移民がそうであったように――コリアンの移住はほぼ不可能となった。しかし，1950年代以降，人種差別の是正を掲げる黒人の公民権運動が高まるなか，1965年にアメリカ政府が人種別割当制を廃止するに至り，他のアジア諸国の人々とともに，コリアンのアメリカ移住が急激に増加することになった。移民が最

Column ⑤ 変化する韓国の移民事情

韓国国内に在留する外国籍者（この中には中国朝鮮族も含まれる）の総数は，2000 年には 50 万人に満たなかったが，2013 年には 158 万人と 3 倍以上に増えている。人口規模が 2 倍程度の日本に居住する外国籍者が 200 万人程度であることを考えれば，少なくとも数の上では，明らかに移民受け入れが日本より進んでいることになる。また 2007 年以降は，他国から韓国へと移動する人の数（3 カ月以上，韓国に滞在する流入人口）が韓国から他国へと移動する人の数（流出人口）を上回っており，その流入超過人数は現在に至るまで上昇傾向にある。2013 年には約 9 万人である。これらのデータから明らかなように，グローバル化時代にあって韓国は移民送り出し国から移民受け入れ国へと大きく様変わりしているのだ。実はここ 10 年ほどの間に日本に来る韓国人（ニューカマー・コリアン）の数が頭打ちになっているが，これも韓国のこの変化を背景に起こっていると見なすことができる。実際，日韓間の移動について，2013 年だけを見れば，日本から韓国への移動者数と韓国から日本への移動者数はともに 6000 人ほどであり，プラスマイナスがゼロとなっている。

高潮に達したのは 1980 年代中盤で，このころには年間で 3 万人をゆうに超える人たちが移住している。ソウル・オリンピックを目前に控えた，当時の韓国は民主化運動が結実する直前の軍事独裁体制の最終局面にあり，その抑圧体制への不満も多くの人の移住の動機であった（Cumings 1997＝2003: 765）。

その後，渡米者の数は減るが，市民権保有者も含めた在米コリアンの数そのものは 1974 年の 17 万人から，その四半世紀後の 1997 年には 200 万人に達し，現在もほぼ同じ数の人が暮らしている。70 年代前半までのアメリカ移民は，この時期の韓国の工業化の進展にもかかわらず，国内でのホワイトカラーの就職口が限られていたために，アメリカでの機会を求める都市中間層が中心であったが，それ以降は韓国国内の貧富の差の拡大に伴い，低所得層の労働者の移住も増えた。今日，コリアン・ディアスポラのうちには，求めていたはずの社会的上昇を依然として果たせないでいる層がある一方で，アメリカのみならず世界に大きな影響を与えている人々が増えているのも事実だ（たとえば，2012年から世界銀行の総裁を務めている，医学者でもあるJim Yong Kimなど）。

アメリカのコリアン・ディアスポラのほとんどは，植民地期に中国や日本に渡った人たちとは異なり，解放後に，もっぱら韓国内部の問題を背景に自由や経済的機会を求めて自ら移住した人たちであった。とはいえ，その人たちはあとにしてきた祖国との関係を断ち切ったうえでアメリカ主流文化に「同化」したわけではなかったし，逆に祖国との関係に固着し，アメリカ社会から「異化」してきたわけでもなかった。当初，自らを「コリアン」として定義していた彼ら彼女らは，1992年のロサンゼルス暴動以来，むしろ「コリア系アメリカ人 Korean American」として定義するようになった（Chan 2000＝2007: 22-3）。

アイデンティティへの問い

敗戦後の日本では，民族を本質化するマジョリティ側によるカテゴリー化の磁場の中で，コリアンが「日本人かコリアンか」というアイデンティティの選択を迫られてきた側面がある。他方，アメリカでは，アメリカ人であり，同時にコリアンであるという形で，自分の中の混淆性（ハイブリディティ）を積極的に引き受けるアイデンティティが自他において承認されてきたのだ。その背景には，アメリカで多文化主義が広くコンセンサスを得ているという社会的条件，さらに移民国家としてスタートしたアメリカの建国以来の歴史があるだろう。

しかし，これらの条件が日本に不在であるからといって，ハイブリッドなアイデンティティが日本では今後も不可能であると考えるとすれば，早計である。事実，日本でも日本国籍に変えつつも，コリアンであること，あるいはコリアンらしさ，すなわちコリアネスを明かすべく朝鮮名を使う人が現れているように，「コリア系日本人」というアイデンティティの模索が始まっている（佐々木 2006）。その一方で，外国籍のまま地方参政権を獲得しようとする運動が現れて久しいが，これが実現したときには「コリア系Ｘ市民」というアイデンティティが社会的な承認を得ることになるだろう。注意すべきは，前者が国籍の変更を伴い，後者がそれを維持したままであるという点で，両者は正反対の方向性を見せつつも，ともにハイブリディティの引き受けであるという点では共通していることだ。

アメリカでコリアンがハイブリッドなアイデンティティを形成してきた背景には，国家の政策や公共的な理解（多文化主義）がある。日本にそれらが欠如／不足していることは否定できまいが，同時に日本において（あるいは日本においても），地域社会では住民同士の間に草の根の信頼関係が一定程度，存在していることも事実だ。日本の各地に散っていったコリアン・ディアスポラが各地で営んでいる焼肉店の広がりや地域への根づき，さらにたとえば，盛岡市において，朝鮮由来の冷麵が地域を代表する「食文化」のようになっている事例（「盛岡冷麵」）が，このことを示している。また，昨今，問題となっているヘイトスピーチに関していえば，国家レベルではそれを規制する法律が今のところできていない一方で，地方レベルでは，議会でその対策を国に求める意見書が次々に採択されている（2014 年 12 月末時点で 5 都府県議会，4 政令市議会，1 特別区議会，14 市町議会の合計 24 自治体の議会で可決）ことからも明らかであろう。ナショナリズムが最も醜悪な形をとって現れている昨今のヘイトスピーチに今，現に対抗しようとしているのは，そして対抗しうるのは，地域の現実に根差して社会のあり方を考える，地に足のついた地域の理性である。日本でトランスナショナルな共生を促進する資源を探すとすれば，それは草の根の信頼関係ではないか。この信頼関係を礎に，当人たちが生活する地域社会をより望ましいものとしようとする「地域理性」が「国家の威信」に執着するようなナショナリズムを相対化するとき，コリアンのみならず，さまざまな「外国人」のハイブリッドなアイデンティティが日本社会で認められることになるのではないだろうか。

3　ローカルなトランスナショナリズムの可能性

ナショナリズムを超えて

人，モノ，情報，資本などの移動／流通の範囲が国の内部に限定されていることがナショナリズムの基本的な社会的条件であるすれば，その移動／流通の範囲が国境に限定されなくなるグローバル化の進行は，理屈のうえでは，ナショナリズムの退潮をもたらすはずである。ところが，特に日中韓の東アジア三カ国においては，ナショナリズムが逆に勢いを増している現実がある。日韓の関係でいえば，植民地支配の歴史，特にいわゆる慰安婦問題が現在の緊張の元となっているが，その慰安婦問題はグローバル化のコンテクストの中に置かれることで，むしろ双方のナショナリズムの「燃料」となってきた側面がある。慰安婦の支援者たちが問題を国際世論に訴えるという戦略をとるなか，2007 年以降，欧米各国議会および欧州議会は日本が謝罪すべきだとする決議を次々に可決し，2013 年にはコリアン・アメリカンの働きかけもあって，アメリカのグレンデール市に「慰安婦像（平和の少女像）」が建てられることとなった。

日本において，一連の動きは，慰安婦にされた人に寄り添い，その声を聞き，それに対する応答責任を果たそうとする感性をむしろ委縮させ，一連の動きに韓国の「攻撃的なナショナリズム」を読み取り，世界の中でどのように日本の威信を守るのかという「防衛的なナショナリズム」の感情を，保守層を中心に生起させてきた。こうした反応がさらに「過去に向き合わない日本」という形で日本をステレオタイプ的に理解する韓国の反応をたきつけ，世界の中でそれを証明しようとする動きを加速させてもきた。国家という超越的視点をさらに超えた，世界という「超・超越的な視点」に自国がどのように見えるかということに対する意識が強化されるなかで，国家という（生活世界を超越した）視点への同一化（ナショナリズム）が再促進されているのである。その一方で，慰安婦にされた人の救いの可能性がわずかでもあるとすれば，それは国家の一員として「問題」を考える前に，ひとりの人間としてその人の苦痛に向き合い，応答しようとする態度とそれに基づいた実践の先にしかないように思われる。それはたとえば，日本人が――何よりもひとりの人間としてその人のことを思い――，「国の威信」を守るために，その人の苦痛をなきものにしようとするような「歴史修正主義」の言説や政策に対して批判し，抵抗するような実践である。

そして，このような，ひとりの人間として他者の苦痛に向き合い，応答を試みようとする態度と実践においてこそ，ネーションを越えて，人と人とが結び合い，ともに生きようとすることとしてのトランスナショナリズムがくっきりと姿を現すのではないだろうか。

果たして，この意味でのトランスナショナリズムは夢物語に過ぎないのだろうか。ここで想起すべきは，3.11 直後の被災地域である。そこではさまざまな形で外国出身住民があたかも故郷の人に向き合うように周囲の日本人の命を救う光景が見られたし，日本人がその人たちを救う光景も見られた（郭 2013）。自分の生存が危機にさらされている非常事態において，実際には，ナニジンであるかということを越えて，他者とともに生きる道を探すという光景がいたるところで見られたのである。仮に非常事態においてこそ人間の原初的な姿が現れると考えることが許されるならば，この事実が示唆しているのは，先に述べた意味でのトランスナショナリズムについて，私たちがしばしば思い込んでいるその実現の困難さは，むしろ私たちの日常の中にある何らかの社会的条件が理由になっているのではないかということである。端的にいって，トランスナショナリズムこそが私たちの「本来の姿」だと考える余地がある。

コリアン・ディアスポラの語りから

最後に，震災前，石巻市北東部にある長面《ながつら》に住んでいて，そこで震災に遭い，現在，仮設住宅に住んでいるニューカマーのコリアン・ディアスポラ女性のことを紹介しよう。彼女の夫は日本人であり，彼もまた今や震災で故郷を追われているという意味ではディアスポラに他ならない。そして彼女が以前住んでいた長面は今も復興が最も進んでいない場所のひとつである。その彼女が震災から４年が経過したころ，筆者に自分の希望をこう語ったのだ。夫とともに長面に帰りたい，と。その希望が示しているのは何だろうか。

彼女は，震災という過酷な経験を経たがゆえに，長面という場所への愛着とそこに住む人たちとの「絆」が生まれたのではないだろうか。仮にそう解釈できるとすれば，それは次のことを示唆している。ローカルで，過酷な場所で，そうであるからこそ生まれるトランスナショナリズムの実践がある，と。このローカルな実践は，未来においていたるところで，普遍的になされるだろうことの先取りとして見ることはできないだろうか。たとえば，遠い国の難民の苦境を思い，その受け入れを拒む政権を批判し，その人々を自分の暮らす地域に受け入れようとするような実践，そのようなトランスナショナリズムの実践は，日本では夢物語か。それを夢物語と考えてしまう現実主義者こそが，ナショナル・ヒストリーという夢物語の中をさまよっているのではないだろうか。

読書案内

1　高全恵星監修『ディアスポラとしてのコリアン —— 北米，東アジア，中央アジア』2007 年，（柏崎千佳子訳）新幹社。

世界各国のコリアン・ディアスポラの歴史的背景や現状について地域ごとに分けて，網羅的に取り上げている。

2　松田素二・鄭根埴編『コリアン・ディアスポラと東アジア社会』2013 年，京都大学学術出版会。

特に序章の「コリアン・ディアスポラの形成と再編成」は近代以降のディアスポラについてコンパクトにまとめられていて，韓国／朝鮮史に詳しくない人にお勧め。

3　玄武岩『コリアン・ネットワーク —— メディア・移動の歴史と空間』2013 年，北海道大学出版会。

近代の東アジアのコリアン・ディアスポラについて，ネットワークの観点から，諸地域における移動・定住，アイデンティティの諸相を論じている。韓国／朝鮮史に明るい人にお勧め。

■参照文献

Chan, E. T., 2000, The Korean Diaspora in the USA: Challenge and Evolution, *Korean and Korean-American Studies Bulletin*, 11. ＝2007，柏崎千佳子訳「アメリカ合衆国のコリアン・ディアスポラ —— コミュニティの生成と課題」高全恵星監修『ディアスポラとしてのコリアン —— 北米，東アジア，中央アジア』新幹社。

Cumings, B., 1997, *Korea's Place in the Sun: A Modern History*, Norton ＝2003，横田安司・小林知子訳『現代朝鮮の歴史 —— 世界のなかの朝鮮』明石書店。

樋口直人，2014，『日本型排外主義 —— 在特会・外国人参政権・東アジア地政学』名古屋大学出版会。

今西一，2012，「樺太・サハリンの朝鮮人」今西一編『北東アジアのコリアン・ディアスポラ——サハリン・樺太を中心に』小樽商科大学出版会。

郭基煥，2013，「災害ユートピアと外国人——あのときの『共生』を今，どう引き受けるか」『世界』2013 年 2 月号，岩波書店。

姜徳相，1975，『関東大震災』中央公論新社。

加藤直樹，2014，『九月，東京の路上で—— 1923 年関東大震災ジェノサイドの残響』ころから。

Kim, G. N., 2001, The Deportation of 1937 as a Logical Continuation of Tsarist and Soviet Nationality Policy in the Russian Far East, *Korean and Korean-American Studies Bulletin*, 12. ＝2007，柏崎千佳子訳「1937 年強制移住——帝政ロシアおよびソビエト連邦による極東少数民族政策の論理的帰結」高全恵星監修『ディアスポラとしてのコリアン——北米，東アジア，中央アジア』新幹社。

玄武岩，2013，『コリアン・ネットワーク——メディア・移動の歴史と空間』北海道大学出版会。

小熊英二，1995，『単一民族神話の起源——「日本人」の自画像の系譜』新曜社。

佐々木てる，2006，『日本の国籍制度とコリア系日本人』明石書店。

Trewartha, G. T. and W. Zelinsky, 1955, Population Distribution and Change in Korea 1925-1949, *Geographical Review*, 45 (1) : 1-26.

第Ⅲ部

東南アジア・南アジアとイスラーム社会

Introduction

一口にアジアといっても多様である。第Ⅲ部では，日本との関係も深いフィリピンを一つの章として取り上げ，さらに ASEAN 全体，およびインドを中心とする南アジア諸国，そしてイスラーム圏も射程に入れて，人々の移動が論じられる。特にフィリピンの人々のトランスナショナルな移動は注目に値するし，ASEAN は地域共同体としての発展の可能性を秘め，インド圏は次の経済発展が見込まれる地域であり，イスラームの人々とは今後どのように交流を深めていくのかが問われている。日本政府や日本の企業も着目する地域でもあるが，第Ⅲ部全体を通して，多様性のなかに見られる人々の交流の様子を捉えることがポイントとなるであろう。

Ⅲ

第6章　フィリピンにおける国際移動

レイテ島で小学生に紙芝居をする在日フィリピン女性（撮影：鬼木のぞみ）

2013 年 11 月，フィリピンのレイテ島やその周辺地域を襲ったヨランダ台風は，6000 人を超える死者を出すなど大きな被害をもたらした。こうしたなか，多くの在日フィリピン人コミュニティが寄付を募ったり，直接現地で支援を行ったりした。岡山倉敷フィリピーノサークルのメンバーである在日フィリピン女性たちも，フィリピン在住の家族とともにレイテ島の小学校に激励に訪れ，子どもたちに紙芝居を披露し，プレゼントを手渡した。

現在日本には 20 万人以上の在日フィリピン人が暮らしており，そのなかには日本在住がすでに四半世紀を超える女性たちも珍しくない。彼女たちは日本で定住生活を送っているように見えても，フィリピン社会ともさまざまな形で結びつきを保っている。彼女たちが生きる社会空間は，日本とフィリピンにまたがって形成されたトランスナショナルな空間なのである。

在日フィリピン人コミュニティがフィリピンの被災地支援に乗り出したように，フィリピンでは，経済・社会に対する海外移住者の貢献が大きなインパクトをもっている。フィリピンはメキシコにつぐ世界第二位の「移民送出国」として知られ，2009年で約860万人，国民の10%弱にのぼる人々が世界中で働き暮している（POEA: Philippine Overseas Employment Administration ウェブサイト）。また海外からの送金も2013年に260億7000万ドル，GDPの約10%を占めることから（世界銀行ウェブサイト），フィリピン政府は，海外労働者をしばしば「現代の英雄」として称賛する。本章では，日本とフィリピンの関係も視野に入れつつ，フィリピンへ／フィリピンからの移動について考えてみよう。

1　戦前・戦中の日比関係と人の移動

戦前の移動：日本からフィリピンへ

現在は，日本・フィリピン間の移動といえば，フィリピンから日本への移動が多いが，戦前その移動の向きは反対だった。日本が近代化するなかで多くの人々が海外に移民したが，その一部はフィリピンにわたったのである。

こうした流れのなかで最も初期のものは，明治初頭から「からゆきさん」としてわたった女性たちである。「からゆきさん」とは，「唐」（外国を指す）に「ゆく」女性のことで，東アジア・東南アジア各地で性産業に従事する「娼婦」を意味した。またその後，1898年にフィリピンがスペインからアメリカに譲渡された当時，日本人労働者は，人夫や大工として植民事業・開発に活用された（早瀬 2012）。

くわえて特定の地域から多数の住民が，フィリピンに出稼ぎに行く場合もあった。たとえば，瀬戸内海に浮かぶ広島県沼隈郡田島村（現・福山市内海町）は，20 世紀初頭からマニラにわたり，主に漁業に従事した移民を送り出した村として知られている（武田 2002）。移民の多くは男性の出稼ぎだったが，母村に暮らす祖父母のもとに孫を残して夫婦で渡航するという場合もあった。またマニラに暮らしている移民も，田島村における家屋建設，寺社への寄進，手紙のやりとりや帰郷などを通じて故郷とのつながりを維持していた。このように当時にも日本とフィリピンのあいだでトランスナショナルな人のつながりや社会空間が形成されていたのである。

ただしフィリピン全体で日本人移民が増加するのは，南部ミンダナオ島のダバオにおいて，アバカ（マニラ麻）のプランテーションを日本人が経営するようになってからである。アジア太平洋戦争の直前，ダバオのアバカ生産の大半は日本人経営者のもとで生産されており，そこに暮らす日本人は約 2 万人にのぼった（早瀬 2012）。ダバオの在住日本人は，女性や子どもの割合も高く，またダバオの先住民を含むフィリピン人と結婚し，「混血児」（日系 2 世）をもうけている場合も少なくなかった（大野 1991；早瀬 2012）。こうした家族状況から，ダバオ在住の日本人は，戦争勃発後も現地に留まる傾向にあったが，その生活は，戦争によって大きな影響を受けることになった。

戦中の在フィリピン日本人

1941 年真珠湾攻撃の数時間後，日本軍は，フィリピンに侵攻し，翌年 1 月，マニラを占領した。ダバオでも日本軍が上陸し，現地に暮らす日本人は軍への戦争協力を行った。特に「混血」ゆえに日常的に日本人社会で差別されがちだった日系 2 世たちは，日本軍に協力することで「立派な日本人」として認めてもらおうとしたという（早瀬 2012：215）。しかし日本軍に協力することは，多数の現地住民の殺害や，略奪や強姦などフィリピン人への迫害に手を貸すことでもあった。

こうしたこともあって，戦後もダバオに残された日系人は，日本人や日本に対する不信感が根強く残っていたフィリピン社会で，自分のルーツを隠して生きたり，差別のなかで暮らしたりせざるをえなくなった（大野 1991）。彼ら／彼女らの存在はまた，日本政府や日本社会からも 1980 年代になるまで顧みられることはなかった。

2　戦後の日比関係と人の移動

戦後日比関係の模索

アジア太平洋戦争において日米の最大の激戦地となり，多大な被害を受けたフィリピンでは，戦争直後，日本の責任を追求する姿勢が強かった。しかし冷戦が強まるなか，日本を自由主義陣営に組み入れようとしたアメリカの影響により，フィリピンは，サンフランシスコ平和条約に調印した。この後，日本の賠償が定められたが，それは，実質的には日本企業がフィリピンを含む東南アジア諸国に進出するさいの足がかりとなった（中野 2002）。このように戦後の日比関係は，賠償交渉を引き金とした日本企業とそこで働く日本人の経済的進出として始まったのである。

こうした日本企業の進出は，駐在員をはじめとする民間の日本人がフィリピンに渡航するきっかけともなった。また 1970 年代に入ると日本からフィリピンを目指す男性のツアー客が急増し「買春ツアー」として批判を浴びるまでになった（Ballescas 1933＝1994）。

カルチュラルダンサーからエンターテイナーへ

一方で，1946 年にアメリカから独立したフィリピンではその後もアメリカの影響を強く受けてきた。1950 年代から米軍基地をまわって音楽やダンスを披露する「カルチュラルダンサー」が登場していたが，その一部は沖縄をはじめとする日本の米軍基地でも活動していた。すでに「興行」資格で来日していたこのカルチュラルダンサーは，その後に多く来日するエンターテイナーの前史ともいえる（Faier 2009）。

その後，1980年前後から「興行」（エンターテイナー）資格などで来日し，パブやスナックで働く東南アジア女性が増加するようになった。彼女たちは当時，明治時代の「からゆきさん」をもじって「ジャパゆきさん」と呼ばれたが，なかでもフィリピン女性の数が最も多かった。彼女たちは働いているにもかかわらず，ジェンダー化されたまなざしによって位置づけられ，労働者とはみなされなかったのである（伊藤 1992）。

こうしてフィリピンから日本への主要な移動がエンターテイナーによって担われる時代が20年以上続いた。しかし，2004年にアメリカ国務省が「人身売買報告書」で，この「興行」資格にもとづく移動を「人身売買」と批判したことをきっかけに，日本政府は，日本への入国を厳格化し，その流れは終わりを迎えた。「興行」による移動に対する批判は，それ以前から市民団体やマスコミによってなされていたが（Ballescas 1993＝1994），日本政府は，アメリカからの批判ではじめて対応を根本的に変化させたのである。

「ジャパゆきさん」がもたらしたインパクト

このように新規来日するフィリピン女性は急減したものの，女性たちの移動経路と仕事を背景につくられた在日フィリピン女性に対する蔑視的なイメージは，女性やその子どもたちに大きな影響をもたらしてきた（ゴウ・鄭 1999）。たとえば，近年，英語教師や介護職に就くフィリピン女性が注目されているが，彼女たちを動機づけているのは「夜の仕事」ではなく「子どもに対して堂々と言える職業に就きたい」という思いである（高畑 2009：112）。またフィリピン女性と日本人男性のあいだに生まれた「ハーフ」／

「ダブル」すなわちフィリピン系日本人の若者のなかには，いじめられた経験をもつ者も少なくない。タレントで元 AKB48 の秋元才加もそのひとりとして，フィリピンルーツが原因でいじめられた経験を語っている（秋元 2013）。もちろん以前と比較すると，フィリピン女性に対する蔑視的なイメージは薄れつつあるようにも思われるが，それは，彼女たちやその子どもたちが，こうしたイメージを変えようと努力してきたことの賜物といえるかもしれない。

国際結婚の増加と減少

在日フィリピン女性のなかには，パブやスナックで働くあいだに日本人男性と出会い，結婚した者が少なくない。両者の国際結婚は，その統計が公表された 1992 年にはすでに 5000 件を超えており，その後 2000 年代半ばには年間 1 万件を超えることもあった（厚生労働省『人口動態統計』各年版）。これに対し，日本籍女性とフィリピン籍男性の結婚は常に年間 200 件未満なので，著しくジェンダー非対称である。一方で，日本籍男性とフィリピン籍女性の結婚も，フィリピン女性の新規来日が減少した 2000 年代後半以降減少しており 2014 年には 3000 件となっている。

また結婚の増加にともない日本籍の父，フィリピン籍の母から生まれた子どもも，日本で出生届が出された者だけでも 1995 年から 2008 年までは毎年 4000～5000 人台にのぼっていた。フィリピンには現在，数万人のジャパニーズ・フィリピノ・チルドレン（JFC）がいるといわれており，婚外子も少なくない。そのなかで胎児の頃に父親の認知がなされなかった子どもも，2009 年の改正国籍法施行以降，未成年であれば出生後の認知によって日本国籍を取得できることになった。これをきっかけにフィリピンで育った 2 世が日本国籍を取得し，日本に働きに来る移動も生じている。

このようにフィリピン女性の日本への移動は，家族形成を通じてフィリピンと日本のあいだにトランスナショナルな社会空間を形成してきたのである。

階層化する在日フィリピン人とトランスナショナルな実践の格差

冒頭でみたように，在日フィリピン女性たちは，フィリピン社会や家族とのつながりを維持している。2012 年の世界銀行の統計によると，日本からフィリピンへの送金は 11 億 3800 万ドルにのぼり（世界銀行ウェブサイト），この多くは日本に定住したフィリピン女性によるものと考えられる。女性たちは，里帰りやスカイプ，Facebook などの電子メディアを使って故郷の家族と日常的にやりとりをするだけではなく，学校建設など社会投資を行う例もある（高畑 2011）。彼女たちにとってトランスナショナルな実践とは，自分自身の「生きがい」でもあり，出身親族や地域社会のなかで社会的地位の向上を示す手段でもある（高畑 2011）。

一方で，すべてのフィリピン女性がこうしたトランスナショナルな社会空間に生きているわけではない。たとえば近年，日本人男性と離別した後に，シングルマザーとして日本で子育てをする女性たちも珍しくない（高谷・稲葉 2011）。フィリピンに帰国しても生活の目処が立たないことや，子どもたちが日本の生活に慣れていることがその背景にある。しかし彼女たちにとって，日本での生活もそれほど容易なものではない。もともと日本では，1 人で子育てをしながら安定した仕事に就くことは難しいため，母子世帯の貧困率が高い。そのなかでフィリピン人シングルマザーが就ける仕事はより一層限られており，実際多くは非正規雇用である。このため生活保護を受給せざるを得ない世帯も少なくないが，こうした母子たちは里帰りもままならず，むしろ日本社会の底辺に留め置かれがちである。

3　フィリピンからみた移動

フィリピン移民の歴史的背景　冒頭に述べたように，フィリピンは，日本以外の国にも多くの移民を送り出している。たとえば，在外フィリピン人で最も人数が多いアメリカへの移動については，かつてその植民地だったという歴史的関係に強く影響されている。アメリカが中国や日本からの移民を規制していた20世紀前半，アメリカの植民地に暮らす市民としてのフィリピン人はそうした制限を受けることはなかった。この結果，ハワイや西海岸のプランテーションで働くフィリピン労働者が急増することになった。また現在も続く看護師としてのアメリカへの移動も，植民地時代にアメリカが導入した看護師養成の教育制度に端を発している（Choy 2003）。このようにコロニアルな関係は，フィリピンの「移動の文化」をつくりだしたともいえる（Choy 2003）。

とはいえ，フィリピンが「移民送出国」に舵を切るようになったのは1970年代である。当時のマルコス政権は，失業問題の解決と対外債務返済策の１つとして74年に「海外雇用政策」を打ち出し，海外への労働者送り出しを始めた（小ヶ谷 2016）。この政策を通じて海外に働きに行くようになった人々が，今日でいう「海外フィリピン労働者（OFW; Overseas Filipino Workers）」である。彼ら／彼女らは，原則として一時的な出稼ぎ労働者と位置づけられている。

OFWはもともと中東の石油産出国への男性の出稼ぎ労働者が多かったが，その後，女性の家事労働者も増加し，行き先も香港やシンガポールをはじめとするアジア諸国からヨーロッパ諸国へ，また職種も家事から介護へと広がっていった。この背景には，先進社会における，女性の労働市場への進出，福祉サービスに対する政府予算の削減，高齢化に伴うケアの担い手不足などがある。1990年代半ばには海外フィリピン労働者のなかに占める女性が男性より多くなり，「移住の女性化」を端的に示す現象とみなされてきた。

グローバル・ケア・チェーン

こうした「移住の女性化」の現象は大きな注目を集め，世界各地で働くフィリピン人家事労働者についての研究が多く出されるようになった。子育てを含む家事労働という再生産労働の担い手として，ローマとロサンゼルスで働くフィリピン人移住家事労働者に焦点を当てたR. S. パレーニャスは，2つの都市における受け入れ方の違いにもかかわらず，彼女たちは，グローバル資本主義における安価な「使用人」として位置づけられていると指摘する。つまり移住家事労働者は，受け入れ社会の中で低階層の者として扱われるが，フィリピンではカレッジを卒業し，教師などの専門職に就いていた者も珍しくない。そうした者たちにとって，海外移動は，経済的地位を上昇させる一方で社会的地位を下降させるという「矛盾した階級移動」の経験でもある（Parreñas 2001）。

このような移住家事労働者は，アジアや中東地域では，雇用主の家庭に住み込みで働く場合がほとんどであり，受け入れ社会で不可視化されがちである（上野 2011）。また国によっては，移住家事労働者は，労働者として認められない場合もあるなど権利も制限されており，脆弱な立場に置かれやすい。

他方で，家族の呼び寄せが難しい移住家事労働者は，しばしば自分の子どもの育児や両親の介護を，出身社会の家族やときには国内の家事労働者に頼って働きに出る。こうしていまや，先進社会の子どもや家族を移住女性がケアし，移住女性の子どもや家族をその出身社会のより低階層の女性がケアをするという，国境を越えたケアの連鎖，すなわち「グローバル・ケア・チェーン（グローバルなケアの連鎖）」が生じている（Hochshild 2000）。つまりそれは，ジェンダー非対称であると同時に，より低階層の女性が，より高階層の女性の家族をケアするという国境を越えた階層化の現象でもあり，その末端には，ケアを十分に受けられない人々がいる。

同時に，「グローバル・ケア・チェーン」は，移住家事労働者の家族自体がトランスナショナルな形態になっていることを意味している。しかしそれは，通常最も親密な関係と想定されている家族メンバーが，遠くにいることでもあり，痛みを伴うものでもある。特に家族のケア責任を負っている女性が海外就労に出ることは，男性以上にアンビバレントなものとして受け止められる。実際，女性たちが不在になっても，その夫である子どもの父親がケア責任を負うわけでは必ずしもなく，彼女たちはしばしば海外にいながらも電話などを通じて子どものケアも行っている（Parreñas 2001）。

また移住者からの送金も国境を越えて家族を結びつけるだけではなく，ときに軋轢を生み出すことにつながっている（長坂 2009）。たとえば，子どもを出身地の親族に預けてイタリアで働く移住者夫婦は，子どもの養育にかかる費用を，故郷の村で子どもの面倒をみてくれる親族に送金するが，その扱いなどをめぐって両者のあいだに緊張が生じる場合もある。また移住していない村人への支援をめぐって，双方の期待と義務感のズレが生じ，それが両者の対立につながる場合もある（長坂 2009）。このようにトランスナショナルなつながりは，常に調和的な関係にあるわけではなく，葛藤や対立を含みながら維持されているのである。

グローバル・ケア・チェーンのなかのフィリピン

すでに述べたように，とりわけ非熟練労働に従事する移住者は，安全とは程遠い状況に置かれる場合も少なくない。特にシンガポールで起きたフロール・コンテンプラシオン事件（1991 年にシンガポールでフィリピン人家事労働者とその雇い主の子どもが殺された事件の容疑者として逮捕された別のフィリピン人家事労働者のフ

Column ⑥ 家事労働者

日本では家政婦やメイドのほうが一般的な呼称であろう。少子高齢化による労働力不足と家族構成員数の減少等によって，家事代行サービスを利用する世帯の増加が予測されている。また，家事代行サービス分野に外国人を新規登用することが政策的に進められている。

海外では移民や外国人の通いや住み込みの家事労働者の利用がよくみられる。たとえば，アメリカ合衆国のメキシコ人メイド，シンガポールや中東湾岸諸国にいるフィリピン，インドネシア，スリランカ出身のメイドなど，メイドの出身国のイメージが定着している。受け入れ社会において家事労働者の利用は，家事負担の軽減と食生活・居住環境の改善のほか，雇い主のステイタス・シンボルにもなっている。外国人家事労働者の特徴は，出身国が経済的に劣位であること，農村出身者や経済的事情などを抱える貧困層が多いこと，女性に多いことなどである。近年，受入国では，雇い主による虐待や外国人メイドの脱走後の不法滞在などが問題視されている。そして外国人メイドの人権保護が叫ばれるようになった。外国人メイドの人権が守られにくい背景には，家事労働を労働法の適用除外とする国が多いこと，仕事場が第三者の目にさらされにくいこと，メイドが外国人であること，メイドの多くは賃金率の低い途上国出身であること，学歴が低く職歴のない女性が担う傾向があることなどを指摘できる。それゆえ，社会保障や賃金が低めに設定されやすく，学歴の低さや外国人であることから雇い主や業者との対等な交渉が難しく，外国人家事労働者は社会的に脆弱な状況に置かれやすい。家事労働者のこうした環境に鑑み，国際労働機関は2011年の総会で「家事労働者の適切な仕事に対する条約」を採択し，2013年に発効している。2015年現在，欧州や南米など17カ国が批准しているが，アジアからはフィリピンだけである。

ロール・コンテンプラシオンが，95年に現地で死刑に処された事件）は，そうした移住者の脆弱な状況をフィリピン社会に衝撃をもって知らしめ，自国民を守りきれなかったフィリピン政府への批判を巻き起こした（小ヶ谷2016）。

こうした状況を受け，フィリピン政府は，OFWの保護に乗り出すことになった。具体的には，1995年に「移住労働者と海外フィリピン人に関する95年法（RA8042: Migrant Workers and Overseas Filipinos Act of 1995）」を制定し，海外労働者に対する支援を打ち出した。このときフィリピン政府ははじめて「（フィリピン）国家は，経済成長を維持し，国家の発展を達成するための手段として海外雇用を促進することはない」（2条（c））と定め，自らの役割を海外雇用の促進ではなく，移住プロセスの「管理」と位置づけることになった（小ヶ谷2016，cf. POEAウェブサイト）。つまり移住の選択をするのはあくまでも移住者本人であり，その選択を支援するのが政府の役目というわけである。

また海外労働者が弱い立場に置かれやすいのは，その職種が非熟練労働であるという認識のもと，熟練労働者のみを送り出すという方針を明言した。この方針はその後，フィリピン政府によって，家事・介護労働に必要な技能を資格化・標準化し，労働者を訓練のうえ，その資格を認定するという「技能化」へとつながっている（小ヶ谷2009）。つまりフィリピン政府は「技能化」を通じて，自国労働者に脆弱な位置からの脱却を促しているのである。

しかしこうした移住者の「技能化」は，市場におけるフィリピン移住者の競争力を高める戦略でもある（Guevarra 2009）。A. R. ゲバラがインタビューした民間の送り出しエージェンシーのオーナーが「フィリピーノはメルセデス・ベンツ」だというように，フィリピン政府は，エージェンシーと結びつきながら「教育を受け」「英語が話せ」「勤労意欲も高い」存在としてフィリピン移民をつくりだしている。それは，グローバルな市場競争が激化すると同時に，インドネシアやスリランカなど後発の送り出し国からの低賃金家事労働者が増加した今日におけるフィリピン政府の生き残り戦略なのである。

こうして，国家と市場による労働者仲介の過程で「輸出用の付加価値」を身につけたフィリピン移住者が，グローバル市場のなかへと参入していく。それゆえ移住者の「技能化」は，彼・彼女たちが脆弱な状況から抜け出ることに必ずしもつながるわけではない（Guevarra 2009）。むしろ自らの負担で「技能」を身につけ，移住を選択した移住者は，その状況に自らの責任で対処することが求められるのである（小ヶ谷 2016）。

トランスナショナリズムの複雑な様相

本章では，日本とフィリピンの歴史的関係を視野に入れながら，フィリピンへ／フィリピンからの移動をみてきた。20 世紀初頭，フィリピンに移動した日本人たちはトランスナショナルな実践をすでに行っていた。しかし今日，フィリピン移住者によるトランスナショナルな実践は世界中に広がり，その規模も頻度もますます拡大している。同時にそうした実践をフィリピン政府も期待し，移住者の貢献をつなぎとめるためにさまざまな工夫を凝らしている。こうしたトランスナショナリズムはいまや，移住者やその家族のみならず，国家，市場を巻き込み複雑な様相を呈しているといえよう。

読書案内

① 藤原帰一・永野善子『アメリカの影のもとで――日本とフィリピン』2011 年，法政大学出版局。

本章では取り上げられなかったが，戦後ともにアメリカの影響を強く受けた日本とフィリピンの関係について多様な領域から論じる。

② Parreñas, R. S., *Servants of Globalization: Women, Migration and Domestic Work*, 2001, Stanford University Press.

「先進国」で働くフィリピン人移住家事労働者に焦点を当て「再生産労働の国際分業」を論じ，国際移動とジェンダー研究に大きな影響を与えた一冊。

③　長坂格『国境を越えるフィリピン村人の民族誌――トランスナショナリズムの人類学』2009年，明石書店。

フィリピンのある村からイタリアに移住した人々と出身地に残る村人の関係が生み出すトランスナショナルな社会空間に，フィールドワークで迫る。

■参照文献

秋元才加，2013，『ありのまま』徳間書店。

Ballescas, M. R. P., 1993, *Filipino Entertainers in Japan: An Introduction*, The Foundation for Nationalist Studies, Inc. ＝1994，津田守監訳，小森恵・宮脇摂・高畑幸訳『フィリピン女性エンターテイナーの世界』明石書店。

Choy, C. C., 2003, *Empire of Care: Nursing and Migration in Filipino American History*, Duke University Press.

Faier, L., 2009, *Intimate Encounters: Fillipina Women and the Remaking of Rural Japan,* University of California Press.

ゴウ，リサ・鄭暎惠，1999，『私という旅――ジェンダーとレイシズムを越えて』青土社。

Guevarra, A. R., 2009, *Marketing Dreams, Manufacturing Heroes: The Transnational Labor Brokering of Filipino Workers*, Rutgers University Press.

早瀬晋三，2012，『フィリピン近現代史のなかの日本人――植民地社会の形成と移民・商品』東京大学出版会。

Hochschild, A. R. 2000, Global Care Chains and Emotional Surplus Value, in W. Hutton and A. Giddens eds., *On the edge: Living with global capitalism*, Jonathan Cape.

伊藤るり，1992，「『ジャパゆきさん』現象再考―― 80年代日本へのアジア女性流入」梶田孝道・伊豫谷登士翁編『外国人労働者論――現状から理論へ』弘文堂。

厚生労働省，各年版『人口動態統計』。

長坂格，2009，『国境を越えるフィリピン村人の民族誌――トランスナショナリズムの人類学』明石書店。

中野聡，2002，「賠償と経済協力――日本・東南アジア関係の再形成」池端雪浦ほか編『岩波講座東南アジア史（8）――国民国家形成の時代』岩波書店。

小ヶ谷千穂，2016，『移動を生きる――フィリピン移住女性と複数のモビリティ』有信堂高文社。

大野俊，1991，『ハポン――フィリピン日系人の長い戦後』第三書館。

Parreñas, R. S., 2001, *Servants of Globalization: Women, Migration, and Domestic Work*, Stanford University Press.

Philippine Overseas Employment Administration（POEA）ウェブサイト，（http://www.poea.gov.ph/；2016 年 3 月 18 日アクセス）

高畑幸，2009，「在日フィリピン人介護者――一足先にやって来た『外国人介護労働者』」『現代思想』（37）2：106-118。

高畑幸，2011，「『意味ある投資』を求めて――日本から帰国したフィリピン人による出身地域での起業」竹沢尚一郎編著『移民のヨーロッパ――国際比較の視点から』明石書店。

髙谷幸・稲葉奈々子，2011，「在日フィリピン人女性にとっての貧困――国際結婚女性とシングルマザー」移住連貧困プロジェクト編『日本で暮らす移住者の貧困』現代人文社。

武田尚子，2002，『マニラへ渡った瀬戸内漁民――移民送出母村の変容』御茶の水書房。

上野加代子，2011，『国境を越えるアジアの家事労働者――女性たちの生活戦略』世界思想社。

世界銀行ウェブサイト（http://econ.worldbank.org；2016 年 3 月 18 日アクセス）

第 7 章　ASEAN の トランスナショナリズム

滞日ビルマ系難民の民主化運動（2012 年 8 月都内）

ASEAN（東南アジア諸国連合）は，域内に 6 億人が暮らす地域統合である。ASEAN には移民送出国や移民受入国が加盟しており，国際人口移動に対する構成国の評価は一様ではなく，ASEAN という地域統合レベルでは葛藤がみられる。各国政府は多国間および二国間で国際移動を個別に促進するなど，複合的な移住枠組みを構築している。移住者や同郷組織も越境的な活動に従事し，複数社会に経済，政治，社会文化領域で影響を与えている。ASEAN 域内外では，さまざまなアクターの利害や思惑が交錯しながら，越境的な社会空間が編成されている。

2011年3月，東南アジアでひとつの変化が起きた。長年，軍事政権が続いてきたビルマ（ミャンマー）で政権移管が行われたのである。政権側と民主化勢力との対話がなされ，ビルマとの外交関係を凍結してきた欧米諸国もその方針を見直すようになった。今日ビルマは「アジア最後のフロンティア」として知られるようになり，多国籍企業や外国人観光客が数多く集まるようになった。

ビルマにはもうひとつの顔がある。軍政下の政治的抑圧から，多くの国民が難民として海外に逃れたのだ。彼らは祖国の民主化を求めて，亡命先の国々で政治運動に取り組み，国境の外から祖国の政治体制を変えようと活動してきたのである（人見 2007；2008）。ビルマ系難民のように，ASEANからは多くの人々が国境を越えて移動しつつ，祖国や第三国とのトランスナショナルなつながりを深めている。

では，移民のトランスナショナルな活動は，ASEANでどのように広がっているのだろうか。

トランスナショナリズムの重層的な編成

トランスナショナリズムは，さまざまなアクターが協働や葛藤，対立をともないつつ越境的な社会関係を取り結ぶことで，国民国家を分析単位としては捉えきれない経済，政治，社会文化過程が進んでいることを明らかにする視角だ（小井土 2005；樽本 2009：20-23）。移住者本人や同郷組織のネットワークが国境を越えて広がり，受入国や出身国，第三国といった複数の社会に草の根レベルで影響を与える「下からのトランスナショナリズム」（Smith and Guarnizo eds. 1998）はその代表例である。一方で，国家や多国籍企業といったアクターもその展開を方向づける。移民送出国や受入国の政府は，出入国管理政策や社会統合政策を通じて，国際人口移動を促進したり，制約したりする。多国籍企業は，生産過程を柔軟に組み替えつつ，移民労働力の需要を創出したり，再配置したりしている。マクロな政治経済構造がつくり出す「上からのトランスナショナリズム」もまた，越境的な社会過程を規定する。

それゆえに，トランスナショナリズムは，国家や多国籍企業といったマクロレベルでの政治経済構造とともに，移住者本人のミクロレベルの移住戦略と，世帯や同郷組織といったメゾレベルのネットワークが重層的に編成する社会過程なのである（小井土 2005）。

上記をふまえつつ，本章は，ASEANでどのように越境的な社会空間が編成されているのかを明らかにする。まずは，ASEAN域内外の国際人口移動を示し，複数の移住経路が構築されていることを確認する。そのうえで，トランスナショナリズムの影響を，経済，政治，社会文化領域で示し，ASEANと日本との越境的なつながりにも注目する。ここからASEANの越境的な社会空間をめぐってさまざまなアクターの利害や思惑が交錯していることを明らかにしよう。

1　ASEAN域内外の国際人口移動

ASEANの成り立ちと構成国

ASEANは，2015年現在で10カ国からなる地域統合である。1967年のバンコク宣言に基づき，タイ，インドネシア，シンガポール，フィリピン，マレーシアによりASEANは設立された。1984年にブルネイが加盟した後，1990年代には経済自由化が進む社会主義国のベトナム（1995年），ビルマとラオス（1997年），カンボジア（1999年）がそれぞれ加盟した。2002年にインドネシアから独立した東ティモールを除き，ASEANは東南アジアのほぼ全域をカバーする。世界の国内総生産の約3%（2011年時点）を占め，同じ地域統合であるEUやNAFTAよりも多い6億

2000万人（2013年時点）が域内に暮らしている（ASEAN 2014）。

ところが，それぞれの構成国の様相は大きく異なる（**表7-1**）。経済レベルでは，1人当たりの名目GDPが5万ドルを超えるシンガポールがあり，他方では1000ドルほどのカンボジアとビルマがあるように，「ASEANディバイド」と呼ばれる二極化した経済構造が存在する。共和制や王制だけではなく，社会主義や近年まで軍政を敷いてきた国もある。タイを除く各国は，欧米諸国に植民地とされた歴史があり，植民地経営や帝国内移動にともなって欧米系，中国系，インド系移民が流入し，各地で多文化社会が形成されてきた。キリスト教，仏教，イスラム教のいわゆる世界宗教がすべて域内に存在するなど，文化的多様性も大きい。

地域統合と国際人口移動

とはいえ，ASEANは1997年のアジア通貨危機もあり，グローバルな国際競争に地域統合としてまとまって対応しようとしている（人見 2014：207）。ASEANは2003年に第二ASEAN協和宣言を採択し，政治安全保障共同体，経済共同体，社会文化共同体の3つの柱から構成されるASEAN共同体の設立を目指すことで合意した。ASEANは，政治社会分野などでも幅広く共通政策を進めており，そのひとつが国際人口移動の分野で実施されている。

ここで，ASEAN域内外の国際人口移動の概要を確認しよう。**表7-2**は，2000年頃の移民労働者数の推定値を示している。非正規移民も多いために厳密なものではないけれども，いくつかの特徴が読み取れる。ひとつは，域内移動である。インドネシアからは同じイスラム教文化圏のマレーシアなどへ，ビルマ，カンボジア，ラオスからは，中進国とも呼ばれるタイへの移民がみられる。またASEAN域外への移動も目立つ。タイやベトナム，フィリピンやインドネシアからは，日本，韓国，台湾といった東アジアや，サウジアラビアやアラブ首長国連邦といった中東諸国に向かう移民がみら

表 7-1　ASEAN 構成国の主要指標

国　名	人　口（万人）	1人当たり名目 GDP（ドル）	言　語	政　体	宗　教
フィリピン	9,988	2,849	フィリピーノ語，公用語として英語	共和制	ローマ・カトリック教，フィリピン独立教会，イスラーム教，プロテスタント
インドネシア	25,216	3,531	インドネシア語	共和制	イスラーム教，キリスト教，ヒンドゥー教，仏教
マレーシア	3,032	10,813	マレー語，華語，タミル語，英語	立憲君主制	イスラーム教，仏教，ヒンドゥー教
シンガポール	547	56,284	マレー語，英語，中国語，タミル語	共和制	仏教，イスラーム教，キリスト教，ヒンドゥー教
ブルネイ	30	36,606	マレー語	王制	イスラーム教
タイ	6,512	5,714	タイ語，ラオ語，中国語，マレー語	立憲君主制	仏教（上座部），イスラーム教
ベトナム	8,971	2,053	ベトナム語	社会主義共和制	仏教，キリスト教，カオダイ教，ホアハオ教など
カンボジア	1,518	1,088	クメール語	立憲君主制	仏教（上座部）
ラオス	664	1,688	ラオ語	人民民主共和制	仏教（上座部）
ビルマ（ミャンマー）	5,142	1,270	ビルマ（ミャンマー）語，シャン語，カレン語など	共和制（2011年3月30日以降）	仏教，イスラーム教，ヒンドゥー教，キリスト教など

（出所）　アジア経済研究所編（2015）『アジア動向年報 2015』などをもとに作成。

（注）　各国の人口について，フィリピンは 2014 年中位推計，インドネシアは 2014 年推計値，マレーシアは 2014 年央推計，シンガポールは 2014 年央推計，ブルネイは 1996 年央推計，タイは 2014 年末，ベトナムは 2013 年平均で暫定値，カンボジアは 2014 年推計，ラオスは 2013 年推計値，ビルマ（ミャンマー）は 2014 年度センサス暫定値による。ブルネイのみ，「アジア動向データベース」（http://d-arch.ide.go.jp/browse/html/BASE/0000208NEW.html）より作成。1 人当たりの名目 GDP は 2014 年のもので，すべて速報値または暫定値。ブルネイのみ IMF, World Economic Outlook Database, Apr. 2015 Edition（http://www.imf.org/external/pubs/ft/weo/2015/01/weodata/index.aspx）より作成。言語と宗教のうち，ゴシック体は，主要言語と主な宗教。

表 7-2　他国で就労する移民労働者数の推定値

出身国	人数	主な移住先
ビルマ（ミャンマー）	1,100,000	タイ
タイ	340,000	サウジアラビア，台湾，ビルマ，シンガポール，ブルネイ，マレーシア
ラオス	173,000※※	タイ
カンボジア	200,000	マレーシア，タイ
ベトナム	340,000	韓国，日本，マレーシア，台湾
フィリピン	4,750,000	中東，マレーシア，タイ，韓国，香港，台湾
マレーシア	250,000	日本，台湾
シンガポール	150,000※	
インドネシア	2,000,000※	マレーシア，サウジアラビア，台湾，シンガポール，韓国，アラブ首長国連邦

（出所）Hugo（2005: 9）より作成。
（注）※：登録者数，※※：非登録者数。

れる。

これらをみると，ASEAN には移民受入国と送出国，およびその両方を兼ねる国が共存していることがわかる（Hugo 2005: 8)。いち早く経済発展を遂げたシンガポールや豊富な石油資源をもつブルネイは移民受入国となり，多くの移民労働者が国内産業を支えている。逆にフィリピン，インドネシア，ベトナムなどは移民送出国であり，海外移民を各地に送り出している。そのどちらをも経験するのは，タイとマレーシアである。海外移民を送り出してきた両国は，その後の経済発展にともない，近隣国からの移民を自国に引きつけている。

したがって，ASEAN 構成国は国際人口移動に対して異なる利害関係をもつ。「ASEAN ディバイド」が示すとおり，構成国の経済格差は大きい。ひとたび域内の自由移動を認めれば，移民受入国には多数の移民が殺到しうる（石井 2009：348-50）。逆に送出国は，積極的に海外就労を促進して自国を発展させようと望んでいる。ASEANには，域内の国際人口移動を促進したい送出国と，管理したい受入国との間に葛藤があるのだ。

ゆえに，ASEANでは自由な国際人口移動の対象は，2006年のビザ免除協定に基づく短期滞在者のほか，特定職種の熟練労働者に限られている。非熟練労働者や長期滞在者の自由移動は，ASEANレベルでは容認されていない（石井 2009：348）。

国家レベルでの移住枠組み

ASEAN構成国は，地域統合レベルとは別に，国家レベルで移住枠組みを構築している。ひとつは，多国間協定に基づく枠組みである。タイ，カンボジア，ラオス，ベトナム，ビルマなどメコン川流域の国々は，大メコン圏（GMS: Greater Mekong Subregion）開発を進めており，流域の一体的な発展を目指してモノや資本，人の移動を自由化する方針を打ち出している。もうひとつは，二国間協定である。当該国が労働協定や覚書を取り結び，職種や人数などを限定しつつ労働力輸出を行っている。フィリピンはカナダ，ヨルダン，台湾など21カ国（知花 2014：124-127）と，ベトナムはかつて旧社会主義国と，現在は韓国，台湾，マレーシアなど（石塚 2014）と労働力派遣に関する取り決めを結んでいる。

ASEANでは，地域統合レベル，多国間および二国間レベルで移住枠組みが構築されており，さらに非正規移民という移住経路も加わって，国際人口移動が域内外に展開されている。こうした国際人口移動のなかで，複数の国々をまたぐトランスナショナルな活動が実践されることになる。次節では，トランスナショナルな活動とその影響を，経済，政治，社会文化領域それぞれで明らかにしよう。

2　トランスナショナリズムの影響

経済的な影響①：海外送金

トランスナショナルな活動の代表例は，国際移民の経済活動であろう。とくに移民による海外送金は，祖国に残した家族を支える貴重な収入源となる。これらは消費財の購入や子どもの養育費にあてられ，移民の家族は海外送金を前提として生活を組み立てている。

海外送金は，いまやマクロレベルでみても決して無視できない規模となった（**表 7-3**）。とりわけフィリピンは，2013 年に 267 億ドルを海外から受け取り，その総額は他国を大きく引き離す。ベトナムは 2000 年代に入って海外送金の増加が目立ち，2013 年には，2005 年に比べて 3 倍以上となる 110 億ドルを海外から受け取った。フィリピンとベトナムは，海外送金が 2013 年度 GDP の 9.8% と 6.4% をそれぞれ占めており，両国の経済構造は海外移民からの送金に大きく依存している。

ASEAN の移民送出国政府は，海外就労政策を積極的に推し進めている。フィリピンは，1970 年代より国策として海外就労政策を取り始め，国家レベルで人数管理や労働者保護，海外自国民に対するサービス提供などを行っている。インドネシアも家事，看護，介護労働者の海外就労を進めている。自国労働者の価値を維持するために，相手国との間で送り出しの凍結，労働者保護や不法就労者の規制なども行いつつ，自国労働者の受け入れ先の開拓を進めている。

移民送り出し分野では，カンボジアやビルマなど新興送出国が登場し始めており，国際的な競争が激しい。競争がさらに激化すれば，海外で就労する海外自国民の労働費用はダンピングされ，人権侵害にも結びつきかねない（奥島 2014：96）。しかし，労働費用の高まり

表 7-3　ASEAN 構成国への海外送金額の推移（1980〜2013 年）

	1980	1985	1990	1995	2000	2005	2010	2013	割　合 (%)※
フィリピン	626	806	1,462	5,362	6,957	13,733	21,557	26,700	9.8
インドネシア		61	166	651	1,190	5,420	6,916	7,615	0.9
マレーシア			185	116	342	1,117	1,103	1,396	0.4
シンガポール									
ブルネイ									
タイ	383	878	973	1,700	1,700	1,187	3,580	5,690	1.5
ベトナム						3,150	8,260	11,000	6.4
カンボジア				12	121	164	153	176	1.2
ラオス		4	11	22	1	1	42	59	0.5
ビルマ（ミャンマー）			6	81	102	129	115	566	

（出所）World Bank (2014), *Migration and Remittances Data.* (http://econ.worldbank.org/WBSITE/EXTERNAL/EXTDEC/EXTDECPROSPECTS/0,,contentMDK:22759429~pagePK:64165401~piPK:64165026~theSitePK:476883,00.html#Remittances) より作成。単位は 100 万米ドル。数値は 2014 年 10 月現在。

（注）※：2013 年度 GDP に占める海外送金のこと。

は，雇用主にとってはコスト増となり，結果として就労機会が減じる恐れも出てくる。かつてフィリピン政府が海外自国民の労働者保護を打ち出したとき，海外就労を目指す労働者自身がこの点に懸念を表明し，政府方針に反対するという皮肉な現象もみられた（小ヶ谷 2003）。送出国政府，移民労働者，海外の雇用主などの思惑が絡みつつ，海外就労は ASEAN 各地で広まっている。

経済的な影響②：地域開発

海外からの送金や投資は，世帯のみならず，地域社会にも向けられる。タイ・ビルマ国境に位置するビルマ系難民キャンプでは，人々が欧米諸国に再定住した家族や親類と携帯電話やインターネットで連絡を取り合う（久保 2014：128-131）。この遠く離れた難民キャンプに，海外で生活する同胞から物資や資金が援助されている。日本のビルマ系難民団体は，政治文化的行事で集めた収益を国境地域の姉妹団体に寄付したり（人見 2007：9），パソコンや機材を送って難民キャンプの学校建設やその運営を支援したりしている。国家や国際機関，NGO による支援とは別に，海外の同胞がコミュニティ開発の担い手として，地域社会の発展に貢献している。

政治的な影響①：母国の政治への関与

トランスナショナルな政治活動も活発だ。ASEAN では，長く権威主義体制や独裁政権がみられ，これに不満を抱いた移民コミュニティが，母国の政治に関与しようとしてきた。かつて軍事政権による弾圧から逃れてきたビルマ系難民は，アメリカ，タイ，日本などで政治団体を組織した。ビルマ系難民は，政治記念日にあわせたデモ活動，受入国政府へのロビーイングや各地の在外ビルマ人と連動した国際キャンペーンにも取り組んできた（人見 2007：12-13。本章冒頭の写真も参照）。祖国の民主化を訴え，草の根レベルで自らの政治的正当性を表明してきたのである。

移民の政治活動は，草の根レベルの活動に留まらない。受入国での政治参加を通じて母国の政治に関与してきたのは，在米ベトナム系難民である。その背景には，アメリカの市民権を保持するベトナム系住民の存在があった。難民たちは，ベトナム系議員候補者を擁立して同胞コミュニティに投票を呼びかけた。同胞議員が当選した市議会や州議会では，ベトナム系難民の意向が反映され，旧南ベトナム国旗の掲揚や反ベトナム共産党決議が打ち出されることになった（古屋 2009：241-277）。

難民たちのこうした政治活動は，出身国政府との衝突をも引きおこす。ビルマ政府は，ビルマ系政治活動家に帰国禁止や外交的保護の停止を課し，越境的な政治活動を抑制することもあった。そして受入国政府もまた，移民コミュニティの要求を看過することはできない。在米ベトナム系難民が取り組んだ旧南ベトナム国旗の掲揚はかつて，米越間の外交関係の悪化を懸念する国務省および連邦政府からの差し止めを受けている（古屋 2009：254）。ベトナム系難民が関与したローカルレベルの政治は，ナショナルレベルの政治に接続するものであった。

政治的な影響②：海外自国民をめぐる政治

出身国政府も海外自国民への関与を深めている。1991 年にシンガポールにおいて，フィリピン人家事労働者と雇用主の子どもが殺害された。その容疑者として別のフィリピン人家事労働者が逮捕され，死刑判決を受けるという事件がおきた（コンテンプラシオン事件，第 6 章も参照）。捜査方法の問題もあってフィリピン国内からは彼女の助命を求める声が上がり，フィリピン政府も自国民保護のためにシンガポール政府に当人の減刑を求めた。しかし，こうした声は届かず，刑は執行されてしまう。フィリピン国内では，政府に対する不満の声が高まり，その後フィリピンとシンガポールとの外交関係は急激に悪化していった（小ヶ谷 2003）。

出身国政府による海外自国民の保護は，国内法の影響が直接には及ばない他国の領土内での処置であり，その実行力は未知数である。しかし，出身国政府は，海外自国民を適切に保護できなければ，国内世論から反発を受ける。そして出身国政府の行動を，移民受入国が外圧と捉えれば，それは国家主権の侵害とも映ってしまう。出身国政府にとって，海外自国民の保護は内政・外交両面での政治課題なのだ。

社会文化的な影響①：社会的送金

国際移民が祖国に送るものは，物資や資金だけとは限らない。国際移民が移住先の国で習得する価値観やアイディア，規範などは社会的送金（Levitt 2001）と呼ばれている。滞日ビルマ系難民のある少数民族は，同郷組織を通じてビデオレターを作成した。ビデオレターは，日本人の勤勉さや自由恋愛といったライフスタイル，エイズ問題とその科学的治療法などを紹介しており，故郷の同胞たちに慣習的な同族結婚や伝統的治療法の弊害を認識させるものだった。新たなアイディアは，遠く離れた故郷の同胞へと伝えられ，地域社会の文化体系を変容させるものとなる。

社会文化的な影響②：越境者のアイデンティティ

国境を超える移住者の存在が社会的に認知されると，彼らを区別する独自の呼称も生まれてくる。海外で生活するベトナム系難民は，ベトナム社会では在外移民として「越僑」（ベト・キュー，Việt Kiều）というラベルを貼られてきた（川上 2001：193-196）。海外在住ベトナム人を意味するこの呼称は，以前はベトナム政府より裏切り者や反逆者という意味を付与されてきた。それがドイモイ（刷新）政策以降は，国家に貢献する愛国者としての意味を付与され始める。そして 1990 年代にはいると，越僑は海外から一時帰国する裕福なベトナム人を意味するようになり，ベトナム社会では，やっかみや嫉妬，羨望が込められたスティグマともなっていった（川上 2001：195）。こうした呼称は，受入国でも出身国でも同一化されない越境者独自のアイデンティティを表すものだ。それは同時に，2 つの社会を生きる者の疎外感をも映し出している。

社会文化的な影響③：国境を越える母親業

ASEAN からは多くの女性移民が，家事や医療福祉の労働者として海外に働きに出ている。出稼ぎ女性が母親の場合，彼女らは海外で働く間にも，家族からは母親としてのジェンダー役割を強く求められる。中東諸国で働くインドネシア系女性移民は，故郷に残した家族を経済的に支えつつ，子どもや配偶者からは母親らしいふるまいを期待され，その期待に応えられない不安や悲しみを抱えている（Silvey 2006）。そして女性移民は，出稼ぎ先から携帯電話やインターネットを用いて連絡を取り，子どもや家族に愛情を示すことで，遠く離れてもなお母親としての務めを果たそうとしている。女性移民は，国境を越えつつも祖国のジェンダー規範にとらわれ，経済的な大黒柱と愛情を注ぐ母親という二重の役割を負わされ続けている。

3　ASEANから日本へ・日本からASEANへ

ASEANから日本へ

ASEANは，国際人口移動の分野で日本とも深い関係をもつ。日本に滞在するASEAN出身者数の推移（**表7-4**）をみると，2014年末でのASEAN出身者は約42万人であり，滞日外国人の実に5分の1を占める。とくにフィリピン系移民は約22万人と突出している。約4万人が滞在するタイ系移民と同様に女性移民の割合が高く，日本人との国際結婚も目立つ。厚生労働省によると，2013年に夫婦の一方が外国人である婚姻件数は2万1488組あり，このうち妻が外国人の婚姻件数が1万5442組で約72%を占めた（厚生労働省大臣官房統計情報部編 2015：32）。国籍別にみると，妻がフィリピン国籍の婚姻件数は20.2%，妻がタイ国籍の婚姻件数は6.4%で，韓国・朝鮮籍，中国籍に続くものとなっている。日本からフィリピンやタイに向かう飛行機では，日本で購入した大きな荷物を手土産に里帰りする女性たちがみかけられる。

近年増えているベトナム系やインドネシア系移民には，農業，漁業や製造業などで働く多数の技能実習生が含まれる。またフィリピン，インドネシア，ベトナムからは，経済連携協定（EPA: Economic Partnership Agreement）に基づき，看護師・介護福祉士候補生が来日している。彼らは日本各地の医療施設や介護施設で就労し，日本の医療介護現場を支えている。

表 7-4　滞日 ASEAN 出身者数の推移（1990～2014 年）

	フィリピン	インドネシア	マレーシア	シンガポール	ブルネイ	タイ	ベトナム	カンボジア	ラオス	ビルマ（ミャンマー）
1990	49,092	3,623	4,683	1,194	9	6,724	6,233	1,171	959	1,221
1992	62,218	5,201	5,744	1,258	13	10,460	6,883	1,280	1,232	3,122
1994	85,968	6,282	5,356	1,385	16	13,997	8,229	1,417	1,353	3,682
1995	74,297	6,956	5,354	1,554	12	16,035	9,099	1,441	1,438	3,643
1996	84,509	8,742	5,544	1,586	10	18,187	10,228	1,448	1,459	3,896
1997	93,265	11,936	5,978	1,624	13	20,669	11,897	1,519	1,505	4,232
1998	105,308	14,962	6,599	1,676	15	23,562	13,505	1,575	1,551	4,442
1999	115,685	16,418	7,068	1,841	22	25,253	14,898	1,637	1,589	4,669
2000	144,871	19,346	8,386	1,940	14	29,289	16,908	1,761	1,677	4,851
2001	156,667	20,831	9,150	2,059	12	31,685	19,140	1,925	1,792	5,080
2002	169,359	21,671	9,487	2,136	14	33,736	21,050	2,051	1,901	5,386
2003	185,237	22,862	9,008	2,161	18	34,825	23,853	2,149	2,270	5,600
2004	199,394	23,890	8,402	2,263	24	36,347	26,018	2,215	2,325	5,409
2005	187,261	25,097	7,910	2,283	36	37,703	28,932	2,263	2,393	5,342
2006	193,488	24,858	7,902	2,392	35	39,618	32,485	2,353	2,478	5,914
2007	202,592	25,620	7,951	2,481	30	41,384	36,860	2,474	2,573	6,735
2008	210,617	27,250	8,291	2,604	31	42,609	41,136	2,572	2,630	7,789
2009	211,716	25,546	8,344	2,560	31	42,686	41,000	2,651	2,681	8,366
2010	210,181	24,895	8,364	2,512	33	41,279	41,781	2,683	2,639	8,577
2011	209,376	24,660	8,136	2,440	36	42,750	44,690	2,770	2,584	8,692
2012	202,985	25,532	7,848	2,136	41	40,133	52,367	2,862	2,521	8,046
2013	209,183	27,214	7,971	2,228	46	41,208	72,256	3,085	2,564	8,600
2014	217,585	30,210	8,288	2,366	42	43,081	99,865	4,090	2,556	10,252

（出所）　入管協会『在留外国人統計』各年度版より作成。数字は各年の 12 月 31 日現在。

ASEAN から来日するのは，労働移民に限らない。ベトナム系，カンボジア系，ラオス系移民には，1970 年代よりインドシナ難民として来日した人々がいる。すでに世代交代も進み，コミュニティでは 2 世や 3 世が成長している。ベトナム系難民のなかには，中古品の回収販売や輸出業に従事して，日越間で貿易業を営む越境的な移民企業家もいる（川上 2001；平澤 2012）。ビルマ系移民にも，軍政

表7-5　ASEAN構成国の在留邦人数

国　名	人数（人）	上位50カ国中の順位
タイ	55,634	7位
シンガポール	27,525	11位
マレーシア	20,444	12位
フィリピン	17,822	13位
インドネシア	14,720	15位
ベトナム	11,194	19位
カンボジア	1,479	39位

（出所）外務省領事局政策課編（2013）より作成。数値は2012年10月1日現在。

期に祖国を逃れた難民が数多く含まれている（人見 2007；2008）。ビルマ系難民も，祖国ビルマや第三国で生活する海外同胞と連絡を取り合っており，2011年の民政移管後には，祖国に一時帰国を果たす人々もみられるようになった。本国情勢の変化は，彼ら／彼女らに新たな移住機会をもたらし始めている。

日本からASEANへ

日本からASEANに向かう人々も目立つ。海外在留邦人数の上位50ヵ国をみると，5万人以上の在留邦人が暮らすタイを筆頭に，上位20位までに7カ国のASEAN構成国が含まれている（**表7-5**）。

多くの日本人がASEANを目指す目的のひとつは，ビジネスである。これまで製造業などの海外生産拠点として位置づけられてきたタイやカンボジアでは，経済発展にともない，中間層が成長してきた。彼らの高い購買力や今後の人口増を想定して，飲食業やサービス業の分野では日本人による起業も広まっている。日本人起業家は，和僑会などを通じて人脈を広げ，「おもてなし」とも表現される日本式サービスやホスピタリティを売りに，現地でビジネスチャンスをつかもうとしている（Column ⑦参照）。

また，ASEANで観光や異文化体験を求める日本人旅行者も多い。

Column ⑦ 和僑会

和僑会が活躍している。和僑会は，2004 年に設立された日本人の中小企業事業主や起業家の相互扶助組織である。華僑のように異国の地で助け合って事業を発展させようと，事業主や起業家に情報提供，経営ノウハウ，取引の人脈紹介などを行っている。和僑会の資料によれば，2015 年 3 月現在で本部がある香港のほか，タイ，ベトナム，カンボジア，シンガポールなどの東南アジアを含む 10 カ国に支部がある。和僑世界大会を実施するなど横のつながりも広く，2014 年現在で約 1500 人が参加する企業家ネットワークとなっている。

もともと和僑会は，日本人起業家有志による海外ビジネスの情報交換から始まった。和僑会の創始者は，「海外で起業しても，必ずしも成功するとは限らない。お互い助け合うことが大切であり，そうしたノウハウを引き継ぐ仕組みをつくりたかった」と設立の背景を語っている（2015 年 2 月 23 日の筆者とのインタビューより）。

日本人起業家は，人口減少にともなう日本国内の経済縮小を受けて，海外に活路を見出そうとしている。たとえば，いまやカンボジアには日系企業が集まる地域が形成され，製造業に限らず美容院やホテルといったサービス業も広く展開されている。しかし，日本人起業家が，海外で新規顧客や取引相手を開拓したり，現地の経営パートナーを探したりすることは容易ではなく，文化や商習慣の違いなどに直面することもしばしばだ。起業のノウハウを学ぶ場として，また海外日本人社会のひとつとして，和僑会の存在感が高まっている。

アユタヤやアンコールワットといった世界遺産があるASEANでは，タイやカンボジアなどを周遊するバックパッカーもいる。しかし，彼らの「冒険」は，ASEAN 各国では重要な観光産業である。外国人観光客を貴重な収入源と見なす現地社会では，彼らが冒険を達成するために必要な移動や宿泊の手段は，すでに「商品」としてサービス化されている（大野 2007）。観光や異文化体験を求める旅行者は，消費者として現地社会に組み込まれながら，ASEAN 域内を移動し続けているのである。

本章は，ASEAN におけるトランスナショナリズムの広がりをみてきた。はたしてトランスナショナリズムは，ASEAN のさらなる成長にとって欠かせないものだろうか。移住者や同郷組織の国境を越えたネットワークは，今後も広がっていくのだろうか。国際移民というライフスタイルは，人々に幸福をもたらすのだろうか。ASEAN のトランスナショナリズムをめぐって，多くの問いが浮かび上がる。こうした問いに注目しつつ，トランスナショナリズムのさらなる解明が求められる。

読書案内

1　黒柳米司・金子芳樹・吉野文雄編『ASEAN を知るための 50 章』2015 年，明石書店。

大きく発展を続ける ASEAN。地域統合としての制度的特徴，対外関係や今後の展望を含め，全体像を読み解くことができる。

2　山田美和編『東アジアにおける移民労働者の法制度――送出国と受入国の共通基盤の構築に向けて』2014 年，アジア経済研究所。

ASEAN 構成国の移民政策は目まぐるしく変化している。現地の情報源をふまえつつ，最新の動向を把握することができる。

3　古屋博子『アメリカのベトナム人――祖国との絆とベトナム政府の政策転換』2009 年，明石書店。

アメリカに逃れた在米ベトナム人は，祖国の政策転換にいかに呼応してきたのか。米越間のトランスナショナリズムが実証的に論じられている。

■参照文献

アジア経済研究所編 2015『アジア動向年報 2015』アジア経済研究所。

ASEAN, 2014, *ASEAN Statistics*.（http://www.asean.org/news/item/selected-key-indicators/；2016 年 3 月 18 日アクセス）

知花いづみ，2014，「フィリピンの労働者送り出し政策と法――東アジア最大の送出国の経験と展望」山田美和編『東アジアにおける移民労働者の法制度――送出国と受入国の共通基盤の構築に向けて』アジア経済研究所。

古屋博子，2009，『アメリカのベトナム人――祖国との絆とベトナム政府の政策転換』明石書店。

外務省領事局政策課編，2013，『海外在留邦人数調査統計〔平成 25 年要約版〕』。

人見泰弘，2007，「ビルマ系難民の政治組織の形成と展開」『現代社会学研究』20：1-18。

人見泰弘，2008，「難民化という戦略――ベトナム系難民とビルマ系難民の比較研究」『年報社会学論集』21：107-118。

人見泰弘，2014，「グローバリゼーション」櫻井義秀・飯田俊郎・西浦功編『アンビシャス社会学』北海道大学出版会。

平澤文美，2012，「ベトナム人――外部市場志向のビジネス」樋口直人編『日本のエスニック・ビジネス』世界思想社。

Hugo, G., 2005, *Migration in the Asia-Pacific Region*, Global Commission on International Migration.

石井由香，2009，「国際労働力移動と政治・社会的空間の形成――想像される東南アジア？」春山成子・藤巻正己・野間晴雄編『東南アジア――朝倉世界地理講座：大地と人間の物語 3』朝倉書店。

石塚二葉，2014，「ベトナムにおける国際労働移動――『失踪』問題と労働者送り出し・受け入れ制度」山田美和編『東アジアにおける移民労働者の法制度――送出国と受入国の共通基盤の構築に向けて』アジア経済研究所。

川上郁雄，2001，『越境する家族――在日ベトナム系住民の生活世界』明石書店。

小井土彰宏，2005，「グローバル化と越境的社会空間の編成――移民研究におけるトランスナショナル視角の諸問題」『社会学評論』56（2）：381-399。

厚生労働省大臣官房統計情報部編，2015，『平成27年我が国の人口動態（平成25年までの動向）』。（http://www.mhlw.go.jp/toukei/list/dl/81-1a2.pdf/；2016年3月18日アクセス）

久保忠行，2014，『難民の人類学――タイ・ビルマ国境のカレンニー難民の移動と定住』清水弘文堂書房。

Levitt, P., 2001, *The Transnational Villagers*, University of California Press.

入管協会，各年版『在留外国人統計』。

小ヶ谷千穂，2003，「フィリピンの海外雇用政策――その推移と『海外労働者の女性化』を中心に」小井土彰宏編『移民政策の国際比較――講座グローバル化する日本と移民問題（第Ｉ期 第3巻）』明石書店。

奥島美夏，2014，「インドネシアの労働者送り出し政策と法――民主化改革下の移住労働者法運用と『人権』概念普及の課題」山田美和編『東アジアにおける移民労働者の法制度――送出国と受入国の共通基盤の構築に向けて』アジア経済研究所。

大野哲也，2007，「商品化される『冒険』――アジアにおける日本人バックパッカーの『自分探し』の旅という経験」『社会学評論』58（3）：268-285。

Silvey, R., 2006, Consuming the Transnational Family: Indonesian Migrant Domestic Workers to Saudi Arabia, *Global Networks* 6（1）: 23-40.

Smith, M. P., and L. E. Guarnizo eds., 1998, *Transnationalism from Below*, Transaction Publishers.

樽本英樹，2009，『よくわかる国際社会学』ミネルヴァ書房。

World Bank, 2014, *Migration and Remittances Data*.（http://econ.worldbank.org/WBSITE/EXTERNAL/EXTDEC/EXTDECPROSPECTS/0,,contentMDK:22759429~pagePK:64165401~piPK:64165026~theSitePK:476883,00.html#Remittances/；2016年3月18日アクセス）

第8章　南アジアと人の越境

●インドとスリランカを中心に

研修会で認定書を受ける出稼ぎ家事労働者（スリランカ・キャンディ）

「南アジア」と呼ばれる地域がある。通常，1985年に設立された南アジア地域協力連合（SAARC：South Asian Association for Regional Cooperation）に現在加盟している国，すなわちアフガニスタン，インド，スリランカ，ネパール，パキスタン，バングラデシュ，ブータン，モルディブの8カ国をこの南アジアに含めておこう。それぞれの国名から，どのようなイメージを描くだろうか。紛争地もあれば，観光地もある。南アジアは，多様性に富んだ地域である。多様性に富んだ南アジアは，国境を越える人の移動が活発な地域としても知られる。越境する人々が紡ぐトランスナショナルな関係は，南アジアを理解するうえで不可欠な側面であるため，本章においても中心的なテーマとして扱っていく。

1　南アジアの多様性と国境を越える人の移動

南アジアの多様性

南アジアの現在の総人口は，約17億人に迫る規模であり，世界人口の5分の1以上を占める。10億を超す人口をもつインドの存在は大きい。そのインドは，世界最大の貧困層を抱えている。**表８-１**からもわかるように，1人当たりの国民総所得でみれば，必ずしも上位グループには属さない。しかし域内最大の経済大国として存在感を示しており，世界銀行によれば，インドの経済活動の活発化は周辺国の経済成長にもつながるという。特に，民族間の内戦が2009年5月に終結したスリランカや，政治的安定を取り戻したバングラデシュの経済発展に対しては，期待が強まっている。

一方で，政治・外交的には難題が多い。たとえばカシミールをめぐっては，南アジアにおける最大の軍事大国のインドがパキスタンと対立している。政情不安が続き，テロが頻発するアフガニスタンなどでは，局所的に状況が異なるが，軍事的緊張を今も抱えている。

この地域に住む人々の属性は実にさまざまである。彼／彼女らの民族的アイデンティティを確立する重要な属性は，宗教と言語であろう。あらためて表8-1をみると，この地域には，ヒンドゥ教とイスラム教を信仰する人々が広く分布していることがわかる。仏教が根づくスリランカやブータンといった国もある。宗教以上に，使用される言語は多様である。また，南アジア諸国の多くがイギリスの植民地支配を受けた経験があるため，政府機関の管理職や高い教育を受けた者は現在でも英語が堪能である。また，南アジアの人々の生活は，この10数年の経済発展のなかで，その様式を変えつつある。都市化やグローバル化の影響だろう。欧米的な価値観や嗜好が

表 8-1　南アジア諸国の人口，経済，宗教，言語

	人　口（百万人）	GDP（百万US$）	1人当たりGNI（$）	主な宗教	主な言語
南アジア 8 カ国 SAARC	1,721.0	2,588,688	5,879	ヒンドゥ 64% イスラム 29% シーク 2% 仏教 2% キリスト 2% ほか	**英語**
アフガニスタン・イスラム共和国	31.6	20,038	2,000	イスラム （スンニ派 80% シーア派 19%） ほか	ダリ語 50% パシュトゥ語 35% ほか
バングラデシュ人民共和国	159.1	172,887	3,330	イスラム 83% ヒンドゥ 16% ほか	**ベンガル語** 95% ほか
ブータン王国	0.8	1,959	7,280	ラマ仏教 75% ヒンドゥ 25%	**ゾンカ語** 70% ネパール語 25%
インド共和国	1,295.3	2,048,517	5,630	ヒンドゥ 81% イスラム 13% キリスト 2% ほか	ヒンディ語 40.22% ベンガル語 8.3% テルグ語 7.45% など 22 語以上
モルディブ共和国	0.4	3,062	10,920	イスラム （スンニ派）	**ディベヒ語**
ネパール連邦民主共和国	28.2	19,770	2,410	ヒンドゥ 81% 仏教 11% イスラム 4% キラント 4%	**ネパール語** 58.45% マイティリ語 11.1% ほか
パキスタン・イスラム共和国	185.0	243,632	5,090	イスラム （スンニ派 77% シーア派 20%） ほか	パンジャブ語 48.2% パシュトゥ語 13.1% シンディ語 11.8% サライキ語 7.6% *ウルドゥ語* 7.6%
スリランカ民主社会主義共和国	20.6	78,824	10,370	仏教 70% イスラム 8% ヒンドゥ 7% キリスト 7%	**シンハラ語** 70% **タミル語** 15%

（注）　GDP（国内総生産）は名目。GNI（国民総所得）は名目で購買力平価換算。宗教や言語の割合（%）は概数であり，総計が 100% になっていない場合がある。言語欄のゴシック体は公用語，イタリック体は国語を表す。

（出所）　人口，GDP，GNI：World Bank (2015)。宗教：Infoplease．言語：Delanty and Kumar (2006)。アフガニスタンについては Library of Congress Federal Research Division (2008)。上記にもとづき適宜加筆修正している。

広まり，伝統的な衣装をまとう若者の数が減っているという。

南アジアにおける国境を越える人の移動

多様な側面をもつ南アジアであるが，この地域の共通の特徴を一つ挙げるとすれば，国外あるいは域外への人々の移動の活発ぶりがある。人はさまざまな理由で移動する。経済的要因としては，賃金格差や失業などの問題が挙げられる。政治的要因としては，思想や宗教が異なるがゆえの内戦があり，暮らしている土地における身の危険性の高まりが，人々に移住を強いている。

たとえば，パキスタンに住む 400 万人もの在留外国人は，主にアフガニスタンでの紛争から逃れてきた避難民である。また，南アジアは気候変動の影響や自然災害に脆弱な地域であり，洪水や地震等によって住む場所を追われる人々も少なくない。いわゆる「環境難民」である。もちろん，結婚や留学という自発的な人の国際移動もある。

世界人口における移民の割合は 3% 程度であり，マジョリティは国内での移動のみに終始することはよく知られている。ただし世界的な経済格差の存在，そして国際移動のための費用の低下は，就労目的の人の越境を促しており，南アジア地域も例外ではない。**表 8-2** は，南アジアの 5 カ国について，国際的な人の移動に関連するデータを整理したものである。ネパールやスリランカは，海外出稼ぎ者数の割合が高い。そのネパールはインドと人の移動の自由化協定を結んでいるため，働き口を求めてインドに移り住むネパール人は多い。また先に述べたように，アフガニスタンからの難民がパキスタンでの避難生活を余儀なくされている。

南アジア 5 カ国への海外送金流入をみると，ネパールでは GDP 比 29% にも届いている。バングラデシュとスリランカでは 10% 前後である。総額としてはインドが突出しており，南アジア地域以外の主要なアジアの送出国，中国（640 億 US ドル）やフィリピン（280

表 8-2　南アジア 5 カ国のトランスナショナルな移動の諸相

	海外出稼ぎ者数(年間平均) 2010～12 年	国内外国人数(千人) 2013 年	在外者数(千人) 2010 年	海外送金流入(百万 US $) 2013 年	海外送金流入対 GDP 比(%) 2013 年
バングラデシュ	519,670	1,397	5,380 (9,641)	15,053	10.7
インド	671,774	5,338	11,358 (24,524)	71,000	3.7
ネパール	346,158	971	982 (42,346)	6,229	28.8
パキスタン	486,128	4,081	4,677 (11,802)	17,058	6.2
スリランカ	268,681	325	1,847 (10,741)	7,202	9.6

（注）　在外者数の欄のうち括弧内の数値は日本での滞在者数（単位は人，2014 年 12 月）。「短期滞在」「外交」「公用」などは除いている。本章中に示されている数値も同様。
（出所）　Wickramasekara（2015: 8）および法務省『在留外国人統計』。

億 US ドル）と比べても大きい。こうした数字からは，移住労働の母国に対する経済効果の大きさがうかがえる。なお，南アジアの移住者の多くは，周辺国よりもむしろ，賃金水準が高い国・地域を選好する。たとえば，中東湾岸諸国などが主要な目的先として知られている。

日本に目を向けると，この国では，南アジア出身者のプレゼンスは決して大きくない。日本には 200 万人以上の外国人が暮らしているが，これも表 8-2 にある通り，南アジアの国籍をもつ人々で一番多いのがネパール人で約 4 万 2000 人，インド人は約 2 万 5000 人，パキスタン，スリランカ，バングラデシュについては，1 万人前後に留まっている。

なお，表 8-2 における「在外者」（括弧で示している日本での滞在者数は除く）は，出稼ぎ等を目的とする一時的な移住者を示している。それと区別して，南アジア地域にルーツをもつ「ディアスポラ」という存在も覚えておきたい。旧来はユダヤ人の離散を意味するディアスポラと呼ばれる存在を今日の文脈のなかで定義することは難しいが，ここでは，出身国を離れてはいるが出身国社会へのつながりや帰属意識を失っていないような国際移住者のことを指す。南アジアにルーツがある移民やその子孫はもちろん，人によっては，移住労働者を含む場合もある。次節で取り上げるインド系を中心に，世界各地に3000万人近くいると推計されている。

2　インドとインド人

世界に散らばるインド人とインド系移民

インドについて語ろうとするとき，まずインドの何を語るべきだろうか。前節で述べたSAARCのメンバー国というよりも，BRICs（ブリックス）の一角を占める一国として，その存在感の増長に印象づけられている読者も多いだろう。BRICsとは，21世紀以降に顕著な経済発展をみせているブラジル（Brazil），ロシア（Russia），インド（India），中国（China）の頭文字をとって名づけられたもので，現在では南アフリカ（South Africa）を加え，BRICSと称されることもある。

インドはその経済的な発展のみならず，世界最大の民主主義国と呼ばれる同国の政治体制，地方農村に根深く残るカースト制度に規定される社会階層，昨今は特に軋轢《あつれき》の火種になっている宗教，貨幣に印刷されている17の異なる言語などが，インドに異彩を与えている。そのどれもがインドを構成しているのであるが，しかし筆者は，前節でも言及したように，インド人の国際的な越境や移住について，あるいは，母国や祖国を離れ暮らすディアスポラについて考えてみたい。インドを象徴するものとして，うってつけの題材だと考えるからである。

インド人を，人の越境や移住との関連で，恣意的に3つに類型化してみよう。インドに住むインド人，インド国外に暮らすインド人（NRI：Non Resident Indian），そしてインドにルーツがあるインド系移民（PIO：Persons of Indian Origin）である。このPIOは，インド政府が要件を課しているなど公的な性質をもつため，歴史的・社会的実態に即して，「印僑」あるいはインディアン・ディアスポラという言葉を用いてもよいだろう。とはいえディアスポラという概念の解釈は歴史的に拡大しており，今では移民全般，場合によっては上記NRIを含むことも必ずしも間違いとは言い切れなくなっている。

いずれにしてもインド人の海外への移住の歴史は長く，移住先も多岐に渡る。英国の植民地であった時代には，植民地政府がインド人の労働移住を進め，プランテーション経営を支える農産業に従事させていた。この場合の「インド人」には，分離独立前の現パキスタン，バングラデシュ，スリランカなどの人々も含まれる。

インドと日本

世界地図を広げてみると，たとえばマダガスカルの東に約900キロ，インド洋に浮かぶモーリシャス共和国などは，今では国民の半数以上をインド系が占める国家である。日本から比較的身近なところをみれば，マレーシアやシンガポールの人口はインド系が10％程度を構成する。日本にもインド出身者のコミュニティがある。かつては神戸が中心地と言えたが，今では東京都の江戸川区や江東区がインド人居住地として知られており，関東にはインド人学校が複数設立されている。日本国内にいるインド国籍の人口は，1985年に2540人，1990年に3107人であったが，2000年には1万64人と1万人の大台に乗り，2014年12月の数字で2万4524人ほどである（外交や公用等を除いている）。在日インド人の主要な在留資格をみると，「技術」や「技能」がそれぞれ4000人弱，「家族滞在」が約6000人，「永住者」が約4万5000人である。

日本の歴史においてよく知られるインド人は，ケララ州トリバンドラム生まれのA. M. ナイル氏であろうか。インド独立運動に参加した日本への留学生であり，銀座四丁目にある人気のインド料理専門店，ナイルレストランの創設者である。「中村屋のボース」こと，ビハリ・ボースも，インド独立運動にかかわった著名な人物である。インド建国の父ガンジーが南アフリカからインドに帰国したのと同じ年の1915年に，ボースは日本へと亡命している。

現代インドから世界へ

インドから世界への出移民の歴史に話を戻すと，第二次世界大戦後は，旧英領植民地であり伝統的な移民国であるアメリカ合衆国，カナダ，オーストラリア，ニュージーランド，そしてもちろん植民地時代における宗主国である英国にも多くのインド人が移住した。現代では，科学者，技術者，医者としても，そして周知の通りITエンジニアとしても，インド人は世界に展開している。

経済的に成功をおさめたインド系移民は文字通り枚挙に暇がない。筆者は拙論「インド人ITワーカーの越境」（明石2010）のなかで，特にアメリカに絞り名だたる人物名を挙げたが，その後も，2010年に非白人として初めてハーバードビジネススクールの学長に就いたニティン・ノーリア（Nitin Nohria）や，昨今では2014年2月にマイクロソフトのCEOに選ばれたサティア・ナデラ（Satya Nadella）を筆頭に，インド出身者の各分野での活躍は目覚ましい。

このアメリカから遠く離れ，中東湾岸諸国に人手を提供している主要グループを構成するのも，インド人である。この地で働くインド人の場合は，「移民」というよりは「移住労働者」と形容したほうがよいだろう。過去から現在まで，農業労働者からIT長者まで，世界の至る所にインド系移民が展開しているのである。

インド政府の取り組み

インド政府は，インドの外で暮らし働くこうしたインド人やインド系移民の存在を最近はことさら重要視しているようである。外務省内にインディアン・ディアスポラに関するハイレベル委員会（High Level Committee on Indian Diaspora）が設立されたのは2000年のことであった。その任務には，前項に述べたPIOやNRIの置かれた状況全般を調査し，彼らと本国の互恵的関係を強化するための適切な政策を検討することも含まれる。PIOの出入国規制の緩和や，次に述べる「在外インド人の日」の設置等についても，同委員会は勧告していた。

在外インド人の日（Pravasi Bharatiya Divas）が設けられたのは，2003年である。インド独立の父，「非暴力不服従」で知られる前述のマハトマ・ガンジーが南アフリカから帰国した1月9日に合わせて開催され，インドの発展に功績を認められる在外インド人が表彰を受けるといったイベントが行われる。

2004年に在外インド人省（Ministry of Overseas Indian Affairs）がつくられたことも，注目に値する。この機関に期待されているのは，インディアン・ディアスポラの活力やさまざまな分野での貢献を母国の発展に取り込むための政策・政策を立案し，実施することである。インド連邦政府は，すでに1999年にPIOカードを，2005年にOCI（Overseas Citizenship of India）カードを導入するなどして，在外インド人の該当者を優遇している。ビザや滞在届出の免除などが，その優遇策の一部である。

母国・祖国への影響

こうした政策動向の背景には，本国を富ます人的資源としての在外インド人，そのプレゼンスへの注目がある。「本国を富ます」という点でわかりやすいのは，インド本国への海外送金である。表8-2にも記しているが，インドへの送金額は，2013年，710億USドル（1ドル120

円換算で 8.5 兆円）である。ディアスポラ人口の規模ではインドと双璧をなす中国を凌いで世界最大であり，しかも，その額は年々増加している。

自国出身者が移住先から母国に送ったり持ち込んだりするものは，お金だけではない。金銭のように可視化されないが，在外インド人の国際ビジネス経験やネットワーク，起業や経営のためのノウハウ，先端的な知識や技術は，インド本国にとっても取り込みたい無形資産である。異なる文化に根ざす価値観や規範なども人の行き来を通じて伝達される。これを社会的送金（Social Remittance）と呼ぶこともある。たとえば「在外インド人の日」は，社会的送金が行われるひとつの機会とみなしてもよいだろう。

インド政府が好むと好まざるとにかかわらず，インド本国とインド系移民の間には政治的な関係も生まれる。アメリカのインド系移民は，同国におけるプレゼンスの大きさ以上に政治力をもつとされる。同国の政治や外国に影響力を及ぼすインド系の組織だった動きは，親印的なスタンスをもつインド族議員の集まり（インド・コーカス）などが，よく知られている。こうしたエスニック団体は，政府へのロビイングを通じて，母国や祖国との外交関係に影響を及ぼそうとする。

アメリカのような移民国の政治家にしてみれば，その政治的地位の獲得や維持において，エスニック票は無視できない。アメリカにおけるインド出身の移民は，所得水準でみてもアメリカの平均をはるかに上回る最上位グループに属しており，その経済力や産業界での影響力を考えると，なおさらである。

3 スリランカ

国際移住の歴史

スリランカはインドの南東にある島国で，1948年に英国領から独立するまで，移民が入ってくる国だった。地形の高低差，生物の多様性，多種多様な農業生産を可能にする環境と豊かな漁場，天然の港湾，宝石資源に恵まれたこの国には，インド洋中央に立地する海上交易の要所として古くから知られ，インドやアラブの商人が往来し定住してきた。

スリランカは，16世紀からポルトガル，オランダ，英国の植民地支配を受け，特に英国の全土統治を契機に，インド南部から多くのタミル人たちがプランテーション労働者として投入された。欧州系の人々も定住し，彼らは，プランテーション経営だけでなく，さまざまな経済活動を通して富を築いた。第一次および第二次世界大戦中には，英国軍がスリランカを外国の侵略から守るために，マレー半島やインド（分離独立前のパキスタンを含む）から警察官や兵隊を集め警備にあたらせている。

独立の年から1972年まで，この地の国名はセイロンだった。独立後の新政府がインド・タミル人労働者の送還を開始し，同時に，マレー人や南アジア出身者を中心とするインド人，植民地時代にヨーロッパからスリランカに移り住んだ人々と現地の人々との間の混血の子孫などが，スリランカを離れた。後者は，バーガーと呼ばれる。特に政府が1956年に一時期シンハラ語のみを公用語化したとき，多くのバーガーとタミル人は英連邦諸国へ移住した。彼らは英国統治時代に英語で教育を受けた医師，会計士，技術者，大学講師など知識をもつエリートや，プランテーションで財を成した富裕層が大半であった。これが当時のスリランカからの自主的な海外移住者の特徴であった。

1973 年以降の石油価格高騰によって経済力を強めた中東湾岸諸国と，新興アジア諸国の経済発展は，アジア域内における契約ベースでの国際労働力移動を活発化した。スリランカでも，政府が一般人の海外渡航や一時的な海外就労を許可するやいなや，経済的理由によるスリランカ人の海外出稼ぎが急増した。主に中東湾岸諸国向け家事労働者として，スリランカ人女性の海外渡航も活性化した。

政治的理由も人の国際移動に影響している。たとえば，一部の青年たちが，国内の貧困・失業・不平等の現状に対し政府への不満をつのらせ，暴動や内戦を起こしている。具体的には，1970 年代初頭と 1980 年代後半の「人民解放戦線（JVP)」による暴動のなか，海外へ逃亡したスリランカ人は少なくなかった。また，1983 年にはじまるテロ組織「タミル・イーラム解放のトラ（LTTE)」と政府との間の民族的内戦以後，タミル人の海外での難民申請が増加した。こうした海外移住は，内戦終結の 2009 年頃まで続く。

スリランカ人の国際移住の現状と影響

今日，スリランカ人ディアスポラは，シンハラ人，タミル人，バーガー，ムーア（イスラム教徒）などで構成され，世界に約 300 万人いるとされる。彼／彼女らは，欧州，北米，オセアニア，アジア，中東湾岸諸国へ移住し，労働力や高度人材として移住先の経済社会に貢献している。

スリランカ大卒者に占める海外留学と海外雇用の割合は高く，いわゆる「頭脳流出」がみられる。また，ある国からの頭脳流出（brain drain）は別の国にとっての頭脳獲得（brain gain）でもあり，高度人材の移動には正と負の双方の影響があることに留意したい。

移住先の欧米で仕事と永住権を得て定住する者も少なくない。その社会的影響の一例として，スリランカの医師不足が挙げられる。

同国の診療所では，長時間待たされる割には，医者の診察時間が短い。外科手術設備を完備する病院や各種病気の知識をもつ医師は中心都市コロンボに集中するため，医療の地域間格差も著しい。高度人材にとっては，高収入かどうかだけでなく，専門性と技能を高める環境も職場選びの重要な判断材料となる。キャリアアップや成功へのチャンスがないならば，知識や語学力のある大卒者や高度人材は，海外へ目を向けるものである。とはいえスリランカからの高度人材の海外移住は，全体としては小さな割合にとどまっている。

1970 年代から，中東湾岸地域はスリランカの重要な出稼ぎ先である。2000 年後半からは韓国も渡航先になっている。2010 年以降，毎年 120 万人のスリランカ人が国際空港から海外へ出国し，そのうち約 21〜23% にあたる約 27〜29 万人が雇用目的での渡航である。雇用目的の渡航者の約 93% が，中東湾岸諸国へ向かう。そのうちわずか 1.8% が専門職，6.9% が中間管理職，約 9.7% が事務職であり，残り 8 割はブルーカラー職種である。スリランカ中央銀行の報告書によれば，そのなかで，女性家事労働者は約 3 割を占める。

スリランカからの女性の海外出稼ぎの 8 割を，家事労働者が占めている。女性家事労働者の渡航実数は 1995 年から横ばいだが，男性労働者の海外出稼ぎは 2007 年頃から伸び，全体に占める女性家事労働者の割合が相対的に小さくなった。この背景には，雇用主や斡旋業者とのトラブル，雇用先でのオーバーワーク，賃金未払い，軟禁や虐待被害といった問題がある。また，国内に残した家族，特に子どもへの悪影響がスリランカ社会で問題視されはじめたという事情も指摘できる。政府は，女性家事労働者の渡航を制限する一方で，失業対策として，男性労働者の海外渡航を奨励している。

海外労働者送金は GDP の 9.6%（表 8-2）を占める。失業率軽減と外貨獲得のマクロ経済的効果は高い。そのため政府は，同国の労働者の海外就労奨励策をひとつの経済発展戦略として位置づけている。民間部門においても，紹介・仲介事業で財を得る者も少なくなく，スリランカでは，海外派遣ビジネスがひとつの産業として定着している。

日本のスリランカ人たち

スリランカと日本はアジアの島国として文化的にも宗教的にも類似するところがあり，つながりも深い。19世紀後半，仏教復興に影響を与え，スリランカ建国の父と呼ばれるA. ダルマパーラは，日本に数度訪問している。1960年代にE. サラッチャンドラ教授が日本を題材に描いた小説（『亡き人』野口忠司翻訳）は，名著として有名である。日本の文学や伝統芸能，映画，テレビドラマはスリランカでもよく紹介されていた。現在の学校教科書には，日本についての記述もある。高等学校などで日本語を学んだスリランカ人のなかで，機会があれば日本への留学や日本企業での就労を考えている人は少なくない。

筆者の聞き取りによれば，民間の海外雇用仲介業者のなかには，日本で就労経験のある者や，独学で日本語を学んだ者もいる。業者のなかには，日本の技能実習制度を利用し，技術だけでなく，日本人の仕事への姿勢，勤勉さ，時間厳守，チームワーク，責任感などもスリランカ人に学んできてほしいと願うものも多い。

日本との交流関係を振り返ってみたい。スリランカは，1960年頃から厳しい外国為替管理をはじめ，スリランカ・ルピーの海外持ち出しを規制した。同時にスリランカ人の海外渡航も難しくなった。一方その当時の日本は，戦後初期の開発途上国支援のための機関である「コロンボプラン」を契機とする研修生受け入れや，文部省奨学金制度による留学生受け入れを開始していた。それにより，日本の文化や芸術を学ぶために，スリランカ人が日本を訪れることが増えた。

1977年以降，政権交代を経てスリランカが開放経済政策に転換すると，スリランカ人ビジネスマンが日本の製品を買い付けに来るほか，オフィスを構え経済活動を始めるようになった。1980 年代，特に日本のバブル経済期以降には，スリランカからの留学生や研修生に加えて，家族同伴者，国内の暴動や内戦から逃れてきた者，国際結婚による移住女性の日本への渡航が増えた。

成田空港付近など関東圏には，スリランカの仏教寺院が建立され，スリランカ人僧侶が居住している。仏教寺院はスリランカ人の生活支援，大使館への連絡，仕事の紹介，ビザ問題の解決などを行っており，また子どもにシンハラ語や文化を伝える役割や，仏教を通した日本との国際交流の役割も果たしている。

在日スリランカ人の数は，1985 年に 509 名，1990 年に 1206 名，2000 年に 5655 名，2014 年 12 月には 1 万 741 名と 1 万人を超えた。主要な在留資格をみると，「永住者」と「家族滞在」「留学」がそれぞれ約 2000 人前後，就労関係では，「人文知識・国際業務」が 1250 人となっている。その数は決して多くはない。しかし南アジア各国の人口規模を考慮するならば，日本にとってスリランカはネパールに次ぐ送出国であり，両国の関係は人の越境や移住を通して密に結ばれているのである。

人の越境・移住は，実に興味深い現象である。国際的な人の移動の歴史は長く，時の政治経済情勢に応じて，越境先や規模，移住の目的や形態を変え，各国各地域の社会構成を多様化させていく。自身の出身地やルーツをもつ国にも，時代を越え，複雑な影響をもたらす。同様のことが，南アジア地域からの人の国際移住についてもいえる。

この影響の「評価」は難しい。たとえば，海外就労者から母国への海外送金は出身国の経済にプラスであるが，スリランカの節で言及されたような賃金未払いや虐待など，就労目的の人の越境には負の側面も目立つ。また，送出国にとっての頭脳流出は，受入国にと

Column ⑧ 中央アジアとウズベキスタン

中央アジアにはカザフスタン（人口約1762万人），キルギス（人口約594万人），タジキスタン（人口約848万人），トルクメニスタン（人口約537万人），ウズベキスタン（人口約2989万人）などの国々がある（人口は国連2015年推計による）。この地域の中ほどに位置する最も人口の多いウズベキスタンは，カザフスタンなどと同様に旧ソ連崩壊後に独立した国である。ウズベキスタンは，海に出るために国境を2回越えなければならない，いわゆる「二重内陸国」である（この国以外の二重内陸国は，2015年時点ではヨーロッパのリヒテンシュタインのみ）。域内には塩湖のアラル海があるものの，急速に干上がっており，現在，対策が考えられている。住民は民族的に多様だが，人口の大部分がイスラム教を信仰している人々である。ウズベキスタンを訪れた時にしばしば出会うのがコリョサラム（高麗人）と呼ばれる人々だ。バザール（市場）や市中ではしばしば朝鮮料理を目にすることができる。彼ら／彼女らはかつてロシア極東地域に住んでいた朝鮮族の末裔で，1937年から中央アジアに強制的に移住させられ，現在に至っている。旧ソ連時代に居住地でロシア語を話すように適応していったが，現在，ウズベキスタンではウズベク語が主要言語になりつつあり，その言語生活は容易ではないようだ。近現代の国家間力学と国境線の変更が，彼ら／彼女らの暮らしに大きく影を落としている。

っての頭脳獲得でもあり，その頭脳が海外就労先で鍛えられスキルアップを経て母国に戻れば，今度は出身国に利を成す「頭脳還流(brain circulation)」にもなりうる。

多様な人材を輩出するインドにも，上と同様の状況がある。また，インドの節では，成功した在米インド人について触れたが，海外で働くインド人労働者の人権侵害の例は枚挙に暇がない。一方では政治的な影響力すら行使することが可能なインド人が世界には数多く存在する。しかし他方では，市民的権利さえ享受できないインド人も数多い。

越境により獲得されうるディアスポラ性は，それをもつ特定の集団や人々に富と力を与えることもあるが，彼らの境遇を常に恵まれたものとするわけではない。

国境を越える人の移動と定住は，さらにその規模を増していくことが予想される。であるとすれば今後はさらに，移住する人々が織りなすトランスナショナルな関係は，各国の政治経済の動態性を捉えるうえで，また，現在の国際社会の課題とあり様を理解するうえで，目を背けることができない現象になるだろう。

読書案内

1　田中雅一・田辺明生編『南アジア社会を学ぶ人のために』2010年，世界思想社。

南アジアを知るための入門書。宗教，政治，文化など扱われるテーマは幅広い。インドを中心に，各国の事情もわかる便利な一冊。

2　首藤もと子編『東南・南アジアのディアスポラ』2010年，明石書店。

駒井洋監修「叢書グローバル・ディアスポラ」の第2巻。SAARC諸国では，モルディブとブータンを除く事例が収められている。

3　鹿毛理恵『国際労働移動の経済的便益と社会的費用――スリランカの出稼ぎ女性家事労働者の実態調査』2014年，日本評論社。

スリランカ人女性家事労働者についての体系的な研究成果。個人から国レベルまでの国際労働移動の影響が広く考察されている。

■参照文献

明石純一，2010，「インド人ITワーカーの越境」首藤もと子編（駒井洋監修）『東南・南アジアのディアスポラ』明石書店。

Central Bank of Sri Lanka, 2013, *Annual Report*.

Delanty, G. and K. Kumar, 2006, *The SAGE Handbook of Nations and Nationalism*, SAGE.

法務省，各年版『在留外国人統計』。

Infoplease, *World Religions*. (http://www.infoplease.com/ipa/A0855613.html/；2015 年 3 月アクセス).

Library of Congress, Federal Research Division, 2008, *Country Profile: Afghanistan*.

Ministry of Overseas Indian Affairs, (various years), *Annual Report*.

Wickramasekara, P., 2015, Mainstreaming Migration in Development Agendas: Assessment of South Asian countries, *Working Papers in Trade and Development*, 2015/02, Arndt-Corden Department of Economics, Australian National University.

World Bank, 2015, *World Development Indicators*.

第9章　イスラーム世界と在日ムスリム

マレーシアでユニクロが展開するヒジャーブ（女性用スカーフ）

イスラーム教徒（以下ムスリム）の人口は16億人といわれる。世界人口の5分の1がムスリムで，居住地域も世界各地に広がっている。日本もまた，かつてないほどにイスラーム教（以下イスラーム）との接点をもつようになっている。本章では，イスラーム世界を対象に，国境を越える現象とその影響を考える。その際，イスラーム世界の広がりを確認しつつ，日本におけるムスリム社会の成り立ちと現状をみていく。そのうえで，現在進行形で生起している現象，通信・交通手段の革新，経済，消費を取り上げながら，グローバル化とムスリム，非ムスリムの三者の関係について考えてみたい。

人，モノ，情報，文化が国境を越えて行きかう時代である。グローバル化は，イスラーム世界，ムスリムにどのような影響を与えているのだろうか。国連によれば，2011年10月31日時点で，地球上の人口は，70億を超えたとされる。そのうちムスリム人口は，約16億と推計され，世界人口の20%を超えている。現在，最大の宗教人口を有するのはキリスト教徒（約22億）であるが，ムスリムはそれにつぐ人口規模を誇る（Pew Research Center 2011；店田 2013)。では，この16億の人々は，どこに暮らしているのだろうか。

7世紀，預言者ムハンマドが神の啓示を受けてアラビア半島に誕生したイスラームは，21世紀に至るまでに世界的な広がりを見せている。西アジア，アフリカ，東南アジア，中央アジア，インド亜大陸を中心にムスリムがマジョリティである国や地域が多く存在する。だが，ムスリムがマイノリティに属する国であっても，社会的に重要な意味をもつ地域は少なくない。たとえばインドには1億8000万人，中国には2000万人を越えるムスリムが生活しているし，欧米諸国等においても移民を中心とするムスリム社会が数百万人規模で形成されている。イスラームは，地域を越えた広がりをもつ世界宗教である。そして今，日本にもイスラーム世界に連なるムスリム社会が形成されている。

1　イスラーム世界とグローバル化

普遍性と多様性

イスラームやムスリムと聞いて何を思い浮かべるだろうか。日本の地方都市で行われた調査では，「信心深い」「厳格」「(豚やお酒などを）食べない，飲まない」「排他的」「戒律」「お祈り」「過激」「テロ」「こわい」などが挙げられ，地域は「アラブ・中東」と関連づけられる傾

マレーシア（左）とトルコ（右）のモスク

向があった（Okai 2014）。

イスラームは，キリスト教や仏教と同じく，特定の民族ではなくすべての人類に向けられているという点で，普遍宗教に位置づけられる。神（アッラー）や預言者を信じること，礼拝や喜捨，断食などの義務を定めた「六信五柱」という言葉や衣食の規範，「政教一元論」に象徴されるように，イスラームは狭義の宗教の枠を越え，実践を伴いつつあらゆる社会領域をカバーする（小杉 2006）。

先の言葉は，イスラームの特質から想起されたものであり，アラブ・中東地域との結びつきが強いのは，歴史的経緯や礼拝など宗教実践とのかかわり，ひいては昨今の情勢を多分に反映している。現実にはイスラーム世界（ここではムスリムが生活している社会）は，アラブ地域や国民国家の枠組みを超えた広がりをもつ。それゆえに，私たちはそこに言語や人種，生活様式に至るまで実に多様なありようを見出すことができる（写真）。

帰属意識

イスラームにおける信徒共同体を「ウンマ」と呼ぶが，これは世界中のムスリムによって構成され，領域的な制約に縛られない理念や連帯意識として捉えられる。イスラームは拡大の過程で現地社会と融合し，ある種の「地域性」を獲得したが，同時に普遍的なものとしてのイスラームを共有しているさまを見出すことができる。一般に，人は重層的なアイデンティティを保持している。ムスリムにおいては，社会・政治状況に応じてさまざまなアイデンティティが表出し，帰属意識・行為の源泉として，時にイスラームが重要な意味をもつ。

ムスリムとトランスナショナルな移動

国民国家の成立以前から，「宗教的コミュニティは，最も古いトランスナショナルなコミュニティの一つであった」(Rudolph 1997: 1) とするならば「トランスナショナル」な視角でイスラーム世界をまなざすという行為は，ある種の逆説をはらんでいる。というのも，近代以降イスラーム世界は，西欧列強による植民地化を経験したが，それは同時に，イスラーム世界が国民国家システムに取り込まれていく過程でもあった（小杉 2006：162)。7世紀以来，イスラーム世界は，征服，移住，商業活動，布教などよって，ヨーロッパやアフリカ，中央アジア，東南アジアなど新しい地理的空間を獲得しつつ，きわめて広範囲に形成・展開していった。内部では商業活動や巡礼，修行や遊学といった移動が展開され，世界史の教科書でおなじみのイブン・バットゥータのような旅行家も現れた（家島 1995)。

イスラーム世界には，現在の国民国家の領域を超えた広域な移動空間が存在したのであり，「トランスナショナル」なるものをイスラーム世界において見出す行為は，「『国境を越え』てリージョナルに構築されたイスラーム・ネットワーク」(加納 2005：86）を再発見するという側面をはらんでいる。片倉（2008）や三木（1975）がそれぞれ「移動文化」「人間移動のカルチャー」と称した人間の移動には，そのようなものの再発見の意味合いが含まれていると思われる。

他方，1970 年代以降のイスラーム復興の流れの中において，宗教を基盤として国家を結びつけるイスラーム協力機構（OIC）が登場した。それは，近代国家の枠組みから共同体を再構築する「上からのグローバル化」と捉えることができるが，グローバル化がもたらす変化に着目すると，新たな現象が生じていることもたしかである。欧米における移民社会の出現，湾岸諸国における移民労働者，イスラーム世界内・外への留学，「ムスリム NGO」の発展（子島 2014），イスラーム金融，ハラール規格の国際化やツーリズムの展開，テロリズム，テクノロジーの革新を背景とするイスラーム思想の伝播（保坂 2014）などの現象が観察可能であり，日本もまたそれらの多くを共有するところである。イスラーム世界というきわめて多義的な対象に「上からのグローバル化」と「下からのグローバル化（＝トランスナショナリズム）」が入り混じっている。またすべてがイスラームで説明できるわけでもない。以下では，このような制約を踏まえつつ，諸現象と日本のムスリム社会の関係性を読み解いてみたい。

2　異郷のイスラーム

日本のムスリム社会の形成

日本社会とイスラーム社会あるいはムスリムとの直接的な交流が本格的に始まったのは，幕末から明治初期の頃である。日露戦争を経た日本に政治的期待を寄せる外国人ムスリムの来日もあった（坂本 2008）。ロシア革命後には，ロシアの地を逃れたタタール人ムスリムが満州などを経て日本に流入し，東京，名古屋，神戸，熊本に小さなコミュニティが形成され，東京には回教学校も作られた。

日本初の神戸モスク（1935 年），名古屋モスク（1936 年）に続いて，1938 年にはイスラーム世界との連携を画策した国策である「回教政策」の一環として，東京回教礼拝堂が開設された（店田 2015）。

東京回教礼拝堂は，終戦を経て 1986 年に老朽化のため取り壊されるまで数少ないモスクとして利用された。

戦後になると，トルコ国籍を付与されたタタール人の多くが日本を出国し，日本のムスリム人口は減少した。1952 年に日本人ムスリムを中心とした日本ムスリム協会，1961 年には外国人ムスリムを中心としてムスリム学生協会が設立され，戦後の活動を担っていく。このほか，インドネシア政府による礼拝施設（1962 年）とサウジアラビア政府による礼拝施設（1982 年）も設立されている（店田・岡井 2015)。

日本のムスリム社会の現在へ

日本のムスリム人口は，1980 年代後半からの「出稼ぎブーム」によって大きく変容する。パキスタン，バングラデシュ，イランから外国人労働者としてムスリムが流入し，ムスリム人口の地方拡散がもたらされた。埼玉県春日部市に一ノ割モスクが誕生したのはこの時期であった（岡井 2007)。その後上記３カ国との査証相互免除協定の停止もあって，ムスリム人口は急減する。一方で，婚姻などにより安定した在留資格をもつ者が漸増した。中古車輸出業やハラール関連ビジネスといったエスニック・ニッチを開拓し，経済的に安定する者も現れた。1990 年代半ば以降，東南アジアを中心として留学や研修による来日者の増加もあり，次第に正規の在留資格を有するムスリムの比率が上昇していく。

2010 年末の日本のムスリム人口の国籍分布は，インドネシア人が２万人，パキスタン人１万人，バングラデシュ人 9000 人，マレーシア人とイラン人が各 5000 人，「アラブ人」（アラブ諸国出身者）4000 人，トルコ人 2500 人，日本人１万人で，10 万人を超えていたとされる。日本人ムスリムは，自ら改宗した人々と，結婚を契機に改宗した人々に大別されてきたが，現在では第２・第３世代が増加している。つまり，ムスリムといえば「アラブや中東の人」という認識は必ずしも成立しなくなりつつある。個々人の信仰心の強さや実践の度合いは異なるので，すべての人を一律に見ることはできないが，この中から日本のムスリム社会の担い手が現れてきたのである。

日本モスクの成り立ち

一ノ割モスクは，経済的・社会的基盤が整わないなかでムスリム個々人が収入の一部を寄付し開設された。当事者ベースでモスクをつくるというスタイルは，後発の人々に受け継がれていく。これを「下からのモスク設立」と呼ぶ（岡井 2007）。とはいえ，設立活動の基盤である「仲間」にはきわめて多様なバリエーションがある。出身地域，民族，言語，国籍，職業・資格，居住地域，思想（学派）などが多様に組み合わさった仲間が基盤となり，礼拝などの宗教活動が展開されはじめ，モスク設立が目指されてきた。下表は，日本における設立動向を，必要資源の動員方法からまとめたものである（**表8-1**）。

近年は，国内外を問わず他地域から積極的に資源を動員して，モスク開設に至るケースが多い（類型Ⅲ，Ⅳ）。モスクは基本的な宗教儀礼を司る場であり，立場の違いを超えて資源が動員されやすい。特にこれを強力に支えてきたのは，日本に定着してきたパキスタン人を中心とする企業家たちであった。インターネットや携帯電話の発達は，寄付金集めを簡易かつ広範囲化している。近年は国内の他にも，留学生が中心となり海外からの寄付を取り付けるケースがある（類型Ⅳ）。2015 年 3 月現在，日本には 80 カ所以上のモスクが誕生している（店田・岡井 2015）。

地域の活動とトランスナショナルな社会空間

モスクは，基本的な宗教実践のほか，運営団体が行う活動の拠点となる。福田（2012）は，パキスタン人移民のイスラーム団体を対象として，活動の諸機能を，宗教的機能，教育的

表 8-1　モスクの設立類型

類型Ⅰ	類型Ⅱ-1	類型Ⅱ-2	類型Ⅲ	類型Ⅳ
上からのモスク設立	コミュニティ型①	コミュニティ型②	コミュニティ＋外部資源動員型	学生主導型
政府など「上から」の資源動員による供給が特徴。	地域のムスリムが中心となって必要資源を確保。初期に多い。	一人，またはごく少数のメンバーによって設立されるパターン。	自己資金だけでなく，他地域の資源を積極的に動員する。モスク数の増加に寄与。	類型Ⅲと同様の資源動員方法だが，資金力に乏しくとも国内外のネットワークを動員して設立が可能に。
例:東京ジャーミイ	例:一ノ割モスク	例:新居浜モスク	例：所沢モスク	例:福岡モスク

（出所）　岡井（2009）をもとに作成。

機能，社会的機能，政治的機能，経済的機能に分類して整理したが，「内向き」と「外向き」の活動のベクトルを見出している点が興味深い。地域社会への適応をめざす「ホスト社会での生活安定化志向」(内向き）と，イスラーム世界とのつながりを強め，パキスタンや第三国への帰国や移住を促す「トランスナショナルな展開志向」(外向き）のベクトルである。

モスクは，第一義的には，礼拝の場であるが，祭りや葬儀の場でもある。2000 年代に入り急速に土葬可能墓地の設営が進み，現在は全国に 6 カ所が開園している（店田・岡井 2015)。その他の活動は，団体により幅がある。自己研鑽と布教（回心）活動を行うタブリーギー・ジャマーアト（TJ）と呼ばれる信仰実践活動が盛んな地域では，特有なプログラムが行われている（岡井 2007)。海外からの活動家の来日，在日ムスリムの海外派遣も盛んであり，世界的な TJ のネットワークとの紐帯が緊密に維持されている。

教育機能はトランスナショナル志向のものが多い（福田 2012：151)。ビジネスや学業，イスラーム教育のために海外に移住するケースがあり，移住先での適応を念頭に置いた教育が展開されている。

一方，日本国内における教育の充実も進められている。子ども世代の成長とともに，新たに就職などに焦点を当てた「キャリア教育」も行われており，現実問題として「内向き」に対応する動きも出てきている。

またモスクは，出会いと情報交換の場でもあり，相互扶助（たとえば，就業・生活支援，遺族支援）も展開する。「内向き」の色彩が強いが，遺族支援などで断続的な海外支援が行われているケースもある。居住地での非ムスリム社会との関係構築も重要なトピックである（店田・岡井 2015）。海外のテロや紛争などと関連づけられた，イスラームに対するネガティブなイメージへの懸念があるからだ。地域自治会への加入やイベント共催，語学教室，モスク見学会，料理教室などが行われ，メディアや行政，学校との連絡を密にしている団体もある。「個人の付き合いベース」で，イスラーム観やムスリム観を構築してもらおうという試みであるという。

「外向き」の活動では宗教的動機による社会奉仕活動が挙げられる。海外の NGO，モスクなどと連携した学校設立，衣類・食糧の寄付，被災地支援が展開されている。支援先は在日ムスリムの出身国に留まらない。エスニシティや国，地域を超えた活動が展開されている。東日本大震災では，被災地支援なども活発に展開してきたが，海外からの人的・経済的支援の受け入れ拠点にもなった。

在日ムスリムの政治と経済

エスニシティ形成や集合行動が想定される政治的機能についてはどうだろう。近年，日本でも預言者ムハンマドの風刺画を掲載した出版社などに対して，デモを含む異議申し立てが行われた。あるデモ参加者によれば「イスラーム教のためにやっている。日本人とムスリムがヨーロッパのようにならないように」とのことで，「外向き」「内向き」双方のベクトルが存在するようである。よく知られているのは，

2001年に富山でコーランが破棄された事件の際に行われた抗議デモだが，「イスラームの攻撃的な側面を植え付けてしまった側面もあり，結果的にはこの事件に対するムスリム同胞内部の温度差を表面化させた」（福田 2012：155）経緯もあり，評価が分かれている。

経済的機能としてはムスリム同士の結びつきを契機として情報交換や，ビジネスの機会がもたらされるケースが指摘されている（岡井 2007；福田 2012）。このほかモスクの維持管理と運営のために，固定資産税が非課税となり，事業収入の税制優遇などの利点がある宗教法人格の取得が目指されている。また，一部の団体では後に説明するハラールの認証を事業化することで，団体の活動の補助としている。海外からモスクの運営資金が投下されているケースもあり，運営面において出資元の意向を反映する必要があるなどの影響もある。

3　グローバル化のなかのムスリム社会

イスラームとネットワーク

在日ムスリム社会は，日本社会に位置しながら同時に海外のネットワークにも接合されてきた。イスラームのネットワークは，これまでイスラームが一般的でなかった地域にも拡大している。グローバル化の進展は，ムスリム社会にどのような影響を与えているだろうか。まず近年のグローバル化の屋台骨，通信・交通手段における技術革新から考えてみよう。

インターネットや衛星放送の発達により，私たちは，意識的／無意識的にかかわらず，世界の動向にほぼリアルタイムで触れている。通信技術の発達は，時間と距離の制約を越えて情報の共有を可能にした。このような技術革新はムスリム社会にどのような影響を与え

Column ⑨ シーア派とスンナ派

預言者ムハンマドの死後，イスラーム共同体は，カリフ（後継者／代理人）選定をめぐって対立した。この中で，ムハンマドの従弟で娘婿でもあったアリーとその子孫こそが後継者だと考えた人々が出た。この人々を「アリーの党派（シーア・アリー）」という。シーア派はこの略称である。シーア派がアリーの血統に共同体が従うべき規範を見出せるとしたのに対し，スンナ派は預言者の慣行・言行（スンナ）の中にそれを見出せるとした。

現在シーア派は，中東・西アジア地域のほか，インド亜大陸，コーカサス地方にも一定数が暮らしている。東南アジアや移民社会にもコミュニティがある。ムスリム全体でみると約1割のシーア派は，「少数派」と表現されることもあるが，それは一面でしかない。たとえばイランやイラク，バーレーンでは多数派である。

シーア派は考え方の違いによって幾つかの派に分かれるが，最も多いのは十二イマーム派で，イランやイラク南部に広がりをもつ。イラン，イラクいずれにも，シーア派にとって重要な都市や聖地があり，移住や留学，参詣などによる国境を越えた移動空間がある。フセイン政権のイラクでは，多数派に属しながらも政権からは締めだされてきたが，政権崩壊後の連邦議会選挙で，シーア派各派の連合組織が最大議席を獲得する。しかしその後のスンナ派による対抗姿勢の高まりや，シーア派を「異端」とみなすスンナ派の過激派組織 ISIL の台頭などにより，再び緊張が高まっている。ただし，民衆レベルでは宗派間の婚姻など交流がある点にも注意が必要であろう。

てきただろうか。たとえばメディアのグローバル化という点では，非欧米系メディアの登場を挙げることができる。カタールの衛星放送局「アルジャジーラ」のようなメディアは，欧米視点に偏りがちであった情報の相対化や，一国を超えた言論空間を創出する効果をもった。2010年末にチュニジアではじまったいわゆる「アラブの春」においては，これに加え Facebook や Twitter，YouTube のような SNS（ソーシャルネットワーキングサービス）を含む情報通信技術（ICT）の普及と利用が，体制の崩壊や近隣諸国への運動拡散に影響を与えた。かたや 2000 年以降，日本社会においてもたびたび注目を集めたものとして，過激派組織による ICT の利用がある。ベックは，グローバル時代のテロリズムを，脱領域的に展開する「暴力の NGO」（Beck 1999＝2010：36）と表現したが，近年では 2014 年に台頭したスンナ派の過激派組織「ISIL」（Islamic State in Iraq and the Levant，通称イスラム国あるいは IS）が，ICT を巧みに利用し，宗教を媒介に国境を越えた動員を図る活動を印象づけた。

極端な例に目が行きがちだが，在日ムスリムによるモスクや墓地の設立，教育機能の充足，各種支援活動，海外からの人的・経済的支援のように草の根で展開する活動は，このような技術革新と無関係でない。イスラームがもつ普遍性に立脚することで構築されるネットワークの強みが技術によって発揮された例であろう。他方，ムスリム社会が多様性を内包することも重要である。移民社会を例にとると，世代間や出身地，思想などによってコミュニティが細分化される。個別の状況や目的に引きつけた，ローカライズされたネットワークの形成もまた可能となる。技術革新とイスラームとの邂逅は，グローバルとローカル双方の文脈が交錯するグローカルな社会空間への視座をもたらす。

イスラーム経済と消費

経済のグローバル化はどうか。1970 年以降，「イスラーム金融」と呼ばれるシステムが世界的に展開し始めた。イスラーム法では，「利子」が介在する取引が禁じられており，イスラームの教えに則った形で独自の経済システムを構築している。イスラーム銀行は，これまで信仰上の理由で利子を取る従来型の銀行にお金を預けることをためらっていた人々を惹きつけた（小杉・長岡 2010）。この湾岸諸国に端を発した試みは，マレーシアなど東南アジアへと波及し，金融センターを形成した。現在ではシンガポールやイギリスなどの国際金融センターにおいても，イスラーム金融取引を充実する取り組みが進められている。非イスラーム圏を巻き込んだイスラーム金融が展開されており，従来型の経済システムに対する新たな潮流を生んでいる。ただし，地域の事情やイスラーム法の学派間の意見の相違，国家間の競合など，「イスラーム金融」という包括的な枠組みの内部には，ローカルな文脈が内在している。

ところで，イスラーム金融の肝は，その取引がイスラーム的に合法であるかどうかであり，それが顧客の商品選択の第一要件となる。「許された／合法である」ことを意味する言葉をアラビア語で「ハラール」という。以下では，市場において，ハラール性を有する商品を，選択的に消費することが可能になった状況に注目しよう。

近年日本においても「おもてなし」や新規市場開拓などと関連づけて耳にするようになった「ハラール食品産業」とその制度化がある。ハラール性を国家や団体が担保し，消費者がそれを消費するシステムは，東南アジアや，中東への食肉を輸出しているオセアニア，ヨーロッパの国々などで構築が進んだ。その背景にはハラールなものを消費したい，ないし素性の知れないものは消費したくないと考えるムスリムの存在がある。産業構造の担い手がムスリムだけに限られず，かつ価値規範も異なる環境が接合する場において，ハラール性の担保は重要な意味をもった。

グローバルな産業構造のなかで，新たなマーケットを定義する概念枠組みとしてハラールの制度化が進められ，同時に消費におけるハラール性の判断は，外部の制度に委ねられる傾向が強まっていった。現在は，ムスリム・非ムスリムを巻き込んで，ハラール商品の開発や認証の制度化が進む事態となっている。ただし，金融同様，統一的な制度枠組みは存在せず，国家・団体間の連携・競合が生じている。商品の選択的消費が可能な状況にあって，ハラールなモノの消費は，自己のアイデンティティを規定し，宗教的なニーズを充足する役割を有するが，ハラールの制度化に対するスタンスは，歓迎から不要論まで幅広く，個人によって異なる。

アイケルマンとピスカトリによれば，移動によって対峙することになる他者がいる（Eickelman and Piscatori 1990）。イスラーム世界が拡大すれば，他者に遭遇する。一つは，ヨーロッパや日本における非ムスリムないし非ムスリム社会であるが，もう一つ重要なのは，逆説的な意味での他者に遭遇することであるという。すなわち，ムスリム社会内部の「他者」である。最後に，グローバル化とムスリム，非ムスリムの三者の関係を改めて読み解いていく。

ムスリム社会と他者

現在のイスラーム金融やハラール食品産業の世界的展開は，グローバル化の文脈の中で，どのように捉えることができるだろうか。一つは，それが資本主義経済の浸透というグローバル化の潮流に対抗するイスラーム世界からの応答として見る見方，もう一つはイスラーム世界に対応したグローバル化の一形態に過ぎないとみる見方がある（富沢 2007）。いずれの場合も，国境を越えた経済活動が展開する状況から見えてくるのは，イスラームという共通項と，ムスリム社会内部における差異や意見の相違に基づくムスリム相互の他者性という要素であろう。

では，国境を越えて移動する人々との関係はどうか。テクノロジーの発達やグローバルな市場形成によって，国境の内側にいながらにして国家の枠組みと異なる社会空間に身を置くことが可能になった。普遍的なイスラームを共通項として国内外とつながり，モスクの設立や，将来の移住を視野に入れたイスラーム教育など，国家がサポートしえないニーズを効果的に充足することもできる。宗教的欲求を満たしつつ消費行動をとることも容易になっている。しかし，ムスリム社会は多様性を帯びている。ゆえに，イスラーム団体が「ご当地性」を帯び，特定のエスニック集団や言語集団で棲み分けが起こったり，デモやハラール食品の制度化や消費に対するスタンスで議論が巻き起こったりもする。日常の中に，多様性や他者性はあるのである。

ISILの活動は，あらためてこの問題を提起した。宗教を媒介とする脱領域的な運動の効果を強烈に印象づけたが，ISILへの批判もイスラーム世界内部から出されることとなった。日本においても，各地のイスラーム団体から，その思想が本来のイスラームと異なるという点を強調する声明が出される事態となっている。

ここでの課題は，ムスリムにとっては，多様性や他者性が自明のものであるにもかかわらず，ムスリム自身も最大公約数的なイスラームを行動原理とする場合と，そうでない場合が交錯することであり，外部からの一元的なまなざしを回避しえていない点であろう。

それによりもたらされる懸念は，たとえば自らが他者と考える集団と同一視されること，ひいては偏見などの形でそうした認識が現実の生活へ浸食することであろう。ハラールでさえ，過度の制度化は，結果的にムスリムのステレオタイプ化や分離を促すという意見も表出されている。一元的なまなざしに対して再検討を促すことは，ムスリムにとって重要であり続けている。「個人の付き合いベース」をあえて強調せねばならない理由はここにある。

人やモノ，情報が国境を越えていく時代である。何が越えていて，越えたものがどのような効果をもたらし，あるいはそれをどのように認識するのかという問題は，ムスリムと非ムスリムの関係を考えるうえで欠かせない視点である。イスラーム，イスラーム世界，ムスリム，そして私たちとは何か，こうした点を再考していくことがいま求められる。

読書案内

1　店田廣文『日本のモスク――滞日ムスリムの社会的活動』2015年，山川出版社。

日本のムスリム社会の現状を捉えた入門書。2003年に出版された桜井啓子『日本のムスリム社会』（ちくま新書）とあわせて読むと，当時から変化したこと，変化していないこと双方を知ることができる。

2　樋口直人・稲葉奈々子・丹野清人・福田友子・岡井宏文『国境を越える――滞日ムスリム移民の社会学』2007年，青弓社。

来日，滞在（定住）に留まらず，帰国後までを射程に入れている。外国人労働者は，何を求めて日本にきて，何を築き，何を持ち帰ったのか。等身大な視点から，トランスナショナルな世界が眺望できる。

3　福田友子『トランスナショナルなパキスタン人移民の社会的世界――移住労働者から移民企業家へ』2012年，福村出版。

パキスタン人移民とその家族のトランスナショナルな生きざまを，多様な観点から解きほぐしている。移民の制度やネットワークにも丁寧に接近し，トランスナショナルな世界を浮かび上がらせている。

■参照文献

Beck, U., 1999, *World Risk Society*, Polity Press. ＝2010，島村賢一訳『世界リスク社会論――テロ，戦争，自然破壊』筑摩書房。

Eickelman, D. F., and J. Piscatori, 1990, Social Theory in the Study of Muslim Societies, in D. F. Eickelman and J. Piscatori eds., *Muslim Travellers: Pilgrimage, Migration, and the Religious Imagination*, Routledge.

福田友子，2012，『トランスナショナルなパキスタン人移民の社会的世界――移住労働者から移民企業家へ』福村出版。

保坂修司，2014，『サイバー・イスラーム――越境する公共圏』山川出版社。

加納弘勝，2005，「宗教と国家の比較社会学」梶田孝道編『新・国際社会学』名古屋大学出版会。

片倉もとこ，2008，『イスラームの世界観――「移動文化」を考える』岩波書店。

小杉泰，2006，『現代イスラーム世界論』名古屋大学出版会。

小杉泰・長岡慎介，2010，『イスラーム銀行――金融と国際経済』山川出版社。

子島進，2014，『ムスリム NGO ――信仰と社会奉仕活動』山川出版社。

三木亘，1975，「人間移動のカルチャー――中東の旅から」『思想』（616）：1389-1408。

岡井宏文，2007，「イスラーム・ネットワークの誕生――モスクの設立とイスラーム活動」樋口直人・稲葉奈々子・丹野清人・福田友子・岡井宏文『国境を越える――滞日ムスリムの社会学』青弓社。

岡井宏文，2009，「日本のモスク変遷」『季刊アラブ』（131）。

Okai, H., 2014, Non-Muslim Japanese Resident's Attitudes toward Islam and Muslims: A Case Study of Fukuoka City, Asia-Europe Institute, University of Malaya and Organization for Islamic Area Studies, Waseda University eds., *Islam and Multiculturalism: Coexistence and Symbiosis*, Organization for Islamic Area Studies, Waseda University.

Pew Research Center's Forum, 2011, *The Future of the Global Muslim Population Projections for 2010-2030,* Pew Research Center. (Retrieved March 20, 2015, http://www.pewforum.org/2011/01/27/the-future-of-the-global-muslim-population/；2016 年 3 月 16 日アクセス)

Rudolph, S. H., 1997, Religion, States, and Transnational Civil Society, in S. H. Rudolph and J. Piscatori eds., *Transnational Religion and Fading States,* Westview Press.

坂本勉編，2008，『日中戦争とイスラーム――満蒙・アジア地域における統治・懐柔政策』慶應義塾大学出版会。

店田廣文，2013，「世界と日本のムスリム人口 2011 年」『人間科学研究』26（1）：29-39.

店田廣文，2015，『日本のモスク――滞日ムスリムの社会的活動』山川出版社。

店田廣文・岡井宏文，2015，「日本のイスラーム――ムスリム・コミュニティの現状と課題」『宗務時報』(119)：1-22。

富沢寿勇，2007，「グローバリゼーションか，対抗グローバリゼーションか？――東南アジアを中心とする現代ハラール産業の立ち上げとその意義」小川了編『躍動する小生産物』弘文堂。

家島彦一，1995，「イブン・バットゥータの世界」堀川徹編『講座イスラーム世界３　世界に広がるイスラーム』栄光教育文化研究所。

第Ⅳ部

ヨーロッパと北米

EUとNAFTA

Introduction

ヨーロッパや北アメリカにおいてもトランスナショナリズムは進行している。当初はヨーロッパの一部の国々から始まったヨーロッパ統合の動きは北欧や南欧を巻き込み，今では東欧を飲み込みつつ，内的国境を次々に撤廃している。北アメリカは新大陸の「発見」以来多くの移民を受け入れつつ，今では各国間の貿易を促進するために結ばれた北米自由貿易協定（NAFTA）が国境を越える人の移動をも刺激し活発にしている。一方，大西洋やインド洋の島々そして地中海に目を転じると，イタリア，ポルトガル，スペインなどからの移動民の歴史が大航海時代以来，いやたぶん大航海時代のもっと以前から脈々と続いていることがわかる。第Ⅳ部は，人は特定の国民国家に属しそこに定住しているものだといった私たちの常識を覆してくれることであろう。

Ⅳ

第10章 ヨーロッパにおけるトランスナショナリズム

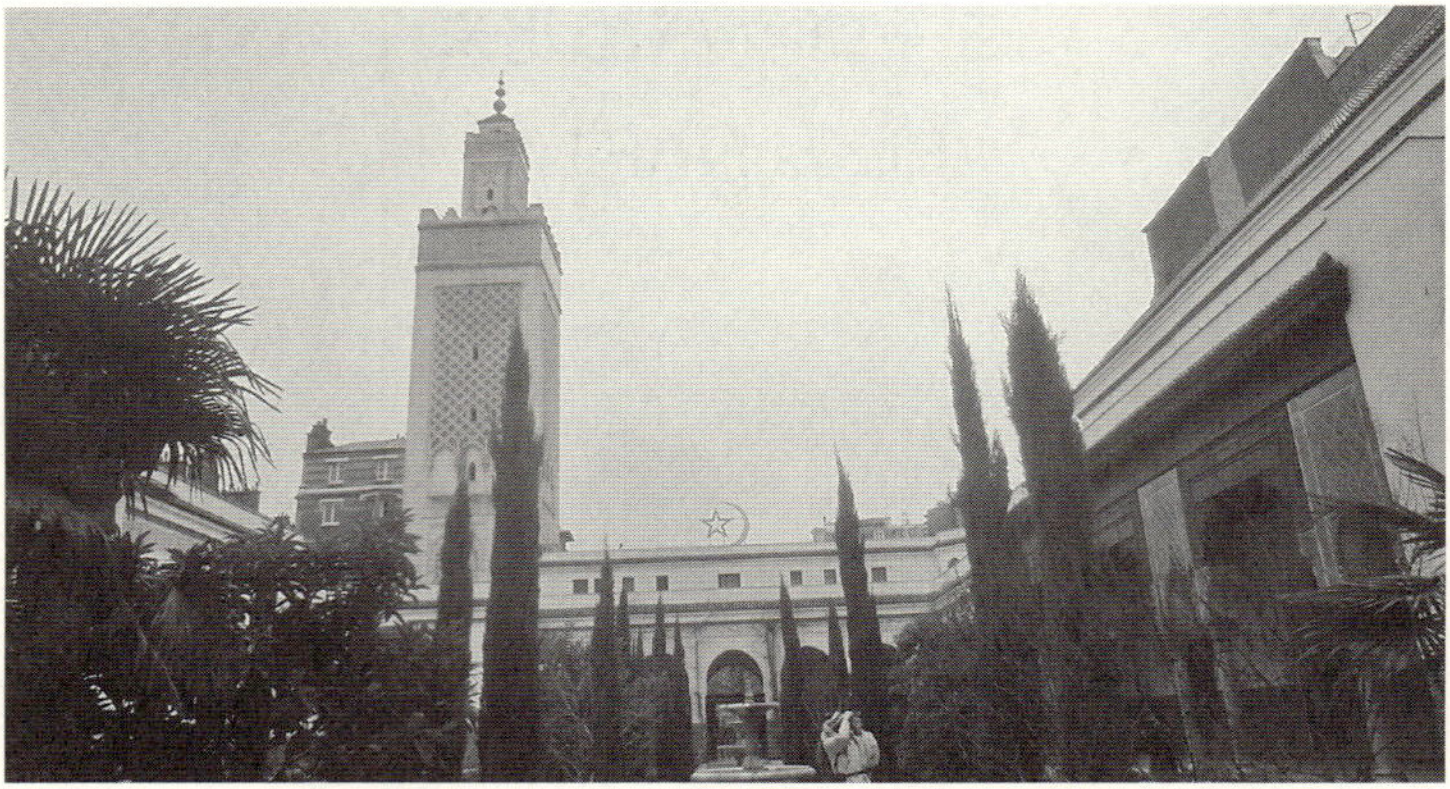

ラ・グランド・モスケ・ドゥ・パリ
（パリ植物園に隣接するイスラム教寺院）

ヨーロッパも，北アメリカなど他の地域と同じようにトランスナショナリズムに巻き込まれている。最も大きな特徴は，ヨーロッパ連合（EU）の発展に伴うヨーロッパ統合が大きな影響を及ぼしていることである。この「上からのトランスナショナリズム」は，国際移民による「下からのトランスナショナリズム」を促進している。移民たちによる経済，政治，社会文化にかかわる国境を超える諸活動の多くは，国家の制約を超える可能性に満ちているようにも見える。しかし一方ヨーロッパは，難民・非合法移民の殺到，イスラム教徒の社会統合，「暴動」やテロリズムの頻発といった多くのトランスナショナルな諸問題への対処を迫られてもいるのである。

トランスナショナリズム研究の後発地

ヨーロッパにおいてトランスナショナリズムはどのような問題として現れているのであろうか。そもそも人の国際移動に関するトランスナショナリズム研究は，アメリカ合衆国で生まれ展開していった。一方，ヨーロッパ，特に西ヨーロッパで注目されたのは，国籍をもっていない外国人が国境内で長期にわたって居住していることに関する「ポストナショナル的研究」であった。「デニズンシップ」や「ポストナショナル・メンバーシップ」（第1章参照）の観点から長期滞在外国人にどのような地位や権利を与えるべきかなどが考察されたものの，国境を超えるトランスナショナルな現象は研究であまりとりあげられていなかった。（Bloemraad et al. 2008）。

このヨーロッパと北アメリカの違いが，単に研究関心や視角の違いのためなのか，それとも実際に生じている現象が異なるからなのかが当然問題になる。筆者のみたところ，正解は前者のようである。というのは，近年ヨーロッパを対象としたトランスナショナリズム研究が非常に盛んになってきたからである。

ただ，トランスナショナリズムが生じる場の性格は異なる。北アメリカに位置するアメリカ合衆国およびカナダは移民によって建国されたという「神話」をもつ移民国家である。それに対して，ヨーロッパ諸国はその土地に以前から住んでいた民族によって建国されたというエスニック国家だと，基本的には認識されている。すなわち，ヨーロッパでは非移民国におけるトランスナショナリズムが問われているのである。

それでは，ヨーロッパではどのようなトランスナショナリズムが展開しているのであろうか。

1　上からのトランスナショナリズム

ヨーロッパ統合

ヨーロッパのトランスナショナリズムを語るうえで欠かせないのは，「上からのトランスナショナリズム」である。具体的にいうとヨーロッパ統合の動き，すなわち国家主導によるヨーロッパ連合（EU: European Union）拡大の動きが国境を超えた社会空間を力強く形成してきた。

EU はベルギー，フランス，ドイツ，イタリア，ルクセンブルク，オランダの 6 カ国で始まった。これら原加盟国 6 カ国は，1951 年パリ条約によって欧州石炭鉄鋼共同体（ECSC）を創設し，さらに 1957 年ローマ条約によって欧州経済共同体（EEC）と欧州原子力共同体（EURATOM）を設立した。その後 EEC は 1967 年ヨーロッパ共同体（EC: European Community）となり，上記の各共同体を包括する形で 1993 年にヨーロッパ連合（EU）が誕生した。

以前からヨーロッパ統合は徐々に拡大していたけれども，1993 年以後，拡大はさらに加速したように見える（**表 10-1**）。まず，1993 年コペンハーゲン欧州理事会が EU に新規加盟するための基準を定めた。このコペンハーゲン基準は，加盟申請国に以下の条件を満たすよう求めている（遠藤編 2008b：569-71）。

民主主義，法の支配，人権および少数民族の尊重と保護を保証する安定した諸制度を有すること（政治的基準）。市場経済が機能しており EU 域内での競争力と市場力に対応するだけの能力を有すること（経済的基準）。政治的目標および経済通貨同盟を含む，加盟国としての義務を負う能力を有すること（EU 法の総体の受容）。

まずはコペンハーゲン基準制定の 2 年後，1995 年には，オース

表10-1　ヨーロッパ連合の加盟国

加盟年	加盟国
1958	ベルギー，フランス，ドイツ，イタリア，ルクセンブルク，オランダ
1973	デンマーク，アイルランド，イギリス
1981	ギリシャ
1986	ポルトガル，スペイン
1995	オーストリア，フィンランド，スウェーデン
2004	チェコ，キプロス，エストニア，ハンガリー，ラトビア，リトアニア，マルタ，ポーランド，スロバキア，スロベニア
2007	ブルガリア，ルーマニア
2013	クロアチア

（出所）駐日欧州連合代表部（2014）。

トリア，フィンランド，スウェーデンが加盟を果たした。さらに同基準の制定は，EUが東方へと拡大する大きな契機となった。

EU拡大の新たな波

EU拡大の新たな波は2004年からやってきた。まずEUは，2004年5月1日に10カ国の新規加盟国を迎え入れた。新規加盟国の内訳は，旧ソビエト連邦諸国3カ国（エストニア，ラトビア，リトアニア），東欧の旧ソ連衛星国4カ国（チェコ，ハンガリー，ポーランド，スロバキア），旧ユーゴスラビア構成国1カ国（スロベニア），そして地中海に浮かぶ島国2カ国（キプロス，マルタ）である。その後，2007年1月1日にはブルガリアとルーマニアが加盟し，EUの加盟国は27カ国となった。

この2004年と2007年の拡大は，主に1989年に終結した冷戦後の世界秩序を模索する動きだといえる。

さらに2013年7月1日にクロアチアが，旧ユーゴスラビア構成国としては2番目に，また西バルカン地域の国としては初めてEUに加盟を果たした。その結果EUは28カ国で構成される超国家体となったのである。この2013年の加盟は，1990年代に頻発したユ

表 10-2　ヨーロッパ連合の加盟候補国

加盟交渉開始	2005. 10. 3. トルコ 2010. 7. 27. アイスランド 2012. 6. 29. モンテネグロ
加盟候補決定	2005. 12. マケドニア，旧ユーゴスラビア 2012. 3. セルビア 2014. 6. アルバニア

（出所）　駐日欧州連合代表部（2014）より作成。

ーゴスラビア紛争後の秩序回復過程の一環と考えられる。

ヨーロッパ統合拡大の動きは今後も続いていく可能性が高い。というのは，加盟交渉を開始したり加盟国候補となった国々が少なからず存在するからである（**表 10-2**）。2016 年 2 月 15 日にはボスニア・ヘルツェゴビナが EU に加盟申請した。

トランスナショナルな空間の形成

このようなヨーロッパ統合の拡大とトランスナショナリズムはどのように関係するのであろうか。

EU は内部のさまざまな国境の撤廃を目指している。経済的には，通貨をユーロに統一してモノやサービスの単一経済市場をつくることが目標となっている。すなわち経済的に国境を超えた社会空間が発展しつつある。さらに，すでに述べたように人の移動の自由化も推進されている。EU 加盟国の国民は他の加盟国へ自由に移動し居住することがいくつかの加盟国を除いて可能となっている。人の移動が自由になれば主要な便益も国境を超えなければならない。たとえば，社会保障が EU 内部で一元化されていく。このように人の移動に関しても，国境を超えた社会空間が広がりつつあるのである。最も困難なのは政治的，法的な越境であるけれども，ヨーロッパ委員会，ヨーロッパ議会，ヨーロッパ人権裁判所などが国境を超えた統治のために設立され活動している。

ヨーロッパ統合は，諸国家による「上からのトランスナショナリズム」，すなわち国境を超えるトランスナショナルな空間形成の壮大な実験である。

国境を越える人々

EU 域内の内的国境撤廃の動きのなかでも特筆すべきは，国境を越える人々の動きが「上からのトランスナショナリズム」によって着実に加速したことである。1957 年という早期にすでにローマ条約（Rome Treaty）が「人の自由な移動」の原則を明記していた。1980 年代後半になると，「人の自由な移動」を達成するため，移民労働者，難民，ビザ申請者への対応を加盟国間で共通にしようという試みが生まれた。熱心であったのは，ドイツ，フランス，ベルギー，オランダ，ルクセンブルクのいわゆるシェンゲン諸国である。これら諸国は内的障壁を廃止して人の自由移動を可能にするために，1985 年にシェンゲン協定（Schengen Agreement）を締結した。

一方，イギリスおよび北欧諸国は南欧諸国の国境警備に不信感を抱いていた。1976 年にトレビグループ（Trevi Group），1986 年に「移民に関するアドホックグループ」（Ad Hoc Group on Immigration）を形成し，難民を含む人の自由移動に伴う警備と安全保障にかかわるさまざまな問題を検討していた。

しかし，1992 年に EU 諸国はマーストリヒト条約（the Maastricht Treaty）を調印し，1993 年 1 月 1 日から EU 内の人の移動に関する内部国境を撤廃することも決定した。それに伴い，「ヨーロッパ連合市民権」（European Union Citizenship）を定めた。EU 諸国市民である労働者および自営業者とその家族は，自国からの出国の権利，他の EU 諸国への入国の権利，他の EU 諸国における居住権および永住権が認められた。また，国籍国以外の EU 諸国に滞在中でもその国の地方選挙権と欧州議会選挙権を行使できることにもなった。

上からのトランスナショナリズムの先進地域

このようにしてヨーロッパでは「上からのトランスナショナリズム」が展開されていった。内的国境が撤廃されると同時に，域外国境に関しては 1999 年アムステルダム条約などによって人の移動に関する管理が強化された。越境的超国家体である EU は，その外部との「外的国境」を強化することと同時進行的に拡大していったのである。しかし，外的国境を完全に規制することはできず，むしろそれを越（超）える動きを活発化させてしまった。EU 内に居住する域外の国籍をもつ人々は 2000 万人強で，人口の約 4% を占めるといわれる。出身国別では，1 位トルコ，2 位モロッコの他に，10 位以内にパキスタンが入る。そして以下で見るようにさまざまな問題が出てきているのである。

2　下からのトランスナショナリズム

「上からのトランスナショナリズム」は，移民たち自身による草の根的な「下からのトランスナショナリズム」を大きく促進していく。ここではトランスナショナリズム研究の主な 3 つの領域である，経済，政治，社会文化に即して見ていこう。

経済に関する移民トランスナショナリズム

移民と経済に関するトランスナショナリズムは，移民による母国への送金，国境を越えて行われる故郷の社会インフラの整備，同じく国境を越えた母国への経済投資などとして現れる。南モロッコからフランスに移住したベルベル人は，1960 年代には故郷のモスクや灌漑《かんがい》システムの整備に携わり，1990 年代以降は電化，学校建設，道路整備など同じく故郷の開発を行っている（Lacroix 2009）。

イタリアのフィレンツェ郊外の古い街プラトを歩いていると，ヨーロッパの町並みに中国人街が忽然と現れる。居住者だけではない。今では世界中どこを旅行しても中国人観光客を見かけるともいわれる。中国大陸からのヨーロッパへの観光客は2007年には4000万人を超えた。その背景として，2009年に651の中国系旅行代理店がヨーロッパで営業しており，中国大陸にも支店をつくったり，各国に散らばる中国系の旅行業者と緊密な関係を築いている。そして，中国人観光客の望む「ヨーロッパ」が感じられるパック旅行を提供しているのである（Leung 2009）。

もうひとつ観光の事例を挙げておこう。EUとロシアは観光のため移動で緊密に結びつくようになった。ビザが課されるなど入国管理の厳しさにもかかわらず，多くのロシア人がヨーロッパの名所旧跡を訪れる。さらに，ガソリン，酒類，薬，医療，性的サービスなどを求める「非伝統的観光」のためにも，近隣のフィンランド，エストニア，ラトビア，リトアニア，ポーランドなどへ行く。2011年に発給された観光ビザ数は，ロシアを訪れるEU市民に対して500万回の旅行分であった一方，EUを訪れるロシア人に対しては1300万回の旅行分にも及んだ（Golunov 2014）。

生活圏の広がりという観点では，国境の周りに広がるボーダーランド（borderlands）が注目される。たとえば，よりよい住居と有利な税控除および社会保障を求めて，ドイツの小村クラネンブルグ（Kranenburg）に数百人ほどのオランダ人が移住し，オランダのネイメーヘン（Nijmegen）などへ国境を越えて通勤・通学するようになっている（Strüver 2005）。

政治に関する移民トランスナショナリズム

政治に関するトランスナショナリズムは，国境を越えて母国の民主化を支援したり，同じく国境を越えて故郷の地域開発を計画したり，実施したりする事例として現れている。最も顕著なのはクルド系移民の活動であろう。トルコなどから移住したクルド系移民は，多文化を積極的に擁護しようとするオランダの柱状社会の中から母国政治に積極的にかかわっている。また，移民たちはより移民に対する制限的な政策をとるドイツにおいても，より活発に国境を超えた政治活動をしているという。特にトルコ国内に居住するクルド系住民の人権擁護のために，ドイツ政府に対してロビー活動を行い，トルコ政府に働きかけを行うよう圧力をかけている（Østergaard-Nielsen 2001; 2002）。これはまさにトランスナショナルな政治活動である。

社会文化に関する移民トランスナショナリズム

社会文化に関するトランスナショナリズムには，移住により威信や誇りを獲得したり，母国で集団化したり，国境を超えて家族形成する事例がある。

トランスナショナルな社会文化的緊張をよく示しているのは，バングラデシュのシレット（Sylhet）地方出身の移民である。主要な移民先であるイギリスは経済的な豊かさや機会を与える「外国」（bidesh）と見なされている。「外国」からの送金は大きな家など豊かな生活を可能にし，衣服や調度品は村での地位や誇りを与える。しかし，「外国」に家族の誰かが移住しないと村での生活は貧困に陥る。さらに，「外国」でも貧困と隣り合わせた厳しい労働の毎日である。そこで，バングラデシュの村は精神的な力や癒やし，個人的および社会的なアイデンティティと信仰のよりどころをもたらす「故郷」（desh）となる。「故郷」の米や干し魚を食べて，シレット出身の移民たちは生きる活力を得るのである（Gardner 1993）。

イタリアに移住したモロッコ系女性もトランスナショナルな社会文化的緊張を経験している。イタリアで主に清掃業や家事労働に従事する彼女たちは，商品を消費して居心地のよい「故郷」（home）を感じようする。ところが，イタリアでモロッコ的な毛布やタオルを部屋に飾る一方で，毎夏に帰省するモロッコではモロッコ人にとってイタリア的な衣服を身につける。そしてモロッコにおいて「出移民」としてのプライドを享受しつつ，イタリアでの厳しい労働に耐えるのである（Salih 2002; 2003）。すなわち，2つの社会に「故郷」を見いだす点にトランスナショナリズムが現れている。

オランダに滞在する移民は，トランスナショナルな活動とトランスナショナルなアイデンティティとの興味深い関係を示している。職業などの点でオランダ社会への統合が遅れているモロッコ人とオランダ領アンティル諸島人は，オランダ国外の同じ出身者に対するトランスナショナルなアイデンティティを表明するにもかかわらず，トランスナショナルな活動は活発ではない。また，移民一般はオランダで長く居住し社会に統合されるほど母国に対するアイデンティティは弱まるけれども，トランスナショナルな活動には関わり続ける。トランスナショナルな活動やアイデンティティは，オランダ社会への統合と矛盾しないのである（Snel et al. 2006）。

イギリスの滞在歴5年未満の移民も同様の傾向を見せている。出身国にいる家族との接触，送金，家屋など財産所有，政治参加といったトランスナショナルな関与をより行う移民たちの方が，むしろイギリス社会により統合されている。トランスナショナリズムと受け入れ国での社会統合は経験的に両立するのである（Jayaweera and Choudhury 2008: 94-110）。

3　トランスナショナルな問題の噴出

●イスラム教徒の問題を中心に

このような「下からのトランスナショナリズム」の多くは，移民が自分たちの意志に従った結果である。そのため国家や国民を過度に強調する偏狭なナショナリズムに対抗する望ましい現象だという素朴な考えが表明されることがある。しかし，「下からのトランスナショナリズム」は同時にさまざまな問題を生み出している。

難民・非合法移民の問題

まず，EU 諸国への難民や非合法移民の流入は後を絶たない。1990 年代初頭のドイツは庇護希望者が殺到し「庇護センター」と呼ばれた。1992 年の 1 年間だけでその数は 43 万 8000 人にものぼった。1990 年代末から 2000 年代初めにかけては，イギリスに毎年 10 万人前後が流入した。ドーバー海峡をはさんで対岸にあるフランス・サンガットの難民収容所が，皮肉にもイギリスに渡るためのトランスナショナルな結節点となった。2 つのナショナルな社会空間をつないでトランスナショナルな空間をつくる点になってしまったである。庇護希望者たちは収容所を抜け出して，トラックに忍び込みフェリーで，またはユーロスターの下にへばりついて鉄路で，国境を越えようとした。

2010 年代に問題になったのは，地中海に浮かぶ小さな島，ランペドゥーサ島である。「アラブの春」や過激派組織「イスラム国」（IS）の台頭などアフリカ諸国や中東諸国の政情不安の結果，多くの移民が粗末な船に乗り命をかけてヨーロッパを目指している。シリアから約 290 キロ，チュニジアからは約 110 キロほどしか離れていないこの島は，EU 加盟国イタリアの領土であり，多くの船が EU 上陸を目指すトランスナショナルな結節点となっている。

トランスナショナルな結節点はスペインとモロッコの間にもできている。モロッコ領土内にあるスペインの飛び地領土メリリャとセウタは高いフェンスで囲まれ常時監視されている。にもかかわらず，よじ登りスペイン領へ進入し他の EU 諸国へ向かおうとする移民が後を絶たない。さらに 2015 年以後，トルコ，ギリシャ，マケドニア，セルビア，ハンガリー，スロベニアを経由して EU に入国しようとする「バルカンルート」も開発され，いわゆる難民危機が引き起こされた。

このような難民・非合法移民の殺到に加盟国で協働して対処するため，EU は欧州対外国境管理協力庁（Frontieres exteriueres, FRONTEX）を設立した。また，過激派組織「イスラム国」などからのテロリストの流入を阻止するため，EU 内相理事会はテロリストの恐れがある人物の「リスク指標」を作成することを決めた（『日本経済新聞』2015 年 3 月 14 日）。難民危機に対処するため，加盟国間で難民 16 万人の受け入れを割り振ることも決定した。「下からのトランスナショナリズム」による負の効果に，超国家的に対応しようとしているのである。

イスラム教徒の問題化

「下からのトランスナショナリズム」が生み出す問題として，イスラム教を信仰する移民の台頭も挙げられる。イスラム教徒，すなわちムスリム（Muslim）の大多数は平穏な生活を営む善良な人々である。しかし，ムスリムは 2013 年時点でヨーロッパに約 4476 万 6000 人，全人口に占める割合では 6.1% に及ぶ（店田 2013）。キリスト教が文化の中核であるヨーロッパゆえに，さまざまな問題が生じている。

第 1 に，家族のトランスナショナル化に関係する問題がある。花嫁をパキスタンやアルジェリアなど母国から呼びよせるのはよくあることである。たとえばバングラデシュからイギリスへ嫁ぐバングラデシュ系の花嫁は，両国の家族を国境を超えてつなぐ重要なメディアである（Gardner 1993）。しかしその結婚がお見合いであり，さらには親が娘や息子に強いるような場合もある。このときヨーロッパでは，「女性や若者の自由や人権を著しく侵害する強制結婚だ」などと批判が沸き起こるのである。

第 2 に，文化のトランスナショナル化も問題になることがある。ムスリム女性がかぶるベールは，イスラム文化の異質性を示す象徴となってきた。なかでも共和主義と政教分離（ライシテ，Laïcité）を国是としているフランスは厳しい対処をした（Scott 2007＝2012）。1989年秋，モロッコ系とチュニジア系の少女3人がパリ郊外の公立中学校に頭髪を覆い隠すベールを着用して登校し，校長は退学の決定を下した。これが全国規模の論争に発展し，ジョスパン教育相が個別に学校長の判断に委ねる通達を出した（伊東 2007：88-9；辻村 2009：11）。

1993年には，リヨン近郊でトルコ系とモロッコ系の女子生徒4人が安全のため不許可だった体育の授業でベールをかぶり続けた。バイルー教育相は，個人の宗教への献身を示す「穏当なシンボル」を許す一方，ベールのような改宗や差別の手段である「誇示的表徴」は禁止するとした（Scott 2007＝2012: 35-8）。

2003年には，「共和国におけるライシテ原則適用に関する検討委員会」の報告に基づき，「公立学校における〈顕著な〉宗教的表象の着用禁止法」が成立した。同法は事実上，ユダヤ教の帽子キッパー（Kippa）やキリスト教の十字架ではなくイスラム教のベールを標的としていた（辻村 2009：12）。

さらに，公道など公の場で「ブルカ」「ニカブ」など，全身を覆い隠すベールの着用を禁止する法が，2011年4月11日に施行された（中島 2010）。

ベール問題は，他の文化が国境を越えただけではなく，問題が他国へ広がったという意味でもトランスナショナルである。ブルカとニカブの禁止法は，2011年5月ベルギーの議会でも可決された（『日本経済新聞』電子版 2011年5月26日付）。同様の動きは，オランダやスペインなど他のヨーロッパ諸国に広がっている。

「暴動」とテロリズム

ムスリム移民は，意識のトランスナショナル化も示している。受け入れ国で生まれ育った者でさえ，同時に出自国にもアイデンティティをもつ者が少なくない。さらには，「自分はムスリムである」という宗教

Column ⑩ パリ新聞社襲撃事件とトランスナショナリズム

2015年1月，風刺画を得意とするパリの週刊新聞『シャルリー・エブド』などが襲撃された。容疑者たちは移民家庭の出身ではあるが，フランス生まれ。なぜテロまで行ったのだろうか。まずトランスナショナルな視角から見ると，若者たちは，国境を越え軍事訓練を受けるなど国際的なイスラム教テロネットワークに取り込まれてしまった。でもなぜ国境を越えたのか。ナショナルな見方をすると，フランスは共和主義と政教分離を国是とし，国家の下にいるのは「平等な市民」だけ。人種や宗教による特別扱いはしない。イスラム教の偶像崇拝禁止に対して西ヨーロッパ的な表現の自由が優越する。しかし「平等な市民」という建前は，「移民や異教徒は二流市民である」という本音を覆い隠してしまう。その結果ローカルな場では，荒廃した大都市の「郊外」などにしか住めず，満足いく仕事はない。極右勢力が移民排斥を叫ぶなか，若者たちは「生きる証」を求めて過激思想に身を染め，国境を渡りテロリストになる。トランスナショナリズムはナショナルおよびローカルな現象と強く関連しうるし，よいことばかりではないのである。

アイデンティティを強くもっている者もいる。このような多重アイデンティティは，国民国家に基づくナショナル・アイデンティティを超えたトランスナショナルな現象である。

意識のトランスナショナル化が問題視される大きな理由のひとつは，以下のような社会問題の原因であると見なされることである。たとえば「暴動」が，イギリスの3都市において2001年の春から夏にかけて，ロンドンでは2011年夏に生じた。フランスにおいても，2005年10月に起こった。さらには，平和なイメージの北欧スウェーデンでも，2013年5月に生じてしまった。

「暴動」と並んで人々の不安をかき立てるのはテロリズムである。ヨーロッパでは，スペイン，オランダ，イギリス，ベルギー，フランス，デンマークなどさまざまな国で生じている。なかでも，2005

表 10-3「自国生まれ」による主なテロ

2004. 3.	マドリードの鉄道駅 3 カ所で爆破。190 人以上死亡。
2004. 11.	映画監督テオ・ファン・ゴッホがイスラム社会の女性差別を批判したと殺害。
2005. 7.	ロンドン同時爆破事件。56 人死亡。
2013. 4.	米ボストンマラソンで爆破。警官が発砲されるなど計 3 名死亡。
2014. 5.	ベルギー・ブリュッセルのユダヤ博物館が襲われ観光客 4 名死亡。
2014. 10.	カナダ・オタワで国会議事堂が襲われ 1 人死亡。
2015. 1.	仏週刊新聞『シャルリー・エブド』襲撃事件。風刺漫画家ら 12 人死亡。
2015. 2.	デンマークで表現の自由に関する会合とユダヤ教礼拝所で銃撃。
2015. 11.	パリ同時多発テロ事件で 130 人死亡，300 人以上負傷。

年 7 月 7 日ロンドンで地下鉄 3 カ所とバスを狙った同時爆破事件が起こって以来，移民家庭出身の「自国生まれのテロリスト」(home-grown terrorists) が大きな問題になっている (**表 10-3**)。また，中東など世界各国で政情を不安定にしているアルカイダや過激派組織「イスラム国」に国境を越えて加わる若者たちもトランスナショナリズムの負の側面を構成している。

以上のような「下からのトランスナショナリズム」の引き起こす諸問題に対して，ヨーロッパ諸国は多国間で協力して国境管理などを行い，一国では得られない効果を狙ったトランスナショナルな解決策を模索している。また多くの国が移民の帰化やビザ発給に際して市民権テスト (citizenship test) や語学能力のテストを課し始めた。これらテストの導入は，トランスナショナリズムの動きを国家の管理下に引き戻す企図の現れである。

トランスナショナリズムのヨーロッパ的特徴

以上のようにヨーロッパ諸国は，北米大陸に位置するアメリカ合衆国やカナダとは異なる意味でトランスナショナリズムの挑戦を受けている。まず，元々ヨーロッパ諸国は移民で建

Column ⑪ 北欧諸国の多文化主義

日本で近年，ファッションや旅行先などとして人気のある北欧諸国。北欧は先進国中でも経済の高い国際競争力をもち，人権先進国・高福祉国家として知られる。特にスウェーデンは「社会科学の実験国家」ともいわれている。そこは『アナと雪の女王』の舞台であり，その主題歌で唱われたように「ありのままで」人々が人生を豊かに過ごす多文化共生社会だという印象がある。「世界価値観調査（World Values Survey）」2015年版によれば，北欧（スウェーデン，ノルウェー，デンマーク，フィンランド）の人々は伝統的な価値に縛られずに合理的だとされ，この点が同じく合理主義だとされた日本が北欧に近しさを感じる理由かもしれない。だが環境問題や女性，LGBT，外国人，国際養子の受け入れといったマイノリティへの積極的対応，政治・経済活動への参画に対する意欲などは，日本とは大きく異なる。他方，寛容であるはずの北欧で，社会保障費負担の増大や治安悪化の原因などを移民に帰す風調が影響し，移民排斥の思想も一部で高まっている。2011年ノルウェー銃乱射事件の犯人が，「多文化主義を否定し，単一文化を維持」する日本を手本とすべきだと主張して衝撃を与えた。とはいえ，隣国スウェーデンは2013年にはシリア難民の積極的受け入れを表明し，現在も西欧諸国で国民の大多数が難民受け入れに積極的である国だと報じられている。北欧の〈多文化共生〉の経験から私たちが学ぶべき点は多々あるだろう。

国された国ではなかった。そのような「エスニック国家」にとって，移民の増大および国境を超えたトランスナショナルな空間の形成や活動の拡大は重い課題となっているのである。

ところが，ヨーロッパはEUによるヨーロッパ統合という「上からのトランスナショナリズム」を力強く推進してきた。さらに，中東やアフリカから殺到する国際移民のグローバル化の圧力にもさらされている。これらの結果，移民たち諸個人による草の根的な「下からのトランスナショナリズム」が促進され，問題を生み出すことにもなった。

正の側面と負の側面を合わせもったトランスナショナリズムにいかに対処すればよいのだろうか。21 世紀のヨーロッパはこのような課題に直面しているのである。

読書案内

① 遠藤乾『ヨーロッパ統合史』2008 年，名古屋大学出版会。

第二次世界大戦直後に始まった統合の開始から，冷戦下の模索の時期を経て，冷戦後は旧社会主義国を飲み込む形で東方へ広がっていく過程を，安全保障の実現を軸として通時的に描いている。資料編に当たる『原典ヨーロッパ統合史』も有用である。

② 佐久間孝正『移民大国イギリスの実験――学校と地域にみる多文化の現実』2007 年，勁草書房。

本書はイギリスに戦後移住した旧植民地移民の教育などの諸問題，殺到する難民の問題，EU の東方拡大で大量に流入するようになった旧社会主義国からの移民の問題を論じ，イギリスは白人の国だといった思い込みを壊してくれる。

③ ジョーン・W. スコット『ヴェールの政治学』2012 年，みすず書房。

身体をさらすミニスカートが禁止されないのに，身体を隠すヴェールが批判されるのはなぜだろうか。女性たちは個人主義に基づき自分で選択してヴェールを身につけているにもかかわらず，ヴェールは抑圧された女性の象徴と見なされる。ヴェールという単なる布きれをめぐる政治の奇妙さが解きほぐされていく。

■参照文献

Bloemraad, I., A. Korteweg and G. Yurdakul, 2008, Citizenship and

Immigration: Multiculturalism, Assimilation, and Challenges to the Nation-State, *Annual Review of Sociology*, 34: 153-179.

駐日欧州連合代表部，2014，「EU 拡大」。（http://www.euinjapan.jp/union/enlargement/；2014年10月17日アクセス）

遠藤乾編，2008a，『ヨーロッパ統合史』名古屋大学出版会。

遠藤乾編，2008b，『原典ヨーロッパ統合史――史料と解説』名古屋大学出版会。

Gardner, K., 1993, Desh-Bidesh: Sylheti Images of Home and Away, *Man*, 28 (1): 1-15.

Golunov, S., 2014, Tourism across the EU-Russian Border: Official Strategies vs Unofficial Tactics, *Eurasian Border Review*, 5 (2): 19-34.

伊東俊彦 2007，「フランスの公立学校における『スカーフ』事件について」『応用倫理・哲学論集』(3): 88-101。（http://www.l.u-tokyo.ac.jp/philosophy/pdf/eth03/L%27affare_du_Fouland_a_l%27ecole_public_en_France.pdf/；2015年3月19日アクセス）

Jayaweera, H. and T. Choudhury, 2008, *Immigration, Faith and Cohesion: Evidence from Local Areas with Significant Muslim Populations*, Joseph Rowntree Foundation.

Lacoix, T., 2009, Transnationalism and Development: The Example of Moroccan Migrant Network, *Journal of Ethnic and Migration Studies*, 35 (10): 1665-1678.

Leung, M.W.H., 2009, Power of Borders and Spatiality of Transnationalism: A Study of Chinese-Operated Tourism Business in Europe, *Tijdschrift voor Economische en Sociale Geografie*, 100 (5): 646-661.

中島宏，2010，「『共和国の拒否』――フランスにおけるブルカ着用禁止の試み」『一橋法学』9 (3): 131-147。

Østergaard-Nielsen, E. K., 2001, Transnational Political Practices and the Receiving State: Turks and Kurds in Germany and the Netherlands, *Global Network*, 1 (3): 261-282.

Østergaard-Nielsen, E. K., 2002, Working for a Solution through Europe: Kurdish Political Lobbying in Germany, in N. Al-Ali and K. Koser, eds., *New Approach to Migration?: Transnational Communities and the Transformation of Home*, Routledge.

Salih, R., 2002, Shifting Meaning of "Home": Consumption and Identity in Moroccan Women's Transnational Practices between Italy and Morocco, in N. Al-Ali and K. Koser, eds, 2002, *New Approach to Migration?: Transnational Communities and the Transformation of Home*, Routledge.

Salih, R., 2003, *Gender in Transnationalism: Home, Longing and Belonging among Moroccan Migrant Women*, Routledge.

Scott, J. W., 2007, *The Politics of the Veil*, Princeton University Press.＝2012，李孝徳訳『ヴェールの政治学』みすず書房。

Snel, E., G. Engbersen and A. Leerkers, 2006, Transnational Involvement and Social Integration, *Global Network*, 6 (3): 285-308.

Strüver, A., 2005, Spheres of Transnationalism within the European Union: On Open Doors, Thresholds and Drawbridges along the Dutch-German Border, *Journal of Ethnic and Migration Studies*, 31 (2): 323-343.

店田廣文，2013，「世界と日本のムスリム人口 2011 年」『人間科学研究』26 (1): 29-39。

辻村みよ子 2009「多文化共生社会のジェンダー平等――イスラムのスカーフ論争をめぐって」『GEMC Journal』1: 10-19。(http://www.law.tohoku.ac.jp/gcoe/wp-content/uploads/2009/03/gemc_01_cate3_2.pdf；2015 年 3 月 19 日アクセス)

『日本経済新聞』電子版 2011 年 5 月 26 日。(http://www.nikkei.com/article/DGXNASGM26015_W1A520C1EB2000/；2015 年 3 月 27 日アクセス)

第11章

南欧と大西洋の島々のトランスナショナリズム

大航海時代のポルトガルから見た世界地図

地中海から大西洋への「玄関口」であるリスボンの広場には，大きな世界地図に「発見の歴史」が書き込まれている。アフリカ，アジア，ヨーロッパという 3 つの陸地に囲まれ，「陸地の間にある海」という語源をもつ地中海は，3 つの大陸からやって来る人たちが出会い，衝突し，そのなかから新たな文化や文明を創り上げていく場所だった。「大航海時代の航海者たち」は，この身近な海から，アフリカ沿岸部，大西洋，アデン湾，紅海，インド洋へと漕ぎ出していった。そして，アゾレス，マデイラ，カナリア，カーボベルデ，レユニオン，モーリシャス，コモロ，ザンジバル，セーシェル，ゴア，マラッカ，東ティモール，マカオ，沖縄といった島々や半島で，「新たな人」と出会った（Merler and Niihara 2011b＝2014）。

7　南欧における人の移動と出会いの歴史

人の移動と出会いの歴史から見たトランスナショナルな世界

「私がここにいる」とは，いかなることか。その感覚は，ひとつの「景観」のように立ち現れる。しかし，いま私たちが地球上のいたるところで社会をつくって「定住」している「景観」の背後には，「人の移動と出会いの歴史」が横たわっている。これまで「移動する人々」は，「定住者」によって，「故郷喪失者」「家郷喪失」「異人」「流民」「難民」といった表現で捉えられてきたが，移動するものの目から見るなら，「定住者」は，「たまたま一時的にある場所にとどまっている人」になるのかもしれない。

ヨーロッパ人は，「大航海時代」，さらには19世紀後半から20世紀半ばまでの「移民の時代」に，海をわたり，アメリカ，アフリカ，オセアニアなどに寄港地や居留地，いわば「いくつもの小さな，もうひとつのヨーロッパ」を創りあげていった。ヨーロッパからの移民の多くは，国家から見て「辺境」とされた地域——たとえば，バスクやカタルーニャなどの国境周辺の地域，シチリアやサルデーニャ，コルシカなどの島嶼社会——の先住的文化的マイノリティである場合が多かった。これらの地域はしばしば戦場となり，国境線の移動を促され，政治的あるいは経済的な理由から移民（あるいは「難民」，避難民）となることを余儀なくされたからである。

ヨーロッパのなかでの少数派であり，到達した土地では数的にも少数派であったヨーロッパからの人の移動には，「コロンブスの発見」以来の「植民地支配」と奴隷の「労働力移送」という暴力的な関係性も含まれていた。この集団的社会的歴史によって，複合性・重合性を抱えた人間が生まれた。

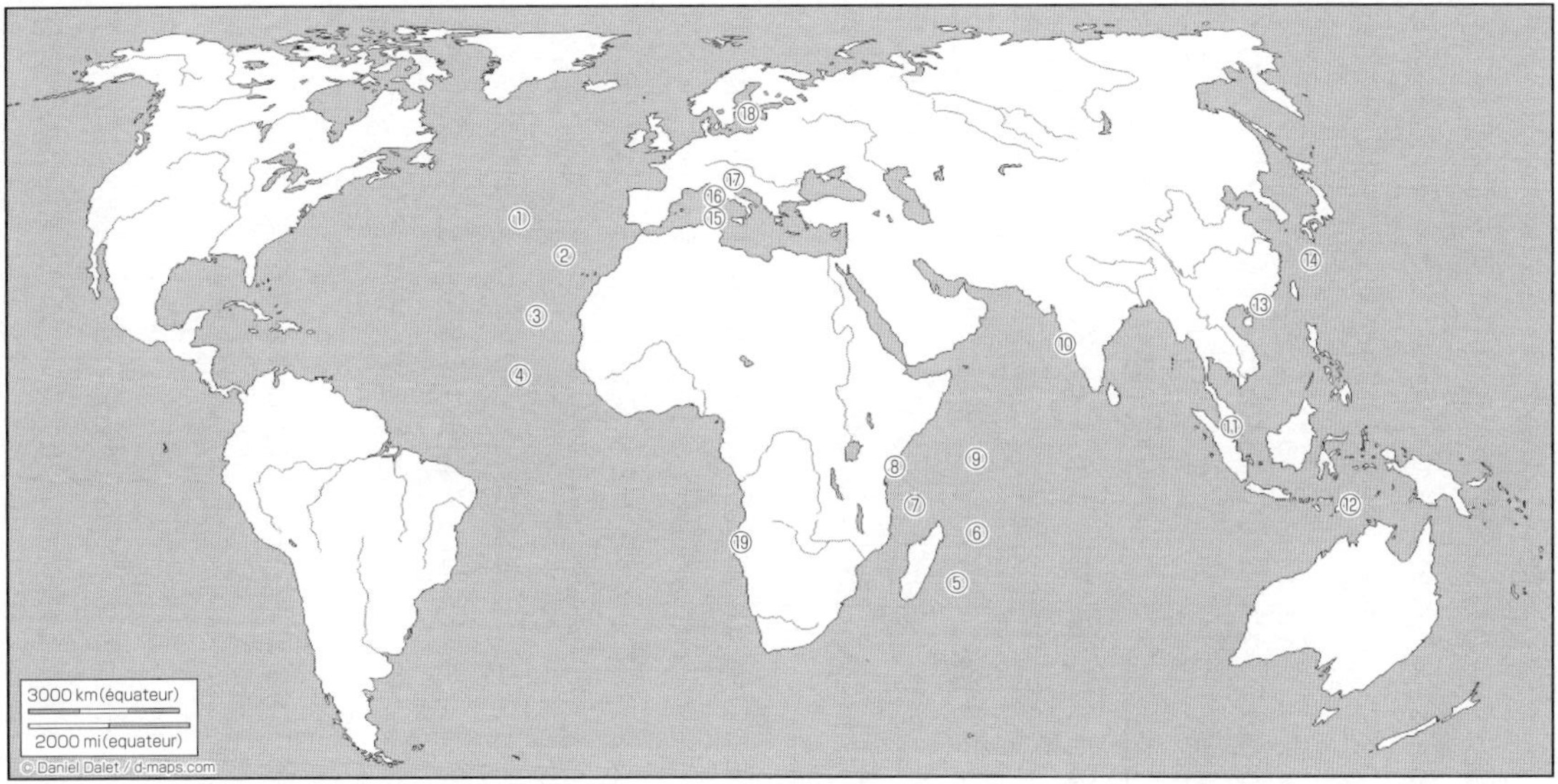

①アゾレス ②マデイラ ③カナリア ④カーボベルデ ⑤レユニオン ⑥モーリシャス ⑦コモロ ⑧ザンジバル ⑨セーシェル ⑩ゴア
⑪マラッカ ⑫東ティモール ⑬マカオ ⑭沖縄 ⑮サルデーニャ ⑯コルシカ ⑰イストリア ⑱オーランド ⑲アンゴラ

（出所）テキサス大学のウェブサイト（http://www.lib.utexas.edu/maps/index.html）から取得した著作権フリーの地図をもとに作成。

図 11-1　本章で登場する主な地名（世界地図）

思考の翼を広げて，別の世界に入ってみよう。国家や社会，言語や文化の境界を越えていけば，ちがうものの中に同じもの，同じものの中にちがうものがあることに気づくはずだ。そうすれば，いま私たちが生きているグローバルな社会は，別の見え方をしてくるはずだ。

「出／入移民」の枠を超える移動の複合性・重合性

近代における人の移動は，たとえばイタリアにおいては，「旅立ち，出て行く」の意味，移住した先でのコミュニケーションの困難，文化的距離，社会政策の次元で理解されていた。ヨーロッパ史の中で際立って見られた「エクソダス（国境線の移動等にともなう集団的大移動）」との対比によっても，その意味は固定されていった。他方で，「新大陸アメリカ」では，長期化し固定化してしまった「中に入る移民」として理解されてきた（Merler and Niihara 2011a）。

しかし現在の移動の現実は，この二分法の枠組みに変更を迫っている。いまや，ヨーロッパは，かつてヨーロッパを旅立った人々（それぞれが異なる固有の異文化体験の智を蓄積した「帰還」移民たち），そして，彼らが「移植・入植」「植民地化」した土地での“衝突・混交・混成・重合”によって生まれた人々の「逆流」に直面している。グローバル化は，地球規模で「国民」「市民」といった枠からはみ出すこうした人々の存在が可視化するプロセスである。そのなかで，「クレオール化（créolisation）」（スペイン，ポルトガル，フランス，オランダ，イギリスなどヨーロッパ諸国によるアジア，アメリカ，アフリカへの「植民地化」によって生じた言語や人種の“衝突・混交・混成・重合”による新たな文化，社会のあり方）に関心が集まっている（Chamoiseau and Confiant 1991＝1995; Glissant 1997＝2000）。しかしこれは，ある特別の人間の話なのではなく，「（最初からここに）定住している」と思っている人たちもまた，人の移動による“衝突・混交・混成・重合”の所産として，「ここにいる」のだ。

「大航海時代ポルトガルの航海者たち」から見た現代社会

では，移動した者／する者から現代社会を見るとはどういうことなのだろうか。ヨーロッパ・地中海，アフリカ，南米社会に通暁し，自らが「人の移動」の体現者でもあるイタリアの社会学者 A. メルレルの指摘は示唆に富んでいる。イタリア語，ドイツ語，ラディン語（アルプス山岳地帯ドロミーティで話される言語）の文化が共存するイタリア北部の都市トレントに生まれ，ブラジル・サンパウロで社会学者としての基礎を築き，セネガルの地で大学人としての歩みを開始したメルレルによれば，ポルトガルの「航海者」の視点は“衝突・混交・混成・重合”の果てのこれからの社会のあり方を考えるうえで重要だ（**図 11-1** 参照）。

「スペインが『大陸』に向かったのに対して，ポルトガルは，海と島々，岬と半島へと漕ぎ出した。ポルトガル人の航海と商業は，土地の『占有』を目的とせず，アフリカからインド，アジアにかけて，海岸沿いに無数の港を建造した。ある土地に到達したとしても，そのことを他者に『宣言』し，記録や地図を残さなければ『発見』にはならない。国旗を立てて，『この土地は私のものだ』と宣言し，『証紙』を残してはじめて『発見』したことになる。ポルトガル人は，陸地の端にいるという感覚をもち，少人数で海へと漕ぎだし，未知の大陸の多数の人たちに対して自分たちの存在を認めてもらわなければならなかった。『大陸』『大国』『帝国』が，『神のご加護により新世界を占有する』という発想でなく，『半島人』が『島』や『岬』に沿って，航海を始め，境界を越えて，他者との関係の作り方そのものも，個々の特定の状況に応じてつくることから始めたのだ」（2008 年 2 月 24 日，アゾレス諸島ファイアル島のホルタからリスボンへの飛行機内でのメルレルと筆者の対話より）。

「旅をして，出会い，ともに考える」という試み

ポルトガルは，「大航海時代の先駆者」として，「点の支配」により「一大海洋帝国」を築いたが，「スペインとの併合」「対英経済従属」などを経て「衰退した」と位置づけられている。これに対して，メルレルは，「帝国」による「発見」と「植民地支配」の国家の背後で伏流水のように存在しつづけた，生身の個々人の「移動と出会い」の果実に着目する（**図 11-1** 参照）。

たとえばメルレルと筆者は，1997 年のマカオでの調査において，アンゴラ生まれで父親はポルトガル系だが母親はアンゴラの人，インドのゴア州で暮らした後にマカオに来て，中国系マカオ人を妻にした男性とセナド広場で出会った。そしてまた，2008 年のアゾレスへの旅では，ピコ島の港町では，「1460 年にこの町は始まった」という碑とともに，教会の前で，この町で生まれ東ティモールの最初の司教となり，マカオで亡くなった神父を顕彰する銅像に出会った。こうした人たちの身体には，人の移動，他者との出会いによる“衝突・混交・混成・重合”の歴史が刻み込まれている。このような「移動と出会い」の歴史のなかに，アゾレスやカーボベルデ，ブラジル，マカオや東ティモールの現在の「定住民」は存在している。

「人の移動」の体現者であるような生身の個々人に出会い，その“衝突・混交・混成・重合の歩み”の意味を理解しなければ，新たな社会のあり方は見えてこないだろう――そう考え，メルレルとの間では，〈旅をして，出会い，ともに考える〉試みをしてきた（新原 2011）。ヨーロッパ・地中海の深層を理解するため，アルプス山間地域（ドイツ，フランス，イタリアなどの言語・文化，山岳地帯で話されているラディン語などが共存するトランスナショナルな世界），地中海の島々であるサルデーニャやコルシカ（固有の言語・文化をもつ），アドリア海に突き出た半島であるイストリア（イタリア，スロベニア・クロアチアの言語・文化が共存する），バルト海に浮かぶ島々から

Column ⑫ 地中海をわたる「難民」

インターネットで,「難民」「北アフリカ」「地中海」「リビア」などの言葉で検索していけば,「欧州, 押し寄せる難民船（『朝日新聞』2015 年 4 月 21 日付）」といった記事を検索できる。「難民をのせた船が転覆」といったニュースの背後には, 地中海の“衝突・混交・混成・重合”する歴史が存在している。たとえば, ジェノヴァ近郊, 先住民族の痕跡をとどめるリグリア地方の農民たちがチュニジアのタバルカ地方に植民した。その彼ら／彼女らが「略奪者」の襲撃を受け, 再び旅立ち, 新たな土地を求めた。こうして, サルデーニャ島の南西サンピエトロ島に, カルロフォルテという街が人工的に建設された。いまでも, この街では, リグリア・チュニジア文化を現在まで保持する人々が暮らしている。政治的・文化的・軍事的に危機的な時期であれ安定的な時期であれ, 地中海の民は, 境界をこえて移動することを常とする人々だったのである。

なるオーランド諸島（フィンランド自治領であるのに住民の公用語はスウェーデン語である）などを訪ねた。そしてまた, ポルトガルからの移動と定住の諸過程を理解するため, アゾレス, カーボベルデ, ブラジル, マカオと沖縄などでも国際フィールドワークを試みた。以下では, メルレルとの間で進めてきた国際フィールドワークのなかから,「もう一つのヨーロッパ」の一つであるカーボベルデの社会的空間の再構成を見ていきたい。

2　カーボベルデの社会的空間の再構成

グローバル化と観光：カーボベルデの社会的空間

大航海時代の航海者は, 地中海から大西洋へと漕ぎ出し, 数々の岬と新たな海を越えて, アゾレス諸島, マデイラ諸島, カナリア諸島, そしてカーボベルデ諸島と出会った。カナリ

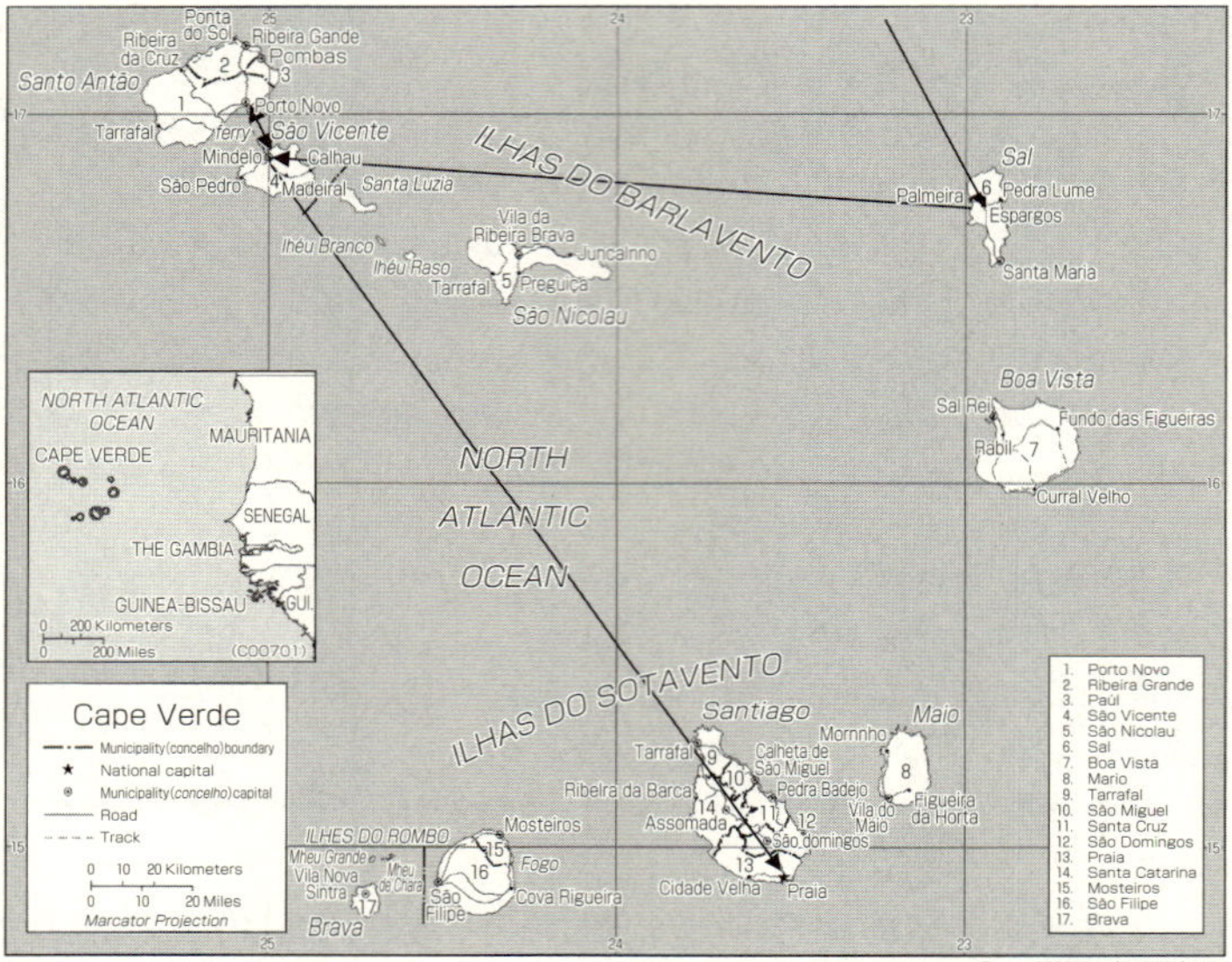

Base 802990AI(C00671)2-04

（出所）テキサス大学のウェブサイト（http://www.lib.utexas.edu/maps/index.html）より取得した著作権フリーの地図をもとに加工している。

図 11-2　カーボベルデ諸島の地図——国際フィールドワークの経路

アとマデイラには，ベルベル族などの先住民がいたが，アゾレスとカーボベルデは無人島であったため，航海者たちの「上陸」によって，「その土地の歴史は始められた」。

アフリカ大陸西岸の北大西洋に位置する島々であるカーボベルデもまた，「クレオール化」（少数のポルトガル人と「連行された」アフリカ人の衝突・混交・混成のプロセス）の舞台となった。「大航海時代」には，大西洋を航海する帆船の「停泊地」であり，その後，プロペラ旅客機によるヨーロッパからブラジルへの旅の「中継基地」の役割をもっていた。

「停泊地」や「中継基地」，国家間の戦争状態における「橋頭《きょうとう》堡《ほ》」

や「決戦場」となり続けた地中海の島々と同じく，大西洋の島々は，新たに観光問題の視角から考えていくことが可能だが，カーボベルデもまた，いま「ヨーロッパ人のリゾート地」として「再発見」されている。以下では，2009 年にメルレルたちとカーボベルデの島々をめぐったフィールドワーク（新原編 2014：356-386）にもとづき話をしていこう（**図 11-2** 参照）。

ヨーロッパからの観光客の多くは，首都プライアのあるサンティアゴ島（あるいは北に位置するサル島）の国際空港へと降り立つ。サンティアゴ島の高台（プラトー）にある首都プライアの歴史的中心街から平地の新市街に降りていくと，新市街には，歴史的中心街に入りきれない政府の建物や各国の大使館（スペイン，中国，ロシア，国連，ブラジル，フランス，ナミビア，ポルトガルなど）が林立し，しかもそのすぐ側には，アフリカの諸地域からやって来た「新移民」が住む貧民街と，ミドルクラス用の高層マンションが隣接し，アップタウンはアスファルト道路できちんと区画された高層建築が並んでいる。

「再発見」された カーボベルデ

サル島の中心的な都市エスパルゴスの東部に位置する製塩所があるのだが，現在では製塩はしておらず，ヨーロッパからの観光客が泥パックをして日光浴をする場所として使われている。工場はフランス人の経営であったのだが，閉鎖後の観光開発はイタリア人によってなされている。西岸に行くと，石油会社シェルの石油備蓄基地の隣に漁師の漁港，さらにその横には貨物船という風景に遭遇する。

首都プライアの新市街を出て，ポルトガル語で「旧い都市」を意味する町シダーデ・ヴェーリャへと向かうと，ポルトガルの統治時代に整備された石畳の道と石のガードレールがずっと続いている。ポルトガル統治下，地域住民の仕事を確保するための公共事業として，道づくりは推奨されていたという。現在のシダーデ・ヴェーリャは，少しの観光と少しの農業・漁業をするだけの小さな町となっているが，歴史的には大航海時代の重要な植民都市であるリベイラ・グランデが建設された場所であった。この場所にあった要塞，教会，修道院などはすべて朽ち果てた状態だったが，近年，世界遺産として発見され，スペインからの支援で修復，新たな観光地として再開発されている。

フェリペ2世の治下にあった1587年に，キャプテン・ドレイクたち海賊の攻撃にそなえるために造られた要塞は，ほぼ完全に修復され観光地となっている。1556年に建設が始まったカテドラルは，現在も「瓦礫」のままとなっているが，1512年にポルトガルから石も含めたすべての材料が運ばれ建設された大理石の柱は，現在も中心的広場のシンボルとなっている。15世紀に建設が始まった古い街路であるバナナ通りは，「1545年にすでに500軒以上の石の家が並んでいた」と書かれていた。1495年に建設が始まった，カーボベルデで最も古い教会であるロザリオ教会と，1640年に建設されたフランシスコ会の教会と修道院は，文化的のみならず職業訓練の場としても機能している。1712年に海賊によって破壊されたが，1999年から「修復」作業が行われ，観光スポットとなった。

カーボベルデの都市・農村問題

都市部を出てしばらくは，強風と渇水のなか，かろうじて台地にへばりついている木々の根元に，プラスチックゴミやポリ袋が絡みついている。内陸部には，時折，民家があって，山羊や豚，鶏，牛などの家畜を少女が世話している。少しずつ海岸部に向けて降りていくと，携帯電話のための巨大なアンテナ塔の先に，青や赤，黄色といったどぎつい色で塗り固められた植民地様式の建物が並んでいる。綺麗な青で塗られたレストランには，フランス人が次々と車でやってきて，エビやカニ料理，高価なワインを飲んでいる。リゾート地として開発され，「Show House」「For Sale」といった看板が出ている。英語圏の人間がほとんど来ない場所だが，あえて「国際的な言語」を使っている。この海岸では，毎年夏に 1 週間ほど，「ワールドミュージックの祭典」が開かれるのだという。

ここから山へと登っていくと，山頂近くには，灌漑設備を施した畑とかなり規模の大きな建物があって，壊れたトラックが捨て置かれている。下りの道で，ロバに枯木を積んだ農夫と出会い質問してみると，かつてイギリス人によって，「養鶏場として建設されたが，経営破綻し撤退した」という。その他，花卉栽培なども試みられたが外部の資本による開発はすべて失敗し，結局古い農業がかろうじて生き延びている。

さまよえるイタリア人？

古都シダーデ・ヴェーリャでレストランを経営するイタリア人に出会った。彼は，イタリアの名門大学を卒業し大手銀行員として長く働いた後，世界各地を移動して暮らそうと考え，いくつかの土地で暮らした後，カーボベルデにやって来た。インターネットのホームページを開設し，旅や移住を目的としてカーボベルデにやって来る人たちに情報を提供し，カーボベルデ・クレオール語の辞書を作成した。そのホームページを見て，カーボベルデへの移住を希望するイタリア人たちがこのレストランを訪ねてくるようになった。

このレストランの客の 1 人は，装飾物に金箔を貼り付ける技術の特許をもつ会社を父親から譲り受けた「オーナー経営者」だった。ファッション業界から重用され，「上海やドバイなどの超高級ホテルに泊まり，ひたすら儲かり，貯まった金の使い道も思いつかず散財を繰り返していたけれど，この華やかで虚しい生活から，自分を切り離したいという願望が徐々に育ってきたんだ。ブラジルにいったときも，移り住めないかと考えたけど，肌にあわなかった。ところが，はじめてカーボベルデに来たらとても気に入って，会社を手放しここに来たいと考えるようになった。『自分らしい本当の生活』ができる場所を探し続けているんだ。カーボベルデにやって来るイタリア人で移住までしてしまう人たちの大半は，『リアルな本当の生』を求めているんじゃないかな」と言う。

イタリアからの移住希望者に共通していたのは，「私は何者か」という「自己」をめぐる問いを，「人生の最優先事項」としているということだった。カーボベルデへの移住をほぼ決めていた女性は，「ミラノで仕事を続ける夫との関係についてはまだ調整中」だという。別の男性も，「いまは家族がなく（離婚しており），もし誰かと来るとしたら，会社経営をしている別の友人とやって来るかもしれない」と言っていた。

「選択のジレンマ」

人の移動と人間の内面における変化に着目したイタリアの社会学者 A. メルッチは，現代人が直面する「選択のジレンマ」について，「選択は，私たちの時代の不可避の運命である。どこに物理的に居を構えていようとも，私たちはいつも同時に，ニューヨーク，パリ，あるいはロンドン，サンフランシスコ，東京といった，現実のあるいは想像上の大都市の住人である。大都市は，相互に依存しあう高度に複雑／複合的な惑星システムの端末である。……あるシステムから別のシステムへと動くとき，ある時間から別の時間へと経過していくとき，また，単に行為するというだけのときも，選択を強いられるのである。……この努力は，終わりのない螺旋となって，私たちを疲労困憊させることになるのだ」（Melucci 1996＝2008: 62-64）と述べている。

カーボベルデの物価はポルトガルよりほんの少し安いが，決して楽というほどではなく，ガソリンなどはむしろ高価だ。にもかかわらず，カーボベルデは，「ヨーロッパ人」にとっての「寄港地（ホーム）」として「発見」され続ける。「バカンスは必ずとらなければならず，バカンスでどれだけ他の人のいかない場所にいくか，どれだけ他の人がしたことのない体験をしたかを語らねばならない」ことのジレンマを感じている人間は，「この土地に『癒される』のさ」。離婚や事業の失敗など，必要以上に聞かれたくないことを穿鑿《せんさく》されることもない。「選択のジレンマ」から開放されたいという要求が，カーボベルデの「発見」，個々人の「自分探し」や「移住」，これまでの生活からの「跳躍」や「離脱」の後押しをしているのである。

カーボベルデ人のグローバル化？

アルジェリアの首都アルジェ出身のユダヤ系フランス人経済学者 J. アタリは，グローバル化が，人々の「ノマド（遊牧民）化」をおしすすめ，「超ノマド」「下層ノマド」「ヴァーチャル・ノマド」を生み出しているとする（Attali 2006＝2008: 194-236）。グローバル化の波は，カーボベルデ国内の都市―農村問題に加えて，地球規模に入り組み交錯した新たな境界線を生み出し，この「波」についていける人とそうでない人との間の「分岐」が生じている。

たとえば，首都プライア市内のインターネットが使える店に入ると，「英語，スペイン語，フランス語，イタリア語も話せます。いまはバカンスで帰省中ですが，ふだんはニューヨークの投資銀行（メリルリンチ）で働いています」というカーボベルデ人から名刺を渡される。

「成功者」は，海を越えた「新移民」だけではない。プライア新市街の大使館と高級住宅地に隣接したレストランでは，エビやカニなど海の幸の料理と大量のワインを目の前にした若いカーボベルデ人の父親が，携帯端末で撮影した動画を家族に見せている。あるいは，プライアの歴史的中心街に位置する複数のホテル，レンタカー会社，旅行代理店は，同じ女性経営者がとりしきっている。この経営者の系列ホテルでは，観光を学んでいる途中の専門学校生や接客業の訓練を受けていない 10 代の女性を雇用し，経費をおさえている。雇用されている人たちの裁量の範囲はほとんどなく，泊まり客からランプやトイレットペーパーなどの不具合を指摘しても，そのたびごとに直接女性経営者のところに話しに行かなければならない。

カーボベルデ人の「選択のジレンマ」

旧市街の若者たちは，缶コーヒー１本分程度の少量の水を使って車を洗ったり，街路で靴磨きをしたりして，小遣い銭を手に入れるという生活をしていた。その目の前に，マンション程度の大きさの「最新の情報が学べる専門学校がヨーロッパからやって来た」。この学校に通ったら「ちがう人生があるかもしれない」という気持ちをかき立てられている。プライアの中心街では，無線LANが無償で提供され，市民はパスワードさえ確保すればこれが使用できるが，まずその前にパソコンを買う必要がある。これまでの生活からは考えられないような費用が，携帯電話やパソコンなどの情報端末や学費に蕩尽されていくことになる。欲しいものはすべて，この地では作ることができないものばかりで，輸入に頼るしかない。

何かが「欠乏し，困窮し，貧困である」ということの形は，「絶対的な不足」だけではない。都市部では，子どもたちまでが最新の情報端末を携帯し，「ケーキの美味しい店」に通う。首都のなかでは，歴史的中心街が「空洞化」し，大使館街と海浜リゾート地，シーフードレストランと新築の高級住宅，その近くには，土埃の舞う不規則に置かれた石や煉瓦と木がごちゃまぜになったバラックに「（アフリカ大陸からの）新移民」たちが棲息している。

3　“移動民”が出会いつづける現代の地域社会

移動するものの智恵

いまカーボベルデが直面している問題は，地球規模の「クレオール化」とでもいうべきものだ。そこには,「植民地化」というプレ・モダンの問題,「移民」「開発・発展」というモダンの問題も刻印されており,ヨーロッパ社会が抱える問題と表裏一体をなしている。このプロセスはいまや世界の各地に拡がっている。いま私たちが立ち会っているのは「逆転する植民現象」「荒野」として「発見」されたものたちの反逆であり,阻止しようとしてもできない不可逆的現象である。

たとえば,イタリア語も含めて複数の言語を操る女性は,カーボベルデ生まれでナミビアやブリュッセル,ケルンなどで育ったが,家族といっしょに「故郷」にもどってきてレストランを経営している。他方で,ヨーロッパの地域社会で暮らしているのは,ドイツで生まれ無意識にドイツの地方都市の“社会的文脈”を身につけイタリア系移民 2 世と結婚し子どもが生まれたトルコ人女性だ。あるいはパキスタンの男性と結婚しムスリムとなったドイツ人女性もいる。彼女/彼らたちは,「単一のパーソナリティ」や「確固としたアイデンティティ」といった枠組みでは理解が困難な存在である。

こうした個々人の心身レベルの現象は,「単一,純粋,十全な文化をわがものとしている主体が,不純,不全,欠如している他者と,十全な市民社会との間を媒介する」という統合のモデルでは捉えきれない。複合的・重合的な移動の途上の一場面で発せられた言葉を,没歴史的・没空間的な命題として処理してしまうのならば,個々の集団の体験や文化の複数性や,移動によって複数の社会的文脈をくぐり抜け,異なる集団や家族や地域社会のあり方に直面する体験に出会うことで蓄積されてきた個々人の智恵は看過されてしまう(Merler 2004 = 2006)。

〈再帰的な旅〉としての「人の移動」

メルレルは,「人の移動」を「度重なる多方向への旅(帰還し,再び旅立ち,再び入植し,複数の場所の間で,一定期間をおいて繰り返し移動しつづけること)を繰り返すという〈ひとつの再帰的な旅〉をしつづける状態」だと考えている。このダイナミズムは，第1に，人口動態・生産・地域社会の構造，さらには社会の象徴的次元・文化・エスニシティの組成などに変化をもたらし，信仰・文化・社会・経済・地政学・平和と紛争・階級などに関する新たな戦略を誕生させる。第2に，マクロで可視的な社会変動のみならず，よりミクロで微視的なレベルの「個々人の内なる社会変動」とでもいうべきものを生み出す。

この「微視的な変動」は，たとえば，「移動民の子どもたち」のアイデンティティに顕著に表れるものだ。「移動民の子どもたち」のアイデンティティは，「唯一の私」を前提とした視点から見るなら，「引き裂かれた私」として存在しているように見える。しかしその内実においては，「衝突・混交・混成しつつも複合し重合する私」として，動きのなかで生成し続けてもいる。そして，多様な社会的文脈や規範，複数の民や土地・歴史・宗教・生活観・倫理的価値観・死生観・経済観念・政治の感覚などについて，多面的かつ複合的な理解をする力を，自らの内に蓄えている（Merler 2004＝2006: 63-64, 71-72)。

多重／多層／多面な自己の「アイデンティゼーション」

メルッチは，システム化の網の目のなかで動き続けざるを得ない個々人がアイデンティティを構築するプロセス――「多重／多層／多面性（multiplicity)」をもった自己の「アイデンティゼーション（identization)」に着目した。すなわち，彼ら／彼女ら自身の限界や制約を「引き受け（responding for)」，社会関係のフィールドに対して「応答する（responding to)」という「責任／応答力（responsibility)」のプロセスとして，現在を生きる者のアイデンティティを捉えたのである（Melucci 1996＝2008: 59-79)。

地域社会に刻印された人の移動の「衝突・混交・混成・重合の歩み」は，「(グローバルな関係性の力によって）ここにいるのだ」と若くして自覚せざるを得ない「移動民の子どもたち（children of immigrants）」の中で，再帰される（繰り返し振り返られる）。「異郷／異教／異境の地」で生きることを自覚し，伴侶を見つけ，新たな子どもを生み育てる。こうして，これからずっと生まれ来る「移動民の子どもたち」の小さな芽の胎動を聴くことが，トランスナショナルな地域社会（に暮らす者）の課題としてつきつけられている。

無数の「複合し重合する私」との協業

グローバル化の名の下に迅速な反応が求められているまさにそのときに，少し先を見越した応答としてきわめて重要なのは，実はこの，すでに手元にある，さまざまな声，表現，生活様式によって生成し続けている社会の複合性・重合性の存在を再認識し生かし直すことである。

幸いなことに，グローバル化がもたらす社会の複雑化は，混交，混成，重合した複合的身体を有する「移動民の子どもたち」を，世界各地に登場させ，規格化・均質化・画一化の夢を打ちくだく。

それゆえこの，歴史的に形成され，いまさらに顕在化している「複合性」「混交し混成する重合性」をもった「移動民」たちの存在に気づき，きちんとした出会い方をする必要がある。太古から連綿と続いてきた移動，近代世界の移民，そしてグローバル社会におけるトランスナショナルな移動が，モザイク状に刻印された現在の地域社会においては，無数の「複合し重合する私」との協業を，これまでの視点からするなら「異端」としか思えないような独自のあり方で始めていくしかないのである（Merler 2004＝2006: 73-74; Merler and Niihara 2011a）。

「移動民」と出会いつづける

この章は，メルレルとメルッチという，2 人の「移動民」との出会いによって書くことができた。カーボベルデへの国際フィールドワークは，メルレルの旧友アントニオ神父との再会によって実現した（この 2 人は，1970年にイタリアで出会い，1971年にリオデジャネイロで再会し，友人となった)。「国民・市民」からぶれてはみ出す友情は，最初の出会いから半世紀にわたって続いている。いまもまたこの惑星上のいたるところの街で，私たちは，「移動民」と出会いつづける。「君と出会ったのは偶然じゃない」と。

読書案内

1　フェルナン・ブローデル『地中海（普及版）』2004年，浜名優美訳，藤原書店。

地中海の島々が，移動する人のコミュニケーションの場，確かな出会いの場として存在しつづけたことを教えてくれる。

2　鶴見良行『ナマコの眼』1993年，筑摩書房。

「ナマコの眼」から，地理的境界はもちろん，個別科学の境界を乗り越えて横へ横へと進むその複合的叙述は，ブローデルの『地中海』に匹敵する。

3　新原道信『境界領域への旅——岬からの社会学的探求』2007年，大月書店。

「移動民」の眼から，地域の歴史と社会はどのように見えるかについての思考実験として書いた作品。メルッチとメルッチのものの見方を紹介している。

■参照文献

Attali, J., 2006, *Une brève histoire de l'avenir*, Fayard.＝2008，林昌宏訳『21世紀の歴史——未来の人類から見た世界』作品社。

Chamoiseau, P. and R. Confiant, 1991, *Lettres créoles: Tracées antillaises et continentales de la littérature: Haïti, Guadeloupe, Martinique, Guy-*

anne, 1635-1975, Hatier.＝1995, 西谷修訳『クレオールとは何か』平凡社。

Glissant, É., 1997, *Traité du Tout-Monde, Poétigue* Ⅳ, Gallimard.＝2000, 恒川邦夫訳『全一世界論』みすず書房。

Melucci, A., 1996, *The Playing Self: Person and Meaning in the Planetary Society*, Cambridge University Press.＝2008, 新原道信・長谷川啓之・鈴木鉄忠訳『プレイング・セルフ――惑星社会における人間と意味』ハーベスト社。

Merler, A., 2004, *Mobilidade humana e formação do novo povo/L'azione comunitaria dell'io composito nelle realtà europee: Possibili conclusioni eterodosse.*＝2006, 新原道信訳「世界の移動と定住の諸過程――移動の複合性・重合性から見たヨーロッパの社会的空間の再構成」新原道信・広田康生編『グローバリゼーション／ポスト・モダンと地域社会――地域社会学講座 2』東信堂。

Merler, A. and M. Niihara, 2011a, Le ripetute migrazioni giapponesi ripetute in America Latina, in *Visioni Latino Americane*, Rivista semestrale del Centro Studi per l'America Latina, Anno III, Numero 5.

Merler, A. and M. Niihara, 2011b, Terre e mari di confine. Una guida per viaggiare e comparare la Sardegna e il Giappone con altre isole, in *Quaderni Bolotanesi*, n. 37.＝2014, 新原道信訳「海と陸の“境界領域”――日本とサルデーニャをはじめとした島々のつらなりから世界を見る」新原道信編『“境界領域”のフィールドワーク――“惑星社会の諸問題”に応答するために』中央大学出版部。

新原道信, 2011,『旅をして, 出会い, ともに考える――大学ではじめてフィールドワークをする人のために』中央大学出版部。

新原道信編, 2014,『“境界領域”のフィールドワーク――“惑星社会の諸問題”に応答するために』中央大学出版部。

第12章

北米地域のトランスナショナリズム

国際結婚の２世と３世

（1998年，カリフォルニア州。撮影：江成常夫）

北米地域には世界中から，移住，ビジネス，旅行，留学を目的に人々が流れ込んでいる。黒人初の米国大統領B. オバマ氏は，留学生だったケニア人の父親とアメリカ人の母親とのあいだに生まれ，多民族国家の統合を体現した。写真の日系人女性も，国際結婚による２世である。彼女の母は太平洋戦争後，日本に駐留した米軍人の父と出会い，アジアやヨーロッパからの「戦争花嫁」の一人として新天地に根づいた。３世の孫はエミコという日本名をもち，マルチ・エスニックな世代の到来を感じさせる。本章で取り上げるトランスナショナルな現象は，このような「人種のるつぼ」の典型イメージにとどまらず，従来の移民国家に対抗する要素も含んでいる。

1　民族の多様性

多民族社会の形成

現在の南北アメリカ大陸とカリブ海の国々には，多様な人種・民族が暮らしている。その由来は，ヨーロッパ人が大航海時代以降，先住民を制圧した歴史にさかのぼる。植民地時代には，ヨーロッパから入植者が増加するとともに，奴隷貿易によりアフリカから運ばれた人々が，熱帯地域の過酷なプランテーション労働に従事した。北米大陸にはその後，アメリカ合衆国（以下，アメリカまたは米国・米と略），メキシコ合衆国（メキシコまたは墨と略），カナダ（加と略）が建国される。人種・エスニック構成のうえでは，米国とカナダではヨーロッパ系白人が，メキシコでは先住民とスペイン人の混血が多くを占めるに至った。

産業化が進むと，「プッシュ・プル要因」にうながされ大量の移民が到来する。送り出し側は，「プッシュ要因」である人口過剰や失業率を緩和し，母国に残る家族や地域コミュニティへの送金を期待できる。そして，アメリカ大陸へ移住者を引き寄せる主な「プル要因」は，国土の開発や発展に必要な労働力の需要であった。

2014 年の人口は，米国が約 3 億人，メキシコが約 1 億人，カナダが約 3500 万人で，いずれも年々増加している。メキシコはいま移民の送出国となっており，2010 年の国勢調査によると，全人口に占める外国出身者は 0.9% にすぎない。カナダは今世紀だけでも，難民を含む移民を毎年 25 万人前後受け入れている。国の人口が少ないため，外国生まれの移民 1 世が 5 人に 1 人（20.6%）とインパクトは大きい。とくに**表 12-1** の大都市圏では，非白人住民の人口比が高くなっている。

表 12-1　カナダの大都市圏における非白人マイノリティ人口

	全人口（人）	非白人（人）	人口比（%）	主なマイノリティ集団
カナダ全体	32,852,325	6,264,755	19.1	南アジア系，中国系，黒人
トロント	5,521,235	2,596,420	47.0	南アジア系，中国系，黒人
モントリオール	3,752,475	762,325	20.3	黒人，アラブ系，ラテンアメリカ系
バンクーバー	2,280,695	1,030,335	45.2	中国系，南アジア系，フィリピン系

（出所）カナダ統計局（2011）。"Table 2 Visible minority population and top three visible minority groups, selected census metropolitan areas, Canada, 2011." をもとに作成。

米国にも移民の波が続いており，10 年ごとの国勢調査から**図 12-1** のように，世界有数の多民族国家の変化が見てとれる。この章では，日本／アジアから主にアメリカ合衆国へのヒトの流れと，北米自由貿易協定（NAFTA）のもとで進行するグローバル化という，2 つの地域的視点でトランスナショナルな状況を見ていこう。

北米に渡った日本人

日本も，かつて移民を積極的に送り出し，北米への移民は 20 世紀初頭がピークであった。海外に永住した日本人とその子孫は「日系人」と呼ばれ，海外日系人協会の推定では，米国に 130 万人，カナダに 9 万 8900 人，メキシコに 2 万人が住んでいるという（海外日系人協会 2014）。**図 12-2** は，日本から直接渡米して永住権をとった人数である。現在に至る 10 年ごとの集計で，1900 年から 1909 年の間が約 14 万人と最も多かった。その頃，日本人労働者をいち早く導入していたハワイが併合され，米本土の受け入れも緩やかだった。カナダにも同じ時期に 1 万 3000 人の日本人が入国し，漁業，鉄道建

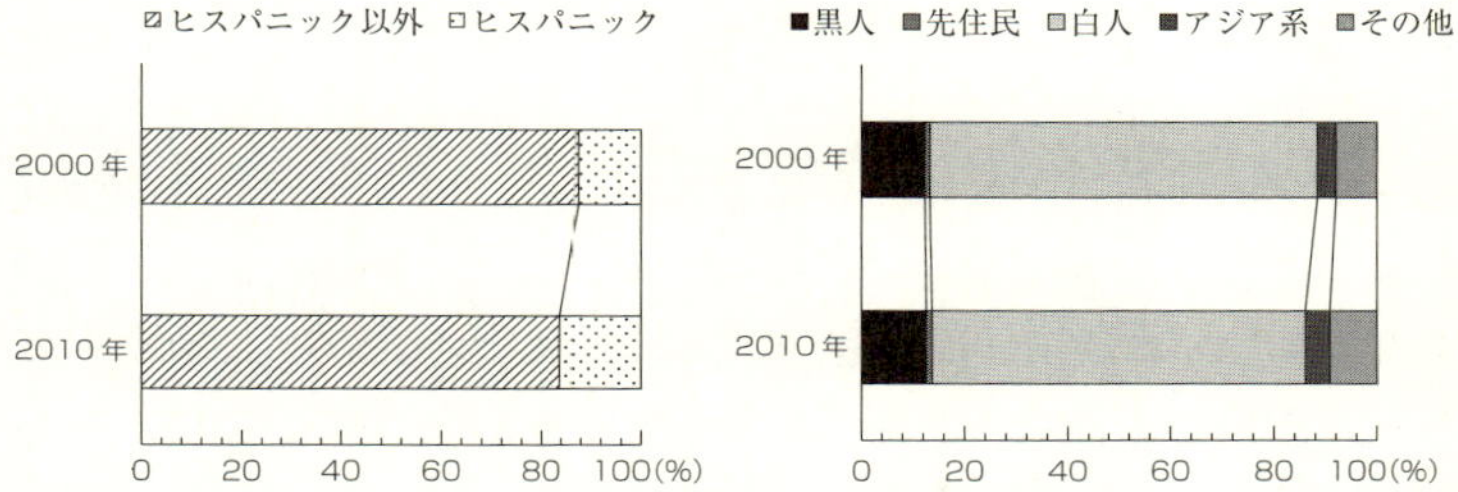

（注）　左が「ヒスパニック系」に関する回答，右は「人種」の区分に関する回答の集計（それぞれ別個の設問）。「先住民」の割合は「アメリカインディアンおよびアラスカ先住民」と「先住ハワイ人および太平洋諸島人」の合計。「その他」は，「その他の人種」および「2 つ以上の人種を選択」の合計。

（出所）　Humes, et al.,（2011: 4）Table 1. をもとに作成。

図 12-1　ヒスパニックおよび人種の人口比（米国勢調査）

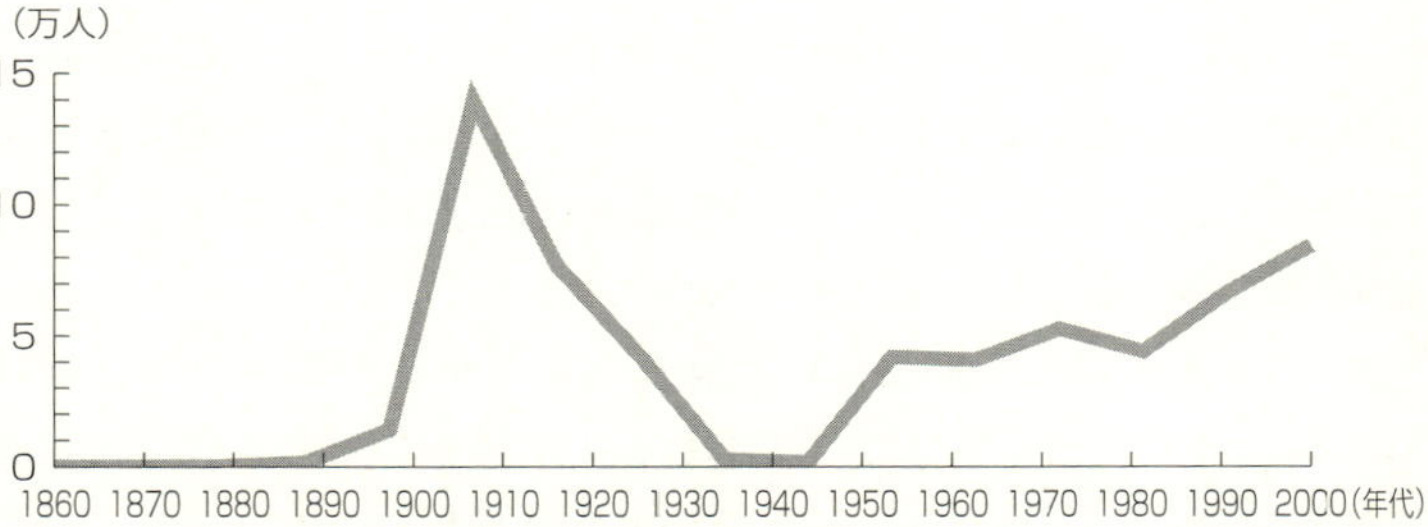

（出所）　アメリカ移民統計局（2013: 6-11）Table 2. をもとに作成。

図 12-2　米国の永住権を取得した日本出身者数

設，製材などに従事した（佐々木 1999：107-108）。

当時は客船の時代だったが，日本との行き来は盛んであった。米カリフォルニア州ロングビーチに近いターミナル島を例に挙げると，主に紀伊半島から出稼ぎに来た人々が漁業と缶詰製造に従事し，社宅に家族ぐるみで暮らしていた。島内は日本語だけでこと足り，神社が建ち，着物姿で祭りを楽しんだ。まるで故郷を移植したトランスナショナルな生活があったわけだが，子どもたちは地元の学校に通うことで，アメリカ社会との接点をもつようになった（Metzler and Nakamoto 2007）。

アジア人排斥にともなう移民規制のため，1910 年代以降の受け入れは急減するが，独自の日系人コミュニティが保たれた。1940 年にはハワイに約 15 万人，合衆国の本土には約 12 万人，カナダに 2 万人を超える日系人が生活していた（明石・飯野 2011：176；土井 1980：73；日本カナダ学会編 2009：143）。

しかし 1941 年に太平洋戦争が始まると，アメリカとカナダの西海岸に住む日系人は強制退去を命じられ，内陸部の収容施設に送られた。日本軍によるハワイの真珠湾攻撃は，9.11 同時多発テロの発生時に引き合いに出されたほど，米国史上に衝撃を残しており，国土防衛と排日感情が日系人の生活を根底からくつがえすことになった。国家への忠誠を問われる立場となった日系人は，これ以降，故郷の地とも疎遠にならざるをえなかったのである。日系 2 世による運動が実り，アメリカとカナダの政府が公式の謝罪と補償を行ったのは，1980 年代になってからであった。

H. ベフによると，戦後はいわゆる「新 1 世」が在米日本人向けのエスニック・ビジネスなどに携わり，旧移民の日系人社会と並存する形になった。企業駐在員とその家族も増加したが，苦労を重ねてきた日系人とのあいだに社会文化的な距離が生じたという（Hirabayashi et al. eds. 2002＝2006: 38–45）。戦前からの移民の子孫はすでに 4 世・5 世となり，日本との直接交流よりも，家族のルーツの一つとして意識されつつある。他のアジア系移民と連携も，エスニック・マイノリティの地位向上といったテーマでは珍しくない。

現代のフローとストック

日系移民の歴史からみたように，アメリカ合衆国の移民政策は，国内の産業構造や世論，外交上の緊張，ときには戦争など，さまざまな要因により変動してきた。現在，永住者資格（以下，永住権）を示す「グ

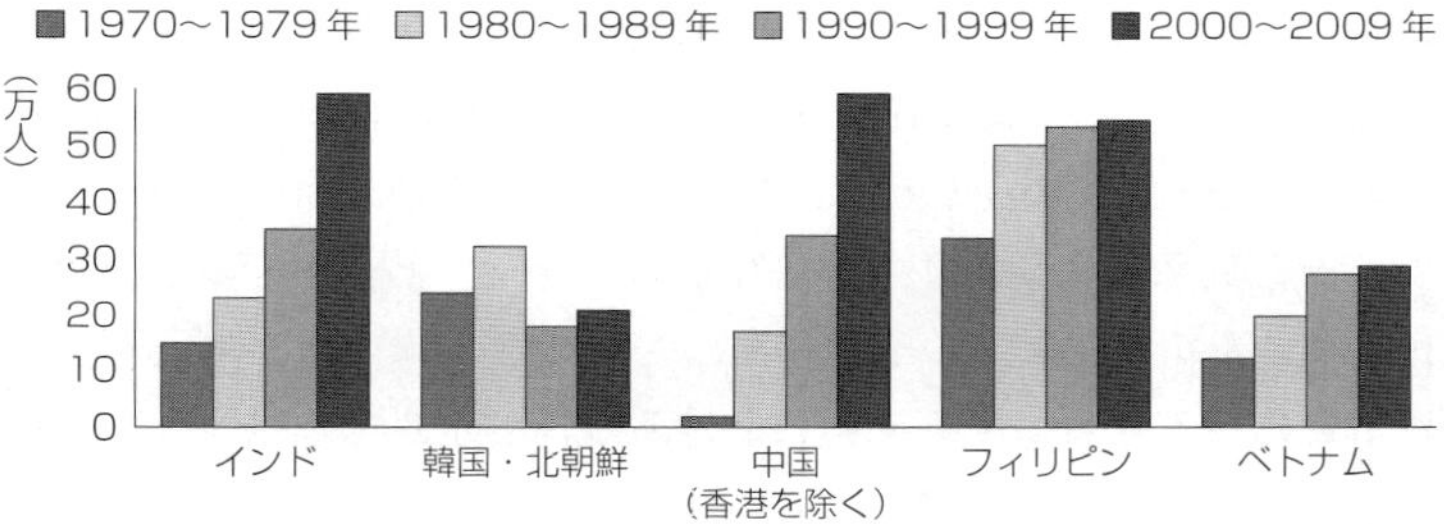

（出所）　アメリカ移民統計局（2013: 6-11）Table 2. をもとに作成。

図 12-3　米国の永住権取得者が多いアジアの国

リーンカード」は，主に親族に合流する連鎖移民と，職業スキルをもった移民に発給されている。

2000 年代に米国の永住権を得た人数は，9.11 同時多発テロの影響による落ち込みを除けば，年間およそ 100 万人で推移している。内訳の半数強は米国内での在留資格切り替えによるが，発給件数では 20 世紀初頭のピーク時に匹敵する。出身国はメキシコが最多で，2010 年以降だけでも毎年 14 万人前後が永住権を得ている。世界の地域別では，アジアからが年間約 40 万人と最大である（Monger and Yankay 2014）。なかでも**図 12-3** に 10 年ごとの推移を示すように，インド，中国，フィリピン，ベトナム，韓国・北朝鮮が上位を占めている。

ただし永住権は，必ずしも終の住処を意味するわけではない。米政府の累計（Baker & Rytina 2013）によると，過去 30 年のあいだに約 2600 万人が永住者ないし難民の認定を受けている。このうち 400 万人はその後アメリカを離れており，帰国または再移住をオプションとして選んだと考えられる。これが適法な手続きによる「合法移民」のフローである。2012 年時点のストックは，米国内で亡くなった人数を差し引いて，2000 万人とみられている。

さらに同分析は，密入国やビザが失効したあとも「無認可」(unauthorized) のまま在住する，いわゆる「不法移民」を推計し，その総数を約1100万人と公表した。これは独立研究機関の試算ともほぼ合致する。つまり，合法移民のストックと合わせると，移民1世はアメリカ全人口の1割に達し，その3人に1人が無認可ということになる。なかでも米国における政治的争点は，メキシコとの国境を越えてくる移民である。

2　グローバル化時代の北米

NAFTAとモノの自由化

日本では地理的・歴史的な特徴をもとに，米国とカナダを「北米」，メキシコを「中南米」ないし「ラテンアメリカ」と区分することが多い。これに対し，1994年に締結された北米自由貿易協定（NAFTA）は，「北米大陸」の米―加および米―墨の関係を軸に成立した広大な経済圏である。関税緩和により，3カ国のあいだに大量の生産物や商品が流通し，多くの観光客・買い物客も往来している。

たとえば，ホノルルのドラッグストアに並ぶ洗剤やシャンプーの取り扱い説明ラベルには，英語，フランス語，スペイン語がよく併記されている。その商品は，英語とフランス語を併用するカナダ，スペイン語圏のメキシコでも販売されているわけである。日本が交渉参加した環太平洋パートナーシップ（TPP）協定は，自由貿易圏のさらなる拡大を目指すものだ。

生産地の多国籍化と非関税化は，すでにNAFTA以前の1980年代から，米―墨国境で導入されていた。自動車部品などを生産する「マキラドーラ」と呼ばれる工場が，人件費の安いメキシコ側に立地した。米市場への出荷コストを抑える利点から，日本企業も多数進出し，現地雇用を生み出している。

ところがNAFTAでは，労働力の自由化は扱われていない。皮肉にもS.サッセンによると，多国籍企業のグローバル展開は，開発途上国の工場で働く人々に先進国で働きたいという気持ちを芽生えさせ，移民を促進するという（Sassen 1988: 168）。また，本社機能が集中する先進国の大都市では，低賃金のサービス業の需用が高まり，移民労働者が増加している（森田 1994：280）。こうした状況のもとで，メキシコから米国への制度外の流入は，20世紀から引き継がれた課題として残っている。

人的資本による格差

近年の移民政策には，人口増加と労働力供給のほかに，注目すべき要素が加わっている。1990年の米移民法改正では，アメリカ国内に一定額以上の投資をする外国人を対象に，新たな移民枠が設けられた。雇用創出と事業利益の還元という，ヒトの移動よりむしろ資本移転を歓迎する政策である。この方針は，能力・技能面で人的資本の高い移民の獲得と表裏にある。インド人IT技術者の頭脳流出はその代表的な例であろう。カナダ人専門職の米国移住も恒常化している。

カナダでは，移民の母語を「継承言語」（heritage languages）と位置づけ，将来的に外交や経済上の利益をもたらす人的資本として奨励する州もある。1970年代から行われているバイリンガル教育は，もともと，公用語である英語もしくはフランス語を身につける目的で学校教育に導入され，家庭で使う言語は消えゆくものだった（Cummins and Danesi 1990＝2006: 93-6）。その言語を移民2世が受け継ぎ，出身国とのあいだでグローカルなビジネスを展開すれば，地域経済への恩恵にもなりうる。

ただし，グローバルな企業活動などの利害関心にもとづく人的資本の評価は，受け入れ社会が有用とみなすかどうかによって左右される。資金および技能を「持てる移民」と「持たざる移民」とのあ

Column ⑬ モン移民を描いた映画

アメリカの多民族社会は，少なからず自国の軍事・外交に影響を受けている。映画『グラン・トリノ』(2008年) に登場するモンの人々は，そうした一例といえる。「モン」あるいは「モン族」は，東南アジアの山岳地帯出身の少数民族である。ベトナム戦争時にアメリカに協力したため，多くが難民となった。2010年の在米人口は26万人にのぼる。

この映画は，自動車産業が衰退した町が舞台となっている。主演・監督のクリント・イーストウッドが演じる老人と，隣の家に住むモンの一家との交流を軸に展開する。主人公の実の息子や孫と比べ，モンの文化では感情を抑え，目立たないように暮らしている。アジア系の増加を苦々しく思っていた主人公だが，日々接するうちに安らぎを感じ始める。モンの一家には父親が不在であり，移民第2世代にあたる10代の子どもたちが，ときに無防備で弱い立場にさらされる。主人公の老人は徐々に，彼らを守り育てる父親的な役回りを生きがいとするようになる。

それにしても主人公はなぜ，自分たちからは何も求めないモンの移民を助けようとするのか。理由の一つは，かつて自動車組立工として生産にたずさわった名車グラン・トリノに象徴されている。アメリカの大手自動車会社は，日本車をはじめとする海外企業との競争に敗れてしまった。主人公のふるまいは，労働者階級の男らしさを教えることにより，アメリカ社会で生き抜くすべと責任感を次世代に伝えようとするかのようだ。

もう一つの理由は，主人公が朝鮮戦争に従軍した過去である。イーストウッド監督は，太平洋戦争，朝鮮戦争，ベトナム戦争のつぐないをテーマにした作品で知られている。本作の主人公も元米軍兵士であり，アジア人との戦闘に身を投じた心の傷が，モンの隣人に人知れず共感をよせるきっかけだった。この映画は，世界各地に散らばって暮らすモンの一面を知るうえでも参考になるだろう。

いだには，入国ゲートの地点から格差が生じているのだ。

移民政策と実態との溝

ここでは，メキシコから米国への出稼ぎ移民労働者を取り上げ，NAFTAおよび米移民政策の影響について考えよう。最近の米国における動向分析によれば，メキシコ人移民は，合法移民の年間受け入れ総数の 1 割を超えるトップを維持し，なおかつ不法移民の国別でも約 6 割を占める。かたや，送り出し側であるメキシコの国勢調査（2010 年）では，過去 5 年間に国外滞在のために約 110 万人が留守中であり，行き先の 9 割はアメリカだった。調査時に帰国していた人の在外期間は，平均すると約 1 年 7 カ月と一時的なもので，しばらく出稼ぎに行って故郷にもどるパターンが多いとみられる（メキシコ国立統計地理院 2010）。第 1 章で説明したように，法的資格にかかわらず，循環移民および連鎖移民に起因した「移民システム」が存在するのである。

ところが，アメリカ側の推計で，2000 年以降にメキシコ人不法滞在者が 400 万人台から 600 万人台へと急増している。それはなぜなのか。一つには，NAFTA による市場統合の影響が考えられる。多国籍アグリビジネスが安価な農産物を北米市場に供給し，メキシコの農業に打撃を与えたことがプッシュ要因となった。米側での安価な労働力需要も，季節的な農作業のみならず，年間を通じて精肉などの業種に広がった。国境から離れた中西部や北東部にも，移民が集住する地域がみられる。

もう一つは，2001 年に発生した同時多発テロの影響である。メキシコ政府は当時，移民労働者に関する交渉をアメリカに働きかけていたが，安全保障上の警戒強化により中断されてしまった。その後，国境沿いにフェンスが増設されるなど，越境を試みるリスクが高まっていき，故郷と行き来を繰り返すのをあきらめて米国にとどまる移民が増えたといわれる。

移民政策の変容

社会情勢を受けて変化しながらも，移民システムは恒常化しており，移民の送出国，受入国ともに対応を迫られている。その一例が，1990 年代半ばにメキシコを含むラテンアメリカの複数の国々が二重国籍を容認したことである。メキシコ人は一般にナショナリズム意識が強い国民といわれるが，以前ならアメリカに帰化すれば，メキシコ国籍を失うことになった。移民1世はアメリカ市民権による生活の安定や便宜と，母国への愛着との間で揺れ動いていた。そこでメキシコ政府としては，二重国籍を許容することで，トランスナショナルな関係を保ちやすくし，移民から送金や投資といったメリットを見込んでいる。

一方，2006年には全米の各地で，不法移民による大規模なデモ行進が行われた。取り締まりを恐れ，社会的弱者として隠れた存在だった人々が，自ら労働や教育の権利を主張したのである。インターネットを通じて関心が広まり，ラテン系の信者が多いカトリック教会の司祭が活動を支援した例もある。組織的な運動に発展したことで，大手メディアにも連日報道された。

循環ルートを断たれた移民がアメリカに根づいた結果，子ども世代の救済も急務になっている。オバマ大統領は2012年の大統領令により，一定の条件を満たす若者を強制送還の対象からはずし，労働許可を与えるよう通達した。2014年までの最初の3年間に，政府機関の審査をへて，55万人が滞在を認められている。この暫定プログラムは，2014年にも適用が拡充された。しかし移民制度の見直し議論は，連邦議会の党派対立により進んでいない。移民政策に対する姿勢は，次期アメリカ大統領にも問われることになりそうだ。

3　トランスナショナルな経験に向けて

アジアからの渡米熱

最近の日本では，若者が海外旅行や留学に積極的ではないことが話題になった（中村ほか 2014）。とはいえ，英語圏への関心は高く，アメリカの音楽やスポーツに詳しい学生は多い。海外の有名な都市や観光スポットに行ってみたいという声もよく聞く。

過去 10 年の観光統計を見ても，北米大陸外からの訪米者数では，イギリスに次いで日本は 2 番目に多い。日本から観光または商用で一時訪米した年間数は，2013 年には延べ 373 万人だった。行き先は，観光地のハワイが約 40%，グアムが約 25% とじつに半数以上を占めている。ただし，日英とも観光客が主で，その数は頭打ちである。対照的に，2012 年から 13 年にブラジルは 15% 増，中国（香港を除く）が 23% 増，インドが 19% 増と新興国の勢いが目立つ。インドは商用と親族訪問のパイプが太い（アメリカ観光局 2011-2013）。

より長期の，留学ビザもしくは労働ビザによる滞米は，2012 年の時点で世界中から 187 万人にのぼる。経済成長するアジアの国々からの留学は大衆化しており，経済・外交のパイプを担うエリートだけのものではなくなった。留学生の数では，中国人が約 15 万人でトップ，その次に，インド人と韓国人の約 10 万人が続いている（Baker 2014）。

韓国からは 2000 年代に，専門教育レベルの留学とは別に，若い頃から英語を身につけるための「早期留学」がさかんになった。グローバル化に影響された英語ブームを背景に，母と子が留学し，父親が韓国に残るというトランスナショナルな家族形態が注目される（平田・小島編 2014）。

新興国のブームはさておき，アメリカで学ぶ日本人留学生は，2012 年に短期留学を含めて約 2 万人だった。長期留学に関しては，日本国内に教育・就労のさまざまな選択肢があり，就職活動の時期が限られている現状も考えると，それほど増加は見込めないだろう。留学して学位を取った人たちが，海外で就職や起業をする，あるいは国際 NGO の職員になるといった，トランスナショナルな活動の

キャラクター商品の並ぶアメリカの大学ストア
（2014 年，カリフォルニア州。撮影：夏梅誠）

広がりに期待したい。

越境者としての視点

トランスナショナルな現象に対しては，社会学的に大きく２つのアプローチが有効であろう。まず移民を客観的に，集団として捉える立場である。たとえば，日系人が寄り集まって，日本の生活様式を持ち込んだ越境的コミュニティは，移住者の利便ばかりでなく，移民政策，雇用関係，人種差別など外的要因を反映して形成された。集団の特徴を見ることで，制度上の国境管理，同化への圧力，社会的な人種・エスニシティにもとづく差異化，経済的な階層性といった問題が浮かびあがってくる。

もう一つは，移民個人の主観的な体験を深く知ろうとする立場である。移住した国で新たな社会関係を結ぼうとするとき，その個人は自己をどのように定義するのだろうか。いわゆる「帰国子女／帰国児童生徒」や国際結婚の子どもに関する研究によると，多文化的な環境で育つ彼らは，学校生活などの場面で，周囲との差異を認識する機会が多い（佐藤 2010：80-86)。その経験を通じ，彼らは自己のアイデンティティに苦しむケースと，置かれた状況に応じてフレキシブルに，また主体的に選びとっているケースもあるといえるだろう。似たような体験をしてきた子どもたちを支援し，成長を見守る取り組みも行われている。

トランスナショナルな経験とは，消費のグローバル化とは性質が異なる。たとえば，花見や花火大会を楽しみながら，フライドチキンやピザを囲む人は多いだろう。そこに参加する日本人は，外国の食文化を日本の風物詩に取り入れてはいるが，社会のメインストリームに属したままである。しかし移民は，受け入れ社会の文化や価値観に，マイノリティの立場から接近する。そのプロセスで自分自身の母文化を自覚し，意識的に向き合うことになる。

例をもう一つ挙げると，ハローキティのキャラクター商品は，国内外で巧みにローカライズされ，成功を収めている（Belson and Bremner, 2004)。しかし生身の人間は，そう器用に文化の垣根を越えて扮装（つまりコスプレ）による変身をしたり，自己の内面を切り替えられるわけではない。実体験として，自分の国籍，身につけた習慣，コミュニケーションの言語などの面で，「自国のもの」と「他国のもの」とを単純に区分けできない感覚を味わったことがある読者もいるだろう。

現代の私たちには，人生のどこかで，トランスナショナルな移動を経験する可能性が十分にある。日本と密接な関係にある北米の国々で，その一歩を踏むかもしれない。もしかすると，そこを拠点にしたり，さらに移動したりするかもしれない。国境を越えるという行為と，自分自身の可能性を重ね合わせてみることで，第2章で提唱されたクリティカル・トランスナショナリズムの入り口に立つことができるだろう。

読書案内

1　中川文雄・田島久歳・山脇千賀子編『ラテンアメリカン・ディアスポラ』2010 年，明石書店。

ラテンアメリカ研究者の視点から，メキシコ人を含む「ラティーノ」のトランスナショナルな移動がダイナミックに描かれている。

2　V. ノールズ『カナダ移民史――多民族社会の形成』2014 年，明石書店。

カナダ成立から現在まで，移民集団の具体例や，時代の節目に貢献した政策リーダーを挙げ，移民・難民政策を丁寧に紹介している。

3　D. C. ポロック／R. ヴァン・リーケン『サードカルチャーキッズ――多文化の間で生きる子どもたち』2010 年，スリーエーネットワーク。

親の海外移住にともない，多くの子どもが異文化を経験している。当事者の語りから，母国との行き来による気づきと悩みを共有できる。

■参照文献

明石紀雄・飯野正子，2011，『エスニック・アメリカ――多文化社会における共生の模索〔第 3 版〕』有斐閣。

アメリカ移民統計局（Office of Immigration Statistics），2013, *2012 Yearbook of Immigration Statistics*, U. S. Department of Homeland Security.

アメリカ観光局（National Travel and Tourism Office），2011-2013, *International Visitation to the United States.*（http://travel.trade.gov/outreachpages/inbound.general_information.inbound_overview.html/：2016 年 2 月 26 日アクセス）

Baker, B., 2014, *Estimates of the Size and Characteristics of the Resident Nonimmigrant Population in the United States: January 2012*, Population Estimates, Office of Immigration Statistics.

Baker, B. and N. Rytina, 2013, *Estimates of the Unauthorized Immigrant Population Residing in the United States: January 2012*, Population Estimates, Office of Immigration Statistics.

Belson, K. and B. Bremner, 2004, *Hello Kittey: The Remarkable Story of Sanrio and the Billion Dollar Feline Phenomenon.*＝2004，酒井泰介訳『巨額を稼ぎ出すハローキティの生態』東洋経済新報社。

Cummins, J. and M. Danesi, 1990, *Heritage Languages: The Development and Denial of Canada's Linguistic Resources.*＝2005，中島和子・高垣俊之訳『カナダの継承言語——多文化・多言語主義をめざして』明石書店。

カナダ統計局（Statistics Canada），2011, *Immigration and Ethnocultural Diversity in Canada.*（http://www12.statcan.gc.ca/nhs-enm/2011/as-sa/99-010-x/99-010-x2011001-eng.cfm/；2016 年 2 月 28 日アクセス）

Hirabayashi, L. R. et al., eds., 2002, *New Worlds, New Lives: Globaliation and People of Japanese Descent in the Americas and From Latin America in Japan.*＝2006，移民研究会訳『日系人とグローバリゼーション——北米，南米，日本』人文書院。

Humes, K. R., et al., 2011, *Overview of Race and Hispanic Origin: 2010*, 2010 Census Briefs, U. S. Census Bureau.

平田由紀江・小島優生編，2014，『韓国家族——グローバル化と「伝統文化」のせめぎあいの中で』亜紀書房。

海外日系人協会，2014，「日系人について知ろう」（http://www.jadesas.or.jp/aboutnikkei/l/；2016 年 2 月 28 日アクセス）

メキシコ国立統計地理院（INEGI），2010，*Migración International.*（http://www3.inegi.org.mx/sistemas/temas/default.aspx?s＝est&c＝17484/：2016 年 2 月 26 日アクセス）

Metzler, D. and A. Nakamoto, 2007, *Furusato: the Lost Village of Terminal Island*, Our Stories（ドキュメンタリー DVD）.

Monger, R. and J. Yankay, 2014, *U. S. Lawful Permanent Residents: 2013*, Annual Flow Report, Office of Immigration Statistics.

森田桐郎, 1994,『国際労働移動と外国人労働者』同文館出版。

中村哲, 西村幸子, 高井典子, 2014,『「若者の海外旅行離れ」を読み解く——観光行動論からのアプローチ』法律文化社。

日本カナダ学会編, 2009,『はじめて出会うカナダ』有斐閣。

佐々木敏二, 1999,『日本人カナダ移民史』不二出版。

Sassen, S., 1988, *The Mobility of Labor and Capital: A Study in International Investment and Labor Flow*. = 1992, 森田桐郎訳『労働と資本の国際移動——世界都市と移民労働者』岩波書店。

佐藤郡衛, 2010,『異文化間教育——文化間移動と子どもの教育』明石書店。

土井彌太郎, 1980,『山口県大島郡ハワイ移民史』マツノ書店。

第V部

南からの視線

南米・オセアニア・アフリカ

Introduction

第V部では，南半球が取り上げられる。移民を多数受け入れてきたブラジルを中心とした南米，移民国家であるオーストラリアを中心としたオセアニア，そしてかつての奴隷の出身地域であり，植民地化された歴史をもち，さらに人種差別も際立っていたアフリカである。日本から見ると，遠い存在で，かつあまりにも多様性に富んだ地域のように見えるが，日系ブラジル移民だけでなく，南米は北米と関係が深いし，大西洋を挟んでヨーロッパとも深い関係をもつ。また，アフリカは欧米だけでなく，中東や南アジアとの関係も深く，さらにオーストラリアにも，たとえばスーダンからのトランスナショナルな移動も目立つといったように，それぞれに多様な結びつきがみられる。その様子を第V部で押さえながら，「南半球の番が来た」（第 13 章参照）を考えてみたい。

V

第13章

ブラジルから考える南米のトランスナショナリズム

●オリンピックとサッカーを事例に

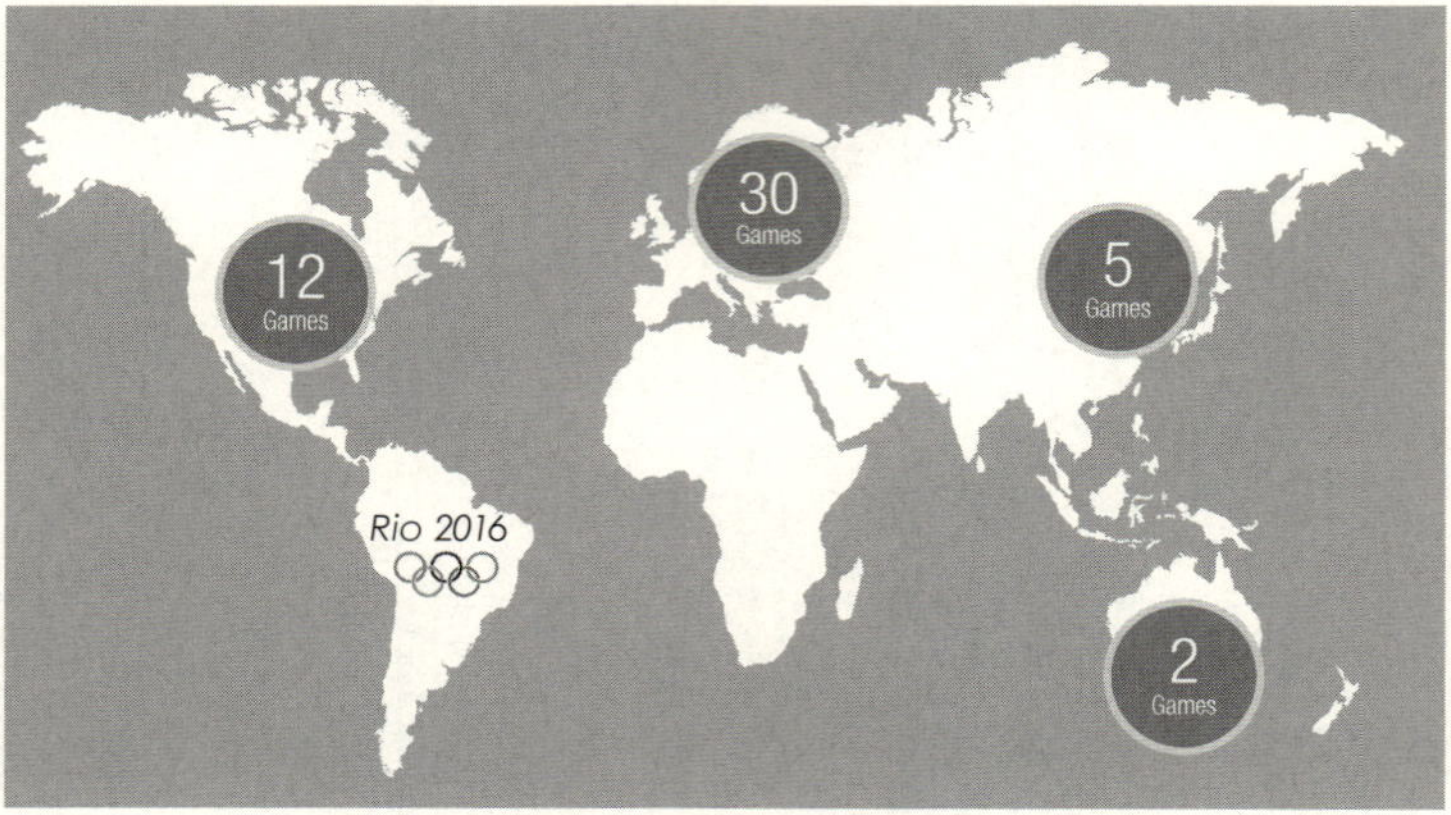

各大陸のオリンピック開催回数

（開催国を決める IOC 委員会で，ブラジルは上のような地図を用いた）

トランスナショナルな課題を考えるうえで，ブラジルは材料に事欠かない。同国は新興国として注目を浴びる BRICs という流行語の頭文字になり，経済大国の仲間入りを果たしたと騒がれている。もっとも，厳密には国土の7％が赤道の上に位置しているが，国民の大多数がブラジルを「南米」あるいは世界の「新興勢力」をリードする大国だと自負している点こそが，国際社会学的には意味深い。本稿では，人の移動をめぐる諸問題に限らず，ブラジルにまつわるトランスナショナルな話題を提示する。その皮切りとして，リオデジャネイロがオリンピック開催を勝ち取った広報戦略を中心に論じる。

南半球の番が来た

2016年のリオデジャネイロ・オリンピック（以下，リオ五輪）の開催が決まったIOC国際オリンピック委員会による決戦投票は，デンマークの首都コペンハーゲンで2009年10月2日に開かれた。東京が最終候補の4都市の一つに残っていたこともあり，日本の各メディアでも大きく報じられた。しかし，ブラジルの誘致活動の真髄を存分に伝える報道は，日本では皆無であった。ブラジルは巧妙なPR戦略で票集めに成功したが，その根幹は「これまでのオリンピックは北半球の先進諸国でばかり開催された，そろそろ南半球の国に順番をまわしてよ」というトークであった。たとえば最終プレゼンで熱弁を振るったルラ大統領は，南米で一度もオリンピックが開催されていないことについて，「この不公平を是正する時が来た」と表現した。最終プレゼンではこの「不公平」や「格差」が一目でわかる世界地図が画面で提示された（前ページ参照）。たしかにシドニーだけは南半球であったが，オーストラリアはブラジル人からみれば，「たまたま南に位置するが，実質的には北半球の先進諸国の仲間」なのだ。「発展途上国が多く，経済的に恵まれていない国々が集中する南半球での初開催」という，ブラジル側が発信したかったメッセージは，最終プレゼンでも存分に伝わった模様である。世界の「南北」格差はリオ五輪の誘致合戦において，強烈な説得材料として有効活用されたのである。

「多文化」を売りにした映像

ブラジルの最終プレゼンテーションで光ったもう一つの要素は，映像作品のできばえであった。ブラジルの最大手テレビ局であるグローボの報道によれば，最も話題をさらったのは，女子陸上選手としての活躍が有望視される17歳のバルバラ・レオンシオがナビゲーターを務めるリオの紹介ビデオであった。

バルバラが起用された理由が選手としての素質だけではなかった

ことは，誰の目にも明らかであった。彼女はブラジル国内の「格差」との闘いを勝ち抜いたヒロインとして売り出された。バルバラはリオのスラムに隣接した低所得者が集住する地域の出身で，民間ボランティアによる選手育成事業で見出された。この事業の趣旨は地域の若年層がスポーツに目覚めることによって非行に走ることを予防し，見込みのある若者にはプロへの飛躍を導くというものであった。コペンハーゲンの最終選考でも，同じく下層階級出身のルラ大統領と並んでリオの顔として活躍した。

バルバラが主役を務めた話題の短編は，数百人のエキストラを起用してリオ市内の各地でロケ撮影され，脚本も各国からの来訪者がリオでいかに温かく歓迎されるかを連想させる仕掛けに満ちていた。イスラム教徒を連想させるターバン姿の男性など，さまざまな外見の人々が画面に登場した。短編の後半部分では，それら多様な来訪者がカメラに向かって笑顔で，ロシア語，イタリア語など，それぞれの出身国の言語で The passion unites us（パッションが私たちをつなぐ）という言葉を口にした。

このように，ブラジルの誘致活動はまず，「南北」の格差に注意を促し，映像作品では「多文化・多民族共生」的なメッセージを発信した。これが多種多様な顔ぶれのオリンピック委員の好感を招いた可能性は高い。

ところで，この作品はブラジルの国際社会に向けた発信力を象徴したと言えなくもない。製作者はリオのスラムに住む人々を俳優として起用した『シティ・オブ・ゴッド』のフェルナンド・メイレレス監督である。メイレレスはハリウッドで最も成功したブラジル人映像作家の一人であり，ブラジルが世界にどう見られているか，あるいは世界にブラジルをどう見せれば（そして売り込めば）よいかという点について熟知している。「人種のるつぼ」「異文化に対して寛容な国」「多文化大国」「移民大国」「外国人に対して包容力のある国」。国内外でこのようなイメージが普及していることは確かだが，実態はどうなのだろうか。

1　サッカーでみる人の国際移動

一枚岩ではない南米

まずはじめに，南米 12 カ国の現状を示す表を示しておく。これから問題にするブラジルおよびその関係国の概要をこの表を見て捉えておいていただきたい。

表 13-1 から読み取れるとおり，南米諸国の圧倒的多数はスペイン語を公用語とし，大航海時代にスペインに支配された地域に位置する。独立の過程でスペイン領土はウルグアイのような小国を含む複数の国々に分割された。それとは対照的に，ポルトガルに支配された地域からはブラジルという巨大な一国が誕生した。ただ，スペインとポルトガルが同じイベリア半島で文化圏としては類似点が多いのも事実であり，そのせいで南米諸国には重大な共通点もある。たとえば宗教の欄を見れば，ほとんどの国でキリスト教徒が多い。

天然資源に恵まれ，農産物が豊富というのもこの地域の共通点である。イグアスの滝に象徴させる水資源の活用で，パラグアイ，アルゼンチン，ブラジルなどでは水力発電による電力供給が多く，ベネズエラやブラジルは石油も採れる。工業化は発展途上であるが，製鉄から飛行機の生産へという具合に，高度な技術を要する分野での成長も見られる。近年は日本企業の進出も著しく，たとえばトヨタ自動車はブラジルとアルゼンチンの 2 カ国に工場がある。

サッカー王国ブラジルとアルゼンチン人優遇政策

ブラジルがサッカー王国であることは，今さら強調するまでもない「常識」だろう。そのブラジルで開催された

表 13-1　南米諸国の基本データ

	独立年	面　積 （万㎢）	人　口 （万人）	GDP （百万ドル）	主要言語	宗　教
アルゼンチン	1816	278.0	4211	611726	スペイン語	キリスト教
ウルグアイ	1828	17.6	343	55708	スペイン語	キリスト教
エクアドル	1822	25.6	1626	94472	スペイン語	キリスト教
ガイアナ	1966	21.5	80	2990	英　語	キリスト教 ヒンドゥー教 イスラム教
コロンビア	1813	114.2	4963	378415	スペイン語	キリスト教
スリナム	1975	16.4	54	5298	オランダ語	キリスト教 ヒンドゥー教 イスラム教
チリ	1818	75.6	1788	277043	スペイン語	キリスト教
パラグアイ	1811	40.7	699	28896	スペイン語	キリスト教
ブラジル	1822	851.5	20295	2243854	ポルトガル語	キリスト教
ベネズエラ	1811	91.2	3126	385409	スペイン語	キリスト教
ペルー	1821	128.5	3099	200642	スペイン語	キリスト教
ボリビア	1825	109.9	1074	30601	スペイン語	キリスト教

（出所）CEPAL (2014), Abril (2005).

2014 年のサッカーワールドカップは日本でも大きく報じられた。しかし，報道からは存分に伝わってこなかった話題が一つある。それはほかでもない「移民」や「外国人観光客」と関連する動きである。

日本で報道されなかった出来事の一つはアルゼンチン人サポーターへの「優遇処置」である。アルゼンチンが準決勝，決勝と勝ち進むにつれて，ブラジルとは地続きの隣国であるアルゼンチンから 10 万人規模の熱狂的な「民族の大移動」が発生した。観戦チケットどころか宿泊所の当てさえない人々が貸切バス，自家用車，トレ

Column ⑭ メルコスールで結ばれる南米諸国

メルコスール（スペイン語でMercosur）はMercado Común del Surの略語であり，「南米南部共同市場」を意味する。地域の関税撤廃等を目的とする同盟として1991年にアルゼンチン，ウルグアイ，パラグアイ，ブラジルの4カ国が調印し，1995年1月に発足した。結果，1990年には40億米ドルに止まった4カ国間の貿易総額が，1998年にはその5倍の200億米ドルに跳ね上がった（Abril 2005）。現在の加盟国はアルゼンチン，ウルグアイ，パラグアイ，ブラジル，ベネズエラ，ボリビアの6カ国（ただしボリビアは批准待ちで議決権なし），準加盟国も6カ国でコロンビア，エクアドル，ペルー，チリ，ガイアナ，スリナムで，南米大陸のほぼ全域を網羅する巨大な共同市場である。

自動車，自動車部品および砂糖を除き，域内関税は原則ゼロだが，国ごとに保護品目が認められている。また，1998年には「民主主義条項」を設ける議定書が署名され，メルコスール諸国およびメルコスールと協定を結んだ国において民主主義の秩序が失われた場合は，協定上の権利の中断が可能となった（外務省ウェブサイト）。

Patarra（2004）が指摘するとおり，メルコスールのジレンマの一つは加盟国どうしの格差，南米という地域内の格差である。たとえば発足前年の1994年当時，国民1人当たりの国内総生産（GNP）がアルゼンチンでは5.79米ドルだったのに対し，パラグアイではわずか1.25米ドルだったと指摘する。

ーラーなどで押し寄せてきた。ブラジルとアルゼンチンはとりわけサッカー界ではとかくライバル意識ばかりが取りざたされるが，実はメルコスールという経済協定で密接につながっている（Column ⑭参照）。メルコスールで重要なのは単に金や物の移動が自由だということではない。ヨーロッパ連合（EU）と同様に，人の移動も自由化されている。具体的にはビザなしでアルゼンチンやウルグアイやブラジルを行き来することができるのだ。これはたとえば2002年の日韓大会とはまったく異なる出入国管理の実情である。あの大会では，多くのブラジル人サポーターが韓国に観戦・応援に向かった（韓国はワールドカップ期間中の短期滞在をビザなしで許可した）。しかし共催国の日本は特別な免除や緩和処置はいっさい設けず，通常の厳しい観光ビザ申請制度を貫いた。その結果，多くのブラジル人サポーターは韓国から日本に向かうのをあきらめ，ブラジルに戻ることを余儀なくされた。メルコスール加盟国の人々にとっては，2014年のブラジル大会はビザの壁がないという点において，ワールドカップを生で楽しむまたとない貴重な機会だったのだ。

ブラジルのメディアによれば，押し寄せてきたアルゼンチン人たちの目的は，たとえスタジアムに入れなくても，とにもかくにも代表チームが戦っている場所のそばにいたいからだという。興味深いのは，この想定外の来訪客の激増を受けてブラジル側がどのような対応をとったかということである。サンパウロとリオデジャネイロの各市長は巨大なカーニバル会場（サンバドーム）を「アルゼンチンのパスポート保有者」に限って無料で開放し，会場エリア内での車の駐車や野宿を許可した。それは日本流の「お・も・て・な・し」とはひと味違う，ブラジル流のホスピタリティともいえる，機知に富んだ奇策であった。

寛大なW杯特別ビザ

上記のサポーター受け入れ対策は州や市の行政府によるものだが，国政レベルでもワールドカップのみならず，来るべきオリンピックを見据えて寛大な出入国管理政策が打ち出された。最も話題を呼んだのは「ワールドカップとオリンピックの特別ビザ」である。CNIg（国立移民機構）は2013年のサッカー・コンフェデレーションズ杯に先立ち，コンフェデレーションズ杯，2014年のFIFAワールドカップ，そして2016年のリオデジャネイロ・オリンピックおよびパラリンピック大会と関連する仕事に従事することが証明できる者に限り，「労働短期ビザ」（Visto Temporário de Trabalho）というビザを付与する特例（Resolução Normativa nº 98/2012）を設けた。このビザの有効期限は原則として最長2年でさらなる期間延長も可能であり，申請者が従事するイベントの同年末まで有効である。たとえばリオオリンピックに従事する者は2016年12月31日まで滞在できる。

より多くの人が恩恵を受けたのは，ワールドカップのために来伯する（=ブラジルに来る）外国人に対する無料ビザ発行の処置である。「ワールドカップ総合法」（Lei Geral da Copa）と名づけられた法令（2012年6月5日発布の12663号の法令）により，報道関係者，FIFA派遣団やゲストなどのVIPのみならず，観戦チケットを持つ一般客も無料の「特別短期ビザ」が取得できた。たとえば東京の在住者がブラジル総領事館に出向いて観戦チケットを見せれば，無料でビザ申請ができた。しかも，本人のみならず，同行する家族もビザが取得できた。

オープンなメディアセンター

他方，国内外のジャーナリストへのホスピタリティとして特筆に価するのはCentros abertos de mídia（オープン・メディアセンター）構想である。FIFAの取材許可証が獲得できる記者（すなわち，FIFAが設置する国際メディアセンターに入場できる権利が得られる記者や報道機関）は常に限られているため，ブラジル政府は誰もが利用できるオープン・メディアセンターを新設した。これは市民メディア，フリーライター，小規模のオータナティブ・メディア関係者にとってありがたいサービスであった。具体的には84カ国から来伯した延べ1万人のジャーナリストが大会を通して12の開催都市に設けられたオープン・メディアセンターを利用し，約6万件の記事やレポートにつながったという（ブラジル政府のワールドカップ公式ポータル，“Mais de dez mil jornalistas foram recebidos nos Centros Abertos de Mídia da Copa” 2014年7月21日掲載記事）。このような「民主的」なメディアセンターは歴代のワールドカップに前例がなく，大会の関連報道の多様化を担保するうえで大きな役割を果たしたと考えられる。

日系企業駐在員と日系移民

サッカー日本代表の試合をめぐる人の移動を注視すれば，これまた意義深い発見がある。たとえば日本代表が合宿したイトゥー市はサンパウロ市から100キロ離れた小さな町である。にもかかわらず，サムライブルーの公開練習を観戦しようと駆けつけた人の数は数千人に及び，観戦席はまるで本番の試合さながらに日本人らしき見学者によって埋め尽くされていた。なぜだろう。そこには日本企業の駐在員家族と，主にサンパウロ州に移住している日系人家族が混在していた。まず，駐在員が多かった理由の謎解きから始めよう。そもそも合宿地のイトゥー市はトヨタ自動車とキリンビールという2大企業のブラジル工場の近くにあり，その関係者にとっては行きやすい場所である。次に，日系人家族が多かった理由は，サンパウロ州，特にサンパウロ市近郊に多くの日系人が居住しているためである。

合宿での見学・観戦よりも日本の関係者を驚かせたのは，日本代表が闘った3試合の各都市での日系移民社会による応援と歓迎ぶりだ。3都市とは具体的には北東部のレシフェ市とナタール市，そして中西部のクイアバ市であったが，特に日系人の数が多い地域ではないにもかかわらず，「日の丸」の手袋配布など，サムライブルーを応援する人を増やそうという取り組みで日系人のボランティアが決定的な働きをした。日本ではまったく報じられなかったようだが，クイアバ市でのコロンビア戦の前夜には地元の日系人が日本からの関係者を招いて盛大な歓迎会まで開いた。若いブラジル生まれの日系青年がポルトガル語訛りながらも「ガンバレ日本！」と大合唱した。これほどの親日国で，日本代表が「ホーム」気分で闘えた異国は他にない。では，ブラジルで生まれ育ちながらも「ガンバレ日本」コールを送るこの日系人たちがどういう人々なのか，簡単に紹介しよう。

2　100 年を超えた日本発の移民

多民族国家の形成

ブラジルは自他ともに認める「多民族国家」であるが，それが積極的な移民受け入れの結果であることはいうまでもない。大航海時代にポルトガル人が南米大陸の東部を植民地化し，まずはそこに居住していた先住民を支配し，奴隷としてアフリカ大陸から多くの人々を強制連行した。奴隷制度廃止後は，実に多くのヨーロッパの国々から移民が流入した。最も多かったのはイタリア人で，約 150 万人もがブラジルに入国したという。とりわけサンパウロ市はイタリア系移民が多く，ビシーガというイタリア人街で毎年開かれるアキロピータ祭は，サンパウロ市の数多い祭りの中でも最も重要な催しの一つとされている。ドイツ系の人々は，ブラジル南部に多く移住し，数多《あまた》の移民の中でも特に伝統を重んじているとされる。サンタカタリーナ州のブルメナウ市で毎年開かれるビール祭「オクトーバーフェスト」は，本国以外では最大規模のものとして有名だ。

ほかに目立つ存在として知られるのは，シリアやレバノンからの移民である。ブラジルでマクドナルドと並んで最も有名なファーストフードのチェーン店は Habib's で，レバノン料理を手軽な価格で販売している。日本のビジネス界に旋風を巻き起こした日産自動車のカルロス・ゴーン社長は，ブラジルに移住したレバノン系移民の子孫である（ブラジルについて詳しくは，イシ 2010 参照）。

世界最大の日系社会

ブラジルには世界最大の日系移民社会が存在する。ブラジルで生まれ育った子孫を含めれば，約 150 万人の日系人が在住していると推計される。1908 年に最初の移民船である笠戸丸が神戸港から出航し，781 人が

52日の大航海の末，サンパウロ州のサントス港に6月18日に上陸した。以来，ブラジルは戦前，戦後をとおして世界で最も多くの日本人が移住した国となった。

移住のピークは1920年代から30年代までで，この期間には14万人以上の日本人がブラジルに渡った。第二次世界大戦中には一時中断し，移住していた日系人は日本語の使用や教育を禁止されるなどの迫害を受けた。終戦直後には，日本は戦争に勝ったと信じる「勝ち組」のテロ組織，「臣道連盟」が結成され「負け組」を射殺するなど，日系社会は分断と混乱に陥った。1950年代には日本からの出移民が再開し，いわゆる戦後移民が多くブラジルを目指した。戦前移民の大多数がブラジル南東部のサンパウロ州やパラナ州のコーヒー農園での重労働から生活をスタートしたのに比べ，戦後移民は必ずしも農業ではなく，都会での商業などに従事した。

ブラジルの日系社会はすでに5世あるいは6世の世代に達している。1988年の移民80周年記念を機に，サンパウロの人文科学研究所は日系人に関する人口調査を行い，日系人人口は120万人以上と推計した。ただし，これはあくまでも祖先に一人でも日本人がいる人の数であり，「日系人」としてのアイデンティティが希薄，もしくは皆無な人も少なからず含まれる点を考慮しておきたい。

「日系人を殺せ」という冗談

他の移民集団が最初に教会を建てたとすれば，日系人は最初に学校をつくったというのが通説である。ブラジルの予備校の教師が口にする最も有名な「助言」の一つは，「サンパウロ大学に合格したければ，隣の日系人を一人殺せ」というジョークである。物騒な冗談ではあるが，たしかに，ブラジルのトップ大学であるサンパウロ大学の学生における日系人の比率は高く，同大学の教授陣に至っては2割が日系人だという。日系移民の家族が社会上昇の手段として教育に力を注いできた証でもある。文化人類学者の前山隆は，家族ぐるみのストラテジーを「黒い兄と白い弟」と表現した（「読書案内」参照）。すなわち，兄が父親とともに農園で働いて肌を黒くしているうちに，弟に勉強をさせて大学を卒業させるというたとえだ。結果，多くの弁護士や医者が誕生し，その中からは政界や官僚に進出した者もいる。1939 年にサンパウロ大学法学部を卒業し，1947 年に日系人としては初の政治家としてサンパウロ市の市会議員に当選したユキシゲ・タムラや，1974 年に鉱山エネルギー大臣に任命され，日系人として初の閣僚入りを果たしたシゲアキ・ウエキが有名である。有名無名を問わず，移民家族が従事する職業や活躍の場は多様化し，人数のうえではブラジルの総人口の 1% にも満たないが，日系人は勤勉な人々というイメージが形成され，模範的なマイノリティ集団として認知されるに至った。それを象徴する言葉が「ジャポネース・ガランチード（「保証できるニホンジン」）である。この褒め言葉は日系人を評する用語としてブラジル国民の間で広く共有されている。

広がる活躍の場

全般的な傾向としては，日系人は教職や専門職で信頼できるプロフェッショナルとして認められたが，その一方で，シャイな性格の持ち主が多くてコミュニケーション能力を必要とする仕事が苦手だというイメージが根づいたという事実も否めない。ところが近年，そのイメージは徐々に払拭されつつある。若い世代の日系人が，テレビのレポーター，有名シェフ，大統領夫人の髪を切るカリスマ美容師など，幅広いジャンルで目立った活躍をするようになった。芸能界でも，人気ドラマ（ノヴェーラ）で主役を演じる日系人女優をはじめ，バラエティ番組で活躍するセクシー・タレント，ブロードウェイの舞台のブラジル版で主役を演じる男優，歌姫としての座を不動のものにしたシンガー・ソングライターなどが注目を浴びている。

2008 年には日本ブラジル移住百周年を記念してブラジル各地で

盛大な行事が催された。一連の行事は日本での報道では想像がつかないほどの盛り上がりを見せた。6月に行われた主要な式典は，収容人数を考慮し，例年カーニバルのパレードが行われるサンパウロ市のサンボドロモ競技場を会場にした。とりわけブラジルのマスメディアによる大々的かつ好意的な報道は，日系コミュニティのリーダー層の予想をはるかに上回った。たとえばブラジル最大の活字媒体である総合週刊誌 Veja（発行部数100万部）は，百周年を迎えるのを待たず，2007年12月12日号を「日系移民百周年特集」で飾った。この特集は62ページに渡る壮大なスケールで，表紙には笠戸丸の写真を握る日系5世の赤ちゃんが満面の笑みを浮かべて登場した。

百周年記念の一連の行事では，もっぱら日系ブラジル移民の成功物語が強調されたが，実は1980年代後半から，多くの日系人はブラジルのハイパーインフレや高失業率から逃れる形でブラジルを去り，仕事を求めて日本に向かった。いわゆるデカセギ現象である。

3　在日ブラジル人と在外ブラジル人

デカセギの波

20世紀末のブラジルは，BRICsが騒がれる2000年代以降のブラジルの活況ぶりからは想像もつかないほど極度の不況に陥っていた。80～90年代には多くのブラジル人がアメリカに新天地を求め，ブラズッカ（brazuca，アメリカ在住のブラジル人の愛称）の急増は社会現象となった（奇しくも2014年のワールドカップの公式ボールもbrazucaと名づけられた）。西欧諸国にも多くのブラジル人が渡った。時期を同じくして日本の工場や建設現場で非熟練・非正規労働者として再出発を図った人々は，1990年に改定された日本の出入国管理および難民認定法が「日系人」にのみ活動制限のない長期滞在を許可したという理由から，欧米諸国に移住した人々と区別される特殊な集団として認知された。ブラジルの日系社会で dekassegui と呼ばれ，後にブラジルの主要メディアやポルトガル語の辞書で decasségui という外来語として広く認知された。筆者はこれを念頭に置いて「出稼ぎ」を「デカセギ」とカタカナ表記し，日本に移住した人々を「在日ブラジル人」，日本を含む各国に移住した人々を「在外ブラジル人」と称する。

そもそも入管法改定以前から多くのブラジル人が日本にデカセギに行っていたので，在日ブラジル人コミュニティは2008年の時点で，「日本ブラジル移民百周年」が記念されることを好機と捉えて，それに便乗する形で「デカセギ20周年」を打ち出して祝った。ブラジル系のエスニック・メディアでは大々的な特集が組まれ，支援団体はたとえば「100プラス20の会」を掲げて「百周年と同時に20周年でもある」という数字合わせをした。かくして，「民」主導と「官」主導で，デカセギ20周年は2度祝われることになったのである。

増える永住者

2000年代は，多くの在日ブラジル人が日本滞在を「一時的または暫定的」と見なす幻想から目覚めた時代だと定義できる。日本で発行されるポルトガル語雑誌の表紙に掲載された特集記事の表題「マイホーム取得 —— 在日ブラジル人が一時的な労働者の幻想を捨てて，移住者に意識改革」は象徴的である。記事は日本でマイホームを購入するブラジル人の増加を報じている。多くの人はブラジルでのマイホーム購入や起業という当初の計画を見直し，日本でマイホームを取得し，起業することによって，ブラジル時代の中間層としての夢を実現した。

永住許可を取得する在日ブラジル人就労者の数は，1998年にはわずか2644人だったが，10年後の2008年には10万人を超え，2015年には実に10人中6人が「永住者」資格を有する。在日ブラジル人就労者の間で「3K」と称される労働を避ける人々が増え，たとえ収入が減っても工場現場以外の職場を優先する傾向が強まった。同じく，この時代に入ると「在日ブラジル人子弟の教育問題」が注目を浴びるようになり，在日ブラジル人を議論する際には，必ず中心的なテーマの一つとして浮上してきた。これは日本で生まれ育った第2世代が成長した事実の直接的な反映である。

それにしても，「デカセギ20周年」が祝われた直後の2008年下半期に雇用危機が勃発したのは，あまりにも皮肉なタイミングであった。2008年以降の失業による危機は，在日ブラジル人コミュニティに壊滅的な影響をもたらした（1990年代のデカセギ現象初期については渡辺編1995，2000年代以降の状況については小内編2009を参照。なお，Lesser ed. 2003は日本とブラジルを往来する人々の心情を理解するうえで示唆に富んでいる）。

連携する在外ブラジル人

2000年代がデカセギ者の態度の変化と「移住者」としての意識向上に特徴づけられた時代だとすれば，2010年代は在日ブラジル人が「世界におけるブラジル人（世界における伯僑）」の一員としての意識を培う時代となるであろう。厳密には，この新しい時代は，2008年にブラジル外務省がリオデジャネイロ市で開催した「第1回世界におけるブラジル人会議」で幕開けしたと言えるが，筆者は2010年をこの新たな時代のターニングポイントと仮定している。その理由としては，この年を契機に海外に流出したブラジル人に関係する各種の動きが急に活発化したからである。6月にルラ大統領が大統領令第7214号に署名し，「在外ブラジル人代表者評議会（CRBE）」を創設した。CRBEは各地域の在外ブラジル人が直接選挙で信任した代表者が，ブラジル政府に常時提言できる仕組みである。

2010年に始まる10年間は，このような国家レベルの動きが追い風となり，在日ブラジル人とその他の国々に離散したブラジル人との，国境を越えた交流の強化によって特徴づけられるであろう。このような交流は政治活動には止まらず，ビジネス分野におけるパートナーシップ，文化イベント，芸術活動，さらには在日ブラジル人による日伯間の往来に限らない。その他の国々に在住するブラジル人を巻き込んだ，国境を越えた往来の活発化につながると考えられる（在外ブラジル人についてはイシ2011で詳述している）。

また，近年のブラジルの移民政策では，2つの対策が賛否両論を巻き押している。一つは中米ハイチから数万人規模の不法入国者問題に対する寛大な処置である。ハイチが2010年に大震災に襲われて以来，多くのハイチ人にとって，入国しやすく超過滞在もしやすいブラジルは主要な救済地となった。ブラジル政府が震災後にハイチに手厚い援助を実施したことも，ハイチ人がブラジルに親近感を抱き，移住候補地として眼中に入れる要因となった。2014年までには登録されている者だけでも1万4600人に達したという。政府は同年，1カ月に1000人を上限として在留許可を与えるという「人道ビザ」を設け，ハイチ人の受け入れを容認した。

もう一つ，話題を呼んだのはブラジル国内の医師不足を補うためにキューバから医師を呼び寄せるという大胆な2国間協定である。とりわけ地方都市における医師不足が深刻であったことから，Mais Médicos（「もっと医師を」）と冠せられたこの政策は，2011年に就任したルセフ大統領が2014年に再選を果たすための切り札として大々的にアナウンスされた。ところが，労働法や国際法の観点からも，この政策は多くの問題を孕んでおり，とりわけ金銭的な流れにおいては不透明な点が多すぎると批判された。なぜなら，キューバ人医師は給料をブラジル政府から直接受け取ることができず，ピンハネされた小額を自国政府から支給されるという仕組みが設けられたからである。具体的には，ブラジル政府は医師1人当たり月額1万レアル（約5000ドル）を医師自身ではなく，パンアメリカン保険機構（Opas）に対して支払っている。これがそのままキューバ政権に渡されている。ところが，ブラジリアのキューバ大使館を経由してキューバ人医師に月々支払われるのはわずか400ドルなのである。このような搾取は野党などからキューバ人医師の「人身売買」だと揶揄されている。キューバ人医師のスキルも疑問視され，医師の受け入れは「カムフラージュされた援助」ではないかという疑問の声も出ている（両政策について詳しくはイシ2015参照）。

本章ではまず，国家を挙げたイベントでありながら世界最大規模のグローバルなイベントでもあるオリンピックとワールドカップを事例に，ブラジルをめぐるトランスナショナルな人の移動を考察した。世界有数の移民受け入れ国がその経済成長ゆえに巨大なイベントを次々と主催し，短期・長期を問わず多くの来訪者を独自の哲学と方法論で受け入れているという事実を浮き彫りにした。

次に，ブラジルの日系移民と在日ブラジル人，さらには在外ブラジル人についてそれぞれ概観した。執筆にあたっては，日本とブラジルという2カ国間以外にもいかにさまざまな興味深い人の動きがあるかを紹介しようと心がけた。

本章をとおして浮かび上がってくるのは，移民受け入れ国としても送り出し国としても話題が尽きない魅力的なフィールドとしてのブラジルの姿だ。オリンピック・フィーバーが冷めた後も，国際社会学を学ぶ者にはこの国，そして南米から目を離さないでほしい。

読書案内

1　前山隆『エスニシティとブラジル日系人——文化人類学的研究』1996 年，御茶の水書房。

ブラジル日系移民に関する著名な研究者による論文集。移民のアイデンティティと適応ストラテジー，日本回帰運動などが論じられている。

2　深沢正雪『パラレル・ワールド』1999 年，潮出版社。

著者はサンパウロの邦字新聞の編集長。群馬県で工場労働も体験。第 18 回潮賞ノンフィクション部門の受賞作で，両国の日系社会を考えるうえで示唆的。

3　伊藤千尋『「反米大陸」——中南米がアメリカにつきつける NO！』2007 年，集英社新書。

南米での取材経験が豊富な記者がこの地域の政治情勢を解説。なぜ「反米」の色が濃い政権が多いか，その背景を説明。

■参照文献

Abril, 2005, *Almanaque Abril Mundo*. Editora Abril.

CEPAL, 2014, *Anuario Estadístico de América Latina y el Caribe*. United Nations.

イシ，アンジェロ，2010,『ブラジルを知るための 56 章〔第 2 版〕』明石書店。

イシ，アンジェロ，2011,「在外ブラジル人としての在日ブラジル人——ディアスポラ意識の生成過程」日本移民学会編の学会創設 20 周年記念論文集『移民研究と多文化共生』御茶の水書房。

イシ，アンジェロ，2015,「ブラジルの移民政策——新移民の受け入れ策と在外市民への支援策」吉成勝男・水上徹男・野呂芳明編『市民が提案するこれからの移民政策—— NPO 法人 APFS の活動と世界の動向から』現代人文社。

ラテン・アメリカ政経学会編，2014,『ラテン・アメリカ社会科学ハンドブック』新評論。

Lesser, J. ed., 2003, *Searching for Home Abroad: Japanese-Brazilians and Transnationalism*, Duke University Press.

前山隆，1996，『エスニシティとブラジル日系人——文化人類学的研究』御茶の水書房。

小内透編，2009，『ブラジルにおけるデカセギの影響——講座トランスナショナルな移動と定住 3』御茶の水書房。

Patarra, N., 2004, Economic Integration, Labour Market and International Migration: the Mercosur Case. in D. Joly, ed. *International Migration in the New Millennium*. Ashgate.

渡辺雅子，1995，『共同研究　出稼ぎ日系ブラジル人』明石書店。

第14章 オセアニアから見えてくるもの

●トランスナショナルな想像力へのレッスン

ウーメラ立ち入り制限区域を示す看板
（©Kr. afol;https://commons.wikimedia.org/wiki/File:Woomera-warning-sign.JPG）

北部準州の砂漠地帯にある
巨岩群「カタジュタ」

オーストラリアは乾燥した大陸であり，内陸部には砂漠や荒野が広がっている。本章で取り上げる南オーストラリア州ウーメラも，そのようなところだ。そんな辺境の地がみなさんの日常とどう関係しているか，想像できるだろうか。本章ではこの場所を結び目として広がる，人，資本，価値観，リスクのトランスナショナルなつながりについて，オーストラリアを事例として考えてみたい。さまざまなメタファー（暗喩）を駆使して想像力を働かせれば，この荒野に隠されたトランスナショナリズムの様相が見えてくるはずだ。本章は，みなさんが「方法論的トランスナショナリズム」を身につけるための応用問題である。

「はやぶさ」の流れ落ちた土地から

2010年6月13日の夜，小惑星イトカワのサンプル回収に成功した日本の小惑星探査機「はやぶさ」が地球に帰還した。そのとき，「はやぶさ」が落ちてきた場所が，南オーストラリア州のウーメラ立ち入り制限区域（Woomera Prohibited Area）であった。夜空を照らす閃光とともに「はやぶさ」の機体は燃え尽き，サンプルが入ったカプセルが翌朝，地上で回収された（山根 2010）。

ウーメラ立ち入り制限区域は1947年に設置された，イングランドと同等の広さを有する世界最大の軍事実験場である。南東の端に人口数百人のウーメラ村があるが，それ以外は大部分が砂漠である。ここはオーストラリアをはじめ，さまざまな国の兵器や航空宇宙技術の実験に利用されてきた。「はやぶさ」の終焉の地に選ばれたのも，宇宙開発における国際協力の一環だったのだろう。近年では，地下に豊富な天然資源が存在することでも注目されている（Commonwealth of Australia 2014: 11-12）。この最果ての砂漠にも，グローバルな政治・経済の「流れ」は確実に影響を及ぼしている

メタファーで考える

グローバル化の影響を形容する暗喩（メタファー）としてしばしば使用される，この「流れ（flow）」という言葉を用いて，私たちの住むローカルな場所を違った角度から捉えなおすことができる。オーストラリアの歴史学者T. モーリス-スズキは，「地域（areas）」を不変の境界で区切られた静的なものではなく，社会集団どうしを結びつける人・モノ・観念のグローバルな「流れ」が交じり合って生じる「渦」として捉えた（モーリス-スズキ 2009：10-11）。試みに，ウーメラ周辺の無人の荒野を「流れ」「渦」そして「放浪者」「旅行者」といった，移動に関するメタファーを通して眺めてみよう。すると，荒涼とした砂漠に資本・技術・人・思想が国境を越えて到来し，交錯しているありさまが見えてくる。そうした想像力をもって現実を

捉えることが，第 2 章で提案した「方法論的トランスナショナリズム」の実践なのである。

7　「放浪者」と収容施設

モビリティ　グローバル化した資本主義と高度消費社会を生きる人々は，物理的／象徴的に常に移動を促される（Bauman 1998＝2010: 107-144）。ここでいう象徴的（存在論的）な移動とは，社会階層的な上方（成り上がる）と下方（落ちぶれる）への移動も含む，自分の人生がより良い／悪い方向に進んでいる感覚である（Hage 2005＝2007）。人々が自らを「上の方にいる」と感じるかどうかは，その人が移動可能性（モビリティ），すなわち自分が空間的・階層的にどこに位置するのかを自己決定できる潜在能力をどの程度もっているかに左右される。モビリティを十分にもてない人々は，物理的に移動してより良い生活を追求することを望んでいるのに，それができずにもとの場所にくすぶり続けるか，自らの意に反して住みかを追われ，どこか他の場所へと「流されて」いくことになる（塩原 2012：107-108）。いずれにせよ，彼／彼女たちは経済社会的な底辺に留まり続ける，Z. バウマンのいう「放浪者」となる（Bauman 1998＝2010: 125-132）。

庇護希望者政策の厳格化　この「放浪者」の典型とされるのが，難民や庇護希望者（asylum seekers）である。彼ら／彼女らはモビリティを十分にもてないまま移動を強いられるため，豊かで安全な先進諸国へとしばしば非正規のルートによって渡航しようとする。しかし今日の先進諸国は国内産業の競争力を維持し，治安悪化やテロリズムの脅威を懸念する国内世論に配慮するために，人々が発展途上国から自国内に管理困難な形で流入することにますます不寛容になっている。そのため，多くの国々で非正規入国者の取り締まりが強化され，庇護申請が認められにくくなっている（森・ルバイ 2014：4-9）。

今日の先進諸国で行われている庇護希望者への厳格な取り締まりは，彼／彼女たちの非正規ルートでの入国を阻止するために軍事力を動員し，取り締まりや排除の過程で庇護希望者を死に至らしめることも厭わないほどになっているという（ロジェール 2014）。軍隊が動員されるということは，それが「戦時状態」であるとみなされるということであり，「平時」では到底許されない人権侵害をともなう庇護希望者への扱いも黙認・許容される（Hage 2003＝2008: 93-113）。

1990 年代末から 2000 年代はじめにかけてのオーストラリアの庇護申請者政策では，このような「軍事化」と非人道的処置が顕著に観察された。当時，東南アジアやパプアニューギニアなどを経由してオーストラリアに船で密航する庇護希望者の急増が社会問題化した。連邦政府は，海軍まで動員して水際で密航を阻止するとともに，ナウルやパプアニューギニアといった，オーストラリアの影響力が強いオセアニアの国々に在外収容施設を建設して，オーストラリアを目指してきた庇護希望者を強制的に移送するという「パシフィック・ソリューション」と呼ばれる政策を実施した（塩原 2008a）。

「例外」としての抑留施設

そのようななか，庇護希望者たちを一時的に抑留する新たな施設が 1999 年にウーメラに建設された。世界的な民間警備企業の豪州法人に運営が委託されたこの抑留施設は過酷な環境下にあり，施設職員による収容者への暴力や虐待も行われた。抑留期間が長期化するにつれ，庇護希望者たちの自殺や自傷行為，ハンストや暴動騒ぎも頻発した。こうして「ウーメラ」は，オーストラリア連邦政府の出入国管理政策の厳格化を象徴する悪名高い地名となった。

庇護希望者やテロリズムの容疑者等を抑留する施設において頻発する人権侵害を分析する際，G. アガンベンの提起した「例外状態」（Agamben 2003＝2007）という概念が用いられることがある。この場合の例外状態とは，人々があらゆる法的庇護を奪われ，「むきだし」のまま権力・暴力にさらされることを意味する。同様の発想からモーリス-スズキは，ウーメラ等の庇護希望者抑留施設の運営で多発した人権侵害を，国家権力やその委託を受けた民間資本による超法規的状況（「ワイルドゾーン」）の顕在化であるとした（モーリス-スズキ 2004：13-24）。こうした連邦政府の政策は国内外から厳しく批判され，密航船の到来が沈静化したこともあり，ウーメラ抑留施設は2002年に閉鎖された（モーリス-スズキ 2004：116-119）。

2002年以降，オーストラリアへの庇護希望者を乗せた密航船の到来はいったん減少したが，2008年頃から再び急増した。当時のケヴィン・ラッド／ジュリア・ギラード労働党政権は，いったんは廃止を明言した「パシフィック・ソリューション」を，庇護希望者の権利をいっそう侵害するかたちで復活させることにした。2013年9月に政権についたトニー・アボット保守政権は，軍隊主導の作戦で庇護希望者の乗った密航船を洋上で拿捕《だほ》して追い返すとともに，国外における密航仲介業者の撲滅に取り組むという，出入国管理政策の軍事化をさらに推し進める政策方針を表明し，推進した。

もうひとつの「例外」：歓待される「旅行者」たち

「放浪者」たちを厳格に拒絶する一方で，国家は自国の利益にとって「必要である」あるいは「望ましい」と見なされる移民たちの入国を推奨・歓待する。こうした人々のなかには，豊かな経済力や人的資本をモビリティに転換し，国境を自分の「庭」のようにたやすく越えていくエリートやミドルクラスたちがいる（塩原 2012：88-90）。バウマンはこのような人々を，「旅行者」というメタファーで表現した（Bauman 1998＝2010: 107-144）。

多くの先進諸国では，「旅行者」たち（これは暗喩であり，文字通りの観光客のこととは限らない）の出入国手続きを簡素化して移動を促進する方針が採用されている（森・ルバイ 2014：3-4）。それだけではなく，「高度人材」エリートや経済的に裕福な移民・外国人を導入して国内経済を活性化させようとする政府は，「特区」といった制度的・空間的な「例外」を設けて規制緩和を行い，その国の他の場所では外国人に与えられていない権利（場合によってはその国の国民にすら与えられていない「特権」）を彼ら／彼女らに付与することもある。A. オングはこれを「例外としての新自由主義（ネオリベラルな例外化）」の表れ方のひとつと見なした（Ong 2006＝2013: 19）。庇護希望者といった「放浪者」たちを排除する際にも，「旅行者」たちを歓待する際にも，その国家の通常の制度や市民権のあり方から逸脱した「例外」が出現しうるのである。

在豪日本人住民の変遷

日本国籍をもつ人（以下，便宜的に「日本人」と呼ぶ）がオーストラリアに入国する際の，査証（ビザ）取得手続きは比較的容易である。観光ビザや商用ビザであれば，オーストラリア移民省の日本語で書かれたウェブサイトにアクセスして，特に問題なければクレジットカードで申請料を払って即座に電子ビザ（ETA）を取得できる。オーストラリア政府にとって，経済大国となった日本からの渡航者は基本的に望ましい「旅行者」と見なされているからだ。

もちろん第二次世界大戦当時，オーストラリアにとって日本は直接交戦した敵国であった。戦時中，日本人住民は徹底的な強制収容の対象となり，戦後の強制送還によって在豪日本人社会は実質的に消滅した（永田 2002）。やがて日本からオーストラリアへの人の移動は再開されたが，人種差別的な白豪主義政策が堅持されていたこともあり，占領期に日本に駐留したオーストラリア兵と結婚した日本人女性（いわゆる「戦争花嫁」）以外は，日本企業の駐在員がほとんどだった。企業駐在員は1980年代半ばまで在豪日本人住民の多数派であり，日豪の経済的な相互補完関係の担い手となった（塩原2008b：150）。1970年代半ばに連邦政府が白豪主義から多文化主義へと転換するとともに，日本からの移住者も増加していった。その初期には，日本の国際協力事業団（当時）の技術者独立移住プログラムによる移住者も多く含まれていた（濱野2014：104）。このように1980年代までの在豪日本人社会は，駐在員と技術移住者というエリート・ミドルクラスの存在感が大きかった。

日本経済がバブルに沸いた1980年代後半から90年代前半には，日本からオーストラリアへの観光客と不動産投資が急増し，オーストラリア社会における日本人のイメージに大きな影響を与えた。ケアンズやゴールドコーストといった観光都市の主要部のかなりの面積が日本人所有となり，街の雰囲気も大きく変わった。日本からの観光客は1990年代も増加を続け，1996年には80万人に達した（長友2013：54-56）。またこの時期，日本での仕事を退職してリタイアメントビザで渡豪する日本人高齢者層も目立った。

企業駐在員，技術移住者，観光客，裕福な退職高齢者という日本からの人の流れは，しかしその後の日本経済の停滞とともに縮小していく。代わって増加したのが国際結婚によって移住する日本人女性と，ワーキングホリデー制度を利用して渡豪する若者たちであった（濱野2014；川嶋2010）。彼ら／彼女らは従来の在豪日本人住民に比べて社会階層的に多様であり，特に前者は結婚移住という性質上，行政による移住者数の管理が困難である。一方，ワーキングホリデーによる渡航者については，働きながら個人旅行を楽しむ若者たちを労働力不足の業種における非熟練労働力として活用するために「セカンド・ワーキングホリデー」と呼ばれる制度が導入されている。これは政府が指定した特定の産業（地方部の人手不足の産業）で一定期間就労した人が，通常は人生で1度，1年間しか交付されな

Column ⑮ オーストラリアと日本：移民と観光客

オーストラリア北部のサトウキビ産業や真珠貝採取産業には，19 世紀末から日本人出稼ぎ労働者がいた。白豪主義で有色人種の移住がほぼ禁止された後も真珠貝採取産業では例外的に滞在が認められ，木曜島やブルームに日本人町ができた。その後，真珠貝採取産業の衰退などによって日本人町は消滅したが，現在でも日本人の血を引く住民や日本人墓地などの痕跡がある。ブルームでは往時をしのび，「真珠祭り」が毎年開かれる。またかつての日本人住民には和歌山県太地町周辺の出身者が多かった縁で，ブルームと太地町は 1981 年に姉妹都市提携を結んだ。

太地は捕鯨の町としても知られる。オーストラリアでは反捕鯨の世論が強く，2009 年には太地でのイルカ追い込み漁を描いた米国のドキュメンタリー映画の影響でブルームと太地の姉妹都市関係が窮地に陥ったが，住民たちは自分たちと太地町との歴史的つながりを主張して交流を守った（山内 2014 参照）。

日本からオーストラリアへの観光客は 1980 年代後半に急増したが，2000 年代になると減少に転じた。それと入れ替わるように，オーストラリアから日本への観光客が増加した。とくに北海道のニセコ地域ではスキー場の質の高さが評判となり，オーストラリアからの観光客が急増した。オーストラリアからの不動産投資も活発化し，スキー場に近い土地の多くがオーストラリアをはじめとする海外の個人や企業に買収され，オーストラリア人観光客の感覚や好みに合わせたホテルやコンドミニアム，飲食店が立ち並ぶ，日本の一般的なスキー場観光地とは趣を異にした地区となった。スキー場周辺で働いたり事業を経営したりするオーストラリア人も多く，麓の町の商店街の店のディスプレイやメニューにも英語表記が目立つ。1980 年代後半にケアンズやゴールドコーストに日本からの観光客や資本が流れ込んだときとちょうど裏返しの変化が，2000 年代以降のニセコ地域で起こっていたようだ。

いワーキングホリデービザを「例外的に」もう 1 年取得できる制度である（川嶋 2010：246）。

2 「留まり続けること」の主体性

再びウーメラに戻ろう。オーストラリア大陸のあらゆる場所がそうであるように，ウーメラ立ち入り制限区域もまた，先住民族アボリジニのいくつかのグループにとって先祖伝来の土地であった (Commonwealth of Australia 2014: 14)。2010 年に「はやぶさ」のカプセルが落下した地点も先祖伝来の聖地であり，回収作業はアボリジニの代表者の許可を得てから開始された（山根 2010：275-276)。

先住民族の苦難

1788 年にイギリスによって植民地化が開始され，オーストラリアの先住民族（アボリジニとトーレス海峡諸島民）は太古から住み続けてきた土地を「無主地（テラ・ヌリウス)」と見なされ，奪われていった。やがて先住民族は「保護」という名目で居留地に隔離され，低賃金・無賃労働など劣悪な状況に置かれた。20 世紀に入ると先住民族の白人社会への同化が目指されるようになったが，差別や排除は続いた。とりわけ白人との混血の子どもを先住民族の親から強制的に引き離す行政措置は 20 世紀後半まで行われ，その対象となった人々は「盗まれた世代」などと呼ばれた（鎌田 2014：7-12)。

先祖伝来の土地に根ざした文化と世界観を生きてきた先住民族にとって，植民地化とは自らと土地との結びつきが失われていく経験であった。彼ら／彼女らの多くは先祖伝来の土地から追われ，別の場所に住まわされた。同胞から離れて都市周辺に移り住まざるを得なかった先住民族の人々は，しばしば厳しい差別や不公正に直面し，貧困層へと転落していった。先祖の土地に留まった場合でも，白人の管理下に置かれて自己決定の権利を奪われた。

こうした状況を変えようとする先住民族の運動は，オーストラリア市民としての公民権の獲得とともに，先祖伝来の土地への権利の回復を目指した。1960年代になると鉱山開発に対する訴訟や牧場の土地返還要求，首都キャンベラにおける請願やデモンストレーションなど，差別や不公正に対する先住民族の異議申し立てが活発化した（細川 1997：184-185）。また先祖伝来の土地を離れて暮らしていた先住民族たちが，自分たちの土地（ホームランド）へと帰還するアウトステーション運動も盛んになった（塩原 2013：192）。

土地とのつながりと自己決定

先住民族にとって，先祖伝来の土地への権利を回復することは，植民地化に由来する差別や不公正の構造に抵抗し，自らの生活を自己決定するための拠り所を勝ち取ることである。ホームランドへと戻っていったアボリジニたちは，近代化・西洋化をすべて拒絶したわけではない。むしろ，そうした社会変動に立ち向かう力となる精神的・文化的な健全さを維持するために必要な，先祖伝来の土地とのつながりを回復・維持しようとしたのである。そこでは社会変動に抗して「留まり続けること」こそが，人々の自己決定可能性を意味している。「旅行者」のように自由に動き回ることだけが，グローバル化という時代の「流れ」のなかで主体的に生きることではないのだ。社会全体が「流れて」いるときに，土地にしっかり根を張り踏ん張り続けることは，相対的にいえば主体的に移動しているのと同じである。「流れ」が激流になればなるほど，「留まり続けること」は大きな力を必要とする主体的な選択となる。

権利回復

連邦政府は1972年に先住民族に対する同化政策を転換し，オーストラリア国民としての権利を保障するとともに，先祖伝来の土地の返還と先住民族共同体の自己決定を基本理念とした政策を開始した。1975年には人種差別禁止法，1976年にはアボリジニ土地権法（北部準州）が制定され，限定的ではあるもののアボリジニによる自治の仕組みが整備された。さらに1992年のマボ判決によって「無主地」のフィクションが否定され，1993年の先住権原法によって先住民族による先住権原の申請手続きと認定基準などが定められた。こうして1990年代半ばのオーストラリアの先住民族政策は，国際的にみても先進的なものになった（細川 1997：177-199）。それ以来，オーストラリアの先住民族政策はいくつもの転機と後退を経験したが，現在においても先住権・土地権の保障による権利回復のプロセスは継続している。なおウーメラにおいても，立ち入り制限区域内に位置していたマラリンガ地区が，アボリジニの人々へと返還されることが1994年に決定された。

グローバルな正義：国際人権規範の発展

こうした権利回復は，国際社会における先住民族の権利回復の動きとも軌を一にしていた。国際労働機関（ILO）では20世紀初頭から，労働者としての先住民族の権利保護がいくつかの条約で規定されてきた（上村 1996：294-297）。1970年代には国際連合において先住民族の権利概念が議論されはじめ，1980年代には経済社会理事会のなかにいくつかの専門組織が設置された。そして「先住民族の権利に関する国際連合宣言」の起草作業が開始され，先住民族組織と政府代表との難航した交渉のすえ，2007年にようやく国連総会にて採択された。現在では国連人権理事会に「先住民族の権利に関する専門家機構」が，経済社会理事会に「先住民族問題に関する常設フォーラム」が設置され，政府代表，先住民族代表，人権NGOなどが参加している（上村ほか編 2013：76）。

オーストラリア連邦政府はこうした国連・国際社会の動きに常に追従してきたわけではないが，1990年代後半以降，時の保守政権が先住民族の権利保障を後退させようとするたびに，国連や国際的な人権NGOは批判的なコメントを発表してきた。またオーストラリアの先住民族団体の多くは，国連や国際社会における先住民族の

Column ⑯ ニュージーランドと先住民

2011年2月，ニュージーランドのクライストチャーチ市を大地震が襲った。この地震で，語学学校の日本人28名がビル崩壊の犠牲となった（同ビルでは中国人留学生20数名も含む多数の死者が出た）。震災後4年を経ても市内の再建は進まず，観光の目玉の大聖堂も壊れたままだ。だが，日本人建築家が手掛けたボール紙製の仮設大聖堂が，崩壊ビルの近くに2013年にオープンした。暫定的な建造物だが，その内部の壁にはこの仮設大聖堂の建設を支えた各国からの寄付者の名前が記されていた。

ニュージーランドの先住民は，約1000年前にカヌーで移住してきたポリネシア系「マオリ」の人々である。その後，マオリの部族社会が成立していたが，17世紀に「発見」され，1840年に部族酋長との間でわずか3条のワイタンギ条約が結ばれてイギリス植民地となった。当時英語を知らなかったマオリの人々は，「主権はイギリス国王」「土地はイギリスのもの」「イギリス国民として処遇」といった趣旨の条約を，軍事力を背景に認めざるを得なかった。その後，イギリスを中心に移民が流入した。

1907年にイギリス連邦内の自治領となり事実上独立したが，1960年代にはマオリがワイタンギ条約の是正闘争を起こした。その結果，1980年代に政府は謝罪・賠償手続きを進めはじめ，1995年にマオリ部族連合に賠償金が支払われ，以後ニュージーランドは本格的な多文化社会となった。オークランドの国立博物館の1階はすべてマオリ関係の展示物である。現在は，太平洋やアジアからの移民も増え，多文化が共存するユニークな社会となっている。

権利運動と協働しながら国内における運動を進めてきた。このように，オーストラリア国内の先住民族運動もまた国際人権規範の普及というグローバルな「流れ」と連関している。

3　他者の呼びかけに応える

方法論から規範へ

ウーメラは軍事実験場として，庇護希望者の抑留施設があった場所として，アボリジニの土地・聖地として，資本・技術・人・価値規範のトランスナショナルな動きと密接にかかわってきた。本章では「流れ」「渦」「放浪者」「旅行者」といったメタファーがもたらす想像力によって，こうした現実のあり方を試論的に描きだしてみた。このトランスナショナルな想像力を私たち自身が住む場所に向けてみることで，私たち自身とトランスナショナリズムとのかかわりもより具体的に理解できるだろう。それは川端浩平が提案する，「ジモト（地元）」を深く理解するためにあえて「越境」して想像してみるという方法論とも共通している（川端 2013）。そしてトランスナショナルな想像力によって私たちを取り巻く現実のあり方を理解し，私たち自身が他者と越境的につながっていることに気づけば気づくほど，そのような他者たちとどのようにつきあっていくべきなのかという問いに向き合わずにはいられなくなる。つまり方法論としてのトランスナショナリズムは，グローバルに共有される価値規範の模索というコスモポリタニズムの問いを呼び起こす（大澤ほか 2014：296-300）。

アボリジニからの謝罪

ウーメラ立ち入り制限区域およびその周辺には，オーストラリアで確認されているウランの 78% が埋蔵しているという（Commonwealth of Australia 2014: 11）。立ち入り制限区域のすぐ近くでは，オーストラリア最大量のウランを産出するオリンピック・ダム鉱山が操業しており，そのウランは日本にも輸出されて各地の原子力発電所の燃料となってきた。オーストラリアは，日本にとって重要なウラン供給元であり続けてきたのだ。

2011年3月11日の東日本大震災とそれに続く福島第一原子力発電所事故の発生直後，別のウラン鉱山を含む先祖伝来の土地をもち，ウラン採掘に反対してきたアボリジニの女性リーダーが国連を通じてメッセージを発表した。それは，自分たちの土地から自分たちの意思に反して採掘されたウランが広大な大地を汚染したことに対する，深い悲しみの表明であった。オリンピック・ダム鉱山でのウラン採掘に反対する現地のアボリジニのリーダーも2012年に来日した際，福島での事故で自分たちの土地のウランが被害をもたらしたことに「本当に申し訳ない」と謝罪の発言をした（松岡 2014：165, 177-180）。

だが，謝らなければいけないのはどちらなのだろうか。日本人駐在員（あの「旅行者」たち）が担ってきた日豪の経済的相互補完関係の帰結として，オーストラリアのウラン鉱山開発には日本の企業も深く関与してきた。それらの鉱山の多くは地元のアボリジニたちの反対運動にもかかわらず進められ，その土地や人々に環境破壊や権利の侵害をもたらした（松岡 2014）。そのようにして採掘・輸入されたウランによって発電された電気を使って，日本の経済発展と豊かな暮らしが成り立ってきたとしたら，アボリジニの人々の置かれた苦境に「私たち」は何かしら関与しているのではないか。私たちはたしかにアボリジニの被った苦難に直接加担したわけではないが，そうした不公正によって生まれた利益を享受しながら生きてきたという意味では，共犯者なのではないか。このような関係をモーリス-スズキは「連累」と表現した（モーリス-スズキ 2002：57）。

にもかかわらず，アボリジニの人々は私たちに謝り，呼びかけてくれた。その呼びかけに私たちが応えることで，日豪の市民社会のあいだにトランスナショナルな環境・人権規範の共有と連帯を生み出していくことはできないだろうか。

リスクの共有から協働へ

2014 年にウーメラ立ち入り制限区域からアボリジニたちに返還されたマラリンガ地区は，1956 年と 57 年に計 7 回の核実験が行われた場所であった。先述のようにアボリジニの人々への返還は 1994 年に決まっていたのだが，放射能除染作業が難航し，20 年後にようやく返還が実現したのである（上村 2015：180-181）。また，現在もウーメラ立ち入り制限区域に含まれるエミュー地区でも 1953 年に核実験が行われている。マラリンガやエミューだけではなく，オセアニアでは 1940 年代から 70 年代に至るまで，アメリカ合衆国，イギリス，フランスなどによっておびただしい回数の大気圏内核実験が行われた（上村 2015：170-182）。1954 年にマーシャル諸島のビキニ環礁で行われた核実験が，第五福竜丸の乗組員や周辺の島民を被爆させたことはよく知られている。

そして現在，「平和利用」のはずだったあの原子力発電所では汚染物質の流出が続き，多くの人々が故郷を離れて避難し続けている。原子炉や建物の解体・廃炉や放射性廃棄物の処理には，気の遠くなるほどの時間がかかる。そして日本の原発で使用されるウランを採掘しているオーストラリアの鉱山では，環境破壊や現地住民への権利侵害が続いている。日本国内の政治・経済・社会的問題としてのみ語られがちな原子力発電のリスクも，グローバルな環境・人権問題としてオーストラリアの辺境の地やその住民たちとつながっている。その「流れ」を想像してみることは，私たちが他者たちとグローバルなリスクを共有していることに気づき，それに対処するための協働を模索する第一歩なのかもしれない。

読書案内

① 吉岡正徳監修／遠藤央ほか編『オセアニア学』2009 年，京都大学学術出版会。

本章で取り上げなかったオーストラリア以外のオセアニア地域については，日本のオセアニア研究の成果を集成したこの本を参照。

② 山内由理子編『オーストラリア先住民と日本――先住民学・交流・表象』2014 年，御茶の水書房。

先住民研究のみならず，オーストラリアの歴史・社会の概要と日本とのかかわりを知るために有益な論文集。

③ 塩原良和『変革する多文化主義へ――オーストラリアからの展望』2010 年，法政大学出版局。

日本の国際社会学においてしばしば言及されてきたオーストラリアの移民・多文化主義政策について，フィールドワークの成果も含めて論じられている。

■参照文献

Aganben, G., 2003, *Stato di eccezione*. Bollati Borlinghieri.＝2007，上村忠男・中村勝己訳『例外状態』未來社。

オーストラリア連邦政府国防省（http://www.defence.gov.au/woomera/about.htm/；2016 年 2 月 23 日アクセス）

Bauman, Z., 1998, *Globalization: the Human Consequences*, Columbia University Press.＝2010，澤田眞治・中井愛子訳『グローバリゼーション――人間への影響』法政大学出版局。

Commonwealth of Australia, 2014, *Woomera Prohibited Area Advisory Board: Annual Report, 5 October 2012–30 September 2013*.

Hage, G., 2003, *Against Paranoid Nationalism: Searching for Hope in a Shrinking Society*, Pluto Press, ＝2008，塩原良和訳『希望の分配メカニズム――パラノイア・ナショナリズム批判』御茶の水書房

Hage, G., 2005, A Not So Multi-sited Ethnography of a Not So Imagined Community, *Anthropological Theory* 5 (4): 463-475.＝2007，塩原良和訳「存在論的移動のエスノグラフィ――想像でもなく複数調査地的でもないディアスポラ研究について」伊豫谷登士翁編『移動から場所を問う――現代移民研究の課題』有信堂高文社。

濱野健，2014，『日本人女性の国際結婚と海外移住――多文化社会オーストラリアの変容する日系コミュニティ』明石書店。

細川弘明，1997，「先住権のゆくえ――マボ論争からウィック論争へ」西川長夫・渡辺公三・ガバン，マコーマック編『多文化主義・多言語主義の現在――カナダ・オーストラリア・そして日本』人文書院。

鎌田真弓，2014，「国家と先住民――権利回復のプロセス」山内由理子編『オーストラリア先住民と日本――先住民学・交流・表象』御茶の水書房。

川端浩平，2013，『ジモトを歩く――身近な世界のエスノグラフィ』御茶の水書房。

川嶋久美子，2010，「オーストラリアのワーキングホリデー労働者――ロスジェネ世代の越境と帰還」五十嵐泰正編『労働再審2――越境する労働と＜移民＞』大月書店。

松岡智広，2014，「ウラン採掘地から福島へのオーストラリア先住民の眼差し」山内由理子編『オーストラリア先住民と日本――先住民学・交流・表象』御茶の水書房。

森千香子・E. ルバイ，2014，「国境政策のパラドクスとは何か？」森千香子・E. ルバイ編『国境政策のパラドクス』勁草書房。

モーリス-スズキ，T.，2002，『批判的想像力のために――グローバル化時代の日本』平凡社。

モーリス-スズキ，T.，2004，辛島理人訳『自由を耐え忍ぶ』岩波書店。

モーリス-スズキ，T.，2009，「液状化する地域研究――移動のなかの北東アジア」（松村美穂・山岡健次郎・小野塚和人訳）『多言語多文化――実践と研究』2：4-25。

永田由利子，2002，『オーストラリア日系人強制収容の記録――知られざる太平洋戦争』高文研。

長友淳，2013，『日本社会を「逃れる」――オーストラリアへのライフスタイル移住』彩流社。

Ong, A., 2006, *Neoliberalism as Exception: Mutations in Citizenship and Sovereignty*. Duke University Press. = 2013, 加藤敦典・新ヶ江章反・高原幸子訳,『《アジア》, 例外としての新自由主義――経済成長は, いかに統治と人々に突然変異をもたらすのか？』作品社。

大澤真幸・塩原良和・橋本努・和田伸一郎, 2014,『ナショナリズムとグローバリズム――越境と愛国のパラドックス』新曜社。

ロジェール, S., 2014, 小山晶子訳,「現在起きているのは構造的な『対移民戦争』である」森千香子・E. ルバイ編『国境政策のパラドクス』勁草書房。

塩原良和, 2008a,「あらゆる場所が『国境』になる――オーストラリアの難民申請者政策」『Quadrante』(10)：151-164。

塩原良和, 2008b,「多文化主義国家オーストラリア日本人永住者の市民意識――白人性・ミドルクラス性・日本人性」関根政美・塩原良和編『多文化交差世界の市民意識と政治社会秩序形成』慶應義塾大学出版会。

塩原良和, 2012,『共に生きる――多民族・多文化社会における対話』弘文堂。

塩原良和, 2013,「エスニック・マイノリティ向け社会政策における時間／場所の管理――オーストラリア先住民族政策の展開を事例に」『法学研究』86 (7)：125-164。

上村英明, 1996,「国際社会と先住民族――先住民族とエスニシティと国際政治」初瀬龍平編『エスニシティと多文化主義』同文館出版。

上村英明, 2015,『新・先住民族の「近代史」――植民地主義と新自由主義の起源を問う』法律文化社。

上村英明・木村真希子・塩原良和編, 2013, 市民外交センター監修『市民の外交――先住民族と歩んだ30年』法政大学出版局。

山根一眞, 2010,『小惑星探査機 はやぶさの大冒険』マガジンハウス。

山内由理子, 2014,「日本人とオーストラリア先住民の交流史」山内由理子編『オーストラリア先住民と日本――先住民学・交流・表象』御茶の水書房。

第15章 アフリカにおける トランスナショナリズム

●サハラ以南アフリカを中心に

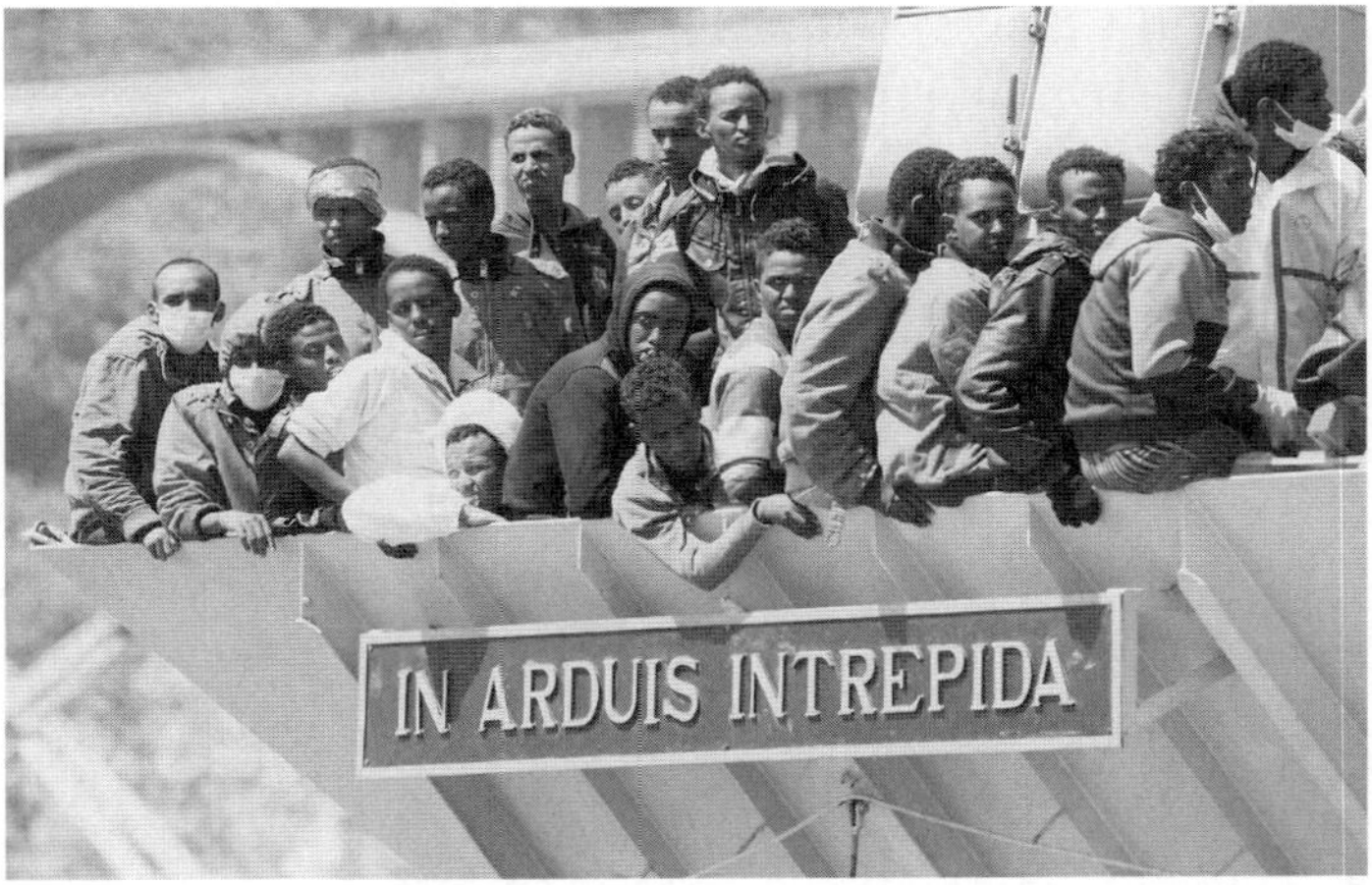

（EPA＝時事）

北アフリカから地中海を渡り，ヨーロッパを目指す非合法移民の船

サハラ砂漠以南のアフリカから地中海経由でヨーロッパを目指す移民は，1990 年代から増加した。彼らは小さな船にすし詰めになり，途中で遭難し命を落とす者も少なくない。イギリスの新聞ザ・ガーディアンは 2015 年 2 月 11 日の記事で，リビアを出てイタリアを目指した密航船が沈没し，300 人にのぼる西アフリカからの移民が溺死した可能性があると報じている。

アフリカ人の移民はこのように，センセーショナルに報じられることも多い。だが実際には移民の大部分は，アフリカ大陸内の移動にとどまっている。大陸内には，移民の集まる中核国家を中心としたいくつかの地域的なサブ・システムが形成されている。そして近年ではそれらが結びつき，中核国家から大陸外への移民の流れができつつある。地中海を横断する移民の流れも，このような移民のシステムの一部なのである。

まずはサハラ砂漠以南のアフリカ（以下サブサハラ・アフリカとする）における人の移動の歴史を概観しよう。アフリカ大陸は，歴史的にも大きな人口移動を経験した大陸である。紀元前数世紀から始まったバンツー系農耕民の移動は，今日のアフリカ大陸の形成にもっとも大きな影響を及ぼしたものである。彼らの祖先はナイジェリアとカメルーンの国境地帯から移動を始め，紀元5世紀までには，東・南アフリカの海岸部まで達した。

これに対してアフリカ大陸の北部は，サハラ砂漠という広大な乾燥地帯によって，サハラ砂漠以南の地域と隔てられていた。サハラ砂漠を越えて南北地域の交流が活発になるのは，イスラームが成立し，アラブによる北アフリカの征服がなしとげられた8世紀ごろからである。西アフリカのサヘル地帯（サハラ砂漠の南側の半乾燥地帯）には，11世紀からイスラームの影響を強く受けた王国が繁栄する。サヘル地帯から北アフリカのイスラーム圏へは金や塩が，サハラ砂漠を横断するいくつかの交易ルートに沿って運ばれた。これらのルートは，商人だけでなく，メッカへの巡礼や軍隊の往路でもあり，サハラ砂漠の南北で活発な人の交流がなされた。

1　サブサハラ・アフリカにおける人の移動の歴史

大西洋奴隷交易と新大陸への移動

サブサハラ・アフリカの住民がアフリカ大陸の外に大規模に移動したのは，大西洋をまたぐ奴隷交易によってだった。スペインとポルトガル，次いでイギリスとフランスがアメリカ大陸に植民地を築くと，そこでサトウキビなどの商品作物を栽培するために働く安価な労働力が必要となった。その供給源となったのが，アフリカ大陸だった。

16 世紀の中ごろには，大西洋をはさんでヨーロッパ，アフリカ，アメリカを結ぶ三角交易のシステムが形成された。まずヨーロッパから，鉄砲や金属製品などを積んだ船が，アフリカ西海岸着く。そこでこれらの船荷とアフリカ人奴隷が交換され，西インド諸島，南北アメリカへ運ばれる。そこで奴隷と砂糖，綿花，タバコなどの商品作物とが交換され，ヨーロッパへと持ち帰られるのである。

16 世紀から 19 世紀の半ばにかけての奴隷交易によって，アフリカ大陸からアメリカに運ばれた奴隷の数は，1200 万人から 2000 万人にも上るといわれている。奴隷の受け入れ先として最も大きかったのは，西インド諸島とポルトガル領南アメリカ（ブラジル）であり，次いで北アメリカであった。大西洋三角交易によってあがる潤沢な利益は，イギリスの産業革命のための資本の蓄積を可能にする一方で，奴隷の輸出元となったアフリカにも大きな影響を及ぼした。西アフリカでは，政治・経済の中心が，奴隷積み出し港のある西アフリカ海岸部へと移り，それまでトランス・サハラ交易の中心として栄えていたサヘル地帯の王国は衰退していった。またヨーロッパ製品の流入によって，アフリカにあった在来の手工業は衰退してしまったのである。

植民地期とポスト植民地期の移民の流れ

奴隷交易に続く 19 世紀末からのヨーロッパによる植民地支配は，アフリカ大陸内の人の移動パターンに大きな影響を及ぼした。ひとつは商品作物を栽培するプランテーションや，鉱山の開発が行われ，そこで働く労働者として，多くのアフリカ人が季節的な移動をするようになったことである。このような労働者の流れは，独立後も移民の地域的サブ・システムとして存続した。また東アフリカや南アフリカには，ヨーロッパ人やインド人，レバノン人が移住した。さらに都市化が進行し，都市部への人口集中がみられるようになった。以下に移民のサブ・システムを，地域ごと

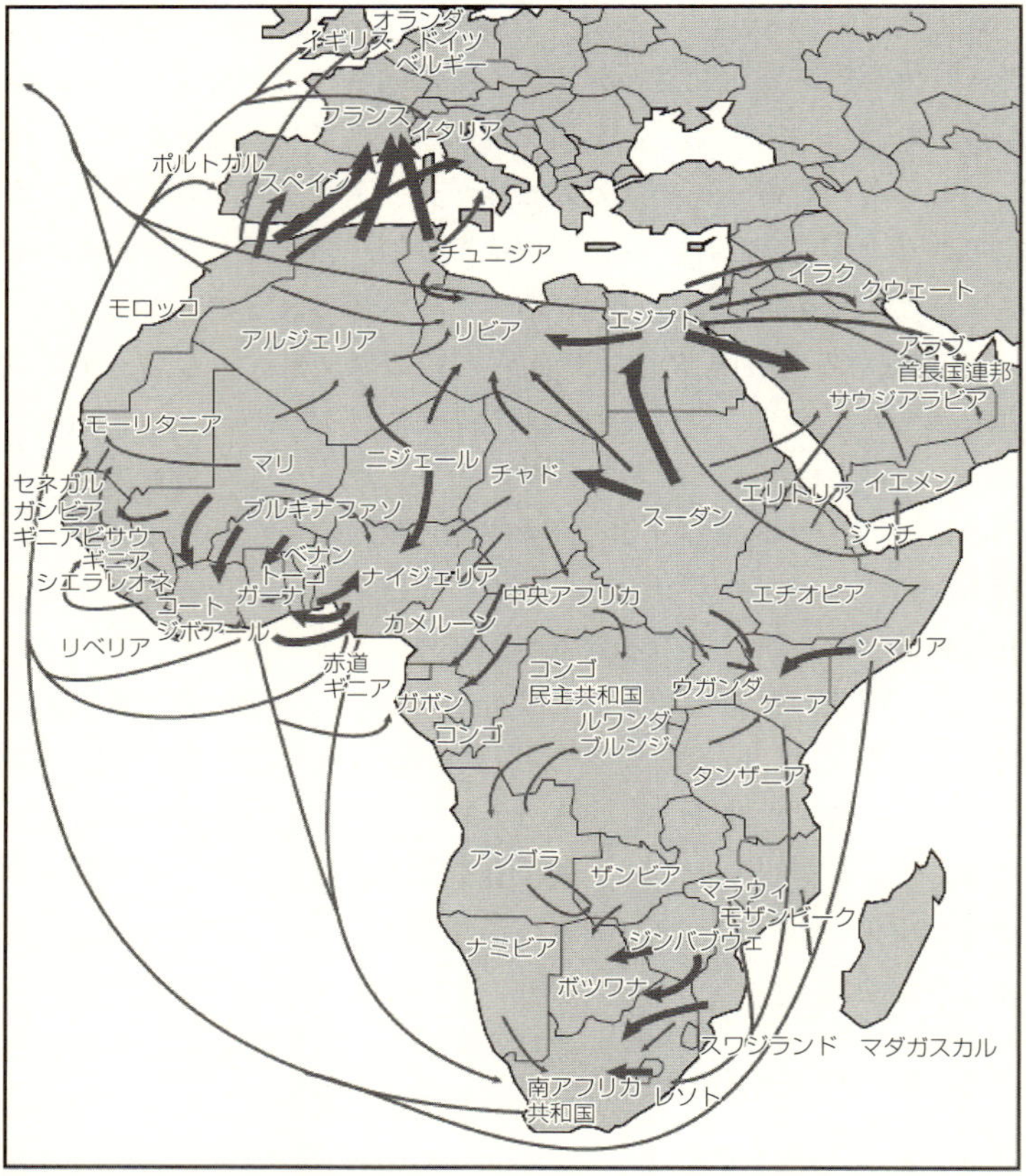

（出所）Castles, S., H. de Haas, M. J. Miller,（2014）をもとに作成。

図 15-1　アフリカにおける移民の流れ

に見ていくことにしよう（**図 15-1**）。まずは現在海外への出口のひとつとなっている，北アフリカからである。

北アフリカ地域

サブサハラ・アフリカとの関係では，北アフリカは移民の受入国であると同時に，欧州への窓口の役割を果たしている。1956 年から 1962 年にかけてのチュニジア，モロッコ，アルジェリアの独立の後に，多くの移民がフランスに渡った。しかし 1973 年のオイル・ショックと欧州経済の不況によって，欧州が移民の流入を規制するようになると，それに替わって産油国である湾岸諸国が新たな移民先となった。だが 1980 年代になると，石油価格の下落による経済的停滞のために，アラブ人労働者の需要が減少した。他方で，このころイタリアとスペインでは経済成長のために安価な労働力の需要が高まり，マグレブ諸国（リビア，チュニジア，アルジェリア，モロッコなど北西アフリカ諸国の総称）からの非合法移民がふたたび増加した。

他方，サブサハラ・アフリカとの関係に目を転ずると，伝統的なトランス・サハラ交易は植民地化によって衰退していたが，1980 年代以降のサハラ地域の遊牧民の定住化と，サヘル地域の紛争のために，ふたたびサハラ砂漠を横断する移動の流れが形成された。ひとつは南部アルジェリアやリビアの建設現場で働く労働者の流れで，もうひとつはサヘル地域からの難民だった。

1990 年代にリビアのカダフィ政権は汎アフリカ主義の政策をとり，アフリカ諸国からのリビアへの労働移民を奨励した。当初，移民はスーダン，チャド，ニジェールといったリビアの隣国から来ていたが，内戦と経済危機が西アフリカ諸国，東アフリカ諸国を襲うと，それらの国々からのトランス・サハラ移民が増加した。そしてこれらの難民や労働移民は，ジブラルタル海峡を渡りスペインを目指すマグレブ諸国からの不法移民や，チュニジアからイタリアを目指す移民に合流するようになる。他方で，ヨーロッパへの渡航をあきらめた移民は，北アフリカにとどまった。

西アフリカ地域

西アフリカでは，植民地期以前には，サハラ砂漠南縁のサヘル・ゾーンを遊牧民が季節的移動をし，また北アフリカや東アフリカと西アフリカを結ぶトランス・サハラ交易やメッカへの巡礼もさかんに行われていた。こうした移動のパターンは，まず奴隷交易によって，次いで植民地化によって，大きな影響を受けた。西アフリカを植民地化したフランス，イギリスは，海岸部にココア，コーヒー，ピーナツのプランテーションを開発し，道路を建設した。さらにアクラ，ラゴス，アビジャンなどに行政府を設けた。プランテーションの開発と都市化の進行によって移民のパターンは，北から南へ，内陸部から沿岸部への，労働者の季節的移動が主流となった。

1950 年代後半から 1960 年代にかけての独立期には，ガーナとコートジボワールが経済的に繁栄し，周辺の国々から移民を引きつけた。だが 1966 年のクーデタの後，ガーナは経済的に停滞し，替わって 1973 年のオイル・ショック以降，産油国のナイジェリアが移民の受入国となった。だがその後の失政と石油価格の低迷により，ナイジェリアはふたたび移民送出国となった。

1970 年代を通じてコートジボワールは移民を受け入れていたが，1980 年代からの西アフリカの政治・経済情勢の悪化によって，この地域の移民のパターンは大きく変化した。とくに 1990 年代からのシエラレオネ，リベリア，ギニア，コートジボワールを巻き込む内戦で，多くの難民が生まれた。西アフリカ地域では移民受入国がなくなったため，この地域からの移民は，新たに移民の受入国となった北アフリカのリビアと，アパルトヘイトが廃止された南アフリカを目指すようになった。またリビアやマグレブ諸国，EU を目指すトランス・サハラ移民が増加したため，モーリタニア，セネガル，マリ，ナイジェリア，ニジェール，チャドは，そこにいたるまでの経由国となった。

このような地域内の移動にくらべ，欧米への移民は 1980 年代までは少なかった。だが 1980 年代後半から，ナイジェリア，ガーナ，セネガルからヨーロッパや北米への移民が徐々に増えてきている。

これらの移民は，保健医療関係者のような高度な技術をもつ移民と，非熟練労働者となる移民の両方を含んでいる。

東アフリカ地域

東アフリカでは植民地化にともない，アフリカ人はヨーロッパ系移住者の農場や鉱山で賃労働に携わることを強制された。またナイロビやダルエスサラームをはじめとする都市への移民も増加した。

東アフリカ地域の国々は独立後，ほとんどの地域が紛争の舞台となった。1950年代からスーダンで第一次内戦が始まり，1961年にはエリトリアのエチオピアからの独立闘争が始まる。1977年にはソマリアがエチオピア領内に侵攻することによりオガデン紛争が生じ，1983年にはスーダンで第二次内戦が始まった。さらに1991年にはソマリアで内戦が始まり，現在にいたっている。1994年にはルワンダでジェノサイドが起き，この紛争はコンゴにも波及し，長期の内戦を引き起こした。

このような紛争によって生まれる難民はごく一部を除くと，地域内にとどまっており，地域外に出ることはまれであった。国境を越えることのできない難民も多数に上っており，2005年には，スーダンだけで国内難民が500万人，ウガンダで170万人と推計されている（Bakewll and Haas 2007: 101）。

東アフリカのほとんどの国は，難民送出国となり，また受入国ともなっている。他方でこのような紛争をまぬがれてきたケニア，タンザニアは，紛争地域からの移民受入国となってきた。ことにケニアは，東アフリカ地域の移民のサブ・システムの中核となっている。

また多くの難民を生み出す一方で，この地域は湾岸諸国，南アフリカ，ヨーロッパ，アメリカへ，高等教育を受けた移民を送り出している。アミン政権下の1970年代のウガンダにおけるアジア系移民追放が，このような人材流出の走りだった。エチオピアでは1974年の帝政崩壊時に，多くの高等教育を受けた人材がアメリカに逃れている。一般に「頭脳流出」と呼ばれるこのような現象は，これらの国々の経済発展をになう人材を流出させ，大きな社会問題となっている。

このような移民に加えて，近年ではソマリア，エリトリア，スーダンから，ケニアやジブチを経由して，南アフリカ，リビア，湾岸諸国への移民が増加している。ここにも，地域的サブ・システムの連結と，新たな移民の形を見ることができる。これらの移民には，欧米で職を見つけようとする高等教育を受けた者もいれば，湾岸諸国で家事労働をになう低学歴の女性の労働者も含まれている。

南アフリカ地域

南アフリカ地域では，19 世紀後半のダイヤモンド，金鉱の発見にともない，アフリカ人労働者を送り込む循環的な移民労働者のシステムがつくられた。ボツワナ，レソト，スワジランド，マラウィなどからリクルートされたアフリカ人労働者が，ヨーロッパ人の経営する鉱山やプランテーションで一定期間出稼ぎ労働し，帰郷する。そして必要に応じてまた集められるという仕組みである。

一方で 20 世紀の後半には，この地域はモザンビーク，アンゴラ，ジンバブウェ，ナミビアにおける解放闘争，南アフリカにおける反アパルトヘイト闘争によって，何万人もの難民を生みだした。これらの国々に隣接しているザンビアやマラウィは，難民の受入国となった。

1990 年代になると，ナミビア，モザンビーク，アンゴラの紛争は終結し，南アフリカではアパルトヘイトが廃止された。それにより，多くの難民は母国に帰還し，替わりに南アフリカにビジネスチャンスを求める移民が大量に押し寄せるようになった。南アフリカに居住する移民の数は，50 万人から 800 万人と研究者によって推定に大きな開きがあるが，おびただしい数の経済移民が集まっている。また経済成長が著しいボツワナも，地域の移民受入国の一つとなっている。

他方で南アフリカからは，高い技術をもつ人材が，欧米に流出している。特にアパルトヘイト終焉後には，高等教育を受けたヨーロッパ系の人材が欧米に多数流出した。その一方で，周辺諸国からは南アフリカを目指して，高度専門職の人材が集まりつつある。このように南アフリカは，この地域一帯だけでなく，西アフリカ，東アフリカもつなぐ移民のシステムの中核となりつつあり，同時にアフリカ外への移民の送り出しの中心のひとつともなっている。

アフリカの移民の特徴

ここでアフリカの移民の特徴についてまとめておこう。第 1 に，現在のサブサハラ・アフリカの移民の流れは，植民地支配によって大きな影響を受けているという点である。移民の地域的サブ・システムは，植民地支配を行ったヨーロッパ諸国による鉱山開発やプランテーション開発，都市建設と密接に関連している。第 2 に，サブ・システムの中核国は，独立後の政治経済的状況の変化に応じて，その立場を変えているという点である。たとえば，南アフリカ，リビア，ボツワナは，新たな中核国として台頭したのに対して，ガーナ，ナイジェリア，コートジボアールは，中核国としての立場を失った。第 3 に，植民地支配による影響は大きいものの，それ以前の人の移動のシステムも継続しているという点である。とくにかつて交易キャラバンが通ったトランス・サハラのルートは，現在西アフリカ，東アフリカからマグレブ諸国・ヨーロッパを目指す移民のルートとなっている。

ここまで地域ごとに移民の流れを見てきたが，グローバル化にともない，海外移民に新たな動きが見られる。次にそれを見ていこう。

2 トランスナショナリズムの諸相

頭脳流出

現在のサブサハラ・アフリカ諸国で問題となっているのが，「頭脳流出」である。独立以降多くのアフリカ諸国は，教育に力を入れてきたが，国内には高等教育を受けた者の受け皿となる職場が少なく，多くが国外に職を求めた。現在，医師や看護師，教員，技術者などの高度専門職につく移民は，ウガンダ，ガーナ，ジンバブウェ，ナイジェリアのような国々からボツワナや南アフリカへ，さらに南アフリカから欧米・湾岸諸国へと流れている。

このことは，これらの移民の最終目的地である欧米諸国の職業構成にも反映されている。2000 年代半ばには，OECD 諸国で働く医者の 7.8%，看護師の 8.4% はサブサハラ・アフリカ諸国の出身だった。ことに移民の多いイギリスでは，医師の 17%，看護師の 25% がサブサハラ・アフリカ出身となっている。アメリカではサブサハラ・アフリカ出身の移民が，移民のなかで最も学歴が高い。シカゴのエチオピア人医師の数は，エチオピア全体の医師の数よりも多いといわれている（Adepoju 2008: 32）。

高学歴移民の流れの背景には，アフリカ諸国と欧米との間の大きな賃金格差がある。たとえばウガンダの看護師の給与は 1 カ月に 38 ドル，医者は 67 ドルだが，アメリカに移民すればそれぞれ 3000 ドル，1 万ドルの収入を得ることができる。また欧米諸国が高学歴・高度専門技術をもつ移民を奨励する政策をとってきたことも，アフリカ諸国の「頭脳流出」を促進している。ドイツは 2005 年にグリーンカード計画を開始し，技術畑の研究者，専門家に永住許可を与えることで，高度技術専門職につく人材を海外から集めようとした。同様な政策は，英仏をはじめとする他の OECD 諸国でもとられている（Adepoju 2008: 33）。

「頭脳流出」は，アフリカの移民送り出し国に大きな影響を与えている。医師や看護師不足が深刻な問題となっているし，後継者の養成も困難になっている。さらに内発的な経済成長をになう人材が流出することで，サブサハラ・アフリカ諸国の経済発展にも影響を与えているのである。

海外送金

移民から本国に送られる送金は，開発途上国にとって大きな外貨獲得源となっている。このことは，サブサハラ・アフリカ諸国においても例外ではない。ブルキナファソ，ガーナ，エリトリア，レソト，マリ，ナイジェリア，セネガル，ソマリアなど多くの国々で，移民による送金は，輸出による収入や ODA による援助と肩を並べるほどになっている。

移民をすることは，一般のアフリカ人にとって個人的選択というよりも，家族やコミュニティの生存戦略の一部となっている。経済の不安定なサブサハラ・アフリカでは，国外からの送金が，家族やコミュニティの収入の一部として織り込まれているのである。送金は，国家によって捕捉されないように，個人的なネットワークを通して運ばれる。

移民の送金によって，故郷に暮らす家族は，食料品や衣服，家賃などの日常の支出をまかない，医療サービスの代金を払い，兄弟の教育費とし，さらにテレビやラジオなどの耐久消費財を購入する。またその資金が，灌漑設備のような農業設備の建設やインフラの整備に使われ，コミュニティの福利の向上に資することもある。さらに国家レベルでは，送金は貴重な外貨収入源ともなっている（Adepoju 2008: 36-39）。

人身売買

人身売買は統計には表れないが，国際的な人の移動にまつわる大きな問題のひとつである。西アフリカでは，マリ，ベニン，ブルキナファソ，トーゴ，ガーナから，コートジボワールの農園へ，周旋業者のネットワークを通じて児童が売買されている。ニジェール，チャド，ナイジェリアの国境付近では，少女の人身売買が行われている。また戦場になったリベリアやシエラレオネの女性が，マリで売春を行い，マリの女性がブルキナファソ，コートジボワール，フランスに売られているという（Adepoju 2008: 45）。

東アフリカでは，紛争地帯から略奪されてきた女性が，スーダンや湾岸諸国で反政府軍の将軍や金持ちの性の相手となっている。ケニアでは，人身売買のシンジケートによって，少女がヨーロッパに送りこまれているといわれている。ケニアはまた，エチオピア人女性のヨーロッパ，レバノン，湾岸諸国への経由地ともなっている。

南アフリカでは，レソト，モザンビーク，マラウィ，ザンビアなどの周辺国から，南アフリカへ女性が売られている。これらの女性は南アフリカ国内やヨーロッパで売春に従事する。

EU 諸国ではアフリカからの移民の入国管理が厳しくなっているために，アフリカから送られた女性は，いったん東欧を経由して目的の EU 諸国に入国する。人身売買シンジケートのリーダーは，移民送り出し国で仲介者を雇い，移民を希望する女性をリクルートし，旅行書類を整え，輸送手続きを行い，彼女たちに付き添って目的地への到着をみとどける。女性たちは当初はレストランやホテルで働くのだといわれるが，目的国に到着するとパスポートを取り上げられ，性労働に従事させられる。

人身売買は，児童労働やセックスワーカーへの需要が存在し，それに応ずる貧困家族からの児童や若年女性の供給があるため成り立っている。またアフリカ諸国に人身売買を禁ずる明確な法律が存在しないこと，それを取り締まる警官が不足していること，厳重な国境管理がなされていないことも，このような取引が行われる背景となっている。

3 アフリカとアジア

●人の移動の現在

アジアのアフリカ人商人

今日アフリカの国々で，中国人を見ない地域はない。それほどアフリカにおける中国の存在感は大きなものとなっている。中国にとってアフリカは，石油をはじめとする鉱物資源の宝庫であるし，また中国製商品を消費する巨大市場でもある。現在アフリカ大陸には 100 万人の中国人が住んでいるといわれている（なお，2014 年度の外務省海外在留邦人数統計によれば，日本人は約 13 万人である）。そして近年の中国製品の流入に対して，そこにビジネスチャンスを見つけようとするアフリカ人もいる。

アフリカの交易商人が東南アジアに本格的に来始めたのは，1980 年代からである。タイのバンコク，インドネシアのジャカルタ，マレーシアやシンガポールが重要な交易拠点となった。これには当時の日本のバブル経済のために，円通貨圏の吸引力が強まったことも，影響していた。だが近年仕入れ先として最も重要となっているのが，中国の香港と広州である。香港や広州には，年間で延べ 10 万人を超えるサブサハラ諸国からのアフリカ人交易商人が訪れており，アフリカ人のコミュニティもできている。彼らはここで中国製品を仕入れ，アフリカで販売するのである（栗田 2011，本書第 4 章参照）。

これらの交易商人の活動は，グローバル化のなかで情報の伝達が速くなり，人や商品の輸送コストが下がったことで可能になった。だがそれだけでなく，そのような条件を巧みに利用する彼らの主体性にも注目すべきだろう。たとえば，セネガルやマリから来るソニンケ人は，自分たちの交易活動を欧州での低賃金労働と対照させ，自分の力で世界経済に連なりつつ未来を切り開くという自負をこめて「ビジネス」と呼んでいる。そしてそれは，民族の伝統でもあるサブサハラ交易をも想起させるものとなっているのだ（三島 2002）。

アフリカにおける人の移動

アフリカの「国際移民」の現状を見ると，植民地支配が及ぼした影響が非常に強いことがわかる。すでに述べた鉱山やプランテーション開発にともなう労働者の移動のほかに，独立時に恣意的にひかれた国境も人の移動に大きな影響を与えている。アフリカ諸国の国境は，地理・生態環境と無関係にひかれ，しばしば民族集団を分断している。国境が恣意的で，その管理統制が弱いため，人々は容易に国境を越える。国境近くでは，国家間の商品の価格差を利用して，日常的に越境しての商取引が行われる。国境付近で略奪した家畜群を，越境して需要の多い隣国の市場で売り払い，大きな利得を得る牧畜民集団もいる。また難民は越境することではじめて国連による難民認定を得ることができ，保護の対象となる。そのため国境を越えるか否かは難民にとって，生き残りを図るうえでの重要な選択になる。このようにアフリカの国境はやすやすと人を通すと同時に，それを利用して新たな政治的・経済的チャンスを構築するための重要な条件ともなっているのである。

他方で，アフリカから海外への移民に目を転ずると，今日のグローバル化の別の側面が見えてくる。一般のアフリカ人にとって，海を越えて欧米やアジアに行くことは，とても困難なことである。多くの資金が必要だし，ビザを得るために膨大な書類を準備しなければならない。そのためサブサハラ・アフリカ諸国から欧米への移民の多くは，高等教育を受け，経済的に裕福な階層の出身者が多かった。だが他方で近年，欧米や湾岸諸国における低賃金労働者の需要

Column ⑰ エチオピアの移民

日本からエチオピアに中東経由で向かうと，ドバイから若いエチオピア人女性がどっと乗り込んでくる。身につけている高価そうな服やカバンは，素朴な彼女たちのたたずまいにはちょっと不似合いだ。そのおしゃべりを聞くともなしに聞くと，サウジアラビアやドバイでいくら給料をもらったとか，何日休みが取れたとか話している。

エチオピアからの移民といえばかつては，抑圧的な軍事政権を嫌って欧米に逃れる高学歴エリートがほとんどだった。だが近年増えているのは，湾岸諸国への出稼ぎだ。大半が独身女性で，20〜30代，ムスリムで，稼ぎの大半は故郷に送金する。地方には若い女性のほとんどが出稼ぎに出てしまった村もあるという。首都のアジスアベバには出稼ぎの仲介ブローカーがひしめき，相当な金をとって女性を湾岸諸国に送り込んでいる。そこで待っているのが，中東独自のカファラというシステムだ。これは中東の雇用者が外国人労働者と結ぶ契約で，これにもとづいて雇用者が，外国人労働者の滞在許可をその国の政府から取得する。法律に明記はされていないが，この契約がないと外国人労働者は中東で働けない。生殺与奪権は雇用者の手に握られる。出稼ぎ女性のなかには雇用者と良好な関係を築き，ブローカーになる者もいるが，ひどい虐待を受ける者もいる。出稼ぎが人身売買と紙一重といわれるゆえんである。

の増加により，非合法・半合法の移民の流れも生まれつつある。地中海をボートによって渡ろうとする移民はその一例であるし，ヨーロッパへの女性の人身売買もそうである。また湾岸諸国はアジアや東アフリカからの女性移民を，欧米の法体系とは異なったシステムで雇用しており，それが移民の虐待の温床になっているとも言われている（Column ⑰参照）。そしてこれらの移民の渡航には，書類を準備し相手側と渡りをつけるために，合法・非合法のさまざまな仲介業者が参入し，一大ビジネスとなりつつある。

このように，アフリカ人の国境を越えた移動は，多様な条件によって規定されている。国際的な政治経済の不公正が，彼らの悲惨さを生みだしてもいる。しかしそこに，たんに社会的条件によって移動を規定された受動的な人の流れを見るのは，誤りだろう。アフリカの地域内における移動に限ってみても，彼らはさまざまな条件を勘案しつつ，自分たちの生存戦略を紡ぎだしている。不利な条件からでも生き残りを図るしたたかさから，私たちも学ぶものがあるのではなかろうか。

読書案内

1　宮本正興・松田素二編『新書アフリカ史』1997年，講談社現代新書。

アフリカにおける人の移動を理解するには，その社会背景を知ることが必要だ。この本には先史時代から90年代までのアフリカ社会の動きが，必要かつ十分に示されている。アフリカを知るための必読書。

2　平野克己『経済大陸アフリカ――資源，食料問題から開発政策まで』2013年，中公新書。

2000年代になりアフリカ諸国は未曽有の経済成長をとげている。人の動きもそれに連動しつつ変化している。この本は変貌しつつあるアフリカの現在を，余すところなく伝えている。

3　大川真由子『帰還移民の人類学――アフリカ系オマーン人のエスニック・アイデンティティ』2010年，明石書店。

アフリカ東海岸は，中東との間に濃密な交流のあった地域だ。本書は19世紀半ば東アフリカに移住したオマーン移民を祖先とし，1970年代以降オマーンに戻った人々の民族誌である。彼らのエスニック・アイデンティティの構築過程が綿密に分析されている。

■参照文献

Adepoju, A., 2008, *Migration in sub-Saharan Africa*. Current African Issues, 37, Nordiska Afrikainstitutet.

Bakewell, O. and H. de Haas, 2007, African Migrations: Continuities, Discontinuities and Recent Transformations in P. Chabal, U. Engel, L. de Haan eds., *African Alternatives*. Brill.

Castles, S., H. de Haas, M. J. Miller, 2014, *The Age of Migration: International Population Movements in the Modern World*. 5th ed., Guilford Press.

外務省 ,『外務省在留邦人数調査統計』。(http://www.mofa.go.jp/mofaj/toko/tokei/hojin/；2015 年 9 月 10 日アクセス)

Kane, A., T. H. Leedy, 2013, *African Migrations: Patterns and Perspectives*. Indiana University Press.

栗田和明，2011，『アジアで出会ったアフリカ人——タンザニア人交易人の移動とコミュニティ』昭和堂。

三島禎子，2002，「ソニンケにとってのディアスポラ——アジアへの移動と経済活動の実態」『国立民族学博物館研究報告』27（2）：121-157。

終章

国際社会学の理論的課題

●コスモポリタンなトランスナショナリズムへ

(pixabay)

樽に住むディオゲネス

樽の中に住む哲学者ディオゲネスに，マケドニアのアレクサンドロス大王が「あなたはどこの国の人か」と尋ねた。ディオゲネスは，私は国家（ポリス）の人ではなく，「世界市民（コスモポリテース）だ」と答えた（ラエルティオス『ギリシャ哲学者列伝（中）』岩波文庫）。これがコスモポリタニズムという考え方の始点のエピソードだといわれている。そして長い年月を経て，いま社会学者もコスモポリタニズムの可能性を語り始めた。それは，世界がグローバル化し，近代国民国家がいろいろな点で問題を抱えているという認識が広がってきたからだ。「国際移民の時代」，多様なかたちで人々はトランスナショナルに動き始めている。その動向をふまえて，私たちは未来への理念像をどのように描くことができるのか。

グローバル時代のさらなる問い

いまや世界はグローバル時代である。特に東欧・ソ連の崩壊と科学技術の進展によるインターネットの影響は大きい。それ以前にも1960年代には地球村（global village）や宇宙船・地球号などが語られ始め，1990年代初頭には地球サミットに代表されるように，地球が一つの運命共同体として語られた。今日，社会学においても，地球社会学，グローバル社会学，惑星社会学などが新たな語彙として登場している。だが，本書は「国際社会学」という語を用いた。それは，いまも国家や国家間の関係が世界社会の重要な構成要素だと自覚しているからだ。

しかしながら，国家だけが人々の行為やアイデンティティのよりどころではない。人々の関心は世界に開かれてもいる。さらに人々の相互行為を対象とする社会学にとっても，現実に人々が国家を越えて／超えて相互行為している様子，つまりトランスナショナルな事態が着目点となりつつある。それゆえ，本書はトランスナショナリズムに焦点化し，グローバルな規模で人々が国境を越えて移動し生活する様子を描き出してきた。

そこで残された課題は，次のようになる。第1に，これら世界各地のトランスナショナルな移動をグローバルな現象としてどう理論的に捉えられるのか。ここでは近現代の国際的視角から国家と国家間関係とを考えたい。第2は，トランスナショナリズムの視点から，いま問うべき課題を例示すること。いいかえれば，本書をふまえて，理念としてのトランスナショナリズムの展開可能性を示すこと。そこで，この終章ではコスモポリタニズムという用語も導入して，理念論的トランスナショナリズムの方向性の一つにふれることにしたい。

7　近代国民国家の特性

●国際社会学の理論的問い（1）

近代国民国家の成立

国際社会の構成要素の重要な一つが現在のところ国家である限り，まず社会学的にみて国家とは何かが問われる。だがこれは大きな問いである。そこで，ここでは最低限，次の点を押さえておくに留めたい。

本書で見てきた国家は基本的に，領土を確定し，国民として人々を統治し，自らの主権を主張する「近代国民国家」（西原・油井 2010 参照）という国家の一類型である。ここで「近代」というのは，ウォーラースティン（Wallerstein 1974）が「長い 16 世紀」と呼ぶ 15 世紀第 4 四半期ごろから 17 世紀前半ごろまでの転換期を経て，17, 18 世紀以降には明確になる「西洋近代」を指す。それは筆者の用語では，個人中心の「主体主義」，技術革新を伴う「科学主義」，領土・国民・主権からなる「国家主義」，そして経済利益追求の私的自由をもつ「資本主義」の 4 つを主要な構成原理とする社会類型だ（西原・保坂編 2013）。

これらは基本的に，1648 年のウェストファリア条約以降の西欧の状況を中心に考えた場合に浮かび上がってくる近代の世界像（一般にウェストファリア体制と呼ばれる）である。その時期に現代国家の原型が成立し，さらにその「近代国民国家」が 19 世紀には本格化して植民地獲得を競う帝国主義段階に突入し，結果として 20 世紀には 2 度の世界大戦が引き起こされたのである。ただし，近代国民国家は民族主権や民主主義を標榜したので，旧植民地が独立する際には一つの目標となった。第二次世界大戦後の 1950〜60 年代にはアジア・アフリカで近代国民国家の形をとって多数の独立国が誕生した。現在，国連加盟国は 193 カ国であり，未加入の国を含めて約

200の国家が存在している。

近代国民国家への問い

そしていま，諸領域でグローバル化が進展している。そこで，すでに本書第Ⅰ部で語られたように，近代国民国家の（衰退や消滅，あるいは再国家化の議論を含めた）変容が話題に上るようになった。これまでの19／20世紀型の近代国民国家がいま問題視されてきている。それは，悲惨な戦争を回避すべき平和の問題，世界大に広がった格差とエスニックな要素を含む差別の問題，そして急激な産業化による地球環境問題の発生という，現代世界にとって解決すべき重要問題が生じてきたからでもある。それらの問題の原因をすべて国家に帰すことはできないが，国家のエゴイズム（自民族中心主義／自国民中心主義というエスノセントリックな国家主義）がこれらの問題の一端であることは否定できない。一方に富める豊かな飽食の国々があり，他方に貧しく飢餓に直面している国々がある。そうした問題を地球規模で解決しようという努力は十分になされているか。一部のNGOと国連（2000年「ミレニアム開発目標」，2015年からは「持続可能な開発目標」）の尽力だけが目立つのが現状であろう。こうした現状に対して，国際社会学は何ができるのか。

後にみるように，政治学者や哲学者などもこうした現状を問題として捉え，方策を考えている。しかし日常的なトランスナショナリズムの視点からみると，自らの生活世界において，問題ある国家を脱出してトランスナショナルに行動し，新たな社会環境を切り拓こうとする移住者／越境者が，多数存在したし，現在も存在する。そうした生活者としての移住者／越境者の動向がトランスナショナリズムの大きな渦を――さまざまな問題点を抱え込みながら――形成しているのだ。そこでまず，「トランス」の対象となるナショナルなものとしての国家とは何かについて，代表的な社会学者がどう理論的に論じたかをみておきたい。

ヴェーバー社会学からの示唆

社会学理論の伝統では，M. ヴェーバーに着目できる。ヴェーバーは『社会学の基礎概念』（Weber 1972［1921］＝1987）において，自らの社会学を社会的行為から出発させた。「社会学とは，社会的行為を解明しつつ理解し，その経過と結果を因果的に説明する」一科学である。そして行為とは「思念された意味［主観的意味］」が付与された行動のことである。さらに彼は，社会的行為には，目的合理的行為，価値合理的行為，情動的行為，伝統的行為の四類型があることも示した。ヴェーバーが理念型とも呼ぶこうした類型は，社会分析のためのさらなる理念型を構成する概念群でもある。ここでは国家が焦点なので，社会的行為との関連でヴェーバーの国家論関連概念を押さえておこう。

まず，権力。ヴェーバーは，権力を「社会関係のなかで抵抗に逆らっても自己の意志を貫徹するおのおののチャンス」と定義する。そして，ヴェーバーはこの権力概念とは別に「支配」という概念も用いる。支配とは，「一定の内容をもつ命令に所与の人々が服従するチャンス」である。支配は，被支配者によって統治が正当なものだとする「正当性」信念に基づく服従があって成り立つ。そしてその正当性の種類から，ヴェーバーは，主に伝統的行為とつながる伝統的支配，情動的行為や価値合理的行為とかかわるカリスマ的支配とともに，現代に特徴的な目的合理的行為と深い関係にある合法的支配という支配の三類型を示した。こうした諸概念のポイントは，社会関係を人々の主観的な社会的行為から考える点にある。

ヴェーバー国家論の視座

このような概念をふまえて，ヴェーバーは国家へアプローチする。引用を続けてみよう。「社会学にとっては『国家』という事態は，かならずしも法律的に問題となる成素からだけ……成り立っているのではない」「社会学が『国家』とか『国民』とか……，あるいはそれに似た『形象』について語るとき，それらでもってむしろ，事実的にまたは可能的なものとして構成された個々人の社会的行為について，ただその或る種の経過を意味するだけである」。また彼は，こうした国家の表象は「一部は現実の人間（ただ司法官と官吏だけでなく，『公衆』）の頭脳に実在」し，「現実の人間の行為はこうした表象に方向づけられる」と付け加える。人々がトランスナショナルに移動する行為の際には，自他の国家に関するさまざまな表象が交錯する。

さらに，ヴェーバーは上述の著作で「近代国家というものの社会学的定義づけは……国家がもっているある特殊な手段にもとづいてのみ可能である。その手段とは，物理的強制力の手段である」とも述べる。人々の出入国は国家が管理し，たとえば不法入国者や難民が強制的に退去させられることも多い。「国家とはある特定の領域の内部において……，それ自身のために合法的な物理的強制力の独占を要求するところの……人間共同体である」（Weber 1972［1921］＝1960: 17f.）と定義するヴェーバーには，グローバル化の下での国際移動を背景とした国家論の視点は必ずしも明確ではないが，いまある国家の内的な性格はかなり的確に捉えられている。そこで現代では，国家の議論に国際的な視点を導入する必要がある。それゆえ次に，そのような知見の一例として，世界システム論の視点にふれておこう。

2 世界システムと国際分業

●国際社会学の理論的問い（2）

世界システム論

「長い 16 世紀」という表現で近代への転換を論じたウォーラースティンが示すもう一つ重要な議論がある。それは「中心-半周辺-周辺」という視点である。経済発展した先進国である「中心」と，未発展の「周辺」という二分法に，両者の中間にある「半周辺」を加えて，世界をこれらが絡み合う一体のシステムとして捉える試みだ。

ウォーラースティンは近現代世界の国家群をこの三分法で捉えて歴史的にも論じるが（Wallerstein 2004），現代の世界からわかりやすい例を引けば，欧米先進国の「中心」，東欧やロシアのような「半周辺」，そしてアフリカやラテンアメリカ，そしてアジアにもみられる「周辺」であろう。その意味で世界システム論は，国家を単独で論じるのはなく，国家間関係のなかでみていくという画期的な視点なのである。もちろん，国際政治学などでは，このような視点から国際関係を論じる議論は存在したが，社会学においてこうした議論を展開可能にしたのはウォーラースティンの功績である。その議論は実はもう一つの興味深い思潮である「従属理論」と絡み合うものであったので，それについても世界システム論の問題提起を明示する意味でふれておきたい。

従属理論あるいは南北問題

ここで従属理論とは，1970 年前後から明確になる社会科学分野での理論的な思潮である。この思潮も権力や支配の関係を一国内に閉じ込めるのではなく，いわば世界システムレベルで考える。そうすると，経済発展した富める北の国々（いわば資本家的な国家群：グローバル・ノース）と未発展の貧しい南の国々（いわば労働者的な国家群：グローバル・サウス）の対立関係として世界を考える回路が開かれる。たとえば，A. G. フランクの著作の原著タイトルは，『ルンペン・ブルジョワジーとルンペン的発展』というものであった（Frank 1972）。ブルジョワジー（資本家階級）であっても，南の場合は北との対比のなかで「ルンペン」（労働者階級の最貧層）的な位置にあり，その発展も北のために貧しい状態に置かれた「ルンペン的発展」を余儀なくされると示唆された。さらに，南の貧しい国々は大量の労働力を北の豊かな国々へと送り込むという形で国際労働力移動が指摘されてきたのも，この思潮の一つの成果である。

そうした世界システム的な国際関係は，現代では，世界規模での安い労働力調達や新しい消費市場獲得をめざす「グローバル資本主義」化とそれに伴う「国際競争社会」化を促す。さらに「科学技術社会」化を背景とした消費欲望を喚起する「知識情報社会」化のもとで，IT 技術や生産流通過程のイノベーションが際立つ（西原・保坂編 2013）。そして何よりも，それらによってトランスナショナルな移動も活性化される点がここでのポイントとなる。そこで，あらためて現代世界を「国際分業」という視角からみてみたい。それが，人々の新たな国際移動を読みとく重要な視点であるからだ。

国際分業の進展

1960 年代前後から着目された多国籍企業は，基本的にアメリカ資本主義の発展に伴う一種のグローバル化の現れである。企業が，そしてその商品が，国境を超えた広がりをみせ，今日では大企業の超国籍化と商品のグローバルな流通・消費が際立つ。

確認しておこう。そこに至る過程は世界システム論的な従属理論の知見を参照して，「周辺」の国々の視点からも歴史構造論的にみることができる。具体的に述べれば，19 世紀にはすでに独立を果たしていた中南米諸国では，輸入に代わる自国での工業化＝近代化が目指されたが，成功しなかった（「輸入代替型工業化」の失敗」)。それは，「中心」の国々の産業支配権の拡大という形での国際分業の進展であり，従属理論はこうした歴史的現実をふまえて「北」による「南」の従属化を論じたのであった（山田 2012)。

しかし，そのようなかつての国際分業（旧国際分業）のもとでも，「南」の貧しい「周辺」の国々や「半周辺」の国々から，BRICS のような経済成長を遂げる例も出てきた。最もわかりやすい例は，アジア NIES（New Industrializing Economies：新興工業経済地域）の出現である。アジア四小龍とも呼ばれた台湾，韓国，香港，シンガポールなどは，「輸出志向型工業化」によって著しい発展を遂げた。そして，こうした事態をふまえて，従属理論的な旧国際分業に代わって，「新国際分業（NIDL）」と呼ばれる世界システム的状況が生じてきた。そしてそれに，特に1990年前後からの東欧・ソ連の崩壊と中国の世界市場経済参入という出来事が加わり，世界経済は一気にグローバル資本主義化したのである。

新国際分業とポスト新国際分業

そこでいま着目すべきなのは，この時期に人々のトランスナショナルな移動，特に労働力の国境を越える移動が多様な形で活性化した点だ。従属理論が描いて見せた南北間の格差を基盤にしながらも，現在では，世界の発展した都市への第三世界の移民の流入によるいわば「第四世界」の形成などと語られる新たな事態が出現する。かつての帝国と植民地，農業移民，先進国における（工業）生産と後進国における（農業を含む）原材料供給と工業製品消費の状況から，後進国への生産拠点の移動（そこでは農村からの女性労働力の移動も見られる）という変化も含めて展開されるような国際分業の進展などで，多種多様な形の労働力の新たな国際移動が進んできたのである。「マック・ジョブ」が象徴的だ。いまや世界の大都市では，グローバル企業がそこに本社機能をもち，そしてそこに金融や証券などのエリート集団が集中する。他方で，その大都市を支えるためには，ビルメンテナンスやコンビニ，クリーニング業などの従事者たちが求められる。そこでは，非正規雇用の増大という形でも進展する安価な労働力として外国人労働力が活用される。

さらに特筆すべきなのは，女性労働力を中心とする育児・家事を含む（人間の）「再生産労働」の国際分業も大きく進展した点である。そして同時に，看護・介護の領域をも含めて「ケア労働のグローバル化」「国際移動の女性化」「ケア労働の連鎖」などと呼ばれる事態が進展している（本書の第6章参照）。新たな格差や差別の問題ある労働環境の出現が日常生活の場に見出せるという指摘と同時に，世界はいま「ポスト新国際分業」ともいうべき事態に直面しているという指摘が重みを増してきている。

では，こうした日常的な格差や差別の問題を伴う今日のグローバルな状況下で，社会学はどのような未来像，理念を描くことができるのか。問題が山積しているなかで，明確な処方箋を示すことは難しいが，理念像の一つとして着目できる「コスモポリタニズム」を取り上げてみたい。おそらくそれが，社会学が照準を合わせる生活世界での社会的行為から現代社会を考えていく回路の好例だと思われるからである。

3 コスモポリタニズムへの問い

●国際社会学の課題

本章冒頭のディオゲネスの時代から今日まで，コスモポリタニズムは現実離れの発想だとされ，社会学では検討が進んでこなかった。しかしグローバル化で社会は変わりつつある。トランスナショナルな移動が多様な形で活性化している。その点をふまえて理念としてのトランスナショナリズムを考えようとすると，その先に可能性の一つとしてコスモポリタニズムが再浮上する。今日のコスモポリタニズム論には，研究領域的にみて，3つの主要な系譜がある。①法政治的な系譜，②哲学倫理的な系譜，そして③社会学的な系譜，である。

法政治的コスモポリタニズムとグローバル・ガバナンス

第1の法政治的なコスモポリタニズムには，かつてI. カントが考えた世界連邦の構想（Kant 1984［1795］）とかかわるJ. ハーバーマスの世界市民法の制定案（Habermas 1996）や，直接選挙によって選ばれる代表を含むようなD. ヘルドの国連改革

Column ⑱ ハンセン病問題の現在

ハンセン病は，らい菌による感染症で，主に皮膚と末梢神経の病気である。かつては，治療方法の未確立などにより，多くの国や地域でハンセン病患者は隔離の対象であった。しかし現在，ハンセン病は治癒する病である。世界保健機関（WHO）によると，世界の新規患者数は 2005 年の 29 万 9036 人から 2014 年の 21 万 3899 人へ減少しており，WHO は 2011～2015 年に新規患者数を減少させるためのグローバル戦略を実施している。

このようにハンセン病の治療方法は確立しているが，差別や偏見はいまだに残っている。そのため，2006 年から毎年，ハンセン病へのスティグマと差別をなくすことを目的とした「グローバル・アピール」が発表され，2010 年の国連総会本会議では「ハンセン病患者・回復者及びその家族に対する差別撤廃のための決議」が全会一致で採択された。さらに，ハンセン病に関する国際 NGO の支援活動も行われている。

このようなグローバルなレベルでの活動に加え，ハンセン病療養所の中にはダーク・ツーリズム（死，戦争，災害などに関する場所への観光）の場所となっている所もある。たとえば，世界的にみても隔離政策が非常に厳しかったカラウパパ（ハワイのモロカイ島）や国立療養所大島青松園（香川県の大島）では，ガイドツアーを行い，国外からも人々を招き入れ，ハンセン病回復者とトランスナショナルに交流できる機会を形成している。

社会的マイノリティへの対処の事例としてのハンセン病は，移動を認めない隔離政策のあり方，差別と偏見に基づく排除の歴史，そしてこのような状況下で生きてきたハンセン病患者・回復者およびその家族などの「生」の多様性を，共生社会に向けてどう受け継いでいくかがいま問われている。

案（Held 2010）に至るまで，国際的な法政治制度の仕組みを構想する試みがある。それはグローバル・ガバナンスの問題とも重なる。

ガバナンス（governance）という言葉は，政府の統治・管理を中心とするガバメント（government）との対比で用いられるようになった。語源的には，ともに「船の舵《かじ》を取る」という govern からきているが，内容的には，上からの一方向的な支配のニュアンスが強いガバメントに対して，下からの民主的な合意形成や秩序形成を重視するのがガバナンスである。そして，グローバルな統治の問題に着目するのがグローバル・ガバナンス論である。とりわけ，グローバル化が新自由主義的展開（多国籍企業や超国籍企業の展開と，それに伴う構造改革・市場開放・規制緩和などのグローバリズム的な政策）をみせている現代社会において，問題あるこのグローバリズムに対処する仕方を含めて，グローバル・ガバナンスが注目を集めている。それは，巨大な利益を得る行き過ぎた金融や投資に歯止めをかける方策（たとえば投機目的の短期取引抑制をめざす国際通貨取引へのトービン税的課税）など国際経済活動の問題点の改善をめざす動きや，グローバルなレベルでの差別，人権，市民権，女性，民族，平和，環境などの諸問題ともかかわる社会運動とも関係する。

しかし国際的な枠組みづくり（条約締結）は，上からの統治の感が否めない。社会学の対象となる日常生活者の目線から見ると，こうした動きは，生活世界からはかけ離れたものに見られやすい。

哲学倫理的コスモポリタニズムと正義論

第2の哲学倫理的なコスモポリタニズムには，たとえば，ポストコロニアリズム（主として近代以降の植民地主義が現在も残存している点を反省的に捉えて検討する思潮）の論者たち，なかでもH.K.バーバによる「ヴァナキュラー・コスモポリタニズム」の提案がある（バーバ 2009：147）。それは，グローバル・コスモポリタニズムに対して，マイノリティの視点から「誰もがひとしく異なることができる権利」を説くもので，あえて訳せば「土着のコスモポリタニズム」である。さらに，格差・貧困の問題に対処すべく国境を越える財の再配分を説くT.ポッゲ（Pogge 2008）や，普遍的な人間性を涵養する哲学を説くM.A.ヌスバウム（Nussbaum 2006）のように，第三世界を視野に入れたグローバルな「正義」という理念の追求の試みとして位置づけうるものもある。

そもそも正義論は，J.ロールズが1971年に『正義論』を著して注目された。彼は「正義の二原理」を提唱した。第一原理は自由が平等に与えられていること，第二原理は格差原理（最も恵まれない人々への支援を認めること）と機会均等原理からなる。だが，彼の正義論は一国家内部に閉じられているという批判も早くからあった（Sen 2009）。そこで上述のヌスバウムのようなコスモポリタニズム的な正義論が着目されたのである。

ヌスバウムは，『正義のフロンティア』で人間の潜在能力（ケイパビリティ）を最大限に発揮できるような社会のあり方を検討し，考察すべき「中心となる人間的ケイパビリティ」を示した。グローバルな「正義」の基準として彼女が指摘したのは，①人間の生命・身体の「傷つきやすさ」（vulnerability）を保護し，②人間の思考力だけでなく感性も重視し，③他者との連帯のみならず他の種との共生も考慮し，そして最後に④社会と自然の環境を顧慮することである。『正義のフロンティア』には，*Disability, Nationality, Species Membership*という副題がついていた。A.センが問題にした第三世界の女性の論点とともに，障害のある人，ナショナリティを異にする人（外国人），人間以外の種としての動植物・自然界を含む他者との共生をめざすのがヌスバウムの狙いだ。そこには，近代の理性中心的／合理的人間像や人間中心主義・国家中心主義を超える意図が見える。ヌスバウムの試みは，一国内の理性的な健常者としての国民（しかも成人男性）を中心にしているかにみえる従来の正義論を，マイノリティへの着目という展望の中で大きく進展させる試みとなったのである（西原，2016）。だが，そうした主張はどうすれば実現可能となるのか。

社会学的コスモポリタニズムの展開

第3の社会学的なコスモポリタニズムをみていこう。本書の第2章でみたように，U.ベックは「方法論的ナショナリズム批判」から「方法論的コスモポリタニズム」への転回を説いて「コスモポリタン社会学」を志向する考えを提起した（ベック 2011)。さらに現在，『コスモポリタン的想像力』(Delanty 2009) を著したG.デランティが，これまでのコスモポリタニズムに関する論文を集成した4冊の編著を刊行し（Delanty and Inglis, 2011)，また書き手を世界に求めた新たな便覧風の論文集（Delanthy 2012）も編集して精力的にコスモポリタニズム論の検討を進めている。彼が主張しているのは，コスモポリタニズムは，西洋中心的ではないこと，コミュニティの否定ではないこと，単なる同質化や混交ではないこと，などである。なお，この最後の点は，多様性（ダイバーシティ）のなかでの交流に基づく連帯や統合の新たな枠組みを見出すことを意図している。そうした試みを社会学の営みのなかでも進めていくことがめざされているのである。

トランスナショナリズムは，本書でみてきたように，国境を越えて移住先に住まう人々の生活世界にも着目する。そこでは多様なエスニシティが交錯し，対立しつつ，交流がみられる。トランスナショナルな移動が活性化している現在，そうした移住者が，どこにいても，生活者として同じような権利を保持できる社会環境はいかにして可能だろうか。グローバルなガバナンスのもとで世界中の地域が同じ社会的・政治経済的条件を保持することは理想であろうが，現状では簡単に実現できるわけではない。そうなると，各人が日常生活を営む場での平等と自由を感受できるコスモポリタン的状況がまず求められる。近代国民国家へのこれまでの「表象」の転換を含めて，そこでは日常生活者の社会的行為のあり方が問われうる。人はディオゲネスのように樽の中で一人孤独に生活しているわけではなく，多数の社会関係の中で生きている。社会学が社会的行為に着目するのは，ヴェーバーのように，私たちの主観的行為が織りなす下からの社会関係に着目するからだった。

そこで最後に，以上のコスモポリタニズムの系譜を念頭において，筆者なりの社会学的なコスモポリタニズムの見解にふれておきたい。実は，この知見は，筆者のグループが2011年の東日本大震災の後から行ってきた宮城県を中心とする「被災外国人調査」のなかで見出されたものだ。残念ながら，その調査の詳細をここで述べることはできないので（Nishihara and Shiba 2014；西原ほか2014など参照），その要点のみを以下に示しておく。

大震災の被災地から：媒介者という存在

東日本大震災後，「日本人がんばれ」「日本人はすごい」といった言説が多く聞かれた。しかし被災したのは日本人だけではない。国際結婚移住者，研修生／技能実習生，留学生など，外国にルーツをもつ人々も多数が被災した。だが，そこにはあまり光が当てられなかった。外国人被災者の現状を把握した後，この調査は外国人支援の様子を明らかにすることに重点を移した。元留学生，国際結婚移住者，そして支援に乗り出した外国帰りの日本人などのボランタリーな活動を目の当たりにして，筆者はタコツボ的なマルチカルチュラル（多文化的）な状況を，間主観的な交流（西原2010）を主眼とするインターカルチュラル（間文化的）な関係性へと高めていくには，外国にルーツをもつ被災者への人々の共振＝共感とともに，そうした被災者と地元民との間の「媒介者」として活躍している人々の存在がきわめて重要だと認識した（西原2016）。それは，社会関係論的には，マイノリティとマジョリティとをつなぐ「第三者」としての活動である。閉じられがちな自他の二者関係に第三者が介在して社会関係が進展する。そうした第三者を筆者は「間文化的媒介者」と呼んできたが，しかし震災後4年経った頃からその状況に少しずつ変化も見え始めてきた。

その変化のなかで着目に値するのは，このような媒介者たちが，外国人だけでなく，障害者，高齢者，病弱者，子どもへの支援，あるいは地域女性や国際結婚女性移住者への（とくに国際結婚した夫のグループからの）支援，さらには耕作放棄地が目立つ地域の農業者や壊滅的な打撃を受けた漁業者への支援活動を始めていることであった。つまり，ナショナルな点でマイノリティである人々に対するだけでなく，他のさまざまな社会的マイノリティと称される人々に対しても，「間文化的媒介者」が活躍し始めている点であった。もちろんそこには，そもそもそうしたさまざまな支援の活動を過去に行っていた人々が大震災以降は被災者支援に特化して活動し，被災地が立ち直りつつある現状ではさまざまなマイノリティ支援に復帰しつつあるとか，あるいはもっと穿《うが》った見方をすると，被災者支援だけではもはや補助金が得にくくなって支援の枠を広げる現実的インセンティブが働いている場合もある，といった見方もできるだろう。しかし，かりにそうした事情があるにせよ，被災者支援をふまえた震災後５年という節目を前後して，共感をもって多様なマイノリティへの支援の活動が実際に始動していることは重要である。

これは，上述のヌスバウムの言葉を用いれば，身体，感性，共生，連帯を求める一つのコスモポリタン的な活動とはいえないだろうか。こうした活動は，生活の場に焦点化しつつ，トランスナショナルな時代に対応するグローバルな視点と日常の生活世界におけるローカルな実践とを同時に射程に入れる志向性（「グローカルな」志向性）を，さらにナショナルな（国民）文化だけでなく，さまざまな文化（身体・精神・知的の障害者文化や高齢者を含む世代文化，あるいは農水産業地帯の地域文化や低所得者層の階層文化などを含む）へと拡がる志向性である。そしてそれは，日常の生活世界の足下から平等かつ自由な社会を構想していく出発点となるような実践ではないだろうか。それが現時点で，国際的規模での「法政治的なコスモポリタニズム」に直接作用するものではないかもしれないが，人々の近代国民国家への問い直しの契機をも含みつつ，グローバル・ガバナンスの

Column ⑲ 障害者差別禁止法

1990 年代に個別の国・地域で取り組まれていた障害者差別を禁止する動きは，2006 年の国連「障害者の権利条約」に結実した。2015 年 10 月 20 日現在，世界 159 カ国で批准されている。いち早く 1995 年に「障害者差別禁止条例」を制定した香港では，弁護士でもある一議員の主導のもと，障害者団体が協力して法制定が進められた。2007 年に「障害者の差別禁止及び権利救済等に関する法律」を制定した韓国，2013 年に「障害を理由とする差別の解消の推進に関する法律」を制定した日本では，国内の障害当事者からの働きかけに加え，国連の条約の存在そのものがその制定を後押しした。

長い間，障害者がこうむる社会生活上での不利益は，心身の機能の障害に起因するものであると考えられてきた。だが 1970 年代に入ると，障害当事者が，社会に存在する障壁こそが障害そのものだという主張を展開するようになる。この主張のもとでは，変わるべきは社会であることとなる。こうした発想の転換によって，障害に基づく差別を法律によって禁止しようとする試みが生まれてきたのである。

社会学の観点からすれば，障害者差別を禁止する施策の最も大きな意義は，つながりの生成にある。法制定過程においては障害者間の連帯がつくられる。そして法は，障害者の社会参画を促進する。法律だけでは人々の観念を変えることは難しい。人と人とのつながりが，個々の生活場面における差別を解消させ，共生社会を実現させる契機となるだろう。

基礎となる新たな秩序形成・社会生成への志向とつながっていくとすれば，それもまた一種のコスモポリタニズム（草の根のコスモポリタニズム）とみなすこともできるように思われる。

コスモポリタンなトランスナショナリズムの地平

おそらく，トランスナショナリズムにおいて，ナショナルなものを「トランス」していくことには，ナショナリティだけにとどまらない平等と自由への願い，つまりは多様な社会的マイノリティとの共生も求められる（筆者のいう「国際関係から人際関係」へ)。筆者としては，それこそが世界に住まう人間の共生や連帯の基盤としての「コスモポリタニズム」だといえるのではないかと考えている。それは，法政治的，哲学倫理的なコスモポリタニズムを念頭におきながらも，社会学こそが着目すべきで，かつ日常生活者が実践し始めているコスモポリタニズムに関する（被災直後の助け合いに見られる「災害ユートピア」とも異なる）一つの「リアル・ユートピア」（本書の第2章参照）の例ではないかと考えられる。

注目したいのは，ナショナリティへの問いが，地球に住むあらゆる人々へと拡大されたコスモポリタン的なトランスナショナリズムへと拡がる地平である。それはまだ部分的ではあれ，対等な人間としての関係性をもって，しかも下からの日々の実践として営まれ始めている地平なのである。それゆえ，コスモポリタニズムとは，訳語としても「世界市民主義」ではなく，さまざまなマイノリティを含む「世界万人対等主義」（西原 2016：118）と表現できる考え方である。もちろん，現実には排外主義的な人々も存在し，国家の政策的制約も大きな論点である。しかし，理念としてのトランスナショナリズムを，こうしたコスモポリタンな方向で少しずつ実践している人々への着目から考えていくことは，一種の希望の光となりうると思われる。

これまで国際社会学的な移民研究では，ミクロなレベルでの移民の動機を探って，その主観的な動因と誘因を検討するプッシュ・プル理論や，マクロなレベルでの資本主義の発展の差異や南北格差問題の由来などを歴史社会的に検討する歴史構造論，そしてそれらの中間的なメゾレベルでは，先に移住していた親族や知人などとの社会関係が人の移動を活性化するものとして考える移民ネットワーク論などが検討されてきた（梶田ほか 2005)。そしてそれらは，多くの知見を私たちにもたらしてくれた。そうした先行研究に新たに理念・理想の地平を重ねて考えようとする方向性もまた，いま国際社会学の課題の一つではないだろうか。それは，既存の移民政策を批判し，さらには移民・移住者たちの置かれている問題状況を克服しようと努める人々が暗黙のうちに懐《いだ》いている主観的思いを，あらためて学問的に問い直しつつ精緻化していくことにも役立つものであろう。このような課題の追究は，ディオゲネスの孤独な営みとは異なる地平にあるが，既存の狭い社会観を超えるという点で，彼の発想を受け継ぐものであるように思われる。

読書案内

1　I. カント『永遠平和のために』1985 年，宇都宮芳明訳，岩波文庫。

200 年以上も前に書かれたものだが，いまも国家・平和・世界のあり方を考えようとするときに示唆に富んでいる古典的著作。

2　M. ヴェーバー『社会学の基礎概念』1987 年，阿閉吉男・内藤莞爾訳，恒星社厚生閣。

個々人の行為から国家までを論じた，現代社会学にいまもって大きな影響を与えている社会学の必読文献。

3　M. C. ヌスバウム『正義のフロンティア――障碍者・外国人・動物という境界を越えて』2012 年，神島裕子訳，法政大学出版局。

いま正義という視点から何を考えるべきかを論じた哲学・倫理学系の著作だが，現代社会の未来像を考えようとするときに，問うべき論点が数多く示されている。

■参照文献

ベック，U., 2011,「第二の近代の多様性とコスモポリタン的構想」（油井清光訳），U. ベック・鈴木宗徳・伊藤美登里編『リスク化する日本社会——ウルリッヒ・ベックとの対話』岩波書店。

バーバ，H. K., 2009,『ナラティヴの権利——戸惑いの生へ向けて』磯前順一・G. ダニエル編訳，みすず書房。

Delanty, G., 2009, *The Cosmopolitan Imagination: The Renewal of Critical Social Theory*, Cambridge University Press.

Delanty, G., ed., 2012, *Routledge Handbook of Cosmopolitanism Studies*, Routledge.

Delanty, G. and D. Inglis, eds., 2011, *Cosmopolitanism I〜IV*, Routledge.

Frank, A. G., 1972, *Lumpen-Bourgoisie and Lumpen-Development: Dependency, Class, and Politics in Latin America*, Monthly Review Press.＝1978，西川潤訳『世界資本主義とラテンアメリカ——ルンペン・ブルジョワジーとルンペン的発展』岩波書店。

Habermas, J. 1996, *Die Einbeziehung des Anderen: Studien zur politischen Theorie*, Suhrkamp.＝2004，高野昌行訳『他者の受容——多文化社会の政治理論に関する研究』法政大学出版局。

Held, D. 2010, *Cosmopolitanism: Ideals and Realities*, Polity Press.＝2011，中谷義和訳『コスモポリタニズム——民主政の再構築』法律文化社。

梶田孝道・丹野清人・樋口直人，2005,『顔の見えない定住化——日系ブラジル人と国家・市場・移民ネットワーク』名古屋大学出版会。

Kant, I., 1984［1795］, *Zum ewigen Frieden*, Reclam.＝1985，宇都宮芳明訳『永遠平和のために』岩波書店。

西原和久 2010,『間主観性の社会学理論——国家を超える社会の可能性［1］』新泉社。

西原和久，2016,『トランスナショナリズムと社会のイノベーション——越境する国際社会学とコスモポリタン的志向』東信堂。

西原和久・油井清光，2010,『現代人の社会学・入門——グローバル化時代の生活世界』有斐閣。

西原和久・保坂稔編，2013,『増補改訂 グローバル化時代の新しい社会学』新泉社。

西原和久・芝真里・小坂有資，2014「海を渡る移住者たち——大震災・移民・ローカルマイリティ」『コロキウム：現代社会学理論・新地平』(8)。

Nishihara, K. and M. Shiba, 2014, Migration and Migration Policy in Japan: Toward the 21st Century Multicultural Society, in S. K. Kim, et al., eds. *A Quest for East Asian Sociologies*, Seoul National University Press.

Nussbaum, M. C., 2006, *Frontiers of Justice: Disability, Nationality, Species Membership*, Harvard University Press. = 2012，神島裕子訳『正義のフロンティア——障碍者・外国人・動物という境界を越えて』法政大学出版局。

Pogge, T., 2008, *World Poverty and Human Rights*, 2nd Ed. = 2010，立岩真也監訳『なぜ遠くの貧しい人への義務があるのか——世界的貧困と人権』生活書院。

Rawls, J., 1999 [1971], *A Theory of Justice*, Revised Edition, Harvard University Press. = 2010，川本隆史・福間聡・神島裕子訳『正義論〔改訂版〕』紀伊國屋書店。

Sen, A., 2009, *The Idea of Justice*, Penguin. = 2011，池本幸生訳『正義のアイデア』明石書店。

Wallerstein, I., 1974, *The Modern World-System I: Capitalist Agriculture and the Origins of the European World-Economy in the Sixteenth Century*, Academic Press. = 1981，川北稔訳『近代世界システム論 I』岩波書店。

Wallerstein, I., 2004, *World-Systems Analysis: An Introduction*, Duke University Press. = 2006，山下範久訳『入門・世界システム分析』藤原書店。

Weber, M., 1972 [1921], *Wirtschaft und Gesellschaft*, J. C. B. Mohr. = 1987，阿閉吉男・内藤莞爾訳『社会学の基礎概念』恒星社厚生閣 = 1960，石尾芳久訳『国家社会学』法律文化社。

山田信行，2012，『世界システムという考え方——批判的入門』世界思想社。

■索　引

事　項

●さ　行

●な　行

●は　行

●ま　行

人　名

国・地域

●や　行

●ら　行

●編者紹介

西原和久（にしはら　かずひさ）

成城大学教授

樽本英樹（たるもと　ひでき）

北海道大学教授

有斐閣コンパクト

現代人の国際社会学・入門
——トランスナショナリズムという視点

Introduction to Global Sociology for Contemporaries:
New Perspectives of Transnationalism

2016 年 5 月 15 日　初版第 1 刷発行

編　者	西　原　和　久 樽　本　英　樹
発行者	江　草　貞　治
発行所	株式会社　有　斐　閣

郵便番号101-0051
東京都千代田区神田神保町２－17
電話（03）3264-1315〔編集〕
（03）3265-6811〔営業〕
http://www.yuhikaku.co.jp/

印刷・大日本法令印刷株式会社／製本・大口製本印刷株式会社

★定価はカバーに表示してあります。

ISBN 978-4-641-17421-4

ゆすはら物語

龍馬脱藩と「土佐源氏」の里で

「空気がうまいですね」

と私は思い切り深呼吸をした。

宿泊したホテルは町の中心地にあった。周辺の電線は地中化され、清流にかかるアーチ橋は現代建築の粋を結集したような木造だ。

「先生、昭和三十年代の川町みたいです」

と私は歩きながら言った。

昭和三十年（一九五五年）ごろまで、森から伐《き》り出された材木は筏《いかだ》に組まれて川を流れ、ポッカリと田が広がる中流の里に流れ着き、集積された。集積地では売買する商人らが集まり、町となった。そんな町が各地にあった。

山折は懐かしそうに目を細め、橋の上から川面を眺めている。

「いま、影が動いたぞ」

私も清流に見入った。

「ハヤ（カワムツ）ですね。この時期、甘露煮にするとうまいんですよ」

ハヤは泥臭い川魚だが、冬は比較的その臭みが抜ける。茶で煮たうえで醤油、砂糖、酒などで煮詰めて甘露煮にすると、ほどよく苦味が効き、酒に合うのだ。

川の名は檮原川という。天下の清流、四万十《しまんと》川の上流にあたり、流れ行く先には太平洋が広がっている。

橋の下を長さ一メートルばかりの笹竹がゆったりと流れていった。

四万十川河口の沖にはフィリピンを源流とする黒潮が白波を立てて北上しているはずだ。

「あの笹竹、黒潮に呑み込まれたら気仙沼あたりまで流されるかもしれませんね」

「ゆうべ食ったカツオも、黒潮に乗って旅をしてるんだ。あれはうまかった。さすが本場だなあ」

四国カルストから吹き下ろす川風が橋の上を絶え間なくさらい、寒気が身に染みた。笹竹の行方を見送った私たちは、肩を震わせながら車に飛び込み、宿泊したホテルのフロントでもらった観光地図を広げ、現在地と目標地を確認した。「龍馬脱藩の道」と付記された赤い線が落とし込まれている。

「茶や谷」と記された地区に鳥居のマークが示され、「竜王宮」とあった。道は川に沿って蛇行している。私たちは深い渓谷の底を這うように竜王宮を目指した。行くけども行けども山ばかりである。

「人なんていねえよ」

と景色を眺めていた山折がつぶやいた。

「土佐源氏」の足跡

四国の山間地は谷が急峻で、分け入るほどに視界が狭くなる。これといった目標物などなく、同じような道幅の枝道がひょいと現れる。どちらに行けばいいのか尋ねようにも、人はいない。そんなとき、こっちだよ、とささやくように導いてくれたのは「龍馬脱藩の道」と記された手作りふうの木製看板だった。

「六丁」という集落から看板に従って右折し、小さな小学校の脇を通り過ぎると正面に白銀の絶壁が卒然と立ちはだかった。

「あれが四国の屋根、四国カルストです。この道はもうすぐ尽きます」

四国カルストは約千メートルから千五百メートルの標高で約二十キロにわたって東西に延び、愛媛県の久万高原《くまこうげん》町、西予《せいよ》市と高知県の津野町、檮原町の境界付近にまたがっている。ほどなくして、小さな集落が現れた。茶や谷の集落だろう。車の高度計は約六百メートルを示し、大きな赤い鳥居が見えた。

集落に入ると三叉路があり、「龍馬脱藩の道」「竜王宮」と記された標識が立てかけられていた。

「ここみたいです」

三叉路を右折するとコンクリート製の狭い橋があり、渡ると参拝者用の駐車場があった。

「集落のわりに大きな鳥居だなあ」

車を降りた山折は鳥居を見上げ、集落を振り返る。

集落のその一画は、橋のたもとを挟むようにして木造家屋が肩を寄せ合って並んでいる。いずれも、かつては商店だったようだが、閉店後何十年も経過しているようだ。旧街道の気配を濃厚に漂わせている。『土佐源氏』に描写される雰囲気そのものだ。

> ここは土佐の山中、檮原《ゆすはら》村。そしてこの老人のこの住居は全くの乞食小屋である。ありあわせの木を縄でくくりあわせ、その外側をむしろでかこい、天井もむしろで張ってある。（中略）天井の上は橋。

橋に続く道路はかさ上げされ、両側の家の基礎は路面から二メートルほども低くなっている。橋の下流側のたもとは旅籠《はたご》ふうの二階建てで、道路から一階部分へ潜り込むように階段がある。恐る恐る下りてみると、目の前に川が流れ、居心地がいい。

三叉路に戻ると、角に平屋建ての店舗があり、横書きで「D'a Pan屋」と大書された看板が掲げられていた。古民家を改造したような建物で、ガラス窓から中を見ると、テーブル席が四つ設《しつら》えてあり、明かりは消されている。のぞき込んでいると、後ろから声をかけられた。

「何かご用ですか？」

振り向けば、コックふうの白い調理服を着た男性が立っていた。あわてた私は挨拶もせず、名乗りもせず、ぶしつけに聞いてしまった。

「あのう、土佐源氏はこのあたりに住んでいたのでしょうか？」

「私は地元の人間ではないので……」

男性は穏やかな口調で前置きして言った。口元に笑みを浮かべている。

「そのことはオーナーが詳しいはずなのですが、あいにく留守にしておりまして」

「ありがとうございます」

足早に橋へ戻ると、山折は橋の上から川面に見入っていた。川は、今朝がた見た檮原川のさらに支流、というより、四万十川源流のひとつ、四万川川《しまがわかわ》で、名前は少しややこしいが、四万川地区を流れる川だから、そう名づけられたのだろう。川幅は四メートル程度だろうか。岩を割るように渓流が勢いよく流れ、水はすっきりと透き通っている。川底が白っぽいのは、カルスト台地の麓だけに石灰岩の砂利なのだろう。

「あれもハヤかい？　ほら、そこの岩の下へ隠れた」

山折は橋の下を指さした。白銀の峰から吹き下ろした風が、ヒヤリと頬を撫でた。

「龍馬脱藩の道を越えた宮本常一は、このあたりで土佐源氏と出会ったんだなあ」

と山折は感慨深そうだ。

『土佐源氏』の題名には本来、「土佐の源氏物語」の意味が込められているのだろうが、私たちはその主人公、すなわち宮本が茶や谷の橋の下で出会った盲目の老人その人を「土佐源氏」の名で呼んでいた。その土佐源氏は、宮本が出会ったときの年齢からすれば、龍馬が脱藩したころに生まれた人と見ていいだろう。司馬遼太郎の小説『坂の上の雲』の主人公、正岡子規や秋山真之と同時代人とも言えるが、歴史に名を遺した彼らと違って、江戸、明治、大正、昭和という時代を四国の山村で、それこそ地を這い回るように生き抜いた〝語り部〟だった。そのリアルな息遣いを宮本常一の著作は雄弁に物語る。

土佐源氏は四国山間地の馬喰《ばくろう》だった。

> わしの仕事は親方のいいつけで牛市へ牛を追うていくことと、百姓家へ替える牛を追うてあるくことじゃった。今日も来る日もあっちこっちへ牛を追うていく。その牛がまた毎日かわっている。あっちの牛をこっちへやり、こっちの牛をあっちへやる。

土佐源氏は、檮原から韮ケ峠を越えた伊予国の山村に生まれ、牛を追いながら現在の愛媛県西予市と高知県の檮原町にまたがる四国カルストを渡り歩いた。その道は「裏遍路みち」とも呼ばれ、正式な遍路道を歩くことを自らはばかった遍路や盗人も通った。

橋を後にした私たちは車に乗り込み、細い坂道を上った。二百メートルも行くと四つ角があり、「龍馬脱藩の道」と記された看板が再び現れた。矢印が左折するよう促している。曲がり角に二間（約三・六メートル）四方の「茶堂」があった。

「これはまた、古風な建物だなあ」

山折が興味深そうにのぞき込む茶堂は、四方に柱があるだけで屋根は茅葺《かやぶ》きである。通りに面した三方には壁がなく、森を背にした一面だけが板張りで、中央に祭壇が設えてある。祭壇には地蔵が祀《まつ》られていた。

こうした茶堂は町内に十ヵ所保存され、いずれも江戸時代の初めごろに建てられたものらしい。地蔵のほか、弘法大師空海、そして「孝山《こうざん》さま」と呼ばれる戦国時代の古い領主が祀られ、土地の信仰を集めてきた。旅人や遍路は疲れた足を休め、地元住民が無償でお茶などを提供する「お接待」の場として息づいている。

龍馬が脱藩したときも茶堂はここにあったはずだ。旧街道は茶堂付近を境に里から森へ呑み込まれた。うっそうとしたスギやヒノキの林の中をウネウネと蛇行しながら急傾斜を駆け上がる。

檮原一帯の山間地はミツマタ、コウゾの栽培が盛んだったが、戦後はスギ、ヒノキに植え替えられた。ミツマタ、コウゾは和紙の原料となるアジサイほどの低木で、春先になると枝先に黄色い花だけをつける。いまでこそうっそうとした深緑をたたえるスギ、ヒノキの森は、その昔は春になると黄色い花が咲き乱れ、大地は陽光に満たされていたのである。

土佐源氏もコウゾにまつわる逸話を語る。

> 婆と二人で世帯をはって、わしは紙問屋の手さきになって楮《こうぞ》を買うてあるいた。三年ほどの間じゃったが、わしがまァ、一番人間らしい暮らしをした時じゃった。（中略）
> 楮の中にガンピというのがあって、それはお札《さつ》の原料になる。そのガンピは官林の中にえっとあって、百姓衆は官林で払いさげてもろうてそれをとる。

「四国の山間地はもともと焼き畑が盛んで、高知県と愛媛県の県境付近では平成になるまで行われていたそうです」

と私は説明した。

ミツマタ、コウゾは焼き畑の産物である。焼き畑とは、森を焼き払ってソバやトウキビ、アワ、ヒエなどの穀物を植える農業で、年々地力が衰えることを避けるため、作付けに順序がある。最後に植えられるのがミツマタ、コウゾといわれる。

道は鋭角に蛇行し、森はますます深くなった。ときに視界が開け、遠い山が重なる波のように見晴らせた。

「焼き畑かあ」

と山折はつぶやく。米に依存しない焼き畑は、稲作農耕とはひと味もふた味も違う文化や精神を醸成させた。そもそも集落形成が違うのだ。

「日本らしい」といわれる里の景色を思い浮かべてほしい。最も低地にある川を中心に土手があり、田が続き、川から離れた山際に道と集落がある。畑は集落の周辺。森は薪《たきぎ》などを取る入会山《いりあいやま》以外、神仏や魔物が暮らす異界として畏れられた。現在のように林業が行われるのは明治以降であり、山はふだんは里人の立ち入らぬ場所とされていた。ところが、四国の山間地ではこの順序がたびたび逆転するのだ。

まず、幹道が尾根を走る。その道から小路が枝分かれし、下りると水場があり集落が現れる。集落は山々の中腹に鉢巻を巻くように等高線上に連なり、家のまわりには野菜畑。集落周辺の山麓は黄色い穂を垂れるアワやヒエ、萌黄《もえぎ》色の葉を茂らせるトウキビ、クワの葉、そしてミツマタ、コウゾなどが、色とりどりの布を継ぎ合わせたパッチワークのように広がり、深い谷底へと続いていた。色彩としては暖色系で、冬も大地まで陽光が届く。稲作農耕に伴う封建制という秩序のタガもゆるく、人々の気分もひろやかだった。

「そういえば『土佐源氏』には、この山の奥に泥棒が泊まる宿もあったと書かれていたな」と山折は指摘した。「おとし宿」のことである。

> 盗人はごうどう亀ばかりじゃない。ずいぶんえっとおったもんで、またそれの宿があった。盗人宿ともおとし宿ともいうてな。たいがいは山の腹にポツンと一軒あるような家が多かった。盗人をとめたり、盗人のとったものを売ったりしておった。だからぬすっと宿ちうもんはたいがい、ええ身代をつくっておる。

「ごうどう亀」とは、全国を震撼させた明治の怪盗、池田亀五郎のことだ。通称、強盗亀。幕末に現在の愛媛県大洲市に生まれ、明治二十年（一八八七年）ごろから檮原周辺の四国西南域で強盗を働き、公判で立証された犯罪は、窃盗二十三件、強盗八件、強盗未遂三件、強盗強姦二件、強盗傷害二件、傷害二件。本人の自供では婦女暴行三百件、年平均百件の強盗・窃盗を働いたという。明治四十年（一九〇七年）に逮捕され、翌年死刑執行された。

行く手に通行止めの標識が現れ、道端に「龍馬脱藩の道」と記された例の看板がたたずんでいる。看板は道路から森の小路を上るように促していた。小路は幅約一メートル程度だろうか。車を降りて枯れ葉を踏み込み、分け入ると、香ばしい森の香りに包まれた。「ようこそ」と森の小さな神さまにささやかれたような気持ちになった。

「高知城下で太平洋を眺めて育った龍馬は……」

と森に入ってきた山折が語り始める。

「いざ脱藩し、天下に躍り出るためには、踵《きびす》を返して北に立ちはだかるこの厳しい峠を越えなければならなかったわけだ」

そう言って、あたりの空気を味わうように深く吸い込んだ。

そのとき、ちょうど目の前の枝にジョウビタキが止まった。スズメほどの大きさで渋いオレンジ色をしている。

「冬になると北国からやってくる渡り鳥で、好奇心が強いんですよ」

と私は説明する。ジョウビタキは私たちとの距離を少しずつ縮めるように枝から枝へと飛び移った。

「様子をうかがってるんですね。エサがほしいのかな」

耳を澄ますとさまざまな野鳥の声が聞こえ、ハーモニーを紡いでいた。

「和をもって貴しと為《な》す」

と、それを聞いていた山折が急に話を転じた。

なぜか聖徳太子の「十七条憲法」の話だ。

「聖徳太子は氏姓制度で分断されていたこの国をつくり変えるため、氏族社会的な思想を打破し、『和』の精神にたどり着いたと私は解釈している。龍馬は幕藩体制によって分断されたこの国を再編し、日本という一つの国にするため『船中八策』を立案した。ここに聖徳太子が唱えた『和』の精神が貫かれていると思うんだ。『和』は日本文化の特徴といわれているが、単に仲よくすればいいということではなく、古い確執を破壊し、新しいものを目指して進んでいくために、さまざまな諸勢力を連合させることを意味している。破壊なき和の精神は、ただの談合だ」

まるで森の教室で、講義を聴いているような心地になってくる。

受講生のジョウビタキは、ついに二メートル程度まで近づき、機敏に尾を上下に動かしている。

森を渡る風がカサコソと雑木林を揺らせた。空は相変わらず抜けるように青い。

龍馬が脱藩した韮ケ峠までは、森の小路を歩いて約三時間という。

「よし、龍馬追跡はここまで」

と山折は終了宣言し、学生に課題を課すときのような含みのある笑顔になって付け加えた。
「おかげで妙な拾いものをしたな」
そして静かに、もと来た小路を下っていった。

維新の門

翌年、私は山折の言う「妙な拾いもの」と向き合うため、四国カルストの雪解けを待って再び「茶や谷」を目指した。

松山市内から国道三三号で久万高原町を経て、国道四四〇号で檮原町中心地まで、約九十分。新緑に染まる山々を幾重も越え、県境の地芳《じよし》トンネルを抜けると、ほのかに風が和らいだような気がした。

山折が言った「妙な拾いもの」とは、龍馬脱藩の土地で見つけた『土佐源氏』の舞台のことに違いない。

しかし山折が言う以上、それは単に物語の舞台がそこだということではなく、その土地の地形や自然、人々の暮らしや気風、歴史などが絡まり合った何かのことなのだ。そして、その〝何か〟に十分には触れていないから、私の中には課題が与えられたような感覚が残ったのだろう。

とりあえず、もう一度しっかりと「茶や谷」を見てみよう。松山から車のハンドルを握りながら私が考えていたのは、そんなことだった。

檮原町中心地の入り口付近に差しかかると、川を隔てて社《やしろ》があった。

檮原川が大きく蛇行する内側（西側）に神域の森を広げる「三嶋神社」だ。

秋には国指定重要無形民俗文化財の「津野山神楽」が奉納され、檮原町指定文化財にもなっているこの神社へは、国道側から木造の屋根付き橋を渡って境内に入るようになっている。その屋根付き橋は長さが五十メートルもあるだろうか。流れる水は初夏の光を照り返し、瑠《る》璃《り》色に輝いている。背後の森と水面と橋のバランスが美しい。

車を降りて立ち寄ると、橋のたもとに神社の由緒について記した立て札があった。

それによると、この三嶋神社は、当地の領主、津野氏が伊予の河野氏に協力して藤原純友の乱を平定したのち、伊予三嶋大明神を勧請して祀ったものらしい。現在の本殿は享和三年（一八〇三年）に、拝殿は明治二十三年（一八九〇年）に再建されたと記されている。

屋根付き橋は「神幸橋《みゆきはし》」といい、「坂本龍馬脱藩の道」のコースにもなっている。檮原町産の木材で造られているらしく、木材ならではの質感と構造美が雅《みやび》な風格を漂わせながら、人々と神々の領域をつなぐ回廊としてドラマチックな面影を見せていた。

橋の途中にはベンチがあり、座ると足下を流れる川の瀬音に全身が包まれた。

その川の流れ行く先に、檮原の町がこぢんまりと寄り添うように見える。

立ち上がって再び歩き始めると、カツカツと橋を渡る靴音が瀬音に吸い込まれ、心身のわだかまりが洗い流されていくような気持ちになる。渡った先には神さびた森。まるで神代の昔にタイムトリップするような感覚で渡り終えると、木々の匂いが立ち込め、巨木が出迎えてくれた。巨木は樹高約三十メートル、周囲約三十七メートルの松で、樹齢は約四百年。戦国時代に檮原を治めていた津野親忠が、豊臣秀吉の命で朝鮮出兵した際に持ち帰って植えたものと伝えられる。

檮原は京の貴族、津野経高が約千百年前に入植し、荘園化したことに始まるという。

その歴史を通じていくつもの神社が造られ、現在の檮原町内には同じ「三嶋神社」という名の神社も複数あるが、規模でいうなら、この三嶋神社が最も大きく、拝殿の彫刻がデラックスだ。入り口に桃山ふうの破風《はふ》があり、鳳凰や龍などが隆々とデコレーションされている。明治二十三年、山口県周防《すおう》大島の大工・中本喜作の作と記されてあった。

さて、檮原の町はこの神幸橋から南側が中心地となる。

深い山と森に囲まれた、静かで小さな町という印象ではあるが、いざ、そこに立ってみると、電線が地中化され、空が広い。国道に沿ってゆったりと歩道があり、町並みも品よく整っている。私はそこに、昨年初めて山折と来たときから惹かれるものを感じていた。

歩道には点々とブロンズ像が並び、目を近づけてみると恵比寿や猿田彦など、津野山神楽に登場する神々だった。歩道はまさに「神さまロード」といったところだ。

「神さまロード」には自家焙煎のコーヒー専門店、農家民泊、整体、スーパーマーケット、飲食店などが軒を連ね、中心付近に「マルシェユスハラ」がある。高床式倉庫の茅《かや》葺き屋根部分を幾重にも積み上げて高層化したような現代建築で、周囲の森と無理なく溶け合う巨大な社といった風格だ。中に入ると一階は地元特産の土産物がズラリと並び、吹き抜けの天井が高い。三、四階はホテルになっていた。

この町は現在、町内で消費するエネルギーの約二七パーセントを自ら賄《まかな》っているという。

エネルギー源は風力、太陽光、小水車、地熱。そして木材チップによる暖房だ。売店の壁に貼られた高知新聞の切り抜きによると、東京電力福島第一原子力発電所の事故以来、全国から自治体の見学ツアーが増えているらしい。

エネルギー問題は文明問題といえるだろう。自然エネルギーの割合が高くなれば、嫌でも自然との共生に目が向くようになる。まとまった商業地や工場のない山間や海辺の自治体が自然エネルギーへの依存度を上げれば、日本人の意識は変わっていくに違いない。檮原町はその先進地として新たな文明観を紡ぎ出そうとしているのかもしれない。

マルシェユスハラのフロントで観光パンフレットを手に入れ、車を置いて、あたりを散策することにした。

檮原は幕末、十人の脱藩志士を輩出したといわれる。

代表的な人物として挙げられるのは、天誅組を組織して大和で挙兵した檮原の庄屋、吉村虎太郎。土佐一の槍の達人と称された那須俊平。俊平の養子で土佐藩佐幕派の巨頭、吉田東洋を斬った那須信吾。龍馬とともに脱藩し、勝海舟の神戸海軍塾から亀山社中まで龍馬の片腕として働いた澤村惣之丞。那須俊平に剣を学び、天誅組で虎太郎とともに戦った前田繁馬。那須俊平に剣を学び、長州忠勇隊に入隊し、禁門の変に参戦した中平龍之助。虎太郎をはじめ、脱藩する同志を命がけで経済的に支援した掛橋和泉……といった面々だ。土佐城下の志士チームだった龍馬は、いざ脱藩という刹那において長州の志士と気脈を通じていた檮原の志士らと韮ケ峠を抜けたのだった。

町中心の丘に八人の等身大のブロンズ像「維新の門」がある。向かって左側に抜刀して駆ける天誅組の前田繁馬、那須信吾、中平龍之助、指揮する吉村虎太郎が、右側に那須俊平、坂本龍馬、澤村惣之丞ら檮原から脱藩した志士らが並び、中央に彼らを見守るように掛橋和泉が穏やかな表情で立つ。

ここから日本が変わったのだ。

そして、彼らの屍《しかばね》の上に私たちがいる。

ここにいる八人は、明治という時代を呼び込みながら、その果実を拾うことなく果てた。土佐の桂浜で太平洋を見渡す龍馬像を見て大志を揺さぶられた後は、少し遠くてもこの檮原を訪れ、維新の門を眺めて韮ケ峠を駆け上がり、伊予へ一歩踏み出す——といった若者が増えれば、その分だけ日本は元気が出るのではないか。

維新の門の近くの高台には、吉村虎太郎屋敷跡に移築された掛橋和泉邸がある。

掛橋和泉は神幸橋の架かる三嶋神社の神職の養子で、吉村虎太郎と親交を重ね、勤王の志を固めた。密かに家財を費やして脱藩した同志を支援したが、養母に知られ、自決した。同志に累が及ぶことを恐れたためと言われている。屋敷跡からは檮原の町並みをやさしく包む山々が見晴らせ、庭のミツマタが黄色い花を揺らせていた。

この景色を、もともとの住人であった虎太郎ほど愛した男はいなかったに違いない。

ここで少しだけ、虎太郎について触れておこう。

吉村虎太郎は、天保八年（一八三七年）、芳生野《よしうの》村（現・高知県津野町）の庄屋、吉村太

平重雄と妻、雪の長男として生まれ、十二歳で北川村、十八歳で須崎浦（現・須崎市）の庄屋などを歴任、二十三歳で檮原村大庄屋となった。民政に長け、藩と交渉して年貢を銀納から畑稲に変え、換金性の高い和紙の増産にも励んだ。また、災害などの復興に備えて村内で積み立てをし、石の金庫に貯蓄した。

文久元年（一八六一年）、高知の武市半平太を中心に土佐勤王党が結成されると、いち早く加盟し、翌年一月には武市の命で長州に赴いた。そして長州の久坂玄瑞らから「薩摩藩の島津久光が近く上洛する。この機に討幕の旗揚げを」と誘われて、翌月帰国した。しかし決起の進言を武市に断られ、龍馬と相通じて脱藩を決意する。

同年三月五日、「土佐の殿様より、密使を命じられたため薩摩へ旅立つ」という口実で親戚、友人らと門出の宴を催し、翌朝出立。人々は列をなして見送り、虎太郎は馬にひと鞭当てて走り去った。虎太郎は番所を通過するときですら、騎乗のまま番人に「ご苦労」と声をかけたという。これほどあからさまな密使があるだろうか。村を挙げての送別ムードではないか。虎太郎は番所のある宮野々《みやのの》から九十九《くじゅうく》曲《まがり》峠を越え、伊予国（現・西予市城川）へ抜け、肱《ひじ》川《かわ》河口の港町、長浜の豪商、富屋を目指した。

富屋は勤王の志士を援助していた紺屋で、虎太郎が遺した書状が残っている。書状には脱藩の身ながら宿泊、接待してもらったことへの礼と、今後、次から次へと土佐から脱藩志士がやってくるので面倒を見てほしいと綴られていた。

龍馬が惣之丞とともに脱藩し、富屋を訪れたのは三月二十七日。翌日、瀬戸内海を渡り、長州藩の港町、三田尻（現・山口県宇部市）に上陸した。

化粧坂をゆく

虎太郎屋敷跡から田んぼの脇の小川に沿って坂路を上ると、ほどなくして「化粧坂」との四つ角に出る。小川の水は澄み、ところどころに鮮やかな緑色の水草が点在していた。しゃがみ込んで見ると、おいしそうなクレソンだ。そこから木立の中に続く小路をゆくと、虎太郎をはじめ、檮原出身の六人の志士の墓が並んでいた。脱藩後、ひとりとして生きて故郷を見た者はいないが、その御霊はふるさとに迎え入れられ、春秋を見守っているようだった。

あたりは、草木の匂いまでが潔く際立っている。

地元の子どもたちの声がその坂をにぎやかに駆け上がってきたかと思うと、後ろから年配の女性たちの声がゆっくりと続いてきた。時計は正午を指している。

虎太郎屋敷から百メートルも上がらぬうちに、坂の峠に差しかかり、茅葺きの茶堂があった。屋根が苔むし、背後の雑木林と溶け合うように見えた。去年の暮れに茶や谷で見た茶堂と同じだ。茅葺きの屋根がところどころ深緑色に苔むしている。虎太郎らもここで世の動向と、我が行くべき道に思いを馳せたことがあったのかもしれない。あるいは仲間と相談した日もあっただろうか。

にぎやかな声が続々と茶堂に集結していた。小学生の女の子が三人と男の子がひとり、おばさんが三人。

「高知から檮原の親戚の家にイタンポを摘みに来ちゅうよ」

と、赤いバンダナで頬被りをしたおばさんがビニール袋を広げて見せてくれた。高知県ではイタドリのことをイタンポと言い、積極的に食べる。

「茎の根が赤いんがうまいんよ。これだけあったら毎日イタンポ攻めじゃ」

もうひとりのおばさんがそう言ってケタケタと笑った。このおばさんはヒマワリの柄のエプロンをして、弾けるように声が明るい。

高知県民は初夏、イタドリを採取する。皮を剥《は》いで水にさらしてアクと酸味を抜くなど下ごしらえしたうえで冷凍保存し、油で炒めて調理するのだ。コリコリとした食感と独特のうま味は酒の席には欠かせないのだとか。

「まぁ、どちらから？　これ、おあがんなさい」

と、とびきり眉の濃いおばさんが、ロバのようなまつ毛を上げ下げしながらポットから湯のみにお茶をついでくれた。よかったら、これもどうぞ、と私の膝元に草餅をひとつ。差し出す手元にさり気ない気品を感じた。小学生の女の子二人は三年生で、いとこ同士だと自己紹介してくれた。

「山茶ですね」

ロバのおばさんに話しかけると、うれしそうに、自家製じゃきに、と胸を張った。山茶は四国山間地で古くから作られる茶で、木は木立の下や畑の石垣などに自生するように点在していることが多い。葉は蒸さずに焙烙《ほうろく》で炒り、ヤカンで煮出すが、香ばしさと渋みは独特の味と風味で、ウーロン茶のように茶色い。この茶は幕末から明治時代、生糸などとともに日本の数少ない輸出品だったが、大正時代以降は積極的に緑茶の木に切り替えられたため、少なくなった。

「お餅も自家製じゃきに」とヒマワリが追い打ちをかけてきた。食べて褒《ほ》めろ、という意味だ。こういうものは理屈抜きでうまいに決まっている。

しっかりと頬張り、大げさに目を白黒させながら「うまい！」と唸《うな》ると、ヒマワリとバンダナとロバが手を叩きながら笑いこけ、背中をバンバン叩いてくる。息を整え、絶賛することにした。

「春の味がしますね。塩加減もちょうどいい」

「そりゃ、あんた。名残雪の降る日に摘んだヨモギを蒸して作ったもんじゃきに、香りが違う。塩加減は年季よ」

ヒマワリが小声で説明し、またまた私の肩をバンバン叩く。一問一答でいちいちはしゃぐ、年季の入った娘のようなものだ。

子どもたちは弁当を食べ、山路をさらに奥へと駆け出して行った。

あけすけなおばさんたちの笑顔に包まれて話すうち、野鳥のさえずりや風の匂いまでもが懐かしく思えてきた。

土佐にはそういう魅力がある。

子どもたちを追いかけながら木立の中の旧街道をゆくと、今度は那須俊平、信吾邸跡に行き着いた。高知城下を奔出した龍馬は文久二年三月二十五日、ここに到着し、一夜を明かしたという。

那須信吾は土佐藩の藩士、浜田光章の三男として文政十二年（一八二九年）十一月、佐川村（現・佐川町）に生まれ、森村（現・仁淀川町）で医者をしていた。六尺（約百八十センチ）という長身に恵まれた怪力の持ち主で、走ることにおいては馬より速いと畏れられたという。檮原から高知まで二十三里（約九十キロ）を一日で駆け、「天狗さま」と称されたとも伝えられる。檮原の郷士・那須俊平に惚れ込まれて娘婿となり、自宅横の道場で子弟の教育にあたった。

文久元年（一八六一年）、土佐勤王党に加盟。翌年の龍馬脱藩の際は、俊平とともに龍馬と惣之丞を韮ケ峠まで案内し、檮原へ引き返した。父・俊平は韮ケ峠を越え、伊予宿間《しゅくま》村（現・内子町宿間）まで見送り、引き返している。

その後、土佐に政治的激震が走った。

四月八日、信吾ら三人の志士が、高知城下で土佐藩政を牛耳る傑物で藩家老の吉田東洋を暗殺し、脱藩したからだ。このときから土佐勤王党は幕末へ向け、前のめりで突っ走る。東洋を斬った信吾は仁淀川沿いに北上し、伊予松山の三津浜（現・松山市三津浜）から下関へ渡り、入洛。京都の久坂玄瑞を頼り、長州藩邸に潜伏した。

俊平は実娘で信吾の妻、為代と、二人の孫を守った。

藩家老の吉田東洋を斬って脱藩し、家族に累が及ばないわけがない。

藩主、山内容堂は右腕の東洋を引きちぎられ、江戸で激怒している。

土佐藩士は檮原に赴き、信吾の妻の所在を詮議しようとした。こういう場合、時代劇では、妻は問答無用でしょっ引かれ、「亭主はいずこに逃げうせた。吐け！」と拷問、時間の問題で獄中死——と展開しそうなところだが、なぜか「お構いなし」だったという。

檮原という土地は古来、山間の独立国といった気概をみなぎらせている。

「土佐藩がなんぼのもんか。藩士らが泊まった檮原の旅籠の女将が〝詮議などしようもんなら、おまんらの体と頭は離れてしまうがよ〟と脅したからじゃきに」

と、この土地の古老はいまも誇らしげに言う。

俊平は潜伏していた信吾に書簡で槍術免許皆伝を与えて激励する一方、自らを励ます歌を遺していた。

残し置く二人の孫を力にて老いぬることも忘れけるかな

那須俊平、信吾邸跡は竹藪の中にあった。山路を挟んで敷地跡があり、俊平、信吾をはじめ、一族の墓が並んでいる。敷地跡で子どもたちが、頭を数珠のように並べてしゃがみ込んでいた。

輪の真ん中をのぞくと一匹のカメが見えた。

「イシガメじゃ」

私もしゃがみ込んでささやくと、さっき自己紹介してくれた髪の長い女の子が言った。

「こんなふうに、のそのそ歩きよった」

顎を突き出し、再現して見せる仕草に、ケタケタと子どもたちが笑う。イシガメは手足と頭を長さ十センチ程度の甲羅に隠し、騒動が去るのをじっと待っているようだ。それを男の子が笹の先でつついた。

カメはますます頭を引っ込めるばかりだ。意地でも動かない。

「持って帰って飼おう」

と男の子が手を出そうとした瞬間、姉だという女の子が牽制した。

「ママに怒られるわよ。うち、マンションやし」

「でも、なんでこんなところをひとりで歩きよったんじゃろ。カメは池にいるのに」

と髪の長い子が首をひねる。

「脱藩じゃな」と私はつぶやいた。

「パン？」

子どもたちは口々に言い、不思議そうな顔をする。カメがパンを探して池から抜け出し、山中をさまよっていると思ったらしい。

「卵を産みに行きよる途中かもしれんな」

と説明すると、男の子が驚いたように言った。

「えっ、カメって山に卵を産むん？」

ほかの子どももも改めてジロジロとカメと見つめた。

上洛した信吾は長州藩邸という甲羅に、それこそ身を縮めるようにして潜伏していた。討幕のため上洛する――と長州の久坂玄瑞から聞かされていた薩摩藩の島津久光が、京で浪士取り締まりに出るという、あべこべな事態になったからだ。

四月二十四日、薩摩藩士が長州藩士を襲撃する「寺田屋の変」が勃発。虎太郎は薩摩藩邸に監禁された後、土佐藩に引き渡された。薩摩藩の変節にアワを食った長州藩は五月十日、アメリカ船を砲撃。尊王攘夷の火ぶたは切って落とされた。その三日後、囚われの身となった虎太郎は大阪から船で土佐へ送り返される。

船牢の中で虎太郎は詩を作った。

　首をめぐらせば　蒼茫たり浪速の城　臥して聞く雲外杜鵑の声　丹心の一片人知るや
否や　家郷を夢みず　帝京を夢む

虎太郎も忸怩《じくじ》たる思いで甲羅に身を縮めざるを得ない一匹のカメであったのだ。

日本固有種のイシガメは津々浦々にあふれるようにいたが、近年激減しているという。原因のひとつに山中の水路が、ことごとくコンクリート三面張りになったことが挙げられる。イシガメは春から晩秋、池や沼などの水辺で暮らすが、産卵期の初夏になると流れ込みをさかのぼり、山中の細流のまわりの泥を掘って卵を産むからだ。幸い那須俊平、信吾邸周辺は、イシガメにとって具合のいい環境が残されているようだった。

「産む」という言葉は、神聖な響きをもって子どもたちの心のひだを捉えたのだろう。みんなが畏敬の表情でイシガメを観察している。

「お母さんになるきに」

と男の子がささやくように言うと、女の子たちは黙ってうなずいた。

やがてイシガメは遠慮深げに頭を出すと柔らかい土に手足を踏ん張り、ジワリと小さな爪を立てた。

ゴソ、ゴソと前にゆく。子どもたちの眼差しが好奇心で輝いた。

「産みにいくんじゃ」

ゴソゴソ、ゴソゴソとカメの歩みはたくましくなる。道端の竹藪目がけて一目散に突進したかと思うと墓地へ転がり落ちた。

「あっ」と子どもたちは息を呑み、落ちた先へ向かって駆け出した。

「大丈夫じゃろうか?」

「甲羅があるけん、大丈夫じゃ」

子どもたちは道端から二メートルほど下の墓場をのぞき込んでいる。

しばらくするとカサコソと墓のまわりの草が揺れた。

「おおっ！」

と子どもたちは息を止めるようにして、揺れる草を見つめる。

カサコソ、カサコソ……揺れる草が移動する。その先は竹藪であった。

「お墓の端へ行くんよ」

とひとりが指差した。道端の溝から、墓の端へ向かって細流が絹のようにしたたっている。

それを見て私は言った。

「たぶん、イシガメは水の臭いがわかるんよ」

「水の臭い？」

男の子が鼻を擦って風を嗅いだ。

カサコソ、カサコソと揺れる草は、墓の端で止まった。溝に行き着いたのだ。

子どもたちは〝その一点〟を見つめている。

「首をめぐらせれば――」と詠んだ船牢から約八ヵ月後の十二月二十五日、吉田虎太郎は大赦により土佐・高知の牢から出獄した。

　資金を工面し、檮原へいったん帰郷したのち、遊学三年という藩の許しを得て、翌文久三年二月、再度上洛した。京では藩主容堂に土佐・長州連合を建白するなど、水を得た魚のように国事に奔走していた。そして、その最中の七月、薩英戦争が勃発。朝廷も激しい攘夷機運に押し上げられるように天皇の大和行幸が勅令された。いよいよ討幕に向けて錦の旗がはためくときが来たのである。虎太郎はかねてから示し合わせていた同志三十九人と天誅組を結成し、蜂起する。そこには那須信吾、前田繁馬の顔ぶれもあった。

「いよいよ、出陣じゃ」

　巨漢、信吾はこのとき、爆発するような高揚感を和歌にしている。


君ゆえに惜しからぬ身をながらえて今この時に逢うぞうれしき

　大阪湾から堺に上陸した虎太郎らは、菊の御紋の旗と幟《のぼり》をはためかせ、京都・五条代官所を襲撃。十七日、代官鈴木源内の首を斬り落とした。

　ところが翌十八日、朝廷でクーデターが起こり、尊王攘夷派は京都から一掃、三条実美ら七人の公卿は長州へ逃亡した。いわゆる「七卿落ち」である。

朝議は一転し、大和行幸は延期。天誅組は一夜にして賊軍となった。

虎太郎らは一ヵ月余、十津川郷（現・奈良県十津川村）周辺で転戦を重ねた。相手は紀州藩、高取藩など周辺六藩による追撃軍一万数千人。千二百人の天誅組は敗走を重ね、総裁の虎太郎はわずかな手勢を率いて奮戦したが、負傷した。そして九月二十七日早朝、吉野鷲家口で全身を蜂の巣のように打ち抜かれて絶命。二十七歳だった。

虎太郎の辞世の歌はその戦闘がいかに壮絶であったかを偲ばせる。

吉野山風に乱るるもみじ葉は我が打つ太刀の血煙と見よ

軍監を務めていた那須信吾は鷲家口で戦死。三十五歳。

前田繁馬も大和・初瀬で銃弾を浴びて戦死。二十五歳。

ひたすら王政復古を願いながら、賊の汚名を受けて銃弾に散った信吾の志を受け継ぐように、翌元治元年には那須俊平が、手塩にかけて育てた二人の孫に別れを告げて脱藩する。そして長州藩の忠勇隊に入隊し、禁門の変で討ち死にした。五十八歳。

信吾の従兄弟、田中光顕と虎太郎の弟、熊彌が、京都洛西の仕置場から虎太郎と信吾の首を探し当て、京都霊山に改葬したのは、それから五年足らずのちの明治元年（一八六八年）

五月のことだった。

光顕はのちに陸軍少将、警視総監、宮内大臣を歴任し、伯爵となった人物だ。その光顕らの働きかけもあったのだろうか、一度は賊軍とされた虎太郎には同二十四年、正四位が贈られた。土佐で正四位が贈られたのは坂本龍馬、中岡慎太郎、武市半平太、そして吉村虎太郎の四人である。虎太郎、信吾、繁馬ら天誅組隊士が激死した場所付近には墓が建てられ、顕彰碑や案内板なども整えられているという。


「どこにおるやらと思うたら」

とロバのおばさんが西郷どんのような眉を吊り上げて駆け寄ってきた。子どもたちの顔をのぞき込み、「やれやれ」と一息つき、ようやく目尻を下げた。

「天狗さんにさらわれたんかと思うたがね」

「カメを見ていたんですよ」

と私が言うと、急にとぼけたような口ぶりになっておどけた。

「カメ?　そりゃあ、うちのじいさんのことかな。年中首を縮めて歩きよるきに」

子どもたちはおばさんと一緒にもと来た道を戻り始めた。

「カメの赤ちゃんて、どんなんじゃろうか」

「かわいいんじゃろうね」

女の子たちがうれしそうに笑みを浮かべて歩く後ろを男の子は無言で歩いている。カメを飼うことはあきらめたようだ。

ト・ト・ト・ト・ト・トと手早く小太鼓を叩くように森の奥からキツツキが木立を突く音が軽快に響いていた。

野バラの甘い匂いを含んだ風がそよぐ。

道端に「龍馬脱藩の道」と記された木製の看板がたたずんでいた。

馬喰と百姓

茶堂でおばさんや子どもたちに別れを告げ、「茶や谷」に向かった。

「鎌倉さんという、檮原の生き字引みたいなおいさんがいなはるきに、いろいろ聞いたらええ」

地元の農協で働いているというヒマワリのおばさんから、そんな情報を聞き込んでいたが、とりあえず役場前から車で木造橋を渡り、四万川川沿いの道をさかのぼることにする。昨冬、山折と「龍馬脱藩の道」と記された案内看板を頼りにたどった道だ。景色があの日の記憶を蘇らせてくれる。山折の声がふと聞こえてきそうな気分になった。

やがて山中の三叉路に茅葺き屋根の木造平屋の建物が現れた。「宮野々廻り舞台」という案内板が掲げられている。廻り舞台はこのほか町内に二ヵ所あり、農村歌舞伎が盛んだったことが偲ばれた。檮原は国の重要無形民俗文化財に指定されている津野山神楽をはじめ、神仏に祈りを捧げる歌や踊りが豊かだ。役場前には昭和二十三年築の「檮原座」があり、桟敷席や花道のある高知県唯一の木造芝居小屋として知られる。

三叉路には江戸時代、宮野々番所があった。虎太郎はこの番所から左へ、龍馬は直進している。

龍馬がたどったほうの道をゆくと、ケキョケキョケキョケキョとウグイスの声が心地よく谷を渡るのが聞こえた。茶や谷に至るには「竜王宮」と記された標識を右折しなければならない。そのまま直進すれば韮ケ峠だ。標識は谷筋の狭い平地に密集する家屋の狭間にあって、非常にわかりにくい。運よく気づいて、道路脇の木立がボンネットに当たりそうな峡谷の路をたどると、やがて棚田が広がり、緞帳《どんちょう》を降ろしたような四国カルストの高嶺が悠然と現れた。山々は冬の白銀の世界から萌えるような黄緑色に様変わりしている。道の傾斜がゆるみ、赤い鳥居がまぶしく浮かぶ。

土佐源氏が暮らした山里、茶や谷は色鮮やかな野の花々で迎えてくれた。

集落に進入し、三叉路を慎重に右折。橋を渡って車を停め、竜王宮の鳥居をくぐった。

歩き出すと、九十九《つづら》折《お》りの参道がきつい。ようやくの思いで坂道を上がると広場があった。広場の片隅に農機具置き場のような建物があり、年季の入った漁船と大漁旗が奉納されていた。大漁旗には堂々と「伊予双海」と記されている。山の神に心を寄せる古式ゆかしい海の民の心映えだ。漁船を奉納するとは、よほど霊験あらたかな竜神に違いない。双海《ふたみ》町は愛媛県の松山市と大洲市の間に位置する瀬戸内海沿いの町（現在は伊予市の一部）で、土佐の檮原からは四国カルストを越え、はるか彼方だ。

正面に石段があるが社は見えない。まるで天に昇るような心地で、石段を踏みしめた。境内は山の頂上にあった。本殿と拝殿は南を向き、東に無人の社務所。拝殿正面には酒樽を抱きしめるようにして、まさに呑み込もうとする龍の姿が彫られている。柱や波風に取りつけられた象や獅子の彫刻が生き生きとしていた。

西に集会所のような建物があり、中をのぞくと、道具置き場のような場所に、真っ赤な顔でカッと目を見開いた牛鬼が控えていた。牛鬼は愛媛県宇和島地方の大祭に欠かせない怪物で、カメのような甲羅にキリンのような首を持つ。その長い首の先に獅子舞の獅子のような頭があり、立派な角が二つ生えている。全身は朱色で甲羅は長さ三メートルほどもあるように見えた。甲羅と頭は竹の骨組みに紙を貼ったもので、赤い布が巻きつけられた首は、自在に動かすことができる。甲羅に氏子が何人も入り、移動させるのだ。足が見えないように甲羅の下は赤い布で覆われている。

祭りは文化の身の上を語る。

行政区として茶や谷は土佐だが、文化はむしろ伊予・宇和島の匂いがした。

私の祖父、祖母は西予市野村町という愛媛県西南地域の山間地出身で、そこに先祖代々の墓がある。藩政時代は宇和島藩山奥組という、山林を十羽ひとからげにしたような行政区名だった。〝ただの山奥〟という意味なのだろうか。先祖は平家の落ち武者とも伝わっているので、源平合戦の後、代々隠れ住みながら、わずかな田畑を耕していたのだろう。曾《ひい》じいさんの父が明治年間に建てた屋敷に大叔母が暮らしていて、小中学生のころは夏休みのほとんどをそこで過ごした。

忘れられない記憶がある。

ある朝、ブォー、ブォーと鈍いラッパのような音で起こされた。何の音だろう？　と雨戸を開けて外を見渡すと、白乳色の朝霧が立ち込め、墨絵のようにうっすらと向かいの山の峰が見えるばかりだった。ブォー、ブォーと音は彼方からゆっくりと近づく。音が間近となったそのとき、目の前に赤い巨体がふわりと現れ、腰を抜かしそうになった。怪物が現れたのだ。怪物は角笛のようなラッパに先導され、ゆったりと道を渡り、朝霧の中に消えていった。後に酸味を帯びた稲の匂いばかりが何事もなかったかのように漂っていた。

それが牛鬼であることは、後年知った。

宇和島地方は古来、闘牛が盛んで、現在でも市営の闘牛場があるほどだ。家々で丹精込めて育てた自慢の牛に金糸銀糸の化粧まわしをつけて引き連れ、土俵で力比べをするのである。勝負は角を突き合わせる押し相撲。戦いを放棄したら負けなのだ。大叔母の屋敷の蔵で、その化粧まわしを見た。百太郎という明治十六年生まれの曾じいさんが凝ったらしい。

もともと牛が好きで、牛を敬う地域なのだ。

牛鬼はいつの時代にか、伊予から峠を越えて茶や谷を訪れ、鎮座したのだろう。

土佐源氏は百太郎と同じ旧山奥組だ。二人はほぼ同時代を生きたといっても差し支えないだろう。

そうしておとす牛（殺す牛）は大がい宇和島へ出したもんじゃ。

このあたりの牛は皆大きうてのう、宇和島というところは牛相撲が昔から盛んじゃったから、ばくろうはええ牛をさがすのに血まなこじゃった。

と『土佐源氏』には綴られる。旧宇和島藩領山奥組の馬喰、土佐源氏と百姓、百太郎はブローカーと生産者のような関係だった。

わるい、しようもない牛を追うていって、「この牛はええ牛じゃ」というておいて来る。そうしてものの半年もたっていって見ると、百姓というものはそのわるい牛をちゃんとええ牛にしておる。（中略）石ころでも自分の力で金《きん》にかえよる。

「ええ牛」を石ころのような駄牛にしてしまうことは、なかったのだろうか？

それにまァばくろうのうそは、うそが通用したもんじゃ。とにかくすこしべえぼう（ぐうたら）な百姓の飼うたしようもない牛を、かっせいな（よく稼ぐ）百姓のところへひいていって押しつけて来ても、相手が美事な牛にするんじゃから、相手もあんまりだまされたとは思っておらん。（中略）そりゃのう、根っからわるい牛は持って行けん。十が十までうそのつけるもんじゃァない。まァうそが勝つといっても三分のまことはある。それを百姓が八分九分のまことにしてくれる。

百太郎は「べえぼう」な百姓だったのだろうか、それとも「かっせい」な百姓だったのだろうか？

牛の話が長くなった。

参道を下り、橋を渡ると三叉路の角にある店から声が聞こえた。

去年来たとき中をのぞいてみた、平屋の古民家を改造したような店だ。「D'a Pan屋」という手書き文字の大看板も懐かしい。近づくと、去年来た日には消されていた店内の明かりがついていた。

第二章　生きている『土佐源氏』

「茶や谷」今昔

「D'a Pan屋」は、文字どおり「だっぱん屋」と読むらしい。

龍馬脱藩の地にちなむ店名であることは明らかだが、横文字を使っていることからもわかるように、幕末日本のイメージとはいささか異なる。それどころか、四国の山奥というイメージからもかけ離れた店だった。

店頭にはイーゼルが置かれ、「畑のランチ」「パスタランチ」などと記された小さな黒板が掲げられている。「ごめんください」と声をかけて店内に入ると、「いらっしゃいませ」と四十歳くらいの女性がハツラツとした声で迎えてくれた。

店内には広い窓から山里の陽光が温かく差し込んでいた。去年のぞいてみたとおり、テーブル席が四つ。壁の棚にパンやジャムなどが並んでいる。左奥は厨房で、酵母とコーヒーの匂いが漂っていた。

「ランチがいただけるんですか？」

と尋ねると、女性は申し訳なさそうに眼鏡の奥の眉毛を八の字に下げて答えた。

「すみません。今日は売り切れてしもうて……。あるのはそこの棚にあるパンとシュークリームだけなんです」

見ると、冷蔵ケースの中に大きなシュークリームが二つ、文字どおり売れ残ったように並んでいる。

「自家製ですか？」

「はい。シェフが毎日ここで焼いてますから」

「シェフ」という言葉に、何か誇りと尊敬の念が含まれているような気がした。味に自信があるらしい。

私はコーヒーとシュークリームを注文し、テーブルに着いた。挽き立てのコーヒー豆の匂いがたちまち店内に立ち込める。

店内に客は私ひとりであった。

軽快なレゲエがほどよい音量で流れ、屋外でさえずるセキレイの声と響き合っている。

シュークリームを一口かじった。無垢《むく》な甘さがゆっくりと口に広がったかと思うと、名残雪が解けるようにキレがいい。

都会的で洗練された味だ。

「茶や谷」は三十軒程度の集落で、唯一の店舗がこのカフェなのである。ところが、このシュークリームだ。六本木のオフィス街を歩いているようなベッピンさんに、いきなり山里で出くわしてしまったような気分がした、といえば大げさだろうか。

それにしてもどうしてこんな山奥でカフェなのだろう?

店の女性に聞いてみた。

女性は下元ゆう子という名でオーナーの妻だと自己紹介してくれた。つまり、女将さんだ。パン焼きの趣味が昂じ、平成二十四年に自宅倉庫を改造してこの店を出店したという。専属のシェフと大学を出たばかりの女性が二人、社員として働いているらしい。

社員? こんな田舎の小さなカフェに……とまたまた私は驚いてしまった。

そこへ「食パン。まだ、ある?」と入ってきたのは地元の老女だった。畑から家路に向かう途中のようで、長靴を引きずるようにして歩く足が重たそうだ。

「ありますよ。いつもと同じんでええかな?」

とゆう子は棚を確認し、食パンをスライスした。

老女は〝畑上がり〟に夫とここのパンを食べるのが一日の楽しみなのだと言う。

「本業は有機野菜の生産販売でしてね……」

老女が店を出ると、ゆう子は再び語り始めた。作った有機野菜の詰め合わせを、消費者や都会の飲食店と契約して直売しているのだが、カフェはその野菜を使った料理を地元でも楽しんでもらうために出店したのだという。ランチは木、金、土、日曜と祝日に提供される。

シェフは高知市内のホテルレストランに長年勤務していた人だが、平成二十三年に下元夫妻の招きで移住し、この仕事に専念しているらしい。

そもそもゆう子自身、農業を学びたいと思って二十七歳で高知市から梼原《ゆすはら》町中心地に移住してきた人で、翌年、茶や谷へ嫁いできたというのだ。

「夫がおったらええんですが、あいにく出張しておりまして」

と残念そうに言う。そして私の予定をうかがうような眼差しを見せた。

「明日の午後には戻ってくるのですが……」

「だったら明日、お昼過ぎに参りますよ。ランチも食べたいし。今晩は〝かまや〟という農家民宿に泊まりますから」

そう答えると、また歯切れのいい土佐弁に戻って明るい言葉を返してくれた。

「じゃあ、明日、待っちょりますきに！」


時計は午後四時を少し回っていた。

「農家民宿かまや」は、だっぱん屋から二百メートルばかり上がった三叉路にあった。前年に山折と訪ねた茶堂の真裏だ。

母屋でチェックインすると、キビキビしたおばさんが「ようこそおいでました。玄関は開いてますきに」と離れの一軒家に案内してくれた。

農家民泊は、一般家屋の一部や離れを宿泊所として安価に提供する宿泊施設で、トイレや風呂などは共用の場合が多いが、親戚の家に泊まるような感覚で気軽に利用できる。茶や谷の宿泊施設はここしかない。離れに上がると六畳程度の板間の中心に囲炉裏が切られ、隣室が十畳程度の座敷、その奥がトイレと風呂になっていた。

おばさんはひととおり部屋の説明などをして母屋に戻り、私は檮原町内のスーパーで買った惣菜と、だっぱん屋で買ったチーズパンを囲炉裏の縁に並べた。

庭草ではツーツーとささやかに虫が鳴き、あたりの棚田では景気よくカエルが騒いでいた。気がつけば、夜のとばりが下りている。

惣菜はナスのお浸し、サバ寿司、カツオのたたき、筑前煮……。高知県の味つけは得てして関西より濃く、甘みと酸味にパンチが利いている。ところがどうだろう、どれも薄味でマイルド。まるで伊予ふうだ。パッケージのラベルを確認すると、町内で調理されていた。

室内には作家・司馬遼太郎の紀行『街道をゆく　因幡・伯耆のみち、檮原街道』（朝日文庫版）があった。司馬は昭和三十七年（一九六二年）から四年間、産経新聞夕刊で『竜馬がゆく』を連載したが、昭和六十年（一九八五年）秋にはその舞台の一部でもある檮原を訪ね、『街道をゆく』の一編として「檮原街道」を週刊朝日に発表したのだ。

まことに気になる土地で、二十余年来、そこへゆきたいと思いつつ、果たさなかった。

という一文で、この紀行は始まっている。

司馬は挿絵を担当している画家、須田剋太らと高知市から佐川、須崎を経て龍馬脱藩の道をたどった。那須俊平、信吾邸跡も訪ね、化粧坂を越えて町に入った。那須邸跡に至る直前に「千枚田」で知られる神在居《かんざいこ》の棚田を訪ね、「光悦の金蒔絵を見るように豪華」と絶賛している。この名紀行シリーズの取材で司馬が取り上げ、地域活性化の資源となったところは多い。神在居の千枚田もそのひとつで、町では平成四年（一九九二年）から全国に先駆けて百平方メートルを四万十円で貸し出す「千枚田オーナー制度」を開始したほどだ。いまでは多くの都会生活者が地元農家の指導で稲作を体験し、〝豪華な景観〟を維持している。

司馬は茶や谷も訪れていた。円明寺で茶のふるまいを受け、竜王宮の石段を上った。

たれが宣伝したわけでもないのに、瀬戸内海の船頭や廻船問屋、あるいは土佐沖でブリをとる大敷網《おおしきあみ》の網元などから崇敬をうけるようになった。（中略）石段をのぼると、りっぱな社殿であることにおどろかされた。本殿・拝殿ともに文化元（一八〇四）年の建築で、これも長州《ちょうしゅう》大工のしごとである。

山折と迷いながら訪ねた茶や谷に、司馬も足を運んでいたのである。読んでいて胸が熱くなるような思いがした。ページをめくると、司馬は道中、宮本常一を想起し、長州大工の仕事に着目している。宮本の故郷、周防《すおう》大島では島民の多くが大工の技術を持ち、宮大工として土佐の山村に出稼ぎに行っていた――ということを宮本自身から聞いたと記し、そこで得た視点から檮原の社《やしろ》や茶堂を見つめている。

その宮本常一は、亡くなる二年前の昭和五十四年（一九七九年）、足を引きずるようにして檮原の三嶋神社や茶や谷の竜王宮などを訪ね、長州大工の仕事を確認している。宮本が司馬に長州大工の話をしたのは、このころのことなのかもしれない。宮本が確認した建物の中には、宮本と顔なじみの島民の仕事もあった。司馬が檮原を訪ねる六年前のことである。

翌日、だっぱん屋を訪ねると、ゆう子が「お待ちしておりました」と招き入れてくれた。すでに三十代のＯＬふうの女性三人が腰かけ、パスタを食べながら話を弾ませていた。歯切れのいい土佐弁だ。高知市内から四国カルストを探訪し、韮《にら》ケ峠を越えてやってきたらしい。土佐弁のＯＬたちの食べっぷりのよさに引き込まれ、私もパスタランチを注文する。

まず、ジャガイモとミルクの冷たいスープが出てきた。

一口、含んで目が覚めるような心地がした。ジャガイモの甘みをミルクとベースが出しゃばることなく後押ししている。次に自家製ドレッシングを絡めた有機野菜のサラダ。ゆう子に「これ、何の葉っぱですか」と尋ねると、涼しい顔をして「ホウレンソウとリーフレタス、シュンギクです」と答える。わからなかった。こんなにうま味が濃く、香り高いホウレンソウは食べたことがない。シュンギクにはアクがない。ドレッシングはビネガーに青菜のペーストを混ぜ、独特の風味とコクを醸し出している。

メインはホウレンソウのパスタだ。

「ホウレンソウやシュンギクなど青菜のジュースに小麦粉を混ぜてこねた自家製パスタにトマトクリームソースをかけています」

と赤いセルロイド縁の眼鏡をかけた若い女性スタッフが、明るい声で説明してくれた。パスタの内側に閉じ込められた青菜と外のトマトがクリームを媒介に口の中で溶け合い、共鳴する。

これは！　と正直思った。口の中がまるで大地の交響曲のようだ。このほか、バケット、コーヒーがついた。

満足、満足。

決して大げさに言うのではないが、いまどき地方の大都市でもこれほどのパスタにはなかなか出会えないのではないか。

言うまでもなく野菜は昔、山菜だった。有機野菜は先祖返りしかけている野菜といってもいいかもしれない。先祖返りしかけることで野菜そのものが持つ個性が引き立つのだ——とランチを食べながら思った。そのうま味を生かしたこのランチは、産地だからこそ存分に力を発揮できるのだろう。料理として独自のベクトルを示している。

と、そこへ、厨房から白い調理服を着た男性が恥ずかしそうな笑みを浮かべて出てきた。

「シェフの渡部です」

とゆう子が紹介する。

あっ、と私は声を漏らしてしまった。

「以前、お会いしましたよね？　ほら、昨年の十二月」

と尋ねると、渡部は「ああ、あのときの……」と穏やかにほほ笑む。前年の旅で山折を待たせて店をのぞきに来た私に、後ろから声をかけたコック姿の男性が渡部だったのだ。

土佐弁のＯＬたちが去り、店内の客は私だけとなった。

「じきに主人が来ますきに」

ゆう子は気を使ってくれている。シェフの人物にも興味を引かれたが、私はまず店の〝女将〟のゆう子に問いかけた。昨日の続きだ。

「ゆう子さんは、どうしてまた檮原に？」

「檮原に……来た動機ですか？」

考えて、整理するように話してくれた来歴によれば、昭和四十九年（一九七四年）に高知市で生まれたというゆう子は、愛知県の大学を出て高知市内のホテルに就職したが、そもそもは学生時代にイギリスを旅行したことが移住の動機だったという。

「イギリスで宿泊したホテルのひとつが、大自然の中にある貴族の元邸宅でしてね。とても心地よかったんです。将来はこんなふうに豊かな自然の中で旅人を迎えるペンションをやってみたいと思ったんです」

ところが、就職したホテルでの配属先は販売企画部。デスクワークと打ち合わせだけの毎日にうんざりしたのと、これはやりたいことではないという思いが次第に募って、二十六歳で離職したという。そしてその後はアルバイトをしながらペンション計画を実行に移そうとした。

「お客さんは自家製の野菜でもてなしたいと思っていたので、農業研修先を探したんですけど、女性には無理だと、どこでも相手にしてもらえなくて……。でも、そんなところへ檮原町内の農家六軒が農業研修生を募集していて、女性でもいいという情報が入ってきたんです。檮原というところは、観光農業から農家民泊まで県内では先行して取り組んでいましたから、魅力的だなぁと感心して、ここしかないと思って飛び込みました」

移住したのは平成十三年（二〇〇一年）。町の中心部のプレハブ住宅に住み、六軒の農家で収穫とパック詰めの日々が始まった。

「研修生は当初、私ひとりでしたし、農業はやったことがなかったので、最初は草と作物の見分けもつかないほどでした」

六軒の農家の人たちからは笑われもしたが、そのうちの一軒が嫁ぎ先となった。

「主人が取り組んでいた野菜の有機栽培を手伝ううち、このやり方は私の性格に合うと思って……、一緒に農業をやってみたいと強く思うようになったんです」

当時を思い出してか、笑顔で語る表情にどこか毅然としたものが入り交じる。そのときの覚悟が蘇ってくるのだろうか。

翌年八月に結婚。町では過疎高齢化や農家の後継者不足が深刻な問題となっていたこともあり、町を挙げて歓迎されたという。

「いま話題の農業女子の先鞭じゃないですか」

話に感心して私が言うと、ゆう子はテーブル席に座った。腰を据えて話そうというのである。気がつくと、会話はいつの間にか標準語でのやりとりになっている。

「結婚の次の年には長女が生まれましたけど、冬の収入源の確保と、生まれてくる子どものためにと思って、妊娠中に実家から高知市内のパン教室に通いました」

出産後は子育てしながら茶や谷でパンを焼き、平成十六年には長男、二十年には次女を出産。そうなると畑に出られないので、下元ゆう子の名前で道の駅などでパンを販売し、二十一年には法人化して本格的に販売を始めた。さらに、自宅倉庫を改造して、このカフェだっぱん屋をオープンしたのは翌二十二年の七月のことだという。

「本当は、下の子がまだ乳飲み子だったので、もうちょっと後にしたかったんです。ところが、ＮＨＫの大河ドラマで『龍馬伝』が放映されることになりまして、主人が龍馬ブームに乗らんといけん、と言って譲らないんです。でも、私ひとりでは店の切り盛りは無理でしょう？　で、最初は関東からパティシエが来てくれていたんですが、一年で辞めてしまいました。そのころ、渡部シェフから年賀状が来たんです。渡部シェフは高知市内のレストランを切り盛りされて、うちの野菜を仕入れてくれていたんですが、年賀状には、レストランを辞めました……と。そこで主人に相談して、うちに来ませんか、とお返事したら、来てくれることになりまして……」

なんともめまぐるしい、ひとりの女性の人生の展開。聞き入っていると興味は尽きなかったが、そのときドアが開いて「こんにちは！」と勢いよく小柄な男が店に飛び込んできた。

男は、顔が浅黒く、表情までキビキビしている。

「うちの主人です」

とゆう子が立ち上がって紹介してくれた。

雲の上の町

「下元秀俊です」

男は名乗りながら名刺を渡し、ゆう子と入れ替わるように椅子に腰かけた。名刺には「株式会社雲の上ガーデン代表取締役」と記されている。

「畑で青菜を収穫しちょりまして」

「……ここは、龍馬脱藩の道だそうですね」

まだ息を弾ませている店のオーナーに、私は切り出した。

秀俊は、龍馬や檮原出身の志士たちを顕彰して、町づくりなどに取り組む有志団体「檮原龍馬会」の前会長だと聞いていたからだ。「龍馬脱藩の道」の案内板は秀俊の提唱で手作りし、立てられたとも聞いていた。本来なら山折と訪ねた前年の旅でも会って敬意を表しておくべき人物だった。

「いやあ、二年前までは檮原をPRするために、肩まであった髪を後ろで束ねて紋付袴《はかま》姿で県内外を歩いちょりました」

語り始めた秀俊は、照れながら「これ、私なんです」と私の手元にあったパンフレットを指さした。

私が車の助手席に置いて頼りにしている地図付きの観光パンフレットだ。前年の山折との旅でも、このパンフレットを見ながら龍馬を追跡した。表紙に木《こ》の下路《したみち》を紋付袴で歩く三人の男の後ろ姿があった。真ん中で行く手を指さしている男の背中には桔梗《ききょう》の紋が見える。それが秀俊だという。

表紙には、三人の男の頭上に「雲の上の町　ゆすはら」とタイトルが打たれ、イメージコピーが付されている。

「風がささやき　森がおどり、神々が舞い降りる。そこは雲の上の楽園、檮原――」

じつによくできたパンフレットで、町の地勢、環境に配慮した町政、イベントや祭り、アクセス、歴史などがすっきりとまとめられているうえ、「龍馬脱藩の道」がよくわかるよう加工された地図もある。眺めているだけで何度でも訪ねたくなるような構成だ。

秀俊はその地図をテーブルの真ん中に置いた。

「隣の東川地区でキレンゲショウマが、ずいぶん群生するようになりまして、夏は高知市や宇和島市からも見物客が来てくれるようになりました」

とうれしそうだ。

私は、秀俊の内からにじみ出るような笑顔と、屈託のない話しぶりにすっかり呑み込まれてしまった。

「ここの津野山神楽はかねてから見たいと思っておりました」

そう言うと、秀俊はパンフレットを手に取って示してくれる。

「神楽の奉納日は檮原の三嶋神社が十月二十日、田野々の三嶋五社神社が十一月三日、竹の薮の三嶋神社が十一月二十三日。ほら、ここに出ちょります」

パンフレットには津野山神楽の特徴や演目などの解説が写真付きで掲載され、公演日程表もあった。

津野山神楽は津野経高公が檮原に入植したころから始まったと伝えられている。

一般に神楽は神々に奉納する神事として神職が永々と引き継いできたが、明治以降は氏子に引き渡されて大衆化し、このときから神楽が演劇化されたといわれている。敗戦後は、皇祖崇拝につながるものとしてGHQ（連合国軍最高司令官総司令部）から禁止令が出されたが、主人公を武士や魔物に置き換えるなどして再興されたという。

いまは国指定の重要無形民俗文化財となっている檮原の津野山神楽も、調べてみると、おおおむね同様の経過をたどったように思われる。戦争で一時は途絶えたものの、昭和二十三年、有志が保存会を立ち上げたのだという。各地区から推された青年数十人が、ただひとりの伝承者だった掛橋富松翁から手ほどきを受け、今日まで継承されている。私は町中心地の歴史民俗資料館で、この神楽の「山探し」という演目をビデオの映像で見た。国の無形文化財に指定されるだけあって、古式ゆかしい雰囲気と、何よりも調子の速さに驚かされた。

いわゆる「八岐大蛇《やまたのおろち》」で知られる広島県、島根県の西部県境地域で盛んな石見《いわみ》神楽は「八調子」といわれる速いテンポで見る人を酔わせるが、津野山神楽は石見神楽よりも、はるかに速く、激しいのだ。檮原は土佐でありながら伊予ふうで穏やかといわれる一方、人々は津野山神楽に見られるようなエネルギーを爆発させる激しさを、千有余年にもわたって内に秘めてきたということなのか。

「何が何でも見たいです」

と、秀俊と話すうちに私は身を乗り出した。

「それなら……」

と秀俊はアドバイスしてくれた。

「竹の薮の三嶋神社の神楽を見たらええですよ。その日はちょうどうちの竜王宮さんもお祭りですきに」

竹の藪は、ここからかなり南へ下った国道一九七号との出合い付近にある地区だが、津野経高公が最初に屋敷を建てたところと伝えられ、海と山の神、大山積神《おおやまつみのかみ》を勧進し、三嶋神社を創建したといわれている。大山積神は古来、瀬戸内海を往来した伊予水軍の氏神として奉られ、大三島《おおみしま》（愛媛県今治市）の日本総鎮守大山祇神社に鎮座する。津野山神楽が奉納される神社の神さまはすべてこの系統で、漢字の「三」に似た紋が掲げられる。平安時代末から室町時代にかけて伊予一国に幅を利かせた伊予水軍の頭領、河野家と同紋だ。

ところで、前にも書いたが、檮原町には「三嶋神社」という名の神社が三ヵ所と、「三島神社」や「三嶋五社神社」という神社もあって、いずれも神楽が奉納されるので、少しややこしい。この茶や谷のすぐ下流側の東川地区にも三嶋神社があるが、竹の藪の三嶋神社はさらに谷を下った地区に位置するというわけだ。

私は地図を見ながら秀俊の説明を受け、自分の知識と照らし合わせて、檮原への理解が少しずつ深まっていくのを感じていた。秀俊はそうした説明にも長けた人物だったのだ。

その秀俊は、聞けば、中学を卒業後に檮原を飛び出した男だった。

「昔はやんちゃやったきに……」

と照れてみせるが、高知市内の高校を出ると上京して法政大学に進学し、卒業後は都内の大手化粧品メーカーに就職したという。そこで企画営業マンとして全国の販売店を巡り、どうすればお客を引きつけ、売り上げが伸ばせるかを考える日々だった、と振り返る。

会社ではバブル景気に煽《あお》られて働きに働き、商品は売れた。三十歳になると自立心が芽生え、会社に内緒で友人とコンサルタント会社も立ち上げた。二足のわらじで走っていたある日、いまが転機と化粧品メーカーは辞職。晴れて自社業務に専念したが、三十七歳のとき、農業を営んでいた父が倒れたことがきっかけでUターンを決意、会社は友人に託して帰農した。といっても、農業の経験があったわけではない。

「じつはそのころ、都会での生活に疲れてもおったんです」

と、そこだけ声のトーンが湿ったのには、帰郷にあたっての思いに、もっと複雑なものがあったからかもしれない。

それはともかく、帰ってきた家では、見よう見まねで米や野菜を育てる一方、独学で有機野菜の栽培に挑んで、少しずつノウハウを身につけていった。町では過疎高齢化が加速度を増し、農家はどこも慢性的な担い手不足に陥っていた時期だ。当時は数少ない後継者も、寄り合えば先行き暗い話ばかりだったという。

しかし、腐ってばかりじゃ何も変わらない。そう思い定めた秀俊は、都会のレストランを巡り、自家栽培した農産物の営業を開始する。そして一軒一軒、直売の契約を結んでいった。

これには、流通業界に足を突っ込んでいたことが幸いしたという。

「うちの野菜はうまいのですけんど、山間なのでたくさんはできんのです。多品種少量生産で勝負するしかありません。一方、都会のレストランは一種類ごとに段ボールで野菜が納品されます。段ボール単位では多すぎるんです。結局、鮮度の落ちた野菜を使わなくてはならず、使い切れずに捨ててしまうことだってあるわけですね。ところがお客さんの舌は正直ですから、鮮度がよくておいしい野菜をいろいろ食べたい。そこで飲食店の事情に応じて種類と量をこっち側（生産者側）で調整し、段ボールひとつにいろいろな旬の野菜を詰め合わせるパック方式を提案して売り込んだんです」

現在、秀俊が有機栽培している野菜は年間約七十種にのぼるという。語り口はやんわりとして穏やかだが、指摘は鋭く的確だ。ドライな東京感覚と情け深い土佐感覚が自然に使い分けられている感じがする。

あるいはそれは、檮原から高知市を経て東京へ、そして再び檮原へと渡り歩いてきた秀俊の経験知から生み出された、独特のバランス感覚なのだろう。田舎の言い分と都会の理屈を懐に取り込んでサジ加減しなければ、〝檮原で育てて東京で売る〟地産外消の農業は、うまくやっていけないに違いない。が、秀俊の野菜にはそんな理屈抜きの説得力がある。シャキッとして味が濃く、香りがいいのだ。

四国で生産される野菜は、一般的に標高五百メートル程度で育ったものが最も美味だといわれている。平野に比べて昼夜の寒暖の差が激しく、甘みやうま味を育てるかららしい。おまけに四国カルストからは石灰岩の内部をくぐったミネラルたっぷりの水が、尽きることなくあふれ出ているのだ。畑の土壌は深層岩の玄武岩が風化した粒子状で、水はけがよく、有機物を含みやすい。野菜を育てる土、水、気候の条件が檮原にはそろっているのである。消費地とのアクセスも近年の道路整備で改善された。

平成十三年に農業法人「雲の上ガーデン」を設立した秀俊は、妻ゆう子を迎え、三人の子の父となったのちの平成二十二年にはだっぱん屋を開店、ひとりの女性社員のほか、翌年にはシェフの渡部を、翌々年には新卒の女性二人を社員に雇った。そのうちのひとりは辞めて転職したというが、いずれにしても、そうやって生活の拠点は整えられた。それが、ささやかではあれ、ひとつの大事な「文化」の揺り籠にも、あるいはその発信の場にもなっていったことには、私はこのあと気づかされることになる。

土佐源氏の意外な正体

私は三十歳になったころ、愛媛県松山市の南端の山里に廃屋を借り、十年間住んでいた。

そこは四十戸ほどの集落だったが、人間よりは牛が多く、サルやイノシシに遠慮しながら生活しなければならないようなところだった。マムシは台所と風呂場で四匹生け捕りにし、焼酎に浸けた。過疎高齢化が進み、独居老人も多かったが、それだけ昔ながらの自然と生活文化が息づいていた。ここには日本人が忘れかけた〝日本〟がある、と喜び勇んだ私は、都会の若者と地元の高齢者、大学で生態学や古民家の研究している学者やマスコミ関係者らとＮＰＯ法人をつくった。

この現代という時代は、さまざまなしがらみが絡み合う山里も、人間の情が希薄になりすぎた都会も、もはや疲れ切っている。過疎も過密もつらいのだ。互いの風を送り合うコミュニティを積極的につくっていかなければ息が詰まる——と考えて、さまざまな活動を試みた。ＮＰＯを仲介役に、行政や民間団体と手を組んで廃屋同然となった旧遍路宿や旧芝居小屋を復興し、鎮守の森を舞台としたコンサートなどを行っている。旧遍路宿には多くの遍路が足を休め、スペイン大使も愛媛県知事の案内で視察に訪れた。それらの場所は四国遍路をテーマとしたテレビドラマのロケ地にもなった。

話を聞けば、秀俊は、都会と田舎、生産者と消費者、行政と民間、費用対効果、支出と収入、昭和世代と平成世代の狭間で辛抱強く闘っている。腹を立てたり、あきらめたりしたら負けなのだ。宝物はきっと足元にあると信じ、掘って、磨いて、売り込むしかない道を歩いている。私は秀俊と語り合いながら、同志を得たような心地になった。気心は知れた――。この最初の出会いで、本当にそう思えたのだった。だったら、私が茶や谷を訪れた本来の目的を語り、相談してみるべきだろうと考えた。土佐源氏の正体についてである。

どなたか縁者がいるものなら、会って話を聞いてみたい。

じつは土佐源氏の種明かしは、木村哲也著の『「忘れられた日本人」の舞台を旅する』（河出書房新社刊）や、佐野眞一著の『旅する巨人』（文藝春秋刊）で試みられている。両者とも土佐源氏の足跡を求めて茶や谷を訪れ、下元和敏という人物から聞き取りを行っていた。下元和敏は土佐源氏のモデルとなった盲目の老人の孫にあたるという人だ。

それらの本によると、土佐源氏のモデルの本名は山本槌造。伊予の惣川《そうがわ》村（現在の西予《せいよ》市野村町惣川）の和藤家に元治元年（一八六四年）に生まれ、昭和二十年（一九四五年）に没した人だという。同じ惣川村の山本文治の長女、ワサの婿養子となったが財産をつぶし、馬《ば》喰《くろう》となった。牛の売買のほか、伊予から塩や魚の干物を、土佐からは酒や干し柿、茶などを運んで商売をしていたともいう。

茶や谷には、妻ワサの縁を頼って惣川から山をひとつ越えて移住し、男二人、女三人の子を育てた。晩年は馬喰をやめ、橋のたもとに水車小屋を建てて、粉を挽いて暮らしていたとされている。そして、その山本槌造は無類の話し上手の老人で、橋を渡ろうとする人をつかまえては面白おかしく昔話をしていたらしい。そのつかまったひとりに宮本常一もいたというわけだ。

木村の聞き取りによると、昭和四年（一九二九年）生まれの下元和敏は、祖父槌造の話を聞きにやってきた宮本のことを、うっすらと覚えていたらしい。書かれた『土佐源氏』については、当初は知らなかったようだ。昭和五十二年（一九七七年）、演劇俳優の坂本長利が、宮本の作品から作り上げた一人芝居『土佐源氏』を檮原町の三嶋神社で上演したのに際し、自分の祖父が主人公であることを初めて知ったが、祖父が乞食にされたと、激しく怒っていたようだ。

テーブルの上には秀俊の名刺が置かれたままだった。

「下元」という苗字が気になる。

ひょっとしたら下元和敏の縁者かもしれない。とすると土佐源氏につながる手がかりが見つかるのではないか。私は思い切って尋ねてみた。

「土佐源氏のモデル……、つまり山本槌造のお孫さんにあたる茶や谷の下元和敏さんとは、何かつながりがあるのですか？」

すると秀俊は、なんだぁ、と気の抜けたような顔をして、言った。

「和敏は私の父親です」

私は、しばらく言葉を失った。

唖然とする私を励ますように秀俊は、こう続けた。

「土佐源氏は私の曾《ひい》おじいさんです」

いきなり容量を超える電圧を喰らったテレビのように、私の頭の中はショートした。脳内は砂の嵐だ。そのあと、辛うじて口にした質問は、なんとも間の抜けたものだった。

「じゃあ……、子どものころとか、いじめられたりしませんでしたか?」

今度は秀俊がポカンと口を開け、しばらくしてから「あはははは」と笑い始めた。笑いはしばらく収まらない。腹をひくつかせながら「そんなこと、ないない。ないですきに」と大きな身ぶりで手を振った。

秀俊の爆笑で正気を取り戻した私は、改めて山本槌造について聞くことになった。妙な具合だったが、ひょんな出会いをした曾孫《ひまご》だという本人から、まずは槌造にまつわる「家族」と「家」の説明を受けることになったのである。

秀俊の話では、父和敏は槌造の三女の栄が下元猪久馬に嫁ぎ、誕生した長男という。

その和敏の、さらに長男が秀俊だが、「下元」という姓については、町内に同名の地区があり、津野家の家臣に下元姓が見受けられることなどから、土着の古豪と推察されているらしい。

「宮本さんが槌造じいさんから話を聞いた場所は、いまもあるんですか？」

と尋ねると、秀俊は「こちらです」と立ち上がり、店の真裏へ案内した。

「槌造じいさんはこの家に住んでいたそうです」

指さしたのは、竜王橋のたもとの平屋だった。

平屋の前を四万川《しまがわ》川《かわ》が流れていた。ここには現在、秀俊の母、佐都喜が暮らしているのだという。敷地は橋から約二メートルばかり低い。

佐野眞一が著した『旅する巨人』には、和敏への聞き取りが記されている。佐野もこの平屋を訪ねたのだ。同著によると、宮本がこの平屋を訪ねたとき、槌造は緑内障で失明しており、足も立たなくなっていた。水車小屋と壁一枚隔てた隠居の間に一日中座っていたらしい。同著には、この平屋は「竜王橋の約二メートル下にあり、外から見れば橋の下に小屋掛けしていると思われても仕方なかったのだろう」と綴られている。

秀俊はその平屋の庭先に私を案内し、縁の下をのぞき込みながら、「これが水車跡です」と説明した。側溝があり、石垣が組まれている。

宮本が茶や谷を訪ねた昭和十六年、槌造は馬喰をやめて水車小屋を建て、直径四メートルの水車を動力に挽き臼をいくつも回して、村の人たちが持ち込む米や麦、キビなどの穀物を挽く仕事をしていたらしい。槌造はひとりで川をせき止めて水車を回す水を引いたのだという。水車跡のすぐ脇を幅約二メートルの水路が流れ、四万川川と合流している。

平屋とだっぱん屋は同じ敷地だ。軒続きのように屋根が迫っている。秀俊が子どものころは現在のだっぱん屋に和敏一家が暮らし、平屋には槌造の娘で和敏の母である栄が暮らしていたという。

秀俊の話によると、妻ワサを伴って茶や谷にやってきた槌造は、当初、この平屋からさらに二キロほど四国カルストの山麓を駆け上がった四万川川の最上流付近に暮らしていた。そこに集落があったのだ。炭やミツマタ、コウゾを生活の糧としていた時代には、生産現場や伊予へ抜ける峠にも近く、なにかと便利だったのだろう。槌造がこの平屋に移ったのは馬喰を引退したころで、水車を得て下元家の敷地の一画に家を構えたということらしい。

供養と和解の上演

秀俊は、私を現在の家にも案内してくれた。

父の和敏が購入し、一家がいまのだっぱん屋から移り住んだという家だ。だっぱん屋の建物が、それから店を開くまでは下元家の倉庫となっていたことは、前日ゆう子から聞いたとおりだった。

いま秀俊一家が住むその家は、土佐源氏を追いかけて佐野眞一や木村哲也が、さらには『宮本常一を歩く』（小学館刊）を著した作家の毛利甚八が訪ねた家だ。三人ともここで和敏から土佐源氏の正体について取材し、それぞれの見解を述べている。なかでも毛利は、和敏の〝宮本への怒り〟を冷まそうと、訪問を繰り返して和敏と語り合っていることが、私の記憶には刻まれていた。

建物は旧街道「龍馬脱藩の道」に面した木造二階建てで、目立つほど大きい。二階から街道を見下ろすように出窓があり、随所に施された装飾が洒落ている。家の中では柱がズシリとした表情を浮かべていた。

「これは……」

ひょっとすると、長州大工が建てたのではないかと思い当たり、私は声を上げた。

「どう見たって立派な旅籠《はたご》じゃないですか」

「まあ、いつ建てられたものかは知らんのですが、古いもんじゃと聞いてます」

秀俊は腕を組んで言う。そして、慎重に間を置くようにして続けた。

「じつは……かつての那須旅館です」

驚きが、また私を襲った。那須旅館は『土佐源氏』にも関わりがある。茶や谷にたどり着いた宮本常一が宿泊した旅籠だ。当主の那須政太郎は龍馬とともに脱藩した那須俊平、信吾と縁続き。宮本はその政太郎の案内で竜王橋のたもとに行って槌造に出会うのである。

秀俊の説明によると、那須俊平、信吾亡きあと、那須家は火災で焼失したため、茶や谷に一時期移住していたのだとか。その末裔の一人が政太郎なのだという。

那須旅館は二棟あったが、うち一棟を和敏が買い取った。残る一棟はつぶされて、いまは新しい家が建っている。

「ということは、宮本さんが泊まったのは……」

「この家だったかもしれませんね」

秀俊は笑って答えたが、『土佐源氏』の舞台がそんな形でいまなお生きているという事実に私は不思議な感慨を覚えずにはいられなかった。

「そういえば、木村哲也さんには私もお会いしましたよ。何度かうちに泊まりに来られていたようで」

佐野眞一や毛利甚八には会っていないという。坂本長利の一人芝居『土佐源氏』が三嶋神社で上演されたときも、秀俊はすでに梼原を離れ、高知市内の高校へ行っていた。そういう芝居があったことすら、聞かされてなかったらしい。

「以前は親戚の間で『土佐源氏』はタブー視されちょるようなところがありましてね」

と秀俊は問わず語りに話し始めた。

「家に『忘れられた日本人』の本はありましたが、私自身、興味はありませんでした。しかし……」

そう言って語り始めた秀俊自身の話は、どういえばいいのだろう。前年の旅の最後に山折哲雄が言った「妙な拾いもの」が何なのかを確かめに来た私に、また「とんでない拾いもの」をしたと思わせるものだった。

秀俊の話を続けてみよう。

秀俊には東京からの帰郷後、『土佐源氏』を、つまり曾祖父の山本槌造を意識せざるを得ない出来事が巡ってきた。

坂本長利との出会いである。

「平成十六年か十七年だったと思います。坂本さんの『土佐源氏』が千回公演になるというので、ＮＨＫがドキュメンタリー番組を作りたいといって檮原に来たことがきっかけでした。このときスタッフと一緒に訪ねてきた坂本さんに会って、いろんなことを話すうち、初めて槌造じいさんと正面から向き合うことができたような気がしたんです。坂本さんが槌造の墓参りをしたいとおっしゃるので案内しました。すると、自分はどうしても生きているうちに土佐源氏の故郷で『土佐源氏』を再上演したいのだとおっしゃるんです。このとき坂本さんは芝居で槌造じいさんを供養しようとされているのではないかと感じたんです」

ほかでもない茶や谷での『土佐源氏』の再上演――。しかし、坂本のその思いに対して、周囲は冷ややかだった。ところが、坂本と話して作品への真摯な姿勢や槌造への思いを知った秀俊の心は動いていた。

結局、「檮原龍馬会」が主催して、廃校となった東四万川小学校の講堂で再公演をやってもらうことになったのだ。東四万川小学校は秀俊の母校で、檮原龍馬会は当時、秀俊が会長だった。

公演には、『土佐源氏』の舞台が会場になるとあって注目が集まり、県内外から多くの人が詰めかけた。

夜のとばりが下り、観客の顔も見分けがつかなくなるころ、舞台にろうそくの明かりがひとつ灯された。ところがそこに坂本の姿はない。

坂本は田んぼの中から会場の様子を見守っていた。観客と闇が一体になる頃合いを見計らい、とぼとぼと畦道《あぜみち》を歩いて登場した。やがてろうそくの明かりの中に、すっぽりとゴザをかぶった盲目の老人が映し出された。

坂本に何者かが憑《ひょう》依《い》している。

「あのときは、坂本さんと徹底的にリアルに演出しようと相談しまして……」

と秀俊はうれしそうに振り返る。観客は鳥肌が立つほど魂を揺さぶられたに違いない。

秀俊は土佐源氏の曾孫として、坂本の願いを成就させたのである。

それは先祖への供養でもあったし、長らく微妙な関係にあった『土佐源氏』という作品と、モデルの子孫との「和解」の意味も含まれていた。

秀俊の案内で、私も槌造が眠る墓に参った。

墓は、秀俊の家から小路をたどった小高い丘の中腹にあった。棚田を二、三枚隔てた正面にだっぱん屋が見える。

槌造が暮らし、宮本が訪ねて描き、坂本が演じた『土佐源氏』の舞台はいま、まさにその場所が洒落たフレンチのカフェレストランとなって、密かな人気を呼んでいる。そしてその光景を、土佐源氏はいまなお丘の墓から見守っている——。

考えれば、何か幻想的な、そしてじつにめでたい因果ではないか。

その実感を得たことが、さらに大きな「拾いもの」をしたような気分に私をさせた。私はこれで、課題だった山折への土産話（レポート）もできるだろうと考えていた。

第三章　峠を越えてきた文化

祈りの記憶

私が、次に「茶や谷」を訪れたのは、山々が本格的な夏を迎えようとするころだった。梅雨が終わるのを待って車を出し、四国カルスト高原を東から西へ横断、韮《にら》ケ峠から茶や谷に入るルートをとった。

愛媛県久万高原《くまこうげん》町から国道四四〇号で地芳《じよし》峠を上ると日本三大カルストのひとつに数えられる雄大な四国カルスト高原だ。稜線に沿ってゆったりとカーブを描きながら四国カルスト公園縦断線が東西へ伸び、まわりには緑色の絨毯《じゅうたん》を敷き詰めたように笹原と牧草地が広がっていた。その絨毯に無数の白い小石をばらまいたように石灰岩が浮き立ち、ゆったりと牛が放牧されている。稜線は愛媛県と高知県の県境とほぼ一致し、愛媛県側は黒牛、高知県側は赤牛が遊ぶ。そこからは北に石鎚《いしづち》連峰がそびえ、南には太平洋が地表の絵のように淡々と浮かぶのが見晴らせた。

牧草地には巨大な白い風車が二本、稜線に沿って並び立つ。檮原町が国や高知工科大学と建設したデンマーク製風力発電装置だ。高さ約五十メートル、一本につき最大で一時間六百キロワットを発電するという。コンピュータ制御で風車の向きや羽根の角度が自動管理されている。
眼下の深い渓谷は、天下の清流として知られる四万十《しまんと》川の源流域。鳥瞰図のような山並みが幾重にも重なり、空へと溶けていく。ときおり「アー」と牛の鳴き声が響いた。私は鶴姫平から大野ヶ原を目指し、縦断線を東から西へと駆けた。大野ヶ原は愛媛県西予《せいよ》市野村町に含まれ、酪農と夏大根の産地として知られる。搾りたての牛乳で作ったアイスクリームが名物で、訪れた家族連れなどでにぎわっていた。

大野ヶ原の歴史は意外に浅い。第二次大戦後、満州（現・中国東北地方）から引き揚げた人々が入植したことに始まるからだ。それ以前は修験者の行場だったらしい。観光牧場やペンションなどがある中心地に、小松ヶ池という幅二十メートル、長さ四十メートルほどの池があり、ほとりに立派な社《やしろ》があった。小松ヶ池はカルスト高原に浸み込んだ水が長い年月をかけて湧き出す池らしい。水中にジュンサイが繁茂し、中央に苔が自然に固まってできたという浮島がある。池のほとりには古い陶器の人形が並べられ、重々しい祈りの跡が偲ばれる。

私は、その竜神池を見て、麓の野村町に暮らす大正十二年生まれの大伯母から、昭和五十年代に聞いた話を思い出した。

「昔は病院というもんがなかったから、病になるとオガミ屋さんを呼んだもんじゃ。オガミ屋さんは偉いもんぞな。ご祈祷をしてイヌがついたといえば祓《はら》い、ヘビがついたといえば祓った。近所の家でな、次から次へと身内が病にかかるのでオガミ屋さんを呼んで仏壇の前で拝んでもろうたんじゃと。ほいなら、拝んだまま、一メートルも飛び上がったんじゃそうな。家の人がびっくりしてな。訳を聞いたら、その家のご先祖さんが現れ、墓参りをせんのがけしからんと言うんじゃと。ご先祖さんは関ヶ原の合戦で石田三成の配下として働いたが、負けてこの地へ逃れてきたという。墓は家の側の薮の中にあるが、長く放ったらかしのままというが、身内のもんは皆、知らん。ホンマじゃろか、と言いながら探してみたら、はたして古い五輪さんがあったのよ。これはいかん、おとろしい（恐ろしい）、と墓のまわりの薮を刈って供養したら、たちまち病は治った」

こんな話も聞いた。

「隣の部落の繁太郎という八十歳をいくつか過ぎたじいさんが、若い衆のころじゃ。山奥の桑畑を掘りよったら古い壺が出てきてな。なんじゃろうと思うて持ち帰り、蓋を開けたら中から経典が出てきたんじゃと。恐ろしゅうなって仏壇に供えて毎日《まいひ》に拝んだが、しばらくすると全身がかぶれ、かゆうてたまらん。そこでオガミ屋さんに頼んで観てもろうたら、姫さんがシクシク泣きよると言う。姫さんは戦国時代にこのあたりを治めていた領主の腰元でな。長宗我部との戦に敗れ、領主は自害したんじゃ。その場所は、ほれ、うちの向かいの豆腐屋さんの上の五輪さんじゃがな。腰元もいったんは山奥に逃れたが長宗我部の兵に追われてな、もはやこれまで、と自害した。その場所こそ、壺が出てきたところなんじゃ。腰元はお経が入った壺を抱いてあの世へ行って成仏しておったが、繁太郎さんが持って帰ってしもうたもんじゃけん、さみしかったんじゃと。……このあたり一帯は、戦場になってな。村を流れとる稲生川が血で真っ赤に染まったこともあったそうな。首のない馬が夜な夜な走るという言い伝えもある」

オガミ屋さんとは祈祷師のことだ。

「どうしてオガミ屋さんはそういうことがわかるんじゃろう？」

と小学生だった私は聞いた。すると大伯母は神妙な顔をして教えてくれた。

「お山に籠《こも》って修行をしなはるけんよ」

「どこの山ぞね」

「大野ヶ原という恐ろしいところがあってな。オガミ屋さんと言う限りは、そこで一年に一度、一週間は居なはるんじゃと。私は娘時分にオガミ屋さんから直に聞いたんじゃけん、間違えない」

大伯母はそう言うと、修行の様子を語り始めた。

「大野ヶ原は草と岩しかないさみしいところじゃ。そこにゴザを敷き、座って拝んでおると鬼が出てきて、お主を食うぞと脅かす。オガミ屋さんは、これで動じたらおしまいじゃ、と一心不乱に拝み続ける。そうすると鬼は消えるそうじゃ。また、しばらく拝んでおると、今度はきれいな姫さんが出てきて、一緒に遊ぼうと誘う。これがつらいんじゃそうな」

思えば、大伯母が晩飯のあとで語ってくれたのは、いつもそうした話だった。大野ヶ原を走っていると、それらが次々と思い出されてくる。

「夜中に提灯《ちょうちん》行列を見て、駆け出していくと山海珍味を使ったご馳走《ちそう》が並んでいてな、こりゃ、たまらん、と貪り食って寝てしもうた近所のじいさんがおった。朝、目覚めてみると牛のクソを食っていたそうな。あれはタヌキに化かされたんぞね」

「川向こうの部落の娘さんの許嫁《いいなずけ》が、この間の戦争で亡くなってな。さみしく過ごしていたら、ある晩、許嫁が戻ってきたので、うれしくなってついていったら、翌朝、ずぶ濡れになって川のほとりで寝ていた。あれはカワウソに化かされたんぞな」

大伯母が「この間」というのは昭和二十年ごろまでのことで、「昔は」というと戦国時代だったりしたから、聞いていて子ども心に時間感覚が混乱した。オガミ屋さんの話は、大伯母が「ついこの間」という昭和三十年代の話だ。

清らかな水が枯れることなく湧き出す小松ヶ池のほとりは「ついこの間まで」、四国カルストの山裾からやってきたオガミ屋さんたちが巣食うところだったらしい。

小松ヶ池から県道を下ると、五分ほどでひょっこりと見覚えのある交差点に着いた。

韮ケ峠だ。

右折すると野村町惣川《そうがわ》。左折すると檮原《ゆすはら》町である。

私は茶や谷を目指すべく左折し、深い森の中の道を下っていく。

三度目の「茶や谷」

韮ケ峠からは約十五分で茶や谷に入った。

下っていくと、竜王宮の赤い鳥居がまぶしい。正面にはつい一時間前にいた四国カルストが立ちはだかり、その背後から、入道雲がむくむくと盛り上がっていた。

蒸し暑い。

私は川のほとりに車を停め、そそくさとＴシャツと海水パンツに着替えて渓流に飛び込んだ。降り注ぐ蝉しぐれが、碧《あお》い流れに溶けていく。ザブンと潜って岩の下をのぞくと、アマゴのかわいい目が二つ、精いっぱい見開くようにしてあたりをうかがっている。

息をこらえてしばらく川底を這いまわった後、頭を水面に突き出し、スゥーと細く息を吸うと、鼻の奥を稲の香りが心地よく撫でた。唇にしたたる水が心なしか甘い。三度目の来訪で知る、檮原の夏の匂いと味だった。

この年、私は檮原に魅入られていた。
前回、新緑の季節に再訪して、だっぱん屋の下元夫妻を知り、下元秀俊が「土佐源氏」の曾孫《ひまご》であることを知り、私と『土佐源氏』の距離が一気に近づいたのを感じた。

檮原滞在中、『土佐源氏』の背景やその後のエピソードについて、秀俊から教えられたことは少なくない。その中には、木村哲也も佐野眞一も毛利甚八も書いていない事実もあって、私はそれらを山折哲雄に報告した。

「そうか、やっぱりいろいろあるだろう?」

と山折は電話の向こうで笑って言った。が、私にはそれは、探せばもっといろんなことがあるはずだ、という意味に聞こえた。そう思ったのは、私自身がそれまでの「拾いもの」に満足していなかったからに違いない。昨年、山折が檮原を去るときに言った「妙な拾いもの」とは何なのか。それを確かめようとして再訪した檮原で、確かにまた拾いものをしたという実感はある。だが、それらは所詮、私が確かめようとした何かの「断片」にすぎなかった。

そういえば、山折哲雄は宮本常一について、ある雑誌(月刊『望星』二〇〇九年九月号)でこんなことを述べている。

宮本常一とはどのような存在だったのか。宮本さんのパトロンだったアチック・ミューゼアムの渋沢敬三が「学者になるな」といった。だけど、渋沢さんのもとで、あれだけ生活用具を蒐集している。生活用具を集めれば、それをどう作るか、どう使うか、記録しなければならない。分類しなければならない。聞き取りなどによって習俗なり信仰なりを突き詰めて考える手法もあるけれど、いずれにしてもどうしたって、研究に、学問になる。そのうえでなおかつ「学者になるな」というのは、そこにとらわれることなく、生活全般を丸ごと掴めってことだったんじゃないか。(中略)

　宮本さんの旅にも丸ごと掴もうとする意思のようなものを感じますね。大学なり研究機関なりの調査の一環なんだけど、宮本さん、どうやら調査しながら村のあちこちをうろうろしてあれやこれや話を聞いている。もちろん報告書も書き上げるんだけど、そこから溢れ出てしまうなにものかを宮本さんは持ち帰り、その溢れ出たものまでも記録しようとした。

　それから、調査のためにちょっと行って、それでお終いではなく、同じ土地に通っているでしょう。宮本流の旅なんだけれど、これもまた、その土地を丸ごと掴みたい意思の現れだったのかもしれない。

私が、三度目に檮原を訪ねようと思ったとき、無意識のうちに抱いていたのも、そんなことだったのかもしれないな、と改めて思った。もとより私は民俗学者でも何でもない。いくつかの文化活動に関わるとはいえ、一介の地方ジャーナリストにすぎない。そのジャーナリストとしての仕事からも離れて檮原に通うのは、檮原を丸ごとつかみたい気持ちに駆られたからではないのか。

龍馬脱藩の地、そして宮本常一の『土佐源氏』の舞台である檮原には、その背景や現在の姿の中に、もっと多くのものがある。自然や歴史や文化や経済があって、もっと多くの人がいる。そのすべては無理だとしても、これが檮原だと、自分のうちで丸ごとつかんだ気持ちになれるものが欲しかった。そして、そう思わせる何かが、檮原には、少なくともこの茶や谷にはあったのだ。

エジプト経由で来た娘

川岸に上がって、車は置いたまま素足で田んぼの畔《あぜ》を歩いていると、「こんにちはー」と声がした。

声の主は、田んぼの中で力いっぱい手を振って笑っている。

麦わら帽子に赤いフレームの眼鏡。だっぱん屋の社員の女性だ、とすぐにわかった。正確には、下元秀俊が設立した農業法人「雲の上ガーデン」の社員で、名前はたしか岡田晶子といったはずだ。

茶や谷をまた訪れることは、だっぱん屋には伝えてあったら、向こうでも私がすぐにわかったのだろう。日焼けした笑顔がたちまち駆け寄ってきた。本日は田の草取りが仕事なのだと、聞かれる前から説明した。

晶子は愛嬌のいい子で、よくしゃべる。学生時代は落語研究会に所属していたらしいが、担当は出三味線だったという。そうしたことも前回の訪問時に少し話して聞いていた。

「あ、ランチに行かれるんですね。今日はトマトのパスタです」

先回りして得意げに言い、先導しそうになるのを制して、私は言った。

「とりあえず、あそこでひと休みしませんか」

川岸の木陰を見つけて腰かけると、川面を駆け上がるそよ風に体が癒やされるような感覚があった。私は煙草をふかしながら、前回、晶子に聞いた話を持ち出した。

「しかし、よくもまぁ広島市内のど真ん中からこんな山奥に就職したよなあ」

晶子の実家は広島市内で、高校は繁華街近くの伝統あるクリスチャン系女子高校と聞いていたからだ。いわば都会っ子が山奥の村に就職した形で、そこが素朴な疑問だった。

「高校時代は私、人酔いしていましたから……」

晶子は眉間にしわを寄せて言い、思い出すように語り始めた。

「休みになると向島《むかいじま》のおばあちゃんのところに逃れて、息をついていたんです」

向島は尾道の向かいに浮かぶ瀬戸内情緒豊かな島で、大林宣彦監督の映画『さびしんぼう』の舞台としても知られる。その島で、おばあちゃんの畑仕事の手伝いをしているときが幸せだったと晶子は言うのだ。もともと都市生活は苦手だったのかもしれない。しかし、そのおばあちゃんの家での畑仕事が昂じて、山陰地方の大学の農学部に進学、大学院にも進んで土壌研究に専念したと聞くと、ひと筋の道に懸けてきた強い意思を感じざるを得ない。

「大学院では土壌の保全と修復を研究していました。乾燥地の問題に取り組むコースで、土地をいかに劣化させずに農業をするか、という研究です」

「ふーん、修士論文のテーマは？」

「塩分の除去方法です。二週間程度、エジプトのダンカロンという村に滞在して、塩分除去の実証実験をしていました。エジプトの畑は塩分の多い水を使っているので土壌が塩化しているんです」

「その塩分の多いエジプトの畑で、どんなものを作ってたの？」

「えーと、空豆とか油を搾る椿などの種を育てていました」

「なるほど。空豆や椿は塩に強いんだ」

「そのころから、土壌や環境に負荷をかけない農業を実践したいと思うようになって……。それでここに来たんです」

「ほう、それでエジプト経由で茶や谷かぁ。そりゃあ大冒険だな」

私は感心しながら聞いていた。

チチチ……。

セキレイが長い尾を上下させながら川面に突き出した白い石の上で遊んでいる。

環境科学を研究している学生は大学院時代、アフリカやアジアの発展途上国に派遣されることが多い。派遣された学生たちは現地で貧困や環境汚染などを目の当たりにして、「地球は悲鳴を上げている、このままでは人類は滅亡の道をたどってしまう」と衝撃を受け、帰国後は「自分はいま、何ができるのか」と救済策に悩んでもがき始める。そんな姿を私は何人も見てきたが、その話をすると、晶子は同意して言った。

「そうなんです。だから私も環境破壊のメカニズムを知ろうと勉強してみたんですが……」

そして、ため息をつくようにして続ける。

「でも、現実は環境破壊のメカニズムが解明されればされるほど、絶望的な未来が鮮明になるばかりなんですね」

「それでも未来は信じるほかない。そう思ってるんだろう?」

「はい。『救済のためには、好奇心を資源に冒険を実践しなければならない』って。これ、ダンカロンで知り合ったイタリア人の研究者が言ってたんですけど、本当にそうだと思うんです」

晶子によると、農業は環境を壊して食を得る行為であるらしい。人類は農地を得るために森を伐《き》り払い、土を掘り返し、作物を植えることで命を養う一方、地力を低下させてきたからだ。その矛盾を解決するには、大地と人がうまくやっていける方法を探るしかないのだから、自分はそれをここで、日々の営みとして実践しているのだと言いたいのだろう。

しかし、それにしても、そんな晶子がこの檮原にたどり着くには、どんな経緯があったのだろうか。

聞けば、就職活動の時期、黒いスーツ姿で合同就職説明会に出かける同級生たちをよそ目に、滋賀県、鹿児島県、鳥取県の農地を見て歩いたという。その最後の土壇場で、秀俊が経営する雲の上ガーデンに行き当たったというのだが、それは秀俊が初めて新規採用の募集を出した時期と重なった偶然の出会いでもあった。

「卒業前の二月に茶や谷を見学して、ここだ！　と思ったんです」

見学当日は鳥取市からＪＲ特急で岡山駅を経由し、高知市へ。そこで一泊して早朝のバスで須崎市を経て檮原町中心地へたどり着いた。そこからは歩いて茶や谷まで行くつもりだったらしい。が、秀俊が車で迎えに来た。歩けば半日かかるということは後で知ったという。

「それにしても山陰からここまで、ずいぶん遠かったでしょ。交通も不便だし」

「いいえ、エジプトよりは近いです」

晶子はケロリとした表情で言ってのけたが、その言葉には疑問を挿む余地などなかった。

「でも、ここに決めたのは、どうして？」

「水と土、それと雰囲気かな。ここなら人も温かいはずだと思ったんです」

「しかし、茶や谷の農園に就職するとなると、まわりが驚いたんじゃないか？」

「はい。友人たちは、大学院まで出てどうして縁もゆかりもない僻地に行くんだと言っていましたしね。でも指導教授は、実践はすごい勇気だ、大変だと思うけど頑張れと言ってくれましたから」

「ご両親は？」

「あなたが選んだ道なのだから、励みなさいって」

「親は偉いなぁ」

私が感じ入るように言うと、晶子もうなずき、申し訳なさそうに言う。

「両親には、いまかけている心配をいずれ安心で返したい……。そう思っているんです」

川風が心なしか、しんみりと流れ、晶子の頬を撫でているように感じられる。セキレイが、チチとひと鳴きし、川下へ飛び去った。

「ぼちぼち、ランチに行くか」

「そうですね。私も午後からお店で仕事なんで」

立ち上がった晶子は、何を思ってか、そこでまた立ち止まって私の顔を振り向いた。

「私……、ここに来たのは、本当に正解でした」

真顔でそう言ってから歩き始め、さらに続けようとする。

「土壌は一度壊すと修復は大変ということを大学で学びましたけど……。ご存知のように下元社長は環境にあまり負荷をかけない無農薬有機栽培で生計を立てています。私、これを世の中に広げていけば、土壌保全につながると思うんです」。

秀俊が経営する「雲の上ガーデン」は、約六千平方メートルの畑で有機野菜、約二千平方メートルの田で米を育てている。畑のうち約三千八百平方メートルはハウス栽培だ。肥料もわずかにしか使わず、自然栽培に近い。さまざまな野菜を混ぜ合わせるように植える「混植」と、収穫後、別種の作物に植え替える「輪作」で害虫と益虫のバランスをとれば、地力も弱りにくいらしい。一度にたくさん収穫はできないが、それが畑を持続的に使える方法だという。混植と輪作は山間地で行われてきた昔ながらの農業である。

「だけど、田舎の生活には不便もあるだろう。カルチャーショックはなかった?」

「それはもう、カルチャーショックの連続ですよ。だって、近くにコンビニはないし、日が暮れたら真っ暗でしょ。田舎に来たんだなあって……。ここじゃ、自分の力で何から何までやらなくちゃいけないんだと実感しました」

しかし、そんな気持ちでまわりを見渡してみると、近所の人たちはみな料理上手で、食文化はかえって都市よりも豊かだと気づかされたという。何でも自分で生み出すという生活態度にも感銘を受けたようだ。

「仲よくさせてもらっていると、ここではひとりひとりが何かの名人で、知恵の塊だということに気づかされるんです。先祖代々、いろんな生活の知恵を継承してきたんだなあと思います。けれど、次へ受け渡す世代がいない。このままだと、その知恵が途切れちゃいます。だから、学べることは早いにこしたことはないという焦りが、最近あるんです」

年寄りの知恵が絶滅するかと思うと、魂の一部がもぎ取られるような気持ちになる、とまで晶子は言った。学識や思い切りのほかに、感受性も際立って豊かなのかもしれない。

茶や谷のフレンチ

この日「だっぱん屋」のパスタランチは、晶子が予告したようにトマトのパスタだった。

シェフの渡部が穏やかな笑顔で迎えてくれた。

晶子は作業着を着替え、頭に赤いバンダナを巻いて店に出てきた。

「いらっしゃいませ」

と改まった表情でお辞儀をして、レジ付近に立つ。店内では旅行者らしい三人の客がパンを品定めしていた。

「お待たせしました」

しばらくすると、そう言って晶子がスープとパスタを運んできた。

「カボチャとミルクの冷たいスープです」

さっそく味わってみると、裏ごししたカボチャに新鮮な牛乳が溶かし込まれ、すっきりとしたチキンベースで仕上げられている。パスタはトマトをつぶしたジュースが練り込まれた自家製麺に、トマトとシャケのソースがかかっているという。ソースは幾種ものトマトがブレンドされ、香りまでもがハーモニーを紡いでいた。

「これは……、うまいな」

「そうでしょ！」

と晶子が声を弾ませる。

しばらくは無言で食べた。ときおり、晶子が様子をのぞきに来たことはわかっていたが、料理のうまさがおしゃべりの余地を与えてくれなかったのだ。

やがて、食後のコーヒーを一口。ほろ苦さが正気を呼び戻してくれる。

なんという安堵感か。

店内は静まり返っていた。客の姿はない。晶子が近づいてきたので、私は言った。

「ごちそうさま。おいしかったよ」

「よかった。怖そうな顔して食べていらしたから、心配していたんです」

うまいものは、ときに人を一匹の餓鬼にするらしい。晶子がホッとした表情になったのを見て私は苦笑したが、晶子は何を思ってか、一気にしゃべろうとする。

「私、ここに来て野菜たちがかわいいと思うようになったんです。子育てってこんな感じなのかなと思って」

「ほう」

「このカフェで自分たちが育てた野菜を食べているお客さんを見るのは、すごくうれしいし、勉強にもなるんです。わーっ、きれい。おいしい！　なんて言ってくださると、本当にありがたいと思います。だって、ここの料理は、シェフがその日その日の野菜の機嫌をうかがいながら、思いを込めてひと皿ひと皿作るんですよ。素敵だなと思います」

晶子は、それだけ言うとそそくさと厨房へ消えた。洗い物が溜まっているのだろう。ガチャガチャとあわて気味の音が響いてきた。その音に追い立てられるように、今度は渡部が恥ずかしそうにフロアへ出てきた。この人は、その含羞を帯びた表情や立ち居振る舞いがいい。ちょこんと会釈をし、いかがでしたか、と小さな声で尋ねてくる。

「降参、降参。本当においしかったです」

と本気の笑顔を返すほかはなかった。

昭和四十三年生まれという渡部幹太は、高知市内のホテルやレストランなどで二十五年間、主にフレンチ畑で腕をふるってきた。平成十八年ごろに下元秀俊と出会い、雲の上ガーデンから野菜を仕入れていたが、四十三歳のころレストランを辞め、改めて料理人としての生き方を考えたのだという。

「でも、どうしてここに?」

と私は改めて問うてみた。これまでに周囲や本人から断片的なことは聞いていたが、その人となりに興味を覚えて、心の内を知りたいと思ったのだ。

「そうですねえ、あのころは現役でやれるのがあと十五年として、最後は魅力を感じるところで働きたいと思っていましたから……」

そのころ、ゆう子からのハガキで、一緒にやりませんかと誘われたことは聞いていた。

「誘われたとき、気に入っている野菜を作っている場所で料理を提供するのは、料理人として正しいことなんじゃないかと思ったんです。それを実践してお客さんに喜んでもらい、そんなやり方を世の中に広めることができれば……とも思いまして」

渡部は窓の外を眺めながら言った。

「ただ、ここへ来た当初は、ちょっと寂しかったですね。一日中、誰とも話さない日もありましたから。でも、一年も経つと近所の人やお客さんとも話すようになりました。都市部の高知と違って人も少ないし、同年代の人もあんまりいないんですけど、これまで見逃していたような、自然や天気のちょっとした変化にも目が行くようになって、感性が研ぎ澄まされていく感じがしています。この感覚が料理に生かされると思うんです」

窓の外ではツバメのつがいがせわしなく飛び交っている。巣づくりに懸命なのだろう。

「ほかにも戸惑ったことはありませんでしたか?」

質問を重ねると、渡部はしばらく考え込んでいる。とにかく生真面目に対応してくれているのがわかるのだが、これは誰に対しても同じなのだろう。

「そうですねえ……。これまで当たり前に使っていた調味料が手に入りにくかったことかなあ。ところが、手元にあるものだけで工夫してやっているうちに、いろんな発見があったんです。これでいけるんや、と思うようになりました」

「つまり、野菜そのものを調味料として使うということですか?」

私は食べたばかりのランチを思い起こして聞いた。そこでは野菜そのものが、素材と薬味と調味料の絶妙な組み合わせを演じているようにも思えたからだ。

「そう。そこなんですよ」

渡部は急に強く相づちを打った。我が意を得たり、といった表情で、声も明るくなった。

「要は土地にあるものを精いっぱい使うことなんです。檮原という町は規模が小さくて、何が名高いというわけではありませんが、野菜、山菜、キジ、原木シイタケなど興味深い素材がいろいろあります。それに、とにかく水がうまいんですよ。石灰岩土壌だからかな。野菜の味も違うんです」

飯は大地に近いほどうまい——と名文句を遺したのは、たしか食通の作家、開高健だったか。茶や谷にひとりでやってきた渡部も、大地そのものに着目し、そこで日々、客の喜ぶ料理を創り出そうとしているのだろう。だが、それにはよほどの工夫と努力と、そのための闘志を持続させなければならないはずだ。

気がつくと、洗い物を終えた晶子がレジのまわりを片づけながら、それとなくこちらの様子をうかがっていた。渡部は穏やかな口調で話し続ける。

「ですから最近は、ここでやっていくのは正解だなと思い始めました。ここにいて〝茶や谷のフレンチ〟を目指そうと思います。料理人の間では、お客さんとは一期一会だといいますが、ここで料理を喜んでもらうと、本当にそうだなと思うようになったからです」
渡部の話を横から聞いていた晶子が、しきりにうなずくのが見えた。渡部の作る茶や谷ならではの料理が、口コミやインターネットで評判となり、地道に客足が伸びていることを実感しているからだろう。それとも、晶子自身がこの土地での本格的な定着を考えているからだろうか。

渡部も晶子も、何か吸い寄せられるように檮原に来て、大地のなかに何かをつかんで定着しようとしているのだ。彼らをそうさせる土地の「磁力」とはいったい何なのだろう。

私はそんなことをふと考えたが、そのとき、入り口から声が聞こえて、転がり込む勢いで人が入ってきた。

「いやいや、今日は高知市内へ有機農家の寄り合いに行っちょって」

秀俊だった。肩で息をしながら私に笑いかける。

オーナーの登場に、渡部はそそくさと厨房へ入り込み、晶子はあわてて手を洗っている。

「ここじゃ皆さん、茶や谷の魔法にかかっているようですね」

私はナゾをかけるように言ったが、秀俊は「ほう」とだけ答え、開けっ放しの笑顔のまま厨房に向かって声をかけた。

「僕にもコーヒー！」

秀俊の畑の一部であるビニールハウスは、だっぱん屋と目と鼻の先にある。

「夕方、野菜を出荷せんといけませんから」

そう言って立ち上がった秀俊の後を追って、その日の午後は私も店を出た。

作物の様子や収穫作業の実際を、手伝いがてら、見てみたかったのだ。

秀俊が、というより農業法人「雲の上ガーデン」が、約二千平方メートルの田で稲を、約六千平方メートルの畑で有機野菜を育てていて、畑のうち約三千八百平方メートルがハウス栽培であることは前述した。妻のゆう子や社員の岡田晶子らがともに働き、シェフの渡部が誇りとする野菜たちの畑は、実際にはどうなっているのか。そして何より、さっきも食べて感心した野菜の畑はどうなっているのか。前回の訪問時には話に聞くだけで見ていなかったから、私の期待は膨らんでいた——。

ハウスの入り口で長靴に履き替え、入ってみると、まず目に入ったのはトマトやピーマン、ズッキーニ、カボチャなどが青々と葉を茂らせている光景だった。

ハウスの大きさは、縦が約四十メートル、横が約三十メートル程度だろうか。ビニールは開け放たれている。トマトもピーマンも目の前で実っているが、どれもはちきれんばかりのみずみずしさだ。

「じゃあ、草を抜いてもらえませんか」

という秀俊の声を聞き、さっそくしゃがみ込む。

すると、そこで最初に驚かされたことがあった。

ここの野菜は、さぞたっぷりと有機物を含んだ肥沃な土から生えているだろうと思い込んでいたのに、土は全体に白っぽく、触るとバサバサしているのだ。

おまけに砂利まで混ざっている。ふつう、野菜畑の土は粒子が細かく黒々として、触るとフカフカしているものだが、秀俊の畑はその逆で、水分も少ないうえに土そのものが痩せているようにさえ思えてくる。これでは野菜の生育にはむしろ厳しいのではないか……。

「うちの栽培は放任主義ですけん」

私が疑問を呈すると、秀俊はトマトを手でもぎ取りながら、そう言って笑った。

秀俊の説明では、このあたりの土壌は先祖代々石灰岩を割って段々畑を築き、山土や草、ワラなどを敷き重ねて作られたものらしい。ただし、敷き重ね、敷き重ねして土を作っても、雨や風に流されるため、ごくわずかしか蓄積されないという。あくなき営みである。

言ってみれば、まるで骨に皮膚を張りつけたような土壌でしかないのだが、その土に、秀俊は鶏糞や米ぬか、もみ殻、牡蠣殻などを混ぜて発酵させた肥料を、ごくわずかしか与えず、水も最低限しかやっていないという。

それなのに、この作物のたくましい実り方はどうしたことだろう？

秀俊は、土壌について短く説明した。

「水や肥料を与えすぎると、土壌が本来持つ地力を低下させてしまうんですよ。低下した地力を補うためにさらに肥料を投入すると、土地はさらに弱くなります。結局、限られた畑で地力低下の悪循環を抑えて継続的に収穫するためには、これが最良なんです。人も野菜も、過保護にすると軟弱になりますけんね」

放任主義、つまり厳しい土の環境を与え続けることで野菜本来の底力が発揮され、その力が深いうま味と香りを引き出すというのだ。

「うちの野菜は、鮮度が長持ちするとお客さんには喜ばれますけんど、本質的にたくましいんですよ」

秀俊は、話しながらトマトの実を次々とスーパーにあるような籠に入れていく。ときにしゃがみ込んでは草を抜く。見ていると、体の動きに無駄というものがなく、表情はきびきびとしているが、話すときは笑みを絶やさない。

ハウス内は幅約一メートルの畝《うね》が幾筋もあり、作物は畝ごとに植えつけられていた。トマトの畝には、大小さまざまな品種が三十株から五十株ぐらいずつ、種類を変えながら植えられている。ひとくちにトマトといっても品種は多彩で、赤色や黄色もあれば濃い紫色のものもあった。

それらを収穫しながら畝の間を進んでいく秀俊の動きは相変わらずで、手足を休めることがない。屈伸する腕が筋肉とともにリズミカルに動いている。トマトをもぎ取りながら、振り向きざまにデンデンムシを捕らえることもあった。ひょっとしたら、背中で野菜たちが放つごくごく小さな悲鳴を敏感に察知してでもいるのだろうか。その流れるように機敏な動きを不思議に思って、私は尋ねた。

「何かスポーツをしてますか？」

秀俊の姿がまるで畑でスポーツをしているアスリートのように感じられたからだが、それに対する秀俊の答えは素っ気なかった。

「空手をやっちょりますけんど……」

と照れたように言い、東京からの帰郷後、四十歳くらいから空手を始めて、いまは二段で地元の小学校で子ども相手に教えているとも付け加えたが、だから農作業まで俊敏なのだと言いたいわけではないらしい。それでも、立った姿勢から素早くしゃがみ、草を抜く背筋がまっすぐで微動だにしないのは、武道家特有の姿に思えて私はそれなりに納得した。

しばらくの間、私はひたすら草を抜いていた。

汗がぼたぼたと鼻から落ちる。

手を止めて、空を見上げると、涼やかな山風が頬を撫でた。

トマトの甘い香りが心地よく鼻をくすぐる。そこでまた気を入れて、草を抜こうとしたときだった。

「草はあまり丁寧に抜かなくてもいいんですよ。いいかげんがいいんです」

と、畝の向こうから秀俊の声が届いた。秀俊は水菜の畝にしゃがみ、こちらを見ている。

私はまた意外な思いに打たれて問い返した。

「ええーっ、なんでですか？」

「テントウムシが家じゃから」

おおらかな声で答えてくれるのを聞くと、雑草はテントウムシなどの益虫を養うためにも、ある程度は残しておくものらしい。繁茂しすぎては作物の成長を妨げるが、土壌の湿度を保つためにもすべて抜かないほうがいいというのだ。「放任主義」の秀俊には雑草もテントウムシも仲間ということなのだろうか。だが……。

「それよりも虫を取ってください。虫を」

と改めて秀俊の声が届いて、私は納得した。無農薬栽培である以上、害虫駆除はやはり必要なのだ。現に秀俊もさっきから虫を取り除いていたではないか。しかし、どんな虫がどこにいて、どの虫を取ればいいのか、私にはわからない。

私は秀俊のもとに駆け寄り、教えを乞うた。すると秀俊は水菜の葉の下を指さし、ひょいと小さな灰色の塊をつまみ上げた。その掌《てのひら》をのぞくと、ナメクジだ。

「ほれ、ここにも」

と次につまみ上げたのはデンデンムシだった。レタスの葉からは青虫をつまみ上げた。アブラムシのような小さな虫もついているのに、取らないのはテントウムシが食べてくれるからだという。

そして、こうした虫のなかでも一番問題なのが……と言って、手でわずかに土を掘ると、そこには体長二センチほどの灰色のイモ虫がうずくまっていた。それをひょいとつまみ上げて、秀俊は言う。

「こいつは〝根切り虫〟といいましてね、作物の根をかじっていかんのです」

根切り虫は蛾の幼虫で、体長は一センチから三センチ程度。昼間は土の中で眠り、夜は地表に出て活動するらしい。野菜の葉の一部が黄色くなっていたら、その根のまわりを掘ってみる。するとコロリと姿を現すから、丹念に土を掘ってはつまみ出さなければならない。聞くだに厄介なやつだと思われた。

私はデンデンムシとナメクジ、青虫と根切り虫を捜索し、逮捕することに集中した。

こうした作業は、やっていると誰でも一心不乱になるものらしい。我ながらエサを探す鳥にでもなったような気分だった。そうやって集めた虫は、あとでまとめて川へ流すという。きっと川魚たちのごちそうになるに違いない。

どのくらいの時間が過ぎたのだろう。

大した時間ではなかったのかもしれないが、やがて、ハウスの端から秀俊の大きな声が響いた。

「そろそろ上がりましょう！」

ハウスの入り口には蛇口と流し台が設置されている。そこでホウレンソウや水菜などの葉物野菜を洗い、黄色くなった葉や泥を落とす。蛇口から勢いよく噴き出す水は、山水を引いたものなのだろうか。身を切るほどに冷たいが、さわやかだ。

秀俊の自宅の一画が納屋となっている。私たちは収穫した野菜をそこに運び込み、出荷作業を行った。

秀俊が計量し、出荷先ごとに仕分けていった。葉物野菜はビニール袋に入れ、トマトやズッキーニ、ピーマン、カボチャはそのまま段ボールの箱に詰める。伝票を見ると、出荷先はレストランもあれば個人宅もある。段ボールのひとつひとつを埋め尽くした野菜が色とりどりの花畑のように見えてくる。

そうか、これが秀俊の、いや「雲の上ガーデン」の本来の日常なのだ、と改めて私は思った。畑で野菜を作り、出荷する日常。体を動かし、土と向き合い、機嫌を見つつ野菜を育て、売り物にする日々——。

有機野菜は人手がかかって大変なのは、さっき一端を見ただけでわかったが、植えつけの前後の時期にはもちろんもっと忙しいのだろう。田んぼもあるから、代掻《しろか》き、田植え、稲刈りの時期などは、さらに大変なはずだ。それを秀俊は、妻や社員とともに、ときには店の常連など仲間たちの応援の手も借りながら日々の仕事として続けている。妻のゆう子や社員の晶子らの日常も、つまりはそういうことだろう。

傍目《はため》には、カフェのオーナーとしての、あるいは野菜のセールスマンとしての、さらには地域文化活動のリーダーとしての顔しか見えない場合もあるだろう。だが、そうした多面的な「外の顔」のすぐ内側をずっしりと埋め尽くしているのが、土と向き合う「農の人」としての秀俊の姿と時間なのだ。逆に言えば、その農の時間の堆積が秀俊の外の顔も形作ってきたのだろう。秀俊と会っていていつも感じる自信や余裕も、その中から生まれてくるものなのかもしれない。そしてそれは、秀俊のようにして檮原で暮らす多くの人たちにも、どこか共通するものがあるのかもしれない……。

野菜の箱詰めが終わると、秀俊はわずかに残ったトマトと水菜を手に立ち上がった。

「ちょっと味見をしてみますか」

再びハウスの入り口に行き、水洗いしたトマトを私に手渡す。

「思いっ切り、かぶりついてください」

真っ赤に熟した大きなトマトを、言われたようにガブリとやると、口元から汁が飛び散り、顎を滴った。

「うまいっ！」

香りが鼻から頭へ抜けるようだ。ふだん私が食べているトマトとはまったく違う。それを改めて思い知らされる味と香りだ。

秀俊は、次に水菜の根と茎をつかみ、茎の真ん中あたりから二つに折った。驚いたことに、水菜はバキッと鮮やかな音を立てた。折ったところから汁がしたたっている。

「甘い！　何だこれは……」

水菜は味のない淡白な野菜と思っていたが、しっかりとしたうま味と甘味があるではないか。こんな水菜で水炊きでもしたら、どんなにうまいことか……。

「なんだか、山菜のようですね」

だっぱん屋で初めてここの野菜を食べたときの感想を思い出して、私は言った。正確には、灰汁《あく》を抜いてうま味だけを凝縮した山菜のようだ、と言いたかったのだ。厳しい環境のもとで本来の生命力を発揮して育った秀俊の野菜は、やはり山菜へと先祖返りをしかけた野菜だと言えなくもないだろう。

「うまい、うまい」と水菜を噛みちぎる私を見ながら、秀俊は笑って言った。

「うちの野菜はまあ、強情に自己主張しちょりますけんねえ」

その日は、慣れない畑仕事で足腰がくたくたになり、私はそのまま近くの民宿に転がり込んだ。

大工の意地

鎌倉安弘という郷土史家が、茶や谷を見晴らす高台に住んでいる。

齢《よわい》、八十二歳。十三歳から大工として六十年あまり働き、いまは郷土史の調査や整理に勤《いそ》しんで、檮原の生き字引といわれている。

「鎌倉さんを訪ねたらいい。連絡しておきましたきに」

と翌日、秀俊に尻を叩かれるようにして、だっぱん屋の前の道をたどった。

鎌倉の名は、前回、檮原に来たときにすでに聞いていた。虎太郎屋敷跡から那須俊平、信吾邸跡に行く途中に出会った子連れのおばさん三人組のうち、ヒマワリ柄のエプロンをしたおばさんからも「檮原の生き字引」だと教えられていたのだ

その鎌倉安弘の家は、坂道を上り切ったところにあった。四国カルストから伸びる尾根の、岬の先端のようなところだ。山間でありながら陽光を遮るものがない。広々とした庭に池があり、屋敷があった。足元を子猫が二匹、じゃれ合いながら転がり抜けていく。

「こっちじゃ」

と野太い声がする方向を見ると、体格のいい老人が立っていた。

「鎌倉です」

と、すっきりとした口調で言い、庭の片隅の倉庫の中から手招きしている。近づくと、倉庫には神楽の面がいくつもぶら下げられ、一部が書斎のようになっていた。机の前に設《しつら》えられた広い窓から穏やかな光があふれている。

「まるで山城のようなところですね」

「ほう。ここは昔から古城《ふるじろ》といわれとるんじゃ」

聞けば、このあたりの字《あざ》が古城というらしい。

戦国時代、檮原では領主の津野氏と高知から攻め込んできた長宗我部氏が激突し、見晴らしのいい峰々の多くが砦と化したという。「古城」は、その名残りなのだろう。

津野氏の歴史は古い。延喜十三年（九一三年）に京都から津野経高という公家が伊予の河野一族に伴われて入植し、一帯を荘園化したとされる。カルスト台地を水源とする四万川川《しまがわかわ》に潤された土壌は肥沃なうえ、外部からの侵入も少なかったことから、長く平穏な時代が続き、領民は津野氏に懐いていたらしい。

「経高公は伊予の河野氏の屋敷があった河野村土居から久万山に入り、四国カルストを越えて檮原の竹の薮に屋敷を構えたと考えられます」

語り始めた鎌倉は、どっしりとした口調で持論を展開する。

河野氏は孝霊天皇を祖とする越智玉澄が文武三年（六九九年）に都落ちし、現在の松山市北条地区の善応寺周辺に住み着いたことに始まるとされる。玉澄はその一帯を「河野郷」と称し、自ら「河野」を苗字とした。その後、地方役人として活動していたと考えられているが、いわゆる源平合戦で源氏に味方して勝利を導いたことで鎌倉幕府の御家人となり、大きな力をつけた。室町期に道後（松山市道後地区）に湯築城を築き、本拠を移したものの、豊臣秀吉の四国征伐で没落した。家紋の「三」は鎌倉幕府の開府の際、鎌倉で行われた酒宴の席順が、源頼朝、北条時政に次いで河野通信が三番目だったことに由来するといわれる。

河野郷は全国の河野姓発祥の地とされ、また河野家菩提寺の善応寺は、室町時代の建武二年（一三三五年）に河野家が本拠を道後に移すに際して創建された。秀吉の四国征伐によって壊滅したのを、正徳五年（一七一五年）、徳川八代将軍吉宗の意向で松山藩四代藩主、松平定直が再建したという。

「経高公は河野郷にしばらく暮らし、檮原に入植したのではないか」

と鎌倉は推察するが、それ以前の檮原についても推論があるらしい。

「菅原道真が九〇三年に死んだが、そのころにはゆかりの者が檮原に来ておって、どうも九〇五年ごろには道真公を祀《まつ》っていたと思われるのです。この者たちもやはり、伊予から山を越えてこの茶や谷に入ってきた。ゆえに茶や谷というところは、檮原文化の水源のようなところなんじゃな。歴史的、文化的に伊予松山とのつながりが深い」

津野家は都人《みやこびと》と幾百年にわたって交流し、文化という香り高い蒸留酒を一滴一滴、四国山中の山里に蓄積させていった。

室町時代になると、その一族から義堂周信と絶海中津という禅僧を輩出する。義堂と絶海は詩文をもって天下に知られたが、絶海は明に渡ってさらに文名を上げ、ついには帝都南京で太祖、洪武帝に拝謁し、詩文を交わすほどだった。

津野氏初代の経高に由来する津野山神楽は「檮原の魂じゃ」と鎌倉は言い、自らの作だという神楽面を取り出した。

「これはまあ、見よう見まねで作りよるだけじゃが」

と穏やかに目尻を下げる。ところがこの面、手に取って眺めていると、山の「気」が胸に迫るような何かを含んでいる。大工だっただけに、とても素人の手慰みではない。

鎌倉の話題は、そこからようやく本業の大工に至った。

鎌倉の話では、土佐の家屋は明治、大正期にかけて大変化を遂げたのだという。それ以前の家は基礎がなく、穴に柱を立てる掘っ立て造りで、そういうものは建物ではなく、巣じゃ、と鎌倉は笑う。幕末、腕のいい大工が本州から瀬戸内海を渡ってやってきて、次々と「巣」を「家」に変えていった。彼らは敷地に礎石を置き、そこに柱を立てて屋根を設え、壁というものを設えた。文化革命と言っていい。

「当時、関東からやって来た大工を関東大工、長州からやってきた大工を長州大工というてな。長州大工は多かったらしい」

あとで知ったが、その長州大工とは、山口県の周防《すおう》大島（国土地理院の正式名称では「屋代島」）出身の大工を意味していた。周防大島は名のとおり周防国（防州）で長門国（長州）ではないのだが、毛利領もしくは山口県をまとめて「長州」としていたものらしい。

私は『土佐源氏』の冒頭を思い出していた。

あんたはどこかな？　はァ長州か、長州かな、そうかなァ、長州人はこのあたりへはえっときておった。長州人は昔からよう稼いだもんじゃ。このあたりへは木挽《こびき》や大工で働きに来ておった。大工は腕ききで、みなええ仕事をしておった。

宮本常一の出身地でもある周防大島は、平成十六年に大島郡の四つの町が合併して周防大島町となったが、そのひとつであった旧東和町（島の東部）の『東和町誌』によると、四国山中では神社・仏堂・民家を中心に、藩政時代に七十一軒、明治・大正期に百十五軒が長州大工によって建てられている。

そのほとんどは愛媛県と高知県が境を接する四国西部の山村地域で、最も古いものは寛政十二年（一八〇〇年）に建てられた高知県池川町安居の地蔵堂だ。以降、幕末に向かって長州大工の造る建物は徐々に増え、明治三年に国境関門が出入り自由となると急増した。そして明治中期までにはこの地域の建築様式を一変させたと記されている。

神社や仏堂を建てるとなると、いったいどれだけの職人が手間暇をかけていたものか。建設には、監督する棟梁のもと、木を選び、伐《き》る職人、材木に加工する職人、大工、彫り物をする職人、弟子たちが、チームとして働かなければならない。おそらく、一軒建てるのに何年もかかったのではないだろうか。天保十年（一八三九年）に吾北村津賀ノ谷（現・高知県いの町）に建立された春日大明神の棟札には、周防大島の大工二人と伊予松山の小工二人の名が記されている。周防から伊予松山へ上陸し、手伝い役の小工を雇い入れ、四国山地を越えて土佐へ入国したのだろう。

しかし、国の出入りが不自由だった藩政時代に、なぜこれほど多くの大工が入国できたのだろうか。

大工に限らず、石匠や桶屋などは愛媛、高知県境の山村には専門職人が存在しなかった。そこで、社寺や仏堂、庄屋などの大規模施設の建築にあたって特殊な技術が必要なときは、郷中、つまり村人たちから藩へ申し入れ、例外措置として他藩からの入国を認めてもらうことが可能だったようだ。

愛媛県内で長年、古民家の研究に携わっている建築学者、犬伏武彦らの調査報告書によると、伊予側における長州大工の建築物は、江戸時代のものが三十九棟、明治・大正期のものが四十五軒あるという（『長州大工が遺した社寺建築　伊予・愛媛における足跡』愛媛文化双書）。このことからも、藩政時代における長州大工の四国山中への出稼ぎは、ほぼ慣例化されていたとみていいだろう。

仕事を請け負った大工集団は、盆と正月以外は建築現場に寄り添うようにして暮らしたようだ。何年も続く仕事もあったろう。大工たちは村々で歓迎され、たとえば民家を建築する際は本宅の座敷が用意されて、滞在中は上客として扱われた。民家といっても、この場合は欄間や彫刻物が施されるような庄屋屋敷などだったが、大工たちはみな裏表なく真面目に働き、土地の人々からも敬意をもって遇されたらしい。そのまま居つく大工もいた。

長州大工が手がけた建物は、ひと目でわかる。

屋根と柱の間、欄間や脇障子などに施された彫り物の造形がゴージャスなのだ。彫り物は龍や貘《ばく》、獅子など、脇障子はスサノオや神功皇后を主人公とする神話、加藤清正の虎退治などの物語が刻まれて、力強く、たたみかけるように迫ってくる。それらを彫った人々は、職人であると同時に表現者だったとしか言いようがない。「俺はこれだ！」と主張するような職人魂、芸術魂が胸に迫るが、その技術や芸術を、慎ましやかに暮らす名もなき里人たちが、空きっ腹を抱えながら支えたのだ。

一方で、その長州大工たちは、出稼ぎをしなければならない人たちだったのだろう。

昭和五十七年（一九八二年）刊の『東和町誌』によると、江戸時代中期の一七五〇年ごろから約九十年間で、旧東和町の人口は約三千人から約一万六千人へと五倍以上に増えている。人口が飛躍的に増えた原因として、サツマイモの導入で食糧確保が保障されたことが挙げられているが、人が増えても田畑は増えない。このため、農家の男たちは跡取りを遺して大工となり、大工のいない四国山中へ出稼ぎに出たのだった。

旅人と職人

鎌倉安弘は、昭和七年（一九三二年）、茶や谷から尾根ひとつ隔てた「本モ谷《おもだに》」に生まれた。新制中学校を卒業後、数えで十七歳のときに石工として茶や谷に来たという。その後、養子として鎌倉家に入った。鎌倉家は代々大工だったので、技術を身につけ、石工と大工の二足のわらじを履いた。長州大工の系統ではなく、関東大工の系統だという。おそらく、明治になって国境の出入りが自由となると、関東方面からも大工がやってきたのだろう。鎌倉家は鎌倉方面から訪れて定住した大工なのかもしれない。

「関東大工も長州大工も基礎の上に柱を建てる」

と鎌倉は説明するが、長州大工と関東大工の違いについて尋ねると、少し自慢を交えて、こんなことを言った。

「長州は茶屋を建てる。品はあるが地震に弱い。細い材で見かけをよくするのがうまいんじゃ。関東大工が建てた家は雪にも丈夫。質実ということじゃろう」

そして話を転じると、念を押すような口調になった。

「いずれにしても、大工たちが檮原という地で果たした役割は、建築だけにとどまらない。ここが肝心なところじゃきに」

何の話か、と思って聞く私に、鎌倉は続けた。長い話になった。

「職人は泊まり込んで仕事をする。そのときにいろんな話をする。生涯のうち、ほとんど土佐から出ることのなかった藩政時代、海の向こうからやってきた長州大工たちの話は、村人にとっては、暗室から外の世界をのぞく唯一の小さな窓だったんじゃ――」

藩政時代の瀬戸内海の島々は、それによって大阪の米相場（先物取引市場）が成り立つほど、物流や情報流通が盛んな場所だった。

そうした島々のなかでも、本州沿岸から細長く半島状の陸地を突き出している周防大島は、瀬戸内航路の水門にもあたる東端の伊保田が徳川親藩の威光を放つ松山藩の飛び地の港であったことから、物流と情報の一大中継拠点となっていた。

そして長州大工たちの多数は、その伊保田周辺の村が故郷だったから、彼らの耳には世の動向が濃厚に詰め込まれていたに違いない。ニュースは盆と正月に彼らが周防大島に帰省するたび、上書きされる。しかも、そこはほかでもない長州である。幕末においては重要なニュースも飛び込んできただろう。

故郷で最新ニュースを取り込んでくる長州大工は、職人である以上に、貴重な情報媒体だったのだ。四国においては、遍路もそのポジションを担っていた。情報は生活に改善を促し、産業や文化を育む。旅の遍路を庶民が無償でもてなす「お接待」のご利益は、宗教的な意味合い以上に、この「情報」があったのではなかったか。檮原には旅人に無償でお茶をもてなす「茶堂」が里ごとに存在している。

「文化は宗教文化と職人文化から成り立っている。それは峠を越えてやってきた」
と鎌倉は、結論づけるように言った。

茶を一服し、窓の外に浮かぶ竜王宮の森に目を遊ばせている。思索を巡らせながら呼吸を整えている様子だ。話はさらに核心に迫る気配を見せていた。私は茶うけの芋ケンピをひと口頬張り、冷めかけた茶で喉に流し込んだ。裏山ではウグイスが軽快に歌っている。

「檮原は熊野権現参りや伊勢参り、四国遍路の代参が盛んだった。石鎚さんも盛んだった。代参とは、みなが出し合った路銀でお参りすることで、江戸時代の宮野々には一代のうちに二十数回も熊野権現にお参りした人がおる。代参者がお参りを済まして帰ってくると、みなで旅の話を聞いたものよ。旅の話を聞くところを講宿といった。講宿のうち、ある神主の家は〝幸屋〟と呼ばれるようになった。幸屋では遍路や職人も話をした」

鎌倉が言う「石鎚さん」とは、西日本最高峰の霊山、石鎚山詣でのことである。

「幸屋では代参者が帰ると神楽を舞って祝うた。このため、中岡康八さんの家は畳をめくると神楽舞台が現れる。そこでお伊勢踊りをしていたそうな。お参りから無事にもんて（戻って）おめでとう、という意味じゃ。代参は命がけじゃからなあ。関所を通るときもお咎めなし。まあ、これが檮原の文化じゃな」

鎌倉はそこまでを一気に語って、豪快な笑い声を上げた。

大地から土塊をつかみ出して目の前にドカンと置かれ、「これが文化じゃ」と言い放たれたような感じがした。そこにはしかし、脳天を突き抜けるような爽快感がある。鎌倉の郷土史観が、机上から生まれた学論ではなく、幾千年にもわたって先人たちの筋肉に宿り、受け継がれてきたものへの自負に満ちた考察であり、その躍動感がビリビリと伝わってくるように思えたからだろう。

雨の茶堂

鎌倉の家を後にして、来た道を戻るころには、黒紫色の雲がカルストの空を覆っていた。急坂を転がるように下りたあたりに茶堂があり、休憩時間なのか、晶子がポツンと腰かけていた。足をぶらつかせながら彼方の山々を眺め、鼻歌を歌っている。この茶堂も長州大工が建てたのだろうか。

通りがかると、晶子は笑顔を向けて聞いてきた。

「鎌倉さん、喜んでお話をしてくださったでしょう？」

「ああ、たっぷり二時間以上だよ」

と、私は少し疲れたような仕草を見せて言った。

棚田に生い茂るカヤが、一斉に西から東へと波打ち、流れるように揺れている。

その直後だった。

「来る」

と晶子がつぶやいた瞬間、ドーッと谷を渡る風が鳴り、天が裂けた。

すさまじい夕立だ。

あたりは雨のカーテンでたちまち覆われ、地を埋め尽くしているのかと思うほどのカエルが、一斉に鳴き始めた。吹き込んでくる雨を避け、私と晶子は茶堂の真ん中に座らざるを得なくなる。

その茶堂には、お接待用のお茶と急須、お湯の入ったポットが置かれてあった。

峠を越えて行き交う旅人がいなくなったいまも、近所の人たちが用意する習慣だけは残っているのだという。茶堂の一面には祭壇が設えられ、石仏が祀られている。

「それではお茶にしましょうかね」

と晶子が落ち着き払った様子で急須にお茶を入れ始めた。雨はともかく、大音量の雷鳴や稲光りが怖くはないのだろうか。

雨音はさらに激しくなり、カエルも音量を上げてくる。その音を切り裂くように雷鳴が轟き、雷光が駆け抜ける。その雷の間合いは縮まるばかりだ。

「おい、こっちに近づいてるんじゃないか？」

「大丈夫ですよ。ああおいしい」

晶子は平気な顔で茶を口に運んだ。そして、笑って言う。

「ここは茅葺《かやぶ》きの茶堂ですから、よほどあわてん坊の雷さんだって落ちっこありませんよ」

晶子の言うとおり、やがて雷は遠ざかり、茶を飲んでいるうちに雨音と風音だけが際立ってきた。そこに茅葺きの庇から落ちる雨だれの音が加わっている。

「仕方がない。ここはしばらくティータイムかな」

と私は新たなお茶を湯飲みに注いだ。

しばらくすると、渓谷から霧が湧き出し、茶堂を覆った。

まるで雲の中にいるようで、時間のひずみに迷い込んでしまったような気分になる。

景色を霧で遮断されてしまうと、あたりの気配は江戸時代も明治時代も大正時代も、ほぼ変わるまい。瀬戸内海を渡ってこの山里へ流れてきた長州大工たちも、こんなひとときをここで過ごしたのだろうか、とふと考えた。霧は、国境を目指して歩む龍馬の姿を包んだこともあっただろう。土佐源氏のモデルになった槌造じいさんは、こんな雨の日、雨宿りする旅人をつかまえては面白おかしい話をしていたのかもしれない……。

雨音に引き込まれるようにまどろんでいると、霧の向こうから、ゴザをかぶり、トボトボと歩いてくる盲目の老人の姿が浮かんできた。

危なげな足取りで、よたよたと茶堂へ近づき、石段を這うように上がって、手探りで茶堂の縁をつかんだかと思うと、ゆっくりと身を投げ出すように腰かけた。

「こう、降っちゃいかん」

しわがれた声が雨だれの中にかすむ。

私は声を失い、身動きする力を奪われている。

「あんたはどこかな?　はァ長州かな」

老人はジロリと白目を向けてきた。髪はバサリと肩まで伸び、小さな足は風雪に耐えた高峰の五葉松のように節くれ立ち、爪が獣のように黒い。

「盲目になって、もうおっつけ三十年が来る……」

老人の声を聞くうちに、恐怖は去り、なぜか懐かしさのようなものが込み上げてくる。

私は、話しかけてみたくなる。

「あのな、おいさん。長州じゃのうて、伊予松山から来たんぞな」

すると老人は、ほう、伊予かなぁ、と驚いたように返してくる。そして言う。

「オラも伊予の生まれよ。野村の惣川じゃ」

そのとき、垢《あか》のたまった目尻が少し下がったように思われた。野村と聞いて私の気分は明るくなった。

「野村かな。うちのじいさんとばあさんも野村の出ぞよ。渓筋じゃ」

そう言うと、老人は、ほうかな、ほうかな、とますますうれしそうに顔を上げ、私の顔に見入ってくる。何が見えているのだろう。しばらく誰かの面影を探しているようだったが、やがて染み入るような声でつぶやいた。

「渓筋のもんかや……。渓筋のもんはみな、働きもんじゃった。昔は見知った者が幾人もおったもんじゃが――」

それから、どれだけの時間が流れたのか。老人は私にたくさんの昔話をしてくれた。山の中に穴を掘って暮らし、里人にはめったに姿を見せない人たち。勧進帳を手にかき集めた銭を、手なずけた娘に巻き上げられた山伏。子どもを塩漬けにして食べる山姥《やまんば》。村娘に子をはらませた龍。身寄りのない子どもに化けて寺にもらわれていった子狸……。ときに身ぶり手ぶりを加え、面白おかしく、そして慈しみ深く、さまざまなドラマを語り続けた。

だらだらと、まだ小雨が降り続いている。

水琴窟のような音だけが耳の底から響いていた。

老人の姿は消えている。

別の誰かの声が耳に届いた。

私は我に返り、あたりを見回した。天井が見える。視界の横から、心配そうな晶子の顔がのぞき込んでいる。

「風邪ひくといけないから、起こしましたよ」

どうやら、うたた寝をしていたようだ。


起き上がった私は、寝ぼけた頭のまま晶子に向き合い、聞いてみた。

「『土佐源氏』、読んだことある？」

「ええ、何度も。だってこのあたりの話でしょ」

「けど、あの話、ちょっとおかしいと思わないか？」

私は問い直した。

晶子はポカンとしている。

私は、夢うつつに現れた盲目の老人を思い浮かべてしゃべり始めた。

「あの話は、土佐・檮原の土からにじみ出たように思われているけど、よく考えてみると、主人公の盲目の老人は、生まれも育ちも伊予で、最晩年を檮原の茶や谷で過ごしていたにすぎないよな。それに、登場人物はほとんど伊予の人だし、妻のワサさんも伊予の人だ。官林の役人の奥さんは高知城下からやってきた人で、檮原の人といえば、本題に入る前の導入部で筆者の宮本さんを案内した〝那須のだんな〟だけじゃないか」

「……それで？」

「那須のだんなは、物語の中で〝あの方はええ方じゃ、仏のような方じゃ〟と盲目の老人に褒めちぎられている。そのほかはワサさんを除いて、みんな業深い人間として語られている。乱暴な言い方をすると、あの物語で唯一登場する檮原の人は仏のような人だけど、伊予の人は業まみれのドロドロじゃ。けれど、そのドロドロに、読者は人間の本質のようなものを感じて、ハマる。タイトルは『土佐源氏』だけど、内容はむしろ『伊予源氏』じゃないか。あの物語はつまり、アンダー・グラウンドな伊予の昔話なんだよ」

晶子はあっけにとられながら聞いていたが、やがて笑って言った。

「でも『伊予源氏』じゃ、迫力を感じない。なんだか興ざめしそう」

「そこだよ。土佐という言葉にはワイルドなインパクトがあるじゃないか。それはやっぱり、坂本龍馬とか、中岡慎太郎とか、ジョン万次郎とか、山内容堂といった幕末維新の立役者たちのイメージから来ているんじゃないかな。世間の枠に縛られない、豪放磊落な風雲児といった感じだろう？　そんな人たちが出た土佐の、さらに山奥となれば、もっとワイルドな感じは増すじゃないか」

「……」

「ところが『源氏』という言葉には、じつに雅《みやび》なイメージがつきまとう。このミスマッチがウケたんだね。伊予と源氏じゃ、同調しすぎて印象に残らない。普通すぎるんだ。盲目の老人は檮原に、いわば間借りしていたにすぎないことは読めばわかるのに、『土佐源氏』と題されることで、水を得たようなワイルド・ヒーローになっちゃった。ここが宮本さんの凄味であり、文学的魔法だったと思うんだ」

「なるほど……」

晶子はようやく合点がいったような顔をしてうなずき、何かを思い浮かべるようにして言った。

「そう言われれば、檮原の人たちは本当に穏やかで、物事を大げさに言ったり、誇張したりはしませんね。みなさんコツコツと地道によく働くし、味は薄味好みだし、文化が好きだし……」

司馬遼太郎は『街道をゆく』の「檮原街道」の冒頭部で、檮原という土地柄を「檮原の人」

という言葉を使って象徴的に描いている。

> ほとんど桃源境ともいっていいような僻地でありながら、教養の伝統がある。（中略）人情も言葉づかいもしっとりとしていて、むしろ県の平野地方よりも上品な感じもうける。いまひとついえば、男も女も働き者が多い。

気がつくと、雨脚は穏やかになっていた。

そして霧の中から、雨合羽を着た影が左右に揺れるように現れたかと思うと「やれやれ」と言いながら茶堂に腰かけた。今度は現実の老女だ。

「今晩、娘が孫を連れて来るきに」

こちらに向かって言い、丁寧に背負子《しょいこ》を置く。小雨を突いて畑に行った帰りなのか、籠の中にはピーマン、ナス、トマトなどの夏野菜が収まっている。野菜はどれもパンパンに皮を張り、したたる雨粒がみずみずしさを引き立てている。

「あ、中岡のおばさん」

と晶子が笑顔を弾ませた。唐突な、しかし自然な感じで世間話が始まる。

聞いていると、現れた中岡という老女には、町のほうに小学一年生の孫がいて、野菜が苦手なのだという。ところが、おばあちゃんの野菜だけは好きと言うてくれるから、精出して畑を作り、こうして雨の中でも採りに行ってくるのだと、半ば自慢話になっていくのがわかった。

「だって、ねえ、おばさんの野菜は特別おいしいから」

と晶子はそれに相づちを打って、喜ばせている。

そうするうちに、中岡のおばさんは背負子からトマトをゆっくりと取り出し、私たちの掌にひとつずつ載せてくれた。

「お福分けね」

と晶子がほほ笑んだ。お福分けとは、晶子のおばあちゃんのいる尾道の向島あたりで、縁側に座っていて行き交う人があると、ちょっと休んでいきんさい、と引き留め、話をしたり余っているものを差し上げることだという。四国で言う「お接待」と同じような意味らしいが、そのお福分けをいただいて私もうれしくなり、話しかけた。

「おばあちゃんという仕事も、骨が折れますね」

すると中岡のおばさんは、破顔一笑、風雪に年輪を刻まれた巨樹のような顔を、さらにくしゃくしゃにして言った。

「それが大事なお務めじゃきにな」

いつの間にか雨は上がり、霧も晴れた。先刻までのカエルの合唱と入れ替わるように、あたりの木立という木立から、幾万もの鈴を一斉に鳴らしたかのようにヒグラシが鳴き始めた。陽光がスポットライトのように竜王宮の森を照らしている。

「まるで天地をお祓いしているみたいだ」

と、私は声を漏らした。

海神のご利益

この日、茶堂を後にした私は晶子と別れると、だっぱん屋前の三叉路から橋を渡った。

正面には竜王宮の朱塗りの大鳥居。最初の訪問時に山折哲雄も言っていたが、どう見ても小さな山里には不似合いなほど巨大だ。

「最近は魚探《ぎょたん》が普及して、海の神さんは用事がないから」

と鎌倉が言っていたことも思い出し、ふと噴き出しそうになった。

この竜王宮はもともと五穀豊穣の神であったが、大正時代、ある事件をきっかけに世の脚光を浴び、漁の神さまとして一躍有名になったという。

事件というのは、大正十五年（一九二六年）の正月に、高知県宇佐（現・土佐市宇佐町）

の益三兵衛という三十四歳の青年実業家の身の上に起きた人生の一大事のことだ。

三兵衛はある友人に金を貸していたが、その金が返ってこない事態に直面した。

仕方なく、友人が借金の形《かた》に残していった土佐清水の漁場（漁業権か？）で、ブリの定置網漁に初挑戦することになったが、当時のブリ漁は今日のように高性能な漁船や魚群探知機があるわけではなく、漁師の知恵と経験、そして神仏の力だけがものを言った。

そこで三兵衛は、茶や谷の竜王宮を頼ることとし、参拝のうえ、決め手となる網の種類や漁期をおみくじで決めたのだという。それによって、漁の開始は周囲の反対を押し切りながら、通常より約一ヵ月も早まることとなった。

それが前代未聞の大漁につながり、三兵衛に鮮やかな出世をもたらしたのだ。

当時の高知新聞によると、三兵衛は一月十日から二昼二夜、ぶっ通しで二万尾余のブリを水揚げし、約十二万五千円を稼いだという。白米一升が三十銭、ゴールデンバットひと箱が五銭。一生働いても一万円貯まらない時代に、海は計り知れないご利益を恵んでくれたのである。

網にブリの大群がかかったのは、一月七日だった。高知新聞はその状況を臨場感たっぷりに書き綴っている。

「親方っ（三兵衛のこと）！　鰤《ぶり》ぢゃ！　鰤ぢゃ」。「数の知れんほどの鰤じゃ！」とみんなの船から歓声がどっと揚がった。（中略）この網を持ちはじめると、途中でやめることはできない。魚を揚げてしまうまでは、やって仕舞ふまでは、やって仕舞はなくては、凡そ一萬ほど揚げたと思ふ頃になっても、残りの分はどれ位あるのか見当がつかなかった（中略）。この水揚げに着手する前に当たって三兵衛君は全員に動員令を下して、陸上の者には、近所に走らして巻煙草数十箱を買い取らした。酒樽は、各船に分配され、鏡を抜いて据えられた。各船では主任格の船頭が皆の口へ元気附ける祝酒をひしゃくで飲まして廻り、更に巻煙草へ火をつけて、口元へ持っていってやる。片手はどうしても網からはずすことができないから、焚出の握り飯をほおばりながら、かくして二日二晩をぶっ通しに魚を揚げた。

ブリ一尾約四キロとして二万尾で八十トンだ。漁船は悲鳴を上げたに違いない。傷んだ船体から海水があふれ込む。そこで三兵衛は大工を沖に送らせ、漁の最中に漁船を修理。近辺の村からは屈強な若者たちが続々と貝の川にかき集められ、水揚げに備えた。一方、船頭や漁師の女房たちは婦人組を編成し、炊き出しをしておにぎりを作る。貝の川では盆、正月と親の命日以外、白飯を食べられないだけに大騒ぎとなった。

やがて水揚げされると、浜は揚がったブリで足の踏み場もないほどとなった。仲買人でごった返し、近隣から見物人も訪れた。ところがにわかに風が立ち、並べられたブリが波にさらわれていく。飛び込んでブリを引き戻す人、持ち逃げする人などが入り乱れ、はちゃめちゃなにぎわいとなった。

三兵衛は手にした利益のうち大半の十万円をさっくりと父に渡し、土佐の快男児として名を挙げた。

土佐のブリ漁で、これほど早く定置網を仕掛けることは、いくら神託といえども常識破りだ。たまたまシャチに追われたブリの大群が、三兵衛が仕掛けた定置網に飛び込んだことはのちにわかったのだが、その偶然はまさに神業である。檮原の竜王宮の神威はこの一件で天下に鳴り響いた。

参道の石段を上り切ると、正面に拝殿がたたずむ。いまにも動き出しそうな龍や鶴、象などのダイナミックな装飾が目についた。いかにも長州大工の技だ。前述の『東和町誌』によると、明治初期に岡田彦三郎という長州大工が建てたらしい。

同書によると、彦三郎は同時期、愛媛県西予市野村町の安楽寺も手がけている。彦三郎を頭領とする大工集団が、四国カルスト西の野村、城川、檮原一帯を領域に仕事をしていた様子がうかがえる。

三兵衛が命がけの勝負を託すため、宇佐からクマやオオカミ、盗賊もいたであろう四国山中を二日も歩いてたどり着いたとき、深い森の社で、彦三郎の意匠は目を剥《む》くばかりの造形美と艶やかさで三兵衛に迫ったのかもしれない。

その後、三兵衛のご利益に続こうと、竜王宮には網元や船頭など漁業者が続々と参拝し、あたりは大いににぎわった。先に話を聞いた鎌倉などは、懐かしがってこう語る。

「春秋の例大祭ともなると、鳥居から拝殿までの参道三百メートルは、四国、九州、本州筋から漁師や行商人が参拝し、人の波で道が盛り上がって見えるほどじゃった」

だが、そんな勢いは終戦と同時にやんだらしい。

拝殿の隣には集会所がある。入り口に「直会殿」と大きな表札がかかっていた。

「直会《なおらい》」とは神事の後の共同飲食、つまり精進落としの宴会のことだ。しかし、わざわざ直会のために建物を造るというのはどういうことだろう。やはり土佐人はよほど酒と宴会が好き、ということなのだろうか。

後日このことを鎌倉に聞いてみた。すると、鎌倉はこう答えてくれた。

「直会殿は、遠来の参拝者と一緒に食事をしながら話をするところでな。昔は海を見たこともない住民もおったから、地元の氏子が料理を作り、もてなして、遠い海や町の話を聞いたんじゃ」

山奥にあっては、行商人や漁業関係者の話が重要な情報源だった、ということを私は再び噛みしめた。やっぱり、旅人は文化の媒体なのである。旅人がもたらす情報が津々浦々の技術を革新させ、産業振興を促した。その媒体を、神社仏閣という宗教文化が呼び寄せて、循環させていたのだった。

長州大工を追いかけた宮本常一

この竜王宮の彫刻を見るために、昭和五十四年（一九七九年）、瀬戸内海を渡ってやってきたのが、最晩年の宮本常一である。

『土佐源氏』の取材以来、じつに約四十年ぶりの茶や谷訪問だった。宮本はこのときの様子を「土佐で稼いだ長州大工」という短い散文風の報告書としてまとめている。

私の子供の頃には土佐大工、土佐木挽ということばもあり、私の外祖父なども土佐の山中へ木挽にいっていたという。親戚の者にも土佐へ稼ぎにいったものは多く、大正の初めに高知へ旅行した近所の人から「あんたの家の親戚に逢うた。高知の城下に四軒ほどあった」と聞かされたことがあった。

晩年の宮本を長州大工の調査へと突き動かしていったのは、高知県の民俗学者、坂本正夫が著した『高知史学』だった。坂本は長年の調査で、高知県内の古民家や神社仏閣の棟札から、関わった長州大工の名前を次々と明らかにしたのだ。宮本が調査した高知県大豊町の薬師堂の棟札には、故郷の周防大島で顔見知りだった吉金利兵衛という人の名前があった。

> その大工は私もよく知っている。（中略）私の幼少の頃には、もう出稼ぎをやめて百姓をしていた。小さい、腰の少し曲がった人で、家の裏の麦畑の中で働いていた。いつもニコニコして仕事をしていた。全く平凡な百姓であり、その家もありふれた農家であった。そのおなじ人が土佐の山中でこんなにりっぱな薬師堂を建てているのかとおどろいたのである。

薬師堂を見た足で、宮本は大豊町内にある岩原神社を訪ねる。またしても吉金利兵衛の名があった。

> 建物そのものを見るとどんなにすぐれた建築家であり彫刻家だったのだろうかと思うのだが、（中略）実はその人はいかにも人のよい、よく働く素朴な百姓だったである。つまり、私の心の中ではありふれた平凡な一人の百姓と、この建物が結びつかないである。

宮本の旅は石鎚山系の南側を東から西へと続き、檮原町へとたどり着く。

> どこにも長《ときょう》州大工が建てた宮や寺がある。それは一目見てもわかるほど特長がある。軒裏には料栱の組物があり梁桁の木鼻に象・獅子・竜・鶏などの彫刻があり、欄間にも彫刻がある。虹梁にも彫刻が見られる。それらの木組や彫刻についても、それぞれ個人的な差があり、その技術が師匠から、弟子へと伝承されていったようである。そしてこのような社寺は吾北村・池川町・吾川町・仁淀村・東津野村・檮原町などに多くの分布を見ていた。

『東和町誌』の「長州大工の生活」によると、長州大工が社寺建築に費やした時間は五年から十年、民家でも最低二年はかかったとされる。この間、大工たちは村人と密接に関わった。郷里から妻子を呼び寄せる者、土地の娘と結婚した者、見込まれて入り婿した者もあった。高知県内に土着した長州大工は六十四人で、うち檮原町へは最多の十人が確認されている。

再び「土佐で稼いだ長州大工」にある宮本の考察を見てみよう。

村の中におればお人好しで通った人が、土佐では大工の棟梁をして、よい仕事をしていたというのは、いったいどういうことであろうか。

私は私自身の心を大きくゆさぶられた思いだった。貧しいから働きに出たのである。それも金もうけのよいところへいったのではない。おなじように貧しく暮らしている土佐の山中へである。しかし土佐の方にはまだ生活にゆとりがあったのであろう。その山中で住家を建て、宮を建て寺を建てた。住家の方はよくわからないが、宮や寺は棟札があるのではっきりとわかる。また棟札がない場合でも伝承がかなりはっきりしている。そしてその建物を見ると、決して金もうけの間に合わせ仕事ではない。自分の持っている能力をぎりぎりのところまで発揮しているのである。名を売るためでもなかったことは、今はもう訪れる人もなくなった山中の木立の中にポツンと残る観音堂などを見ても推定される。

棟梁たちは名前すら書けなかった人も多く、大豆を毎日ひとつずつ袋に入れて現場で働いた日数を数えたらしい。棟札は施主や世話人らが書きつけた。茶や谷の竜王宮を建てた岡田彦三郎もそんなお人好しのひとりだったのだろうか。

ところで、これほどの技術を持った大工集団がなぜ、周防大島から輩出できたのだろう。また、その彼らの技術はどこから来たのか。

一説によると、瀬戸内海の西の入り口、磨崖仏で知られる豊後（大分県）の国東半島で宮大工の技術を習得してきた島民がいたから――ともいわれるが、借り物のように伝わった技術にしては、すご味を感じる。もっと島人の血の深いところに、地下茎のような筋があるのではないだろうか。

私は、その地下茎を探ってみたいと考えた。

第四章　村上水軍の海

しまなみ海道をゆく

いまではサイクリストの聖地として世界の人たちを引きつける瀬戸内しまなみ海道は、戦国時代には海賊がひしめく海域として都人《みやこびと》から恐れられていた。

だっぱん屋の社員、岡田晶子が尊敬するおばあちゃんは、そのしまなみ海道の向島《むかいじま》に暮らしている。檮原《ゆすはら》からは松山市を経由し、今治《いまばり》市からしまなみ海道で橋を八つ渡らなければならない。

「今度、広島の実家に帰るとき、向島まで乗せて行ってやるよ」

と何かのときに約束していたのだろう。「八月の終わりごろ、帰りませんか？」と晶子からメールがあった。私の実家は広島県廿日市《はつかいち》市で、向島から約一時間なのだ。この際、一緒に帰省して、ついでに頭に宿っている疑問を追いかけてみよう、檮原でも活躍した長州大工の技術のルーツを瀬戸内海に追ってみよう。そう考えて承諾の返事を送った。

松山市のＪＲ松山駅前では、晶子だけでなく、下元秀俊も軽トラックに乗って待っていた。

「ちょうど休みが取れましたきに」

秀俊は笑顔を見せて、私たちに同行すると言う。こうしたときの腰の軽さ、行動意欲は私とも共通するところがあり、これまでのつきあいで地域文化振興に関わる者同士の連帯感も深まっていたから、秀俊の同行は意外ではない。

ところが、そこへさらに、「こんにちは」と弾けるような声と笑顔で、ひとりの女性が現れた。池畑めぐみという松山市在住のピアニストだ。めぐみはだっぱん屋の常連客で、秀俊の田んぼで田植えや稲刈りも手伝っている。これまでの檮原滞在中に農作業をしている姿も見ているし、私ともすでに顔なじみだった。どうやら秀俊もめぐみも、檮原の文化のルーツを探ろうとする私の瀬戸内海探訪に興味を持って、一緒に行くことを決めたらしい。

晶子は紙袋の中に芋ケンピをざっくり詰め込んで持ってきたという。

「高知といえば塩ケンピでしょ。これ、すごくおいしいから、島の人たちにお福分けするんです」

俊秀の軽トラは松山駅近くの駐車場に置き、私の車でしまなみ海道を目指した。

しまなみ海道は、瀬戸内海に臨む愛媛県今治市と広島県尾道《おのみち》市を結ぶ全長約六十キロのルートで、途中、大小九つの島を十本の橋で渡る。まるで箱庭のような多島美が随所に広がり、サイクリングロードが整備されているため、世界中からサイクリストがやってくる。

私たちはまず、今治市から日本最大潮流のひとつにも数えられる来島《くるしま》海峡を越え、大島へと渡った。海峡をまたぐ来島大橋は三連橋の吊り橋で、全長は計約四キロ。橋からは島がいくつも折り重なって見晴らせ、眼下には白い帆を上げて浮かぶ釣り船が群れる。

「何が釣れるのかしら？」

「タイだよ、タイ。それとアコウだ」

めぐみの問いに私が答えた。めぐみは、十九歳から足かけ九年あまり、モスクワの音楽大学でピアノを学び、一昨年に松山市に帰郷してからは、「ロシアと松山を音楽でつなぎたい」とコンサート活動やピアノ教室を開いている。

私は左側の窓を指さしながら説明した。

「手前に小さな島が二つ見えるだろ。左が来島で正面が小島。来島は戦国時代、島全体が来島水軍の砦で、小島は日露戦争のとき、島全体が要塞だった。ロシアのバルチック艦隊が日本の連合艦隊の防衛ラインを破って瀬戸内海に侵入したときに備えたもので、島の頂上には当時最大級だった二十八インチ砲の砲台があったんだ。要塞跡はいまでも残っていて、知る人ぞ知る名所旧跡になっている。砲台跡には大きな桜の木があってね。そこから眺める来島海峡はいかにも平和って感じなんだよなぁ」

松山とロシアの縁は根深い。

その歴史は明治三十七年（一九〇四年）に勃発した日露戦争に起因する。

松山市には戦争で傷ついたロシア兵捕虜を治療する病院と収容施設ができ、一年間で延べ約六千人ものロシア兵捕虜が滞在した。当時、松山市の人口は約三万人だったというから、たちまち国際的な町の様相となった。というのも、捕虜といっても施設からの出入りは自由で、道後温泉に入浴したり、買い物を楽しんだり……。捕虜たちには手当てが支給されたため、商店街は捕虜景気でにぎわったともいう。よほど居心地がよかったのだろう。市街地に一軒家を借り、ロシアから妻子を呼び寄せて生活した将校もいたほどだとか。

松山における捕虜収容所の厚遇は戦地のロシア軍兵士たちの間でも評判となり、「マツヤマ！　マツヤマ！」と叫びながら投降してきた兵士までいたという。また、市民との交流も活発で、松山城をはじめ、各地で懇親会や遠足の催しなどが開かれた。道後温泉近くの道後公園では市民と捕虜たちが自転車レースに興じているほどだ。松山市内で治療されたロシア兵のうち惜しくも九十八人が亡くなったが、うち九十七人の墓が並ぶ「ロシア人墓地」はいまも市民たちの手で掃き清められ、例年、慰霊祭が営まれている。

近年には、こんな心温まるエピソードもあった。

平成二十二年（二〇一〇年）、松山城二之丸の古い井戸から発見されたコインに、男女の名前が刻まれていることが確認された。コインは帝政ロシア時代の十ルーブル金貨で、男性は松山市で治療を受けていたロシア兵捕虜のコステンコ・ミハイル少尉、女性は日本赤十字の看護婦、竹葉ナカとわかった。コインには小さな穴が開けられていることからペンダントとして使われたと推測される。現在残っている二人の写真を見ると、ともに美男美女だが、ミハイルはロシアの貴族で、もともと日本語を勉強していたらしく、水彩画を描くロシア兵として市民に親しまれていたという。

「このコインをもとに恋物語を創作し、ミュージカルで上演しては」

と提案したのは当時の、中村時広市長（現・愛媛県知事）だった。松山市に隣接する東温《とおおん》市には本格的なミュージカル常設劇場「坊っちゃん劇場」があり、脚本家のジェームス三木を名誉館長に、舞台芸術界の第一線で活躍するスタッフが、全国オーディションで選ばれた役者とともに、四国や瀬戸内海ゆかりの人物を主人公とした舞台作品をオリジナルで毎年度、制作していたからだ。

ひとつの作品はいまも年間約二百七十回上演され、県内外から約八万五千人を動員しているが、ここで翌二十三年度にロシア兵捕虜と女性看護師の物語『誓いのコイン』が上演され、大ヒット。ロシアの駐日全権大使が観劇したことがきっかけとなり、モスクワを代表する劇場「マールイ」などに招致された。計四回の公演はすべて満席となり、終演後はスタンディングオベーションに包まれたという。芸術大国といわれるロシアで日本のミュージカル作品が上演されたのは初めてらしく、両国を代表するテレビ局も力を入れて報道した。

コインが発見された古井戸は現在、「恋人の聖地」として多くの観光客が訪れ、ロシア人墓地の墓前に花の絶えることはない。

松山とロシアを結ぶ扉をもうひとつ。
司馬遼太郎の代表作といわれる小説『坂の上の雲』である。

この小説は、明治という時代を迎え、近代化する日本の足取りが描かれる。主人公は伊予松山出身の正岡子規と秋山好古、真之兄弟。子規は近代文学を開拓し、好古は陸軍で騎兵を創設、真之は海軍参謀として西欧の大国、ロシアと向き合う。クライマックスのひとつとして描かれる日本海海戦において、当時最強と目されたロシアのバルチック艦隊に対し、パーフェクトで勝利した「丁字戦法」は、真之が、能島《のしま》村上家に伝わる兵法書『村上舟戦要法』を参照して考えたといわれている。能島村上水軍は大島沖の能島を居城に、戦国時代の一時期は瀬戸内海を制覇して、最強と恐れられた水軍だ。

私たちはバルチック艦隊の来航に備えて要塞化された小島を左手に眺めながら、来島大橋を渡り、大島に上陸。その沖に浮かぶ能島を目指した。

村上水軍の故郷

大島の北東沖、鵜島《うしま》との間に浮かぶ能島は、全島が国史跡に指定されている小島だ。

行政上は今治市宮窪町に属し、大島にある今治市立村上水軍博物館前の桟橋から、渡船で約五分で行ける。平成二十五年六月から上陸ツアーが始まり、歴史ファンなどで盛況だが、秋山真之が日本海海戦に臨んで作戦立案の参考にしたとされる兵法書『村上舟戦要法』などは、大島側の村上水軍博物館に保存されている。

私たちは大島南インターチェンジから国道三一七号を走り、まずはこの博物館を訪ねた。博物館は水軍の砦をイメージしたような建物で、最上階の屋根は切り妻。一階、二階の屋上や敷地には、マルの中に「上」と記された能島村上水軍の紋を染め抜いた旗指物《はたきしもの》が立ち並び、潮風を受けてパタパタとはためいている。入り口に笹のように細い木造船が展示されていた。極端なほどの流線型で、説明板に「小早船《こばやぶね》」と記されている。戦国時代、村上水軍の主力となった戦船《いくさぶね》らしい。

「こんな小さな船で……。でも、この木組みは美しいですね」

と秀俊は驚いて見入っている。

小早船は、全長約八・四メートル、幅二メートルで、長さ約六・六メートルの五丁櫓《ろ》を搭載していたらしい。ここにある船は、東京大学の小佐田哲男名誉教授の監修で、大島の北隣にある伯方島《はかたじま》の船大工、渡辺忠一が平成二年に復元したものだ。渡辺は、私も取材したことがあるが、瀬戸内海最後の船大工といわれ、平成二十四年に「現代の名工」として国から表彰された人物である。

館内に入ると、一階がロビー、二階が展示コーナーとなっていた。二階への階段に沿って大きな絵が紙芝居のように並べられている。能島村上水軍と織田信長軍が戦った第一次木津川口の戦いの経過が描かれていた。

「あの織田信長に勝ったんだ」

と晶子は説明書きを読みながら感嘆している。

ときに天正四年（一五七六年）の春から夏、天下布武を掲げる織田信長軍は石山本願寺を包囲し、そこへ本願寺と同盟関係にあった中国地方の毛利軍が兵糧を搬入しようとして激突した。石山本願寺は現在の大坂城にあったが、毛利軍はそこへ瀬戸内海から突入するのだ。その毛利方の主力は毛利水軍、小早川水軍、村上水軍、塩飽《しわく》水軍を中心とする瀬戸内の水軍連合。それを阻止しようとする織田方が大阪湾木津川河口で待ち受けた。瀬戸内水軍連合は機動性の高い小早船を駆使して火矢などの火器で織田軍を攻め、包囲を突破。石山本願寺への兵糧搬入に成功した。それが第一次木津川口の戦いだ。

その後、信長は紀州の九鬼《くき》水軍に命じて鉄板で軍船を覆った黒い鉄甲船を六隻造船し、天正六年（一五七八年）に再激突。瀬戸内水軍連合を撃破した。世に言う第二次木津川口の合戦だが、このときの鉄甲船の大きさは、幅約十二・六メートル、長さ約二十四メートルで、三門の大砲と無数の大鉄砲を装備していたという。鉄甲は毛利方の火攻めから類焼を防ぐためと考えられるが、世界的にも先鞭をつける鉄の船として信長の天才ぶりを際立たせている。

二階の展示室には当時の軍船や居城、能島の模型があった。

村上水軍の軍船は城塞のような安宅船《あたけぶね》、攻撃力と防御力、機動力を兼ね備えた関船《せきぶね》、機動力と攻撃力に特化した小早船。この三種で船団が構成されていた。

安宅船は、遣唐使にも使われた箱型の大型和船に重厚な武装を施したもので、長さ五十メートル、幅十メートル以上。数十人から百数十人の戦闘員が乗船できた。甲板には楯板が厚く張り巡らされ、その内側から二層～四層の屋形がそびえる。楯板には銃眼が設けられ、弓や鉄砲で攻撃。敵船と接舷した際には、たちまちこの楯板が前に倒れて橋渡しとなり、戦闘員が乗り移る。推進力は帆と櫓だが、戦闘時は帆柱を倒し、漕ぎ手が七十挺から百八十挺もの櫓を漕いでスピードを上げた。

「まさに海上を航行する要塞じゃなぁ」

と秀俊は腕組みをして唸った。

関船は、安宅船を小型にしたような軍船で小回りが利き、機動力に優る。安宅船を戦艦に喩《たと》えるなら、関船は巡洋艦に相当するといわれる。櫓は四十挺から八十挺。航行する他の船船に乗りつけて通行料を徴収する水上の関所としての役割に適したことから、この名がつけられたらしい。

櫓の数四十挺以下の軍船が小早船である。安宅船や関船とは異なって、船体を覆う楯板や屋形はなく、搭乗できる戦闘員も少ないが、機動性が高い。火器で攻めながら巧みに敵船に接近し、速やかに縄梯子《なわばしご》をかけて乗り移り、船を奪った。

「瀬戸内海って、わりと霧が濃いじゃないですか」

と向島をこよなく愛する晶子は怯えるような口調で言った。頭の中には向島と尾道を隔てる狭い尾道水道が浮かんでいたのだろう。

「こんな化け物たちが霧の中からヌーッて現れたら、そりゃあ、昔の人はびっくりするわ。あーっ、おっかない」

一方、めぐみは船の構造に見入っているようだ。そして音楽家らしい感想を漏らした。

「なんとなく、ピアノに似ているかも……」

和船の構造は、西洋や中国の船のように骨格としての竜骨を持たない「箱型」で、板材を縫い釘とかすがいによってつなぐように構成されている。もちろん水も漏らさぬ緻密な構造を保ち、なおかつ権威の象徴として優美でなければならない。建築物としてこれ以上、合理的で美しい実用品はないのではないか。

「まるで、立派な神社やお寺みたいですよね」

と秀俊は感心している。それは暗示的で貴重な指摘だと私にも思えた。

村上氏の遠祖は清和源氏または村上源氏ともいい、平安時代の末ごろから伊予国の河野氏と結んで瀬戸内に勢力を張ったと伝えられるが、出自は定かではない。南北朝時代のころから頭角を現し、室町時代になると能島、来島、因島《いんのしま》の三島に分かれて、勢力を張った。なかでも能島村上水軍を統率し、戦国時代末に瀬戸内の制海権を手中に収めた村上武吉の存在は際立っている。

「ポルトガルから大海原を渡り、日本にやってきた宣教師、ルイス・フロイスは、能島で武吉と面会し、〝日本一の海将〟と書き残したとありますよ」

と秀俊が展示パネルを見学しながら声を上げた。

瀬戸内海は、神代のころから海人が津々浦々に暮らし、大和政権が成立する四世紀ころには、北九州を経由して中国や朝鮮半島と近畿を結ぶ「人、モノ、文化」の大動脈であった。一帯は複雑に入り組む潮流が時々刻々と流れを変え、暗礁も多いため、海域に精通した水先案内人が必要だった。その役割を瀬戸内海の海人が担った。

大和政権は稲作農耕を元手に兵力を拡充し、その勢力は近畿を中心に広がったが、瀬戸内海に暮らしていた人々は、交易と製塩を主な生業に、独自の生活と文化を確立した。自ずと価値観や心のあり方、信仰も陸の人々とは異なったに違いない。都人から「鬼」と畏れられ、卑しまれたのは、無断で航行する船を襲撃する海賊行為を行っていたこともあるが、価値観の違いに対する不安が大きかったのではないだろうか。そもそも特別な神として大山積神《おおやまつみのかみ》が、この大島の北西隣の大三島《おおみしま》に鎮座している。

しまなみ海道の中心に位置する大三島の大山祇神社は、日本総鎮守として崇められ、樹齢約二千六百年と推定されるご神木の大楠が、白砂の境内に悠久の木陰を落としている。ご神木は神武天皇が日向から瀬戸内海を東征していく際に、水先案内を務めた小千命が植えたと伝えられ、この小千命が瀬戸内海に暮らす海人の祖とされることから、神社はその氏神として歴史を刻んできた。海の神、山の神、武運の神として威光を放ち、源頼朝、義経をはじめとする武家の頭領が鎧《よろい》や刀を奉納した。現在、国宝や重要文化財に指定される武具甲冑《かっちゅう》刀剣類の約半数がそこに保存されている。

和銅五年（七一二年）に成立したとされる日本最古の正史『古事記』によると、その大山祇神社の祭神、オオヤマツミノカミは、国生みしたイザナギ、イザナミの子で、次女のコノハナサクヤヒメは天孫降臨したニニギノミコトの妻となり、ホデリ、ホスセリ、ホオリの三柱の子を産んだ——とある。ホオリの孫が初代天皇の神武天皇となることをみても、古代の政権はよほど瀬戸内の海人に気を使っていたことがうかがえる。しかし中央政権が気遣う火種はその後も絶えなかった。

平安時代には瀬戸内水軍の軍事力を率いた藤原純友が都を奪おうと奮闘し、伊予では前述した河野郷（現・松山市北条地区）を拠点に、河野氏が勢力を確立していた。その後の源平合戦では河野氏の頭領、河野通信が平家殲滅《せんめつ》の旗を揚げて源義経率いる源氏に加担し、壇ノ浦の合戦で勝利を導いたのだ。鎌倉時代中期になると通信の曾孫にあたる河野通有が出現し、元寇の役で伊予の水軍を束ねて活躍した。

水軍のすご味は軍事と経済だけでない。文化においても発揮された。連歌を盛んに催し、思想史においては鎌倉時代中期に一遍上人を輩出している。

「捨ててこそ」と唱えた一遍上人の本名は、河野智真。河野通信の孫、通有の叔父にあたり、道後温泉周辺の名刹、宝厳寺近くで誕生したとされる。本来なら河野水軍の頭領として一族郎党を治める身の上だったが、通信の失脚で追いつめられ、幕府執権として権勢をふるう北条時宗と従兄弟でありながら、出家するほか身の保証がなくなったという前歴を持つ。

一遍上人は、誰でも極楽浄土が保証されていると主張し、全国を遊行。たちまち仏教を庶民化した。「南無阿弥陀仏」を声明しながら踊る「念仏踊り」は後に「盆踊り」として津々浦々に定着する。教団を形成することや書物を遺すなどを禁じたため、詳しいことはわからないが、上人に群れた人々から能の創始者、世阿弥をはじめ、日本文化の源流域を開拓した人々が現れている。

〝檮原の生き字引〟鎌倉安弘によると、津野氏入植以来、伊予河野氏と檮原の津野氏は密接に行き通ったという。経済、文化の面で同調していたのではないだろうか。戦国時代に土佐の長宗我部氏が台頭してくると、その同調はより密接になったに違いない。長宗我部氏は共通の敵だったからである。

さて、戦国時代末に瀬戸内の制海権を手中に治めた村上武吉に話を戻せば、その出現は、通有が没した約二百二十年後のことである。武吉は幼くして祖父・村上隆勝を暗殺され、自らの命も危うくなったために島を離れ、肥後国の菊池氏を頼るなど、辛酸をなめて成長した苦労人だった。能島村上氏の頭領となったのちも、西瀬戸内海を囲む豊後、周防、安芸、備後、伊予で乱立する勢力や、織田信長の中国攻略、豊臣秀吉の四国征伐などの圧力が外部から加わったが、その複雑なパワーバランスの中で、能島を居城として立ち位置を保ち、勢力を拡大した――。

すべてが交わる島

しばらく、秀俊と晶子、めぐみを置き去りにしたまま、歴史に思いを馳せていた。

三人は、展示室で村上家伝来の武具甲冑や生活道具などを眺め回している。

目の前に漆塗りの横笛があった。武吉が長男、元吉の出陣に際して贈ったものとされ、龍笛から篠笛への移行期にあたるちょっと変わった笛らしい。

「ズシリとして重そうですね」

「どんな音色なのかしら？」

秀俊とめぐみが話している。その背後から初老の男性が声をかけてきた。

「一度、音を出してもらったことがあるのですけど、やさしい音でしたよ」

「えっ？」

と振り向いた秀俊に差し出された名刺には「館長、矢野均」とあった。

改めて挨拶したうえで、秀俊が言った。

「それにしても、よくこれほどたくさんの文化財を地元に残してくれたものですね。感謝しなきゃ……」

その染み入るような声に、矢野館長は得たりとばかりにうなずいたが、次に出てきた言葉は意外なものだった。

「いえ、これは地元にあったものではなく、すべて周防大島の村上家が所蔵していたものを寄託展示させてもらっているのです」

矢野館長の説明によると、天正十三年（一五八五年）、秀吉の四国征伐に続き、天正十六年（一五八八年）の海賊停止令で窮地に追い込まれた武吉は、竹原、筑前、長門など瀬戸内沿岸を転々と移住。家督を継いだ元吉とその弟・景親らは毛利、小早川勢に従って文禄・慶長の役（朝鮮出兵）に出陣し、関ヶ原の戦いに際しては、西軍として伊勢湾沿岸、紀伊沿岸、阿波、伊予松前城などを攻めた。しかし、その戦で元吉は討ち死にし、毛利氏が防長二ヵ国へと減封されたことに伴って、武吉は周防大島へ移住した。そしてその後は、江戸幕府が制海権を掌握したため、能島村上水軍は追われるように武吉のいる周防大島に移り、頭領だった元吉と景親の子孫が代々、毛利家の家臣として軍港、三田尻（現・防府市）で船手衆、つまり長州海軍の頭を務めたという。

こうして、武吉をはじめとする能島村上家の家宝は、周防大島の村上家で脈々と受け継がれたというのである。

「武吉をはじめ、能島村上家の墓所と位牌はいまも周防大島にありますよ。伊保田港の近くです」

周防大島、伊保田港の近く？

そう聞いて、私は目の前に火花が散るような感覚を覚えた。

伊保田は、前述のように伊予松山藩の飛び地だったが、檮原にもやってきた長州大工の多くが出たところであり、彼らの技術をはじめ、文化的な地下茎を探るうえでは、訪れなければならない場所だった。そしてもちろん、そこは宮本常一の生家とも近いのである。

宮本常一、土佐源氏、檮原の歴史や文化、伊予との関わり、長州大工……。

私が追いかけてきたもののすべてが、村上水軍まで加えて周防大島の伊保田という場所につながり、交わっている。頭のなかで電流がショートするようなその思いを、私は思わず早口になって三人に説明した。

「それは……。もうこのまま、周防大島に行くしかないんじゃない？」

めぐみが言った。

宮本常一の故郷、という言葉に反応した秀俊も同調した。

「行きますか、武吉さんのお墓参りもしてみたいきに」

衆議は一決した。ならば一気に周防大島を目指そう。しかしその前に、武吉ら村上水軍が居城とした能島には行っておかなければならない。

水軍城址の宝

能島行きの渡船が出航する桟橋に向かうと、待合室の入り口で旧知の石丸和男が大きく手招きして迎えてくれた。

「早う、早う」

と潮風を背にした顔が笑っている。石丸は還暦を二つ、三つ過ぎた旅行会社の取締役だが、役員室で机に向かっているより現場で潮風にさらされているほうが性に合っているらしく、桟橋で客を待ち受けているのだ。先刻、私が電話で連絡していたからでもあったろう。苦笑しながら駆け寄ると、うれしそうに言った。

「今日は潮がええけんな」

干満の差が激しい大潮なのだ。ちょうどいま、潮が立っとる、と私の背中を軽く叩き、ライフジャケットを手渡す。

「滝のような潮が渦を巻いてるらしい」

と私はめぐみに伝え、先に立って渡船へと乗り込んだ。

渡船は定員約四十人で、地元宮窪漁協の組合員が操舵する。

「ここは潮が難しいけん、地元の漁師が舵を取らんと危ないんよ」

操舵する船長の横に立った石丸が小声で私たちに説明した。乗り合わせたツアー客は二十人程度だろうか。東京から来た団体旅行者らしい。空も海も天然藍に染め抜かれたような青で、きらめく波が船を待っているようだ。

「ほな、お待たせしました」

と石丸が船長に出航を促すと、渡船は、ガルルン、ガルルンと軽快なエンジン音を響かせて湾内を滑り出した。

潮風が全身を包み、駆け抜けていく。晶子はあわてて眼鏡と帽子を押さえた。

防波堤を抜け、外海に出るとたちまち白波が立ち、ところどころに潮が渦巻く。

「おおーっ」とツアー客が声を上げ、エンジン音はさらに昂ぶった。渡船は速度を上げて渦を突っ切っていく。ときにドンッ、ドンッと舳先《へさき》に波が当たり、パッと泡を弾かせて砕けていく。秀俊は顔を真っ赤にして笑いが止まらない。目が合うと、はしゃぐ声で叫んだ。

「海が生きちょる！」

ふだん、山や地面と対話している秀俊にとって、非日常の海原は理屈抜きで愉快らしい。

正面に浮かぶ能島がぐんぐん近づき、船は島内の小さな湾に滑り込んだ。湾内には木造りの桟橋があり、着岸するなり石丸が素早く縄でつなぎ留めた。船側から見える海底には小魚が群れている。

桟橋から上陸すると、小さな丘を背に広場があった。そこが島内で最も広い平坦地だという。広さは三百坪（約九九〇平方メートル）ほどだろうか。青いカウボーイハットをかぶったボランティアガイドが説明を始めた。村上という姓の人らしい。ちなみに渡船の船長も村上という姓を名乗った。村上水軍の本拠地は、いまなお村上だらけなのだ。

　カウボーイハットの村上ガイドは、広場に投げ出されるように巻かれていた直径十センチほどの太いロープをズルズルと引き出して三角形を作り、これが能島です、と言う。島は南と東と西を頂点とした三角形で、周囲の長さは約八百五十メートル。最上部は海抜二十五メートルほどで、全体的に三角錐のような地形をしている。港のある平坦地は南西に向かって口を開くように位置し、北に船溜まりだった砂浜、東側の岩礁地帯に船の修理を行うドックもあったらしい。

　島の南側には、さらに小さな島もあった。鯛崎島《たいさきじま》というらしい。かつて能島中腹と鯛崎島の頂上付近には橋が渡され、要塞として一体化していたようだ。鯛崎島と能島を隔てる狭い海峡は船が通う水道として機能させるため、橋は高いところに架けられていたという。

　村上ガイドがかぶるカウボーイハットの正面には、丸に上の字を配した村上水軍の家紋が施され、兜《かぶと》のようでもある。能島の発掘調査に携わった地元の人たちが、この帽子をかぶってボランティアガイドをしているのだという。

「この平坦地は、物資の荷揚げや集積、管理をはじめ、漁具の手入れや軍事演習などが行われる、いわば多目的広場だったようです。海岸の石垣は約四百年前に築城された当時のものです」

と海岸をのぞき込みながら解説すると、ツアー客は我先に石垣の上から身を乗り出すようにして波打ち際に見入った。角の丸い自然石が海底から三メートルほど積み上げられ、波を抱き止めるようにゆったりとした弧を描きながら、横に百メートル程度延びていた。その両端には潮流が勢いよく当たり、白い泡が立っている。潮は川のように早く、あたりにはザーッと途切れることなく潮音が轟いている。

「私ら地元の者は、子どものころはみな、ここを泳いで渡ったものです」

と村上ガイドが今度は対岸に視線を送ると、ツアー客は「へぇー」と声を上げ、たちまち尊敬のまなざしを向けた。

「子どものころから、こんなに激しい潮流を泳いで渡るなんて……。やっぱり水軍の末裔は違うわ」

と腕組みした晶子は、深々とうなずいている。

「岡田さんのご先祖さんもその仲間ぜよ」

と言いながら、秀俊が晶子の肩をパンッと叩いた。すると晶子はわざとらしく表情を引き締め、小鼻をふくらませて応じた。

「はい。何分の一かはそういう血が入っているはずです」

平坦地の西端から急傾斜の小路を二十メートルも上ると広場があり、東屋が一棟あった。

「ここは三之丸で、発掘の結果、建物跡と鍛冶屋跡が確認されました」

三之丸からは、北側に延びる小路が船溜まりへ続き、東側の小路を上ると二之丸があった。二之丸からは屋敷跡がいくつも発見されたという。

「ここは主に居住空間だったようです」

村上ガイドはそこでは、引き伸ばした発掘時の写真をいくつも地面に並べて説明した。ここからさらに小路を上ると本丸跡だ。

本丸跡からは、三六〇度、瀬戸内海の多島美が見晴らせた。息を呑むような絶景である。

「ここに物見やぐらがあり、四方八方を見張っていたようです。目の前にあるのが鶏《にわとり》小島《こじま》、その後ろが伯方島。左に見えるのが鵜島。北にほら、大島・伯方大橋が見えとる。橋げたになっているのが見近島《みちかじま》。見近島も水軍の要塞で、発掘調査をしております。大島・伯方大橋の向こうに見えるのが大三島です」

と島々を指さしながらガイドは説明する。

「いやあ、ここから瀬戸内海を眺めるだけで価値があるね」

とツアー客のひとりが声を上げた。

「ロシアの人たちに見せてあげたいわ。これが瀬戸内海よって」

とめぐみは瞳を輝やかせている。凍てつく大地に暮らすロシアの人たちに、冬なお温暖で魚介類も豊富な瀬戸内海はどのように映るのだろう。

晶子は晶子で、心に浮かんだらしいことを口にした。

「ここから腕組みなんかして瀬戸内海を見晴らしていた村上武吉って、すごくかっこよかったでしょうね。南蛮船に乗ってはるばる西欧からやってきた宣教師たちが、日本一の海将と書き残した気分が想像できそう」

「ええ気分じゃろう」

と村上ガイドはしたり顔で応じ、少し神妙な表情で語り始めた。

「さらにもうひとつ、気分がよくなる話を。島ではずいぶん古銭も見つかりましてな。実際は中国のものが多いらしいけど、村上一族の埋蔵金があるはずじゃと近所のじいさんたちから伝え聞いておったもんじゃから、ワシらはそれを密かな楽しみに発掘調査をしておった。ところがある日、ついにそれらしき遺構が見つかって……」

そう言うと、こっちじゃ、と真顔で先導して歩き始めた。そして本丸を下り、二之丸へ来ると、このあたりじゃ、と言う。無言でついてきたツアー客の目を輝かせて、その一点を注目した。すると村上は急に表情を変えて言い放った。

「張り切って掘ってみると、銭壺じゃのうて、糞壺じゃった。ガッハッハ……」

大口を開けて笑う姿に、ツアー客もつられて大笑いする。そこはつまりトイレ跡だったというわけだ。

二之丸から尾根筋の小路を渡ると東端に出た。眼下は断崖絶壁だ。

そこは東南出丸といい、特別な祀りが執り行われたところと考えられているらしい。目の前に鯛崎島があり、狭い海峡に釣り船が一艘、白い帆をかけて静かに流れている。

その東南出丸から転がり落ちるように小路を下ると、もと来た桟橋がひょっこりと目の前に現れた。渡船がエンジン音を穏やかに響かせながら待機している。

乗船すると、船は再びエンジン音を上げて港を飛び出し、潮流に乗った。その勢いで島の北端まで行くと、逆巻く潮流を蹴散らして、いったん船溜まりへと滑り込んだ。船溜まりは穏やかなさざ波が寄せる砂浜だ。波静かな船溜まりから逆巻く潮流は隣り合わせ。まったく油断ができない海域だ。渡船は速度を落とし、ゆっくりと岸辺に近づく。砂浜から駆け上がった岩肌に段差があった。

「みなさん、わかりますか？　あの段差が犬走り。かつてここに板を張り、テラスのようにして、船を係留するための柱が立ててありました」

と村上ガイドは説明した。

「いまでいうヨットハーバーのようなものだったんじゃろうか」

と秀俊はつぶやいて、さざ波に揺れる船に身を任せている。

船溜まりから島の東端へ回ると、岩肌をえぐるように潮流がしぶきを上げて、滔々と渓流のように流れている。小さな滝がいくつもあり、海底から大きな泡が持ち上がるように渦を巻いていた。

「潮流は最大、時速約十八・五キロにも及びます」

と村上ガイドはここぞとばかりに力を込める。

「吸い込まれそう。落ちたらひとたまりもない」

とめぐみの目は釘づけだ。そのとき、操舵する村上船長がパッとエンジンを切った。

「あーっ、壊れてしもたが」

とおどけたように言う。渡船はそのまま、ゆっくりと旋回しながら潮に流された。ザーッという潮の音だけがあたりを包んでいる。潮流の力が足元から突き上げてくるようだ。なんとダイナミックなのだろう。

「この潮と風に乗って瀬戸内海を駆けた人たちのたくましさは、計り知れんな」

と秀俊は感激しきりだ。やがて船は態勢を建て直し、豪快に飛ばし始めた。そして、途中いくつも大きな渦をかわし、大島の博物館前の桟橋に無事接岸した。

往復約七十五分の小さな旅だった。

第五章　周防大島の夕日

幕府艦隊を追い出した島

上空から瀬戸内海を眺めると、ガラスの板に砂利をまき散らしたように島々が連なる。その数、大小合わせて約三千。その中を貫く一本の道、しまなみ海道を、私たちは大島から伯方島《はかたじま》、大三島《おおみしま》、生口《いくち》島、因島《いんのしま》と橋で渡り、向島《むかいじま》でおばあちゃんの家に行く岡田晶子を降ろして、本州側の尾道に上陸した。

そのまま山陽道を下関方面に向かったが、途中、廿日市《はつかいち》市の宮島サービスエリアで休憩して、広島名物もみじ饅頭を食べた。目の前に世界遺産の厳島神社が鎮座する名勝地、宮島が浮かぶ。

「ときに天文二十四年。つまり、いまから約四百五十年前の戦国時代。安芸の広島を治めていた毛利元就という武将が、長門、周防、つまりいまの山口県を治めていた陶晴賢《すえはるかた》という武将と宮島で決戦したんだ。宮島には陶率いる二万の兵がいてね、嵐の夜にちょうどこのサービスエリアの下あたりから元就率いる約四千の兵が海を渡って襲撃したんですよ」

と地元、廿日市出身の私は説明した。周防《すおう》大島へ急ぐため、もう実家には寄らないことを宣言してある。

「二万人と四千人？　じゃあ、とても元就さんに勝ち目はないじゃん」

と池畑めぐみが、もみじ饅頭を食べながら、無造作に言った。

「そう。とても元就に勝ち目はない」

私ももみじ饅頭の袋を開けながら応じる。

「ところが、出陣直前、かねてから一日だけ味方をしてほしいと頼んでいた村上武吉率いる能島《のしま》村上水軍が、風雨を割るように現れ、元就に加勢したんだな」

「ほう、そこで武吉ですか」

と下元秀俊が顔を向けた。

「嵐の海を蹴って宮島の北端に上陸した元就は、闇夜の獣道を駆け上がり、尾根を越えて陶軍ひしめく厳島神社周辺に、背後から雪崩《なだれ》込んだ。あわてふためいた陶軍は島外脱出を図ろうと海に出たが、そこでは今度は能島村上水軍が手ぐすね引いて待ち受けていた」

世にいう「厳島合戦」である。

私はもみじ饅頭を手にしたまま、片手で膝を叩き、講談口調で合戦の様子をまくし立てた。

めぐみは食べかけたもみじ饅頭を手に、その講釈に食いついている。

「こうして厳島の合戦に勝利した毛利氏は、武吉と手を結び、中国地方の覇者として台頭。武吉は瀬戸内海全域に勢力を拡大し、通行する船から帆別銭、すなわち通行料を取り立てて、大いに栄えたというわけじゃ」

「やるじゃん。大逆転ね」

とめぐみは手を打ち、無邪気に喜んだ。その横で秀俊が「ほう」とため息をつく。

「能島と宮島が、それでつながりました」

と何かが腑に落ちた様子だ。

気がつくと、さわやかな潮風が吹き上げている。あたりの松林でホトトギスが歌う。陽光が気だるい角度で辺りのクヌギ林を照らし始めていた。

私は手にしたもみじ饅頭の歴史にまで講釈を及ぼそうとして、やめた。

悪い癖の余談はいいかげんにして、先を急がなければならない。

周防大島には玖珂《くが》インターチェンジから柳井市方面に向かい、大島大橋で大畠瀬戸をまたぐ。大島大橋は全長千二十メートル。大畠瀬戸は日本三大急流のひとつで、最大流速は時速十八・五キロといわれる。橋の東側には歩道が設置され、徒歩でも渡ることができる。

橋は萌黄《もえぎ》色をしていた。

その下を潮流がいくつも渦巻き、白い船体にオレンジ色のラインが施されたフェリーが航行してゆく。

周防大島に上陸した私たちは、国道四三七号で伊保田方面に走った。めぐみは左手に広がる瀬戸内海を眺めている。

「この島の沖で幕府艦隊と長州海軍が戦ったのは、慶応二年六月でした」

と私は助手席で眠たそうにしている秀俊に語りかけた。

「つまり龍馬が韮《にら》ケ峠を越えて脱藩した三年後、薩長同盟の五ヵ月後のことで……」

檮原《ゆすはら》に龍馬会を立ち上げた秀俊の目は、このひとことで覚めた。

第二次長州征伐の話である。

「山口県の年寄りは、その戦を四境戦争といい、微妙に胸を張りますけどね。誇りなんですよ。第二次長州征伐なんて言おうものなら、それは幕府の勝手な言い分だ、と不機嫌になります」

「そのとおりですきに」

私が可笑《おか》しみを込めて言った言葉に、秀俊が真顔で応えた。ふだんは穏やかな標準語で話すことも多い秀俊が、いつものように気分が高揚してくると土佐弁に戻るのが面白い。

土佐と長州は、ほかでもない檮原の脱藩浪士や龍馬を介して手を結んでいた。秀俊の表情から眠気は去っている。あるいはこの旅でも、ご先祖たちのお礼参りをしているような心境になってきたのかもしれない。ちなみに「四境」とは、小倉、石見、安芸、そしてこの周防大島を指す。

「周防大島沖に詰めかけた幕府軍は十五万。対する長州軍はわずか四千。戦闘の火ぶたは六月七日に切って落とされました」

「そこから歴史は討幕へと突き動かされていくがですね」

私の話に、すかさず反応してくる秀俊。その会話をめぐみはもみじ饅頭を食べながら、聞いているのか、聞いていないのか……。車窓にはときに漁港、磯、そして浜が入れ替わりながら、のどかに流れていく。


慶応二年（一八六六年）六月七日、幕府軍は当時日本最大の軍艦だった富士山丸をはじめ、翔鶴丸、旭日丸、雲丸、大江丸などを擁して周防大島を砲撃した。翌日から続々と伊予松山藩軍、幕府軍が上陸し、長州藩は本州へと撤退する。これはもともと長州藩が周防大島を放棄する計画だったからだといわれるが、島民の惨状が伝わったことから、藩では奇兵隊、浩武隊を派遣することが決定された。海軍総督、高杉晋作に丙寅丸での出陣を促したのだ。


幕府側の富士山丸は総排水量約千トンで砲十二門。ほかの軍艦も三百トンを超えていたのに対して、丙寅丸は二百トンで砲は四門。常識的に考えれば勝ち目はなかった。

「で、どうなったの？」

と、そのとき急に私たちの会話にめぐみが割り込んできた。

「元就さんと武吉さんみたいに逆転したの？」

ピアニストは日々鍛練を積み、ホールで勝負を張る職業である。めぐみの場合、とくにこの手の話は好きなようで、逆転ものには目がない。しかもロシアから帰国後、どういうわけか、浪曲を習い、勝負ものやら人情ものを唸《うな》っていることを私は知っていた。

高杉がとった作戦は、夜襲であった。

この時代、軍艦の夜襲という発想は、海軍の卸元の西欧にはなかったらしい。

「丙寅丸は周防大島の西部から島影伝いに航行し、北部の久賀沖に停泊する幕府艦隊を襲撃したんだ。途中、大畠瀬戸の潮流を渡らなければならないけど、海岸は複雑で暗礁がどこに潜んでいるかわからない」

「よほど周辺の潮と風、海底の様子を知り尽くした人たちじゃないと航海できなかったでしょうね」

秀俊がそう応じると、めぐみが身を縮めるような仕草で言った。

「能島の潮流を思い返すと、ゾッとするわ」

たしかに、大畠瀬戸の潮流は能島と同じほどの速さがあったろう。潮焼けしたたくましい腕をたくし上げ、頭に白いタオルを巻いて能島への渡船を操舵していた村上船長の顔が浮かんでくる。

「丙寅丸は灯を落とし、停泊していた幕府艦隊の真ん中へ全速力で突撃した。各艦の間をくるくると縫うように航行して、至近距離から間断なく砲撃するわ、甲板からは小銃を打ちまくるわで暴れ回り、闇の彼方に消えていったそうだよ」

と私が読み聞きして知っている戦況を語ると、へぇー、まるで魔物ね、とめぐみは驚いたように言う。

結果から言えば、この魔物のような一撃で幕府艦隊は周防大島を捨てて東へ去り、上陸していた幕府軍も奇兵隊の襲撃を受けて撤退。長州軍は周防大島を奪回し、幕府の権威は失墜したのだった。

「そもそも機動性の高い小さな船でいきなり現れたかと思うと、くるくる旋回しながら火で攻めるというのは、能島村上水軍の伝統的な戦術ですよね。村上水軍博物館で見たパネルや資料にそう書いてありましたよ」

秀俊は少し興奮した口ぶりで言った。ここではなぜか標準語だ。

高杉晋作は、丙寅丸で下関を出撃し、三田尻で作戦を立てて周防大島での決戦に臨んでいる。三田尻は長州藩船手衆の拠点港だから、船手衆は頭領以下、能島村上水軍の末裔たちで占められていたはずだ。

だとすれば、周防大島周辺の海域は、武吉以来、先祖代々が知り尽くした海として、それこそ目を閉じてでも航海できたのではなかろうか。しかも故郷を踏みにじられたことで、奪還に血をたぎらせていたとも考えられる。そもそもが、先祖たちを身ぐるみ剥《は》ぐようにしてしまなみ海道の大島（伊予の大島）から追い出し、周防大島に強制移住させたのは徳川幕府であった。約二百七十年間の潜在化した恨みが、そこで爆発した可能性はあるのだ。そう考えれば、幕府艦隊は飛んで火に入る夏の虫だったのかもしれない。

宮本常一は、この戦争で長州軍に人夫としてかり出された増田伊太郎という島の男の証言を聞き取っている。『忘れられた日本人』に「世間師」という読み物ふうの逸話として収録されている話だ。

宮本の記述によれば、島で長男以外は島外へ働きに出るのがふつうだった時代、たまさか長州征伐の戦が起きたので、その伊太郎も、まだ十四歳だったにも関わらず募集に応じて従軍した。近所の庄吉どんについていく形で、紺の着物を着て腰に一本脇差を差し、竹槍を持って出ていったという。

この戦争は一種の郷土防衛戦であったから武士も百姓も区別なしに働いた。その上、戦闘の中心になった奇兵隊《きへいたい》や振武隊《しんぶたい》の隊士は百姓の二、三男や同じ大工仲間であった者が多かった。同じ部落の吉賀老などは萩大工で萩の方へ出稼ぎにいっていた人だが、山口を通りあわせたとき、奇兵隊が隊士をつのっていたので、何気なしにフラフラと入隊してしまったのである。（中略）

伊太郎もそうした気運の中で成長し、この戦争に参加したのである。しかし戦争中は年が若いので人夫としても後方にいて、たいして目立った働きはしなかったらしい。そしてとにかく、大島は一時幕府軍に占領せられたけれども、奇兵隊が救援にやって来ると数日のうちにまた完全に奪回してしまったのである。そして何人かの捕虜が屋代というところの農家の牛の駄屋につながれた。人々はめずらしがって、それをぞろぞろ見にいった。伊太郎もその一人であった。

「みな気のよさそうな男でのぅ。おまえら打首になるんぞォちうと、大きな声をあげてないて……。なァに捕虜は殺しゃァせんという事がわかっていたから、わしらみんなで捕虜をかもうたのよ。みんな松山のあたりの者じゃった。――おまえら、この島の家を焼いた仲間じゃろう、というと、手をあわせてちがいます、ちがいますちうてのう」

このなかで、伊太郎が「松山あたりの者」と語っているのは、伊太郎や庄吉どんのようにかり出された松山藩の農民か、藩士とは名ばかりの者たちだったに違いない。戦いに臨んだ多くは、互いにそういう素性の者だったのだろう。

戦争が終わると、伊太郎は木挽きとなり、伊予や土佐の山中へ出稼ぎに行くようになったという。

「常一っちゃん」の故郷

私たちは、久賀から松山藩の飛び地だった伊保田へ向かっている。

西に傾いた陽光に照り返され、海が輝くようであった。

やがて島東部の長崎という地域に入った。

「このあたりが宮本常一さんの故郷です」

と秀俊に話しかけると、「わー、そうですかぁ！」と強く反応し、目を細めて景色を眺め回した。

宮本は明治四十年（一九〇七年）、この島に生まれた。

家は貧しいながら旅人を無償で宿泊させる善根宿だったという。少年期の宮本は、成績は優秀だったが中学進学は断念し、尋常小学校高等科を卒業後は十五歳で大阪に出て、郵便局に勤務した。その傍ら夜間の天王寺師範学校に学んで、卒業後は小学校の教員になったものの肺結核を患って帰郷、療養を余儀なくされるという挫折の青年期を送った。

しかし、そのころから古老の話を聞き始め、投稿した研究論文が柳田國男の目に留まる一方、昭和六年には教職にも復帰、精力的に各地への調査旅行を重ねる過程で渋沢敬三と出会う。財界人で、のちに大蔵大臣にもなる渋沢は、民俗研究機関「アチック・ミューゼアム」を主宰していて、宮本にとっては生涯の師および後援者となった人物だ。

その後、「アチック・ミューゼアム」の研究員となった宮本は、さらに精力的に日本の津々浦々を訪ねて民俗調査を重ねることになる。長年、年間二百日以上も旅に費やしたその足取りは、地球四周分、宿泊した民家は約千二百軒ともいわれる。その間にはもちろん、『周防大島を中心としたる海の生活誌』や『忘れられた日本人』など多くの著作が刊行された。

さらにその一方では、戦後の農地解放や開拓地の農業指導、農業協同組合の育成、離島振興法の制定に尽力。全国離島振興協議会の初代事務局長に就任したほか、日本観光文化研究所（現・旅の文化研究所）を開設し、初代所長に就任した。また「佐渡の國鬼太鼓座」の結成や「周防猿まわしの会」の設立に関わるなど、各地の地域に根ざした文化を発掘し、磨き直していく道程を示したことでも広く知られる。

その宮本は昭和五十六年（一九八一年）、胃癌のため七十三歳で死去したが、昭和三十九年以来教授を務めた武蔵野美術大学での教え子を含め、薫陶を受けて育った各分野の人々が、いまや全国で文化活動のリーダとして活躍している。

その宮本常一に関わる施設「周防大島文化交流センター」は、国道と海岸の間の敷地にあった。

「ここに宮本さんが集められた資料がずっしりとあります」

と私は言って、施設前の駐車場に車を停めた。

車から一歩外に出ると、柔らかな潮風が心地よい。

「空が広ーい」

とめぐみは思い切り手足を伸ばしたかと思うと、海へ向かって駆け出した。防波堤にちょこんと腰をかけ、海をのぞいている。魚がいる、というので近づいてみると、さざ波が防波堤を洗う水底の玉藻の陰に小魚の姿が見えた。

「メバルですかね」

「チヌ（クロダイ）がおる」

私と秀俊が話していると、底石の間から大きな魚影が現れた。

「チヌですね。三十センチはあるかな。けっこうなサイズじゃないですか」

一瞬、釣ることを考えて私は胸をときめかせた。スキューバ・ダイビングを始めたばかりというめぐみは、大きな目を見開いて、その魚影に視線を食いつかせている。

「昔は、あの国道があるところまでが浜だったんですよ。宮本さんが撮影した写真で見たことがあります」

私は現実に返って言った。ここへは目的があって来ているのだ。

秀俊は宮本常一に会ってはいない。が、なぜか親しみを込めて「常一っちゃん」と言う。

「常一っちゃんもこのあたりで泳いだり、魚を釣ったりしたんじゃろなぁ」

とうれしそうだ。まあ、ほかならぬ「土佐源氏」の四代目なのだから、それでもいいのかな、と私は思う。

振り返ると、正面に大きな石の鳥居が見えていた。

その背後にこんもりと茂る鎮守の森が、海に照り返す陽光を受けて輝いている。私たちは海辺から神社に続く参道にいたのである。

「まずは氏神さんにご挨拶をしておきましょう」

と秀俊は意を決したように歩き始めた。下田八幡と記されている鳥居をくぐり、石段を上がると大きな社《やしろ》が現れる。〝常一っちゃん〟の故郷の象徴だ。社正面に回り、姿勢を正した秀俊が、そのとき急に声を上げた。

「ああーっ、茶や谷の竜王宮と同じじゃが！」
社正面のダイナミックで豪華な装飾。そして意匠。そこには長州大工の技が隆々とみなぎっている。目を輝かせている秀俊を見て、かつて茶や谷の竜王宮を訪れた宮本常一も、いまの秀俊と同じ感動を覚えたに違いない、と私は思った。海を越え、野を越え、峠を越えて、周防大島と檮原、長州と土佐はたしかに繋がっている――。それは学術的な比較などを超えて宮本の確信になっていたはずだ。

参拝を済ませ、来た参道を戻ると、木立の間からキラキラときらめく瀬戸内海の水面が見えた。ひと足ごとに家並みが近づく。眼下に周防大島文化交流センターの赤い屋根が際立っていた。

周防大島文化交流センターには、宮本の著作集全五十一巻をはじめとする多くの著書や、蔵書約二万点のほか、膨大な資料、写真などが保存されている。

展示室に入ると、小さな漁船が私たちを出迎えてくれた。

そのまわりに、びっしりと漁具や農具が並べられている。宮本の指導で地元の人たちが収集した民具だ。

宮本の民俗学は、民具から歴史の証言を引き出そうとした。暮らしのなかから生み出され、受け継がれたモノたちには、膨大な情報が詰まっている。

「よくもまあ、こんな複雑なものを造ったものね」

と漁船を眺めていためぐみの口から、感嘆の声が漏れた。たくましい直線と美しい曲線を保つことで水も漏らさず、波風にもまれても壊れない。船からはそんな無言の力が伝わってくる。

「これは使いやすそうですね」

と秀俊は農具に見入っていた。野菜そのものの生命力を最大限に生かすことで鮮やかな食味を引き出す秀俊の有機農法は、手作業が多い。かつての農具はその作業意欲を刺激するのだろうか。

「いや、これは細工が見事だな。使い勝手と耐久性が考えられて微妙な細工が施してある。見事ですよ。しかも同じものが二つとない。使う人の体つきやクセに合わせて作ったんでしょう。宮大工の技術を得意とした長州大工ならではの仕事なのかもしれません」

その秀俊の指摘は、私には興味深かった。土佐で稼いだ長州大工たちは、現役を退いた後は島に戻り、畑仕事をしながら近所の人たちのためにこのように優れた農具を作っていたのかもしれない。これが人の役に立つ道具というものの姿なのだ。

漁船の背後には、宮本の写真や愛用した眼鏡、名刺なども展示され、講義する声も音声で流れていた。特徴のある、よく通る声だ。

秀俊はじっと聞き耳を立て、宮本の写真に見入っている。

「槌造じいさんに会うたのは、こがいな人じゃったかや……」

と、しばらくしてからつぶやいた。懐かしい親戚に会っているような心地なのだろうか。そういう表情をしている。

海から陸へ上がった「魂」

広い窓の外に海が広がる閲覧コーナーには、パソコンがズラリと並び、宮本が撮影した写真九万点のほか、著作や関連資料がデータ化されて入っている。

宮本のまなざしや記録をいつでも取り出すことができるのだ。それは津々浦々に多様な生活や文化が息づいていた日本の姿である。

秀俊は「ほほう」と奇妙な声で唸り、パソコンの前に座り込んだ。カチャカチャとキーボードを叩いている。檮原関係の資料を探しているのだ。

やがて「あるある。あるきに！」と小躍りするような仕草をして、さらに検索にのめり込んだ。

壁際にズラリと長州大工に関する資料がパネルで展示され、土佐や伊予の山中に残る寺社や大屋敷などが写真で紹介されていた。建てた人や年代なども記され、建築物の分布図もあった。四国を屋根のように東西に貫く石鎚《いしづち》山系の南北に集中している。この島は長州大工たちの故郷なのだ。

私は改めて資料と対話した。

なぜ、こんな狭い土地から多くの匠たちが現れたのだろう？

大工たちの多くは、近所や親戚が誘い合うようにして出稼ぎに出た。

彼らは伊保田の港から船で出て、飛び石のように連なる忽那《くつな》諸島を渡り、三津浜《みつはま》に上陸し、遍路道を逆打ちするように三坂峠を越え、久万《くま》高原《こうげん》町を経て土佐に入ったという。川之江（四国中央市）から山を越えて土佐の大豊町に入る者も多かった。大工たちは盆と年末になると渡り鳥のように故郷へ戻り、再び旅立った。そういう反復運動が、少なくとも幕末から昭和初年まで続いている。

めぐみは、文献や資料にはまったく興味を示さない。が、楽器を扱う職業柄か、木の細工物には親しみを覚えるようだ。最初に見た小船に背を向け、ルービックキューブのように組み合わされた組み木の見本を、いくつも手に取って眺め回している。組み木はいずれも長州大工の技が集約されたような精密なものだ。

そのめぐみの手元の組み木と、背後に映える小船がひとつの風景として見えたとき、私の脳裏に、ふと、何かがひらめいた。

もしかして……そもそもの源流が、船大工だったのではないのか？

私も組み木を手に取ってみた。

能島村上水軍は優れた操船術と造船力で瀬戸内海を制した。本拠地が移ったとき、伊予の大島から周防大島には多くの船大工もやってきたに違いない。

江戸時代になると軍船や大型船を造ることはご法度となり、漁船や輸送船のほかは造れなくなったが、技術と気質は新天地でも根強く受け継がれたことだろう。だとすれば、その優れた造船技術が、彼らの魂とともに陸上へ上がり、国東半島の宮大工の影響も受けながら、独特の造形美として結実していったのではないだろうか。


私は、かつて瀬戸内海最後の船大工と言われた渡辺忠一の造船所を、しまなみ海道の伯方島（今治《いまばり》市）に訪ねたことを思い出した。

造船所といっても、そこは材木倉庫のような作業場で、職人は渡辺がただひとりいるだけだった。その暗い作業場の扉を開け放つと、パッと光があふれ、波打ち際がすぐそこまで迫っていた。あたりには島々がひしめくように浮かび、銀色のアーチ橋、大三島橋が箱庭に架けられた小さな橋のように見えた。

渡辺は黒光りするカンナで船材を削りながら言った。

「船の材は、粘りが強くて腐りにくい飫肥《おび》杉（宮崎県産）に限る――」

ところ狭しと積み上げられた船材は、渡辺が自ら産地に出向き、原木で買いつけたものだという。渡辺はそこで自身で描いた設計図をもとに、材と向き合い、ひとりで船を造っていたのだ。

「船体の曲線は、どうやって作るのですか?」

「船板に熱を加えながら曲げるんじゃ。これが難しい。すべて手作業じゃし、材によって癖が違うんでなぁ」

あのときはそんな問答をしながら、かつては渡辺のような船大工が瀬戸内海の津々浦々にいて、営々と技術を継承してきたのだろうと私は想像した。

ちなみに、伯方島のある今治市周辺は現在、建造隻数・建造量ともに近代造船の王国として確固たる地位を築いている。日本の外航船の三〇パーセントを占める八百三十隻以上を同市内の船主が保有し、北欧、香港、そしてギリシアのピレウスと並んで、世界の四大船主と称されるほどだ。受け継がれた魂は世界の海を渡っているのである。

さて、船大工の重要な仕事には、「船魂《ふなだま》」を作り、納めることがある――と何かの本で読んだ記憶が、当時の私にはあった。

船魂には船の神さまが宿る。それを作るのは船大工の真骨頂といわざるを得ない。渡辺も船魂を作っていたはずだ、と強い興味を抱いて、お願いしてみた。

「失礼とは思いますが、船魂というものを見せてはもらえませんか？」

「そんなもんは……ここにはない」

予想どおり、渡辺はそう言い放ち、口をつぐんだが、しばらく話しているうちに、ごそごそと作業場の隅から掌《てのひら》に乗るほどの長方体の箱を取り出してきた。

長方体の一面に蓋がある。

「開けてみい」

と言われ、戸惑った。この中にどのような神さまがいらっしゃるのか。私は緊張する手でその蓋を開け、唖然とした。

現れ出たのは、賽子《さいころ》が二つだった。

「これを船のどこに？」

「船によってまちまちじゃ。ありかは船主にしか教えん」

船室の柱のどこかに長方体ごと埋め込み、カモフラージュするというのだ。

これは何を意味しているのか。世間の縛りが及ばない船乗りの自由な世界が、その魂が、小さな船室の中には温存されるということなのだろうか……。

私が会った渡辺は、飄々《ひょうひょう》としながらも、ときに苦みの利いた笑みが顔を駆け抜けるような人物だったが、あのときの渡辺を思い出すと、そこに長州大工の風貌がありありと重なってくるような気がしてきた。ああいう気配を持った人たちが、棟梁として檮原の三嶋神社や竜王宮を造ったのではないだろうか……と。

村上武吉とともに周防大島へ渡った能島村上水軍の末裔たちは、血潮から湧き出る技術と精神を、海から陸へと転化させ、四国山中に見事な寺社仏閣を競い咲かせていたのかもしれないのだ。

展示室のライブラリーには、宮本常一の著作集がずらりと並んでいた。

「土佐で稼いだ長州大工」は、その四十巻『周防大島民俗誌』（未來社刊）に収められている。私はこの項をその場で改めて読み、どきりとした。

文末に、宮本の広い視野と考察でこう記されている。

たまたま郷里出身の大工たちの功績を旅先に見つけておどろいたのであるが、それは郷里の大工だけでなく、そのような職業集団はいたるところにあったはずで、その交流が民衆社会の文化を高めていたのではなかろうか。目に見える文化の底に、目に見えない者の大きな支えのあることを近頃しみじみと考えさせられるのである。

幕末、多くの長州大工が海を越え、峠を越えて檮原にやってきた。大工たちはひとつの仕事に何年も時間をかける。庶民レベルとはいえ、長州の様子は檮原に知られたに違いない。番所も同じ顔を何度も見れば、いちいち咎めはしなかったろう。その道を吉村虎太郎はじめ十人もの志士がなぞるように駆け、長州を目指した。龍馬もそのひとりであった。長州大工という見えない者たちの大きな支えが、結果として彼らの脱藩への呼び水となり、日本の歴史を急旋回させていくきっかけとなった、と読むこともできた。

船乗りと寅さん

「周防大島文化交流センター」の隣には「星野哲郎記念館」という建物がある。

「兄弟船」や「昔の名前で出ています」など数々のヒット曲を作詞した、あの星野哲郎の記念館だ。

入ってみると、じつに洒落た建築デザインだった。中庭のある三角形の建物で、窓越しにあたりの海や山がゆったりと眺められる。瀬戸内海と周防大島の野山に抱かれる風のように星野の歌が立体的にレイアウトされている。

星野哲郎は大正十四年（一九二五年）、周防大島東部の和佐に生まれた。宮本常一よりも十八歳若いが、花の東京で脂の乗り切っていた時期が重なっている。和佐は宮本が生まれた長崎から小さな山をひとつ隔てた、いわば隣村のようなところだ。同じ周防大島東部出身者として親交はあったのだろうか。

周防大島の地図を見ると、宮本の実家は岩国側、星野の実家は伊予側に海が開けている。岩国側の海は島影が重なるようで奥行きを感じるが、伊予側は青島という小さな島があるだけで、淡々とした海原に四国が真一文字に浮かぶばかりだ。同じ島のこの景色の違いは、二人の人生にどんな違いをもたらしたのだろう。

星野哲郎の本名は有近哲郎。記念館の略歴のパネルにはこう記されていた。

> 開導小学校、安下庄中学校（現・周防大島高等学校）を経て、子供の頃から憧れた高級船員を目指し、高等商船学校（現・東京海洋大学）に入学。昭和二十一年（一九四六年）に卒業。日魯漁業（現・ニチロ）のトロール船「第6あけぼの丸」に乗る。二年後、腎臓結核を発病、下船して摘出手術。以後四年間の闘病生活に入る。同人誌、文芸誌への投稿、家庭教師などに活路を見出す。

宮本は教員、星野は船乗りを志して島を出た。二人とも地道に努力を重ね、ようやく目標とする現場を得て、「これからが自分の人生」という二十代前半で結核を患い、帰郷している。伸びゆく青竹をバキッと折られたような絶望感だったのではなかったか。

当時、結核は死につながる重病だった。空気感染するとも思われていた。見舞う人も少なかったであろうことは容易に想像できる。孤独のなかで、死の淵をのぞき込みながら、呆然と過ぎ行く雲や海の景色を、島に暮らす人々の営みを、ただ眺めている……。そんな時間が流れていたのではなかっただろうか。

「故郷のせんべい布団の上で、空しく青春を費やした」

と星野は療養当時を回顧している。一方の宮本は療養中、同じように二十代前半で肺結核となり、余命十年と見定めた俳人、正岡子規の全集や万葉集などを読んでいる。

やがて星野は、せんべい布団の上で作詞という灯火を見出し、雑誌に詩の投稿を始めた。宮本は近所の老人から昔話を聞き取り始めている。二人の人生には、療養と投稿をきっかけに転機が訪れたのだ。

宮本の論文は民俗学者、柳田國男の目に留まり、星野は雑誌『平凡』の募集歌に入選。暗雲立ち込めるなか、それぞれひと筋の光が天上から周防大島の一角に差し込んだのである。

その光を頼りに、星野は投稿を重ね、昭和三十二年には横浜開港百周年の歌募集で二曲が一位と二位に選ばれ、船乗りから作詞家へと生まれ変わって上京することになる。

星野が創作した作品は四千を超え、数々のヒット曲が世に送り出されていった。代表作には「思い出さん今日は」（島倉千代子）、「恋は神代の昔から」（畠山みどり）、「アンコ椿は恋の花」（都はるみ）、「三百六十五歩のマーチ」（水前寺清子）、「昔の名前で出ています」（小林旭）、「風雪ながれ旅」（北島三郎）、「兄弟船」（鳥羽一郎）、「女の港」（大月みやこ）、「雪椿」（小林幸子）、「みだれ髪」（美空ひばり）などがある。改めて見てみれば、昭和歌謡史そのものといってもいい。

記念館はいくつかのコーナーで構成されているが、入り口から最初に現れるのが「星野劇場」というコーナーで、星野の代表作をもとにした映像が大型スクリーンで流されている。そのなかに映画『男はつらいよ』の主題歌もあった。

「えっ、これなら知ってるよ。星野さんが作詞したの？」

と、星野の歌を何ひとつ知らなかっためぐみが驚いている。

〽俺がいたんじゃ　お嫁にゃ行けぬ
わかっちゃいるんだ　妹よ……

改めて聞いていると、歌が心に染みた。歌詞に描かれた人物は、葛飾柴又の車寅次郎という人物にほかならない。が、星野が歌詞でイメージしたモデルには、この島の人たちも含まれていたのではなかったか……。そんなことをふと思ったからだ。

香具師《やし》として旅に明け暮れる「寅さん」さながら、この島には、島外へ出て、ふいと戻ってきたかと思うと小さな騒動を起こし、ふいと出ていく船乗りや大工たちも多かったに違いない。彼らはやがて年を取り、故郷で農具を手に余生を送るが、あまり評価されることもなく生涯を終えた。たとえばそれは、宮本が『忘れられた日本人』の「世間師」で記した増田伊太郎のような人たちなのかもしれないし、四国山中に通った長州大工たちの誰かなのかもしれない。

少なくとも私や俊秀が生まれた昭和三十年代までは、近所にはそういう得体の知れないおじさんや兄さんがいた。彼らは大人社会と子ども社会の間にいるような人たちとも言えただろう。大人社会でははみ出しがちな一方、子どもたちからは妙に人気があったりした。

秀俊は目を細め、映し出される映像を熱心に追っている。

スクリーンからあの名セリフが流れてきた。

とにかく西に行きましても　東に行きましても
土地土地のお兄貴さん、お姐さんに
ごやっかいかけがちなる若造です

このセリフに込められた精神さえ腹に叩き込んでおけば、人はどうにか世間を渡っていけるのではないか。まさに「渡世の心得」である。現代の学校や塾では決して教えてくれないことだが、ある意味では、寅さんも、龍馬も、長州大工も、船乗りも、片足を社会から外しながら、この精神を元手に技術や男意気で世間を渡った「脱藩者」だったといえるのではないだろうか。

星野哲郎は日本音楽著作権協会会長、日本作詩家協会会長などを歴任したのち、平成二十二年（二〇一〇年）に八十五歳で没した。その功績から、宮本常一と同じ勲三等瑞宝章が授与されているが、それも含めて、この二人は島の人たちにとって大きな誇りとなっている。

宮本常一と星野哲郎は、ともに村上水軍の末裔たちが暮らし続けた周防大島の土壌から芽生え、高度経済成長期以降のこの国が忘れ去ってしまった「日本人の魂」を、著作や歌で蘇らせてくれている存在なのだ。

炎立つ墓

戦国時代の瀬戸内の覇者、村上武吉の墓は、宮本常一や星野哲郎の記念館がある場所から伊保田港方面へ海岸沿いに車で数分の内入という集落にある。

海岸から小さな網目状の小路を入ると、ため池の端に石段が見えた。車を降りて石段を上ると寺があった。元正寺と記された本堂がある。

武吉は、関ヶ原の合戦の翌年、慶長六年（一六〇一年）、周防大島のこのあたりに住み着き、二年後に世を去った。長男の元吉はこの戦で西軍として出陣し、東軍の加藤嘉明が治める伊予松前城を攻めたが、三津浜（現・松山市）で討ち死にしている。

武吉の墓は、本堂奥の土塀に囲まれていた。高さは三メートル程度あるだろうか。

すらりとした造形で姿がいい。

「洒落とるなぁ」

と秀俊が感嘆の声を上げた。

「ジェントルで芸術的な人だったんじゃないかしら」

とめぐみがつぶやいたが、たしかに武骨で豪快な海将の墓という雰囲気ではない。むしろ飄々としてしなやかな雰囲気すら漂う。背後には正室と側室の墓があり、こちらはいずれも堂々としていた。

墓の正面は雑木が青々と茂っていた。

かつてここから瀬戸内海が青々と広がって見えたに違いない。

「やっぱり、故郷の伊予の大島の方向を向いているのかしら」

とめぐみが言った。武吉は幼いころから時代の荒波にもまれ、晩年まで瀬戸内海沿岸を転々としている。

「いましばらくはこの島におるが、徳川の世もそう長くはなかろう。いずれ折を見てあの能島へ戻るときがくる。それまで英気が枯れることのなきよう日々努めよ――」

とまわりの者に言い遺し、あの世へ渡って行ったのではないか。

能島村上家一族の墓地は、武吉の墓から車で三分程度。和田という集落を見下ろす丘陵にあるという。

行ってみると、あたりはのどかなミカン畑で、案内板に従って竹藪の脇の小さな階段を上ると、雑木林の中の斜面が切り拓かれて墓地が造成されている。

立派な墓石が並んでいるが、といっても一般の墓地のような密度ではなく、開けた視界のなかにゆったりと間隔が保たれていた。地蔵を合わせ三十基はあるだろうか。一基、一基、石材や意匠はさまざまで、時代によって変遷した墓の造形がわかるような気がした。

私は墓地の見取り図と能島村上家の系図を取り出し、秀俊に手渡した。

秀俊は、それを手に墓地を見渡している。

「どうも奥から手前にかけて新しい仏さんになるようですね」

そう言って、ずんずんと歩き始めた。最奥部に五輪塔が三基並んでいる。

「真ん中の大きなお墓が、武吉の子の景親、向かって右側がその奥さん、左側が子どもだから、家族三人が一緒か」

秀俊が納得したようにつぶやいた。手元の資料によれば、景親は徳川の世となった後、毛利氏の長防転封に伴って一族郎党とともに周防大島に移り、毛利氏の船手衆として生涯を閉じたという。

俊秀と二人で景親の墓を見回し、彫り込まれていた文字を読み取ろうとしていると、斜面の下にいためぐみが墓の間から顔を出して呼びかけた。

「これ、何かしら。不思議な形」

斜面は花崗岩が砂になった地面で滑りやすい。ゆっくり踏みしめながら下ると、ひときわ大きな石碑らしきものがある。しげしげと見上げていためぐみが、確かめるように言った。

「これ、お墓よね？」

墓だろう。幅二メートル、高さ三メートル、厚さ五十センチほどの直方体で、真ん中に法名らしき文字が刻まれている。海岸にあるような砂石に違いないが、明らかに意図的な造形がなされている。石の外縁に溝が彫られ、炎のような姿をしているのだ。

「不動明王の後ろに立つ炎のようですね」

秀俊は声を漏らし、見取り図と系図を照らし合わせて、言った。

「武吉から五代目にあたる景信という人の墓です」

景信はこのあたりの領主であった。

だが、こんな造形の墓は、おそらく日本中探してもないだろう。本人の遺言でない限り、これほど個性的な墓を遺族は造らないだろうと思われた。

「景信という人の心の内には何があったのでしょう」

「メラメラと燃える炎でしょうか」

つぶやきのような私の問いかけに、秀俊もつぶやくように応じた。

心の内に燃える炎……。

それはどんなものだったのだろうか、と私は考えた。

——いつか再び、瀬戸内の覇者に返り咲こうと英気を養ってきた能島村上一族も、元禄時代を過ぎ、世の中が落ち着いてくると、この島の領主として分相応の暮らしが保証され、安寧の日々に満たされたのだろう。

しかし、安寧を享受していくうちに独立自尊を誇りとしてきた水軍の血まで丸くなるようでは情けない。かつて織田信長や陶晴賢と決戦し、海外から訪れた宣教師に「日本一の海将」とまで讃えられた祖先の精神だけは忘れてはなるまいぞ。我ら一族は、炎のごとく燃える魂を、決して忘るることなかれ……。

つまりは、そのような「思い」が、この墓になったのか……。

現実の歴史のうえでは、やがて時代は巡り、その魂の封印が解かれるときが訪れた。この墓石の炎が実際に燃え上がったのが、幕末の周防大島沖で繰り広げられた幕府艦隊との決戦だった。さらに思いを巡らせば、百年のときを下って、炎は文化という心の灯火《ともしび》となり、宮本や星野によって世を照らす役割をも果たしたのではなかったか。

「この炎は、能島村上水軍の心を示すものでしょうけど……」

私は自分の勝手な思いを口にした。

「のちの一族、ひいてはこの島の人々に景信が伝えたいメッセージでもあったんじゃないでしょうか。そしてそれは、島の人たちにしっかりと伝わってきた」

「なるほど」

秀俊はうなずき、何かに思いを馳せる表情でつぶやいた。

「その炎や灯火が、たとえば島の大工によって土佐の山中にも持ち込まれ、神社や仏閣美術としてダイナミックな造形を結んだのかもしれませんね……」

墓のある斜面からは四国へと続く海が見えていた。

瀬戸内の西へと沈む夕日が波に映え、景信の炎の墓を赤く染め始めている。

「ここへ来て、いろんなものがつながった気がします」

と海を眺めながら、秀俊がまた言った。その横でめぐみも何を思ってか、納得した顔でうなずいている。

そのとおりだと私も思った。夏の初めに檮原の竜王宮の建物を見て抱いた疑問、あんなすご味のある建物を四国の山中のあちこちに建てた長州大工の技や心はどこから来たのかという疑問を追いかけるうち、私のなかでは本当にいろんなものがつながってきた。しまなみ海道を伝って周防大島に来たのは正解だった。

あとはまだ、宮本常一が深く関わって書かれた『東和町誌』などを読み込まなければならないだろうが、おおよその旅の決着はついたようだ。

ここからはもう、フェリーの出る伊保田港はすぐ先である。伊保田港から松山市の三津浜港までは約七十分。日没から残照の海を四国へと帰ることになるだろう。

私たちは足下に気をつけながら来た道を下っていった。

第六章　祭りの日

『土佐源氏』色懺悔の真実

周防《すおう》大島を訪れた約二カ月後、私は池畑めぐみを誘い、再び檮原《ゆすはら》へ向かった。目的は三嶋神社で奉納される津野山神楽の見学である。

松山市内から檮原へは国道三三号で久万高原《くまこうげん》町を経由するコースが最短だが、今回はあえて遠回りし、宮本常一が韮《にら》ケ峠を越えたルートを経由することにした。

まずは松山インターチェンジから松山自動車道を南西へ走り、内子・五十崎インターチェンジで国道五六号へ出る。ここから肱川《ひじかわ》の流れに沿うように上流域を目指すのだ。韮ケ峠は四国山地から瀬戸内海へ向かう肱川と、太平洋へ向かう四万十《しまんと》川の分水嶺にあたる。

肱川ダムの堰堤を渡ると、深山となった。ときに空が開け、山里が現れる。急斜面に大きな屋根が点在し、あたりを段々畑が取り巻いていた。

そこは、山路といっても一本道ではない。ところどころに交差点があり、山地全体に網をかけたように道が通っている。慣れてなければたちまち迷うことだろう。森があり、里があり、また森になる。

「よくもまぁ。こんな山奥に人が住んできたものよね」

九十九《つづら》折りの道を上り下りし続けて、いくつかの山里を通り過ぎたとき、めぐみは、半ばあきれたような声でつぶやいた。

四国山地は尾根道を中心に枝道が発達し、山里が点在している。車のない時代から、移動するには、いったん尾根を目指して上り、縦走して目的地へ向かって下るか、等高線状に発達した道をゆくしかなかった。あるいはこの上下、左右に通う道を組み合わせて最短ルートを見出さなければならなかったのだ。

山中の交差点付近に里はなく、いきなり森が開けたかと思うと、お地蔵さんや祠《ほこら》、お堂が現れる。それはいまでも同じだ。お堂は「茶堂」とも呼ばれ、旅人が休んだり、里人が野良仕事の手を休めたところだ。そういえば、前回の夏の檮原滞在時には夕立に降られ、だっぱん屋の岡田晶子と二人、閉じ込められたのも茶堂だった。

「四国山地の集落は、川沿いよりも山奥のほうが歴史的には古くてね、こういった森の交差点で、かつては作物の種の交換が行われていたらしいんだよ。それをそれぞれの里に持ち帰って育てて、翌年、さらに優秀な実を結んだ種を持ち寄っていたんだ。そういうことを何十年、何百年と繰り返し、品種改良していたんだね。交流が品種改良を促し、食べること、つまり農業を発展させていたというわけだ」

めぐみに説明しながら車を走らせる間にも、道はうねうねと急傾斜のアップ・ダウンを繰り返し、次第に高みへと向かっていく。ときおり開ける尾根の間の視界には、穂先を並べたような山並みの背後に四国カルストの稜線が、どっしりと水平に居座っている。そうして、やがて差しかかったのが、「天神」という愛媛県側の最終集落だった。

この天神の里は、じつは四国最大の茅葺《かやぶ》き屋根を持つ大屋敷があることで知られている。江戸時代には宇和島藩の庄屋として一帯の権力を掌握し、明治になっても行政と経済を握っていた「土居家」の屋敷だ。

「ここまで来たのだから」

と、私はそこで車を停めて、めぐみを案内することにした。

「これ、ものすごい風格ね！」

と、めぐみは降りたとたん、家を見上げて驚いている。

「山中でこんなに大きな屋根が現れたら、びっくりするだろ。この屋根の大きさが権力の象徴だったんだろうなあ。しかし……」

私はめぐみに同意しながら、少し思わせぶりな言い方で言葉を続けた。これまで考えてきたことを伝えたかったのだ。

「明治時代に、素手でこの権力の化け物に食らいついて、取り込んでしまった男がいた。

誰だかわかるかい？」

「えっ、誰？」

「土佐源氏だよ」

「………？」

当然といえば当然だが、めぐみは私の言葉の意味がわからなかったようだ。小首をかしげて尋ねてくる。

「私も周防大島から戻って、宮本常一さんの『土佐源氏』は読みましたよ。下元秀俊さんの曾《ひい》おじいさんがモデルだと言うし。でも、ずいぶんっていうか、モロにエロい話よね。それとこの屋敷と、どんな関係があるの？」

「まず、土佐源氏はこの山里がある惣川《そうがわ》の出身者だ。物語のヒロインを挙げるとすれば、官林の担当役人の嫁さんと、県会議員だった庄屋のお方さま、つまり奥さんだけど、その庄屋っていうのが、この屋敷を意味していると思うんだ」。

私は、『土佐源氏』の色懺悔《ざんげ》のなかでもクライマックスともいうべきシーンを思い出しながら語ろうとした。めぐみもその場面に思い当たったようだ。

「庄屋の……、あの牛を飼っている奥さまのことね？」

「そうそう牛の奥さん。あれは一介の牛飼いが、とてつもない身分違いの恋を成就させたという秘話だけど、たとえて言うなら、城下町の町人で長屋暮らしの熊さんが、藩主の奥方と内通するくらいすごいことなんだよ。だから、もし露見してしまったら……」

「そうか……、大変なことになるわね」

めぐみは合点がいったのか、大きく何度かうなずいた。が、しばらくすると、ポツリと言った。

「でも、あの話、ホントなのかしら」

「………」

私もしばらく考えて、結局は黙ってしまった。

土佐源氏、つまり下元秀俊の曾じいさんの山本槌造が、宮本常一にその話をしたのは事実としても、話の中身は、はたして実話だったのか……。

天神の集落を出ると、道は一度下って、肱川上流の渓谷に沿って駆け上がる。

上がり切ったところに韮ケ峠はあった。

森の中に大きな交差点があり、四国カルスト大野ヶ原方面と西予市城川方面、檮原方面へと分かれている。傍らに「龍馬脱藩の道」と記された案内板、そしてゲートがあった。愛媛県と高知県の県境である。

車を降りて、あたりを歩いてみた。

「ここを龍馬さんや宮本常一さんも越えたのね」

と、めぐみはうれしそうに足踏みする。

たしかにこの峠はいろんなドラマを記憶しているに違いない。あの人生のドラマを秘めた土佐源氏も、牛を引いてこの峠を行き来したのだ。

「土佐源氏の槌造じいさんは……、たしかに役人の嫁さんも庄屋のお方さまも顔なじみだったとは思うよ」

私は、あの威風堂々たる土居家の構えを思い出しながら、ここでまた話し始めた。今度は勝手な言葉が口から滑り出る感じだった。

「けど、牛の奥さまは、あの村では女神か観音さまのように際立っていたんじゃないのかな。もしもそんな人と恋に落ちたら、どんなことになってしまうのかと妄想する人もいたに違いない。ひょっとしたら槌造じいさんもそのひとりで、その妄想が月日の中で熟成されて、迫真の演技で常一さんに迫ったんじゃないだろうか。いわば大人のお伽《とぎ》話だな。まさか書籍になって全国の人に読み継がれ、名作として評価されるなんて想像するわけもないからね。けれど、そうなっちゃったわけだから、宮本常一の書きっぷりも一流だけど、槌造じいさんが仕込んだネタも一流だった、ということになるよなあ」

峠は、風が吹き抜けていた。もう秋も終わりの風だ。

「妄想かぁ……」

と、めぐみは少し寒そうな仕草をして言った。あるいは、私の唱えた説に失望や不満を感じて肩をすぼめたのだろうか。だとすれば、土佐源氏のあの話は真実であってほしいと思っているのか?

たしかに、女としては、命をかけて障壁を乗り越えて来る男は魅力的なのかもしれない。男でも、こうした話にロマンを感じ、事実であれと願う人は多いだろう。あの話はそれだけ人の心に届くドラマではあったのだ。

日本人がいつの時代から「ドラマ」を創造し、語り継いでいったかはわからない。

江戸時代になると、近松門左衛門や滝沢馬琴などプロの作家が創作した浄瑠璃や講談などが津々浦々まで行き渡った。その結果、多くの庶民は丸暗記するほど、それらの話に馴染んだらしい。字は書けなくても、方言や身分の違いで会話ができなくても、名シーンを語ることで、状況や心境を伝え合っていたともいう。それを基礎に物語を構成、表現していく力が自ずと庶民の間にも育ったのではないか。そして槌造には、そうした物語作者、役者としての才能が備わっていたのだろう。舌先三寸で百姓の牛を交換していった馬喰《ばくろう》としての経験や勘が、さらにその才能を際立たせたに違いない。

脚本家の大御所、ジェームス三木は、かつてこんなことを私に言って、ニヤリとしたことがある。

「脚本家は詐欺師のような仕事だ。創造力をかき立てて芝居を書き、客を騙《だま》すのが商売だからな――」

平々凡々たる人生も、妄想の見立て方でドラマチックになる。大人のお伽話は労働に明け暮れる人々にとって一服の清涼剤だったに違いない。なかでも艶話《つやばなし》はその王道だったのではないか。それは各地で歌い継がれた艶歌《つやうた》の民謡とも共通するものだ。

とすると、『土佐源氏』は一種の「労働哀歌」のようなもの、その「語り版」と捉えることができるのかもしれない。それも山村ふうに一種洗練された労働哀歌だ。そして語り手のモデル山本槌造は、ほかでもない正岡子規や高浜虚子、河東碧梧桐といった明治の文人たちと同時代を生きた伊予人でもあった。文芸や芸能においては先進的な文化圏の、伊予の人なのである。

槌造は、あるいは牛追い歌を歌うように哀愁と共感を呼ぶ艶話を自作自演し、旅人をつかまえてはその手応えを楽しんだり、心を通じ合わせたりしていたのではないか。艶話には実際の体験が下敷きになったものもあっただろうし、そうでないものもあっただろう。庄屋のお方さまとの交情が真実だったか妄想だったかは措《お》くとしても、当時の茶や谷において、そうした話が最高のもてなしであり、娯楽だっただろうことは想像に難《かた》くない。

さらに言えば、聞き手にして記録者であった宮本常一が、そうした山村の人々の生活事情に気づかなかったはずもなかっただろうと思われる。そこにある大事なものは、土佐源氏が語る話の中身の真偽より、話そのものが持つ意味なのだ。だから宮本は、あえて解説など加えることなく、話そのものをありのままに記録しておこうと考えたのではなかったか。それはその後の宮本が、田植えどきの女たちのエロ話や男たちの夜這い話、祭りの夜の「一夜ぼぼ」などにも着目し、社会や人生の活力の一部としてこうした性の事象を取り上げてきた一連の姿勢とも無関係ではなかっただろう。

私は、そうした考えを、めぐみに縷々《るる》説明しようかと思ったが、やめにした。

ここまで来たら、それよりも早く峠を下って、茶や谷に向かわなければならない。

だっぱん屋では、秀俊たちが祭りの準備を整えて私たちの着くのを待っているはずだった。

農業と音楽の学校

それが常連客と店側の流儀なのか、だっぱん屋のドアを勇ましく開けながら、めぐみは声を張り上げた。

「ただいまー」

「おかえりー」

と、店内からはのどかな声が返ってくる。声の主は、秀俊だった。

「いやー、めぐみちゃん、相変わらずハツラツとしとるなぁ」

そう言いながら、私にも目尻の下がった笑顔を向けてくる。その秀俊の横でお辞儀して挨拶したのは晶子だった。厨房にいた渡部シェフも、目が合うと遠慮深そうに黙ってちょこんと頭を下げた。レジ横では秀俊の妻、ゆう子が忙しそうに伝票の整理をしていたが、すぐに勢いよくレジを締めて、こちらに顔を向けてきた。

「よし、これでＯＫ！　いらっしゃいませ」

すると、その声を待っていたかのように、秀俊がテーブルに向かって手を広げ、私たちに声をかけてきた。

「今日は祭りですきに。ささやかですけんど、召し上がってください。うちのばあさんが作ったものです」

テーブルの上には、大きな皿に盛りつけられたちらし寿司や、吸い物の入った鍋、そして刺身などが並んでいる。それを改めて見て、私は声を弾ませた。

「ほう、これは伊予ふうじゃね」

愛媛では秋祭りやお祝いには、ご飯粒が見えないほど錦糸卵が載せられたちらし寿司を、家族や親戚、ご近所さんと一緒に食べる。なぜか年寄りが作ったものほど、うまいのだ。

と、そこへスラリと背の高い一人の若い女性が入ってきた。

「ああ、淳ちゃん、ちょうどええ。これから食べるところじゃきに。座って、ほら」

秀俊が促すと、女性は麦わら帽子を取り、「ナスを漬けたから」と手にしていたビニール袋をゆう子に渡した。

「この人は、うちの社員でしたが、独立して近所で農業をしちょる立花淳子さんです」

と秀俊が紹介する。私にはそれで合点がいった。どうやら以前に聞いた話の、岡田晶子ら新卒女性二人が入社する前から、だっぱん屋にいたという社員が彼女だったのだ。どこか都会からやってきたという話だったが、たしかに、作業着に長靴という野良着にも関わらず、垢《あか》ぬけしている印象がある。

「さあ、とにかく食べよう、食べよう」

と秀俊がちらし寿司を小皿にのせて配り始めると、あわてたように晶子がお吸い物を椀に注ぐ。淳子が席に着き、渡部シェフも調理服を脱いで席に着いた。

「それでは、今年も無事収穫ができ、みんなが元気であることに感謝して、いただきます」

秀俊が少し改まって、穏やかな声で言い、合掌すると、みんなが手を合わせた。

目を開けると、みんなはまだ目を閉じて手を合わせている。

何げなく窓の外に目をやると、下元家先祖代々の墓が見えた。そこには土佐源氏こと、山本槌造も眠っている。いや、この日に限っては起き出して、あの橋のたもとに座っているのではないか……。なぜか、そんなことをふと思った。

「じゃ、いただきまーす！」

声が弾けて、最初に勢い込んでちらし寿司を口に運んだのはめぐみだった。

そして、目を丸くしたかと思うと、力むようにして「おいしいーっ！」と叫んだ。

元気で明るくてマイペースで、演技過剰とも天真爛漫ともとれるいつものめぐみの仕草だったが、みんなはそれを見て笑っている。

ちらし寿司は、穏やかで、やさしい味だった。

子どものころ祖母が作ってくれた味を思い出し、じんわりと懐かしさが込み上げてくる。

祖母は明治四十年代、現在の愛媛県西予市野村町に生まれた。野村町と檮原町は韮ケ峠を境に隣接している。味は文化の身の上を語る。やはり伊予と檮原は文化圏として密接につながっているのだと、実感せずにはいられなかった。

「だいたい、このお米、私が去年、生まれて初めて田植えをして稲刈りをして、今年もそうやってできた米なのよ。ありがたすぎて涙が出ちゃいそうだわ」

隣では、めぐみが相変わらずマイペースで話している。だっぱん屋常連のめぐみは、雲の上ガーデンの田んぼで田植えや稲刈りの手伝いもしている。そのことを言っているのだと思ったが、次に出てきた話は少し意外だった。

「私、こういうことをうちの生徒たちにも経験させて、そのうえで音楽を教えたいのよ」

「ほう、農業と音楽ですか？」

と、秀俊も真顔になって聞き返している。私もめぐみの話を聞く気になった。

めぐみの話は、結論から先に言えば、檮原に農村体験型の音楽スクールを作りたい、ということだった。

これからの時代には、自然や農村体験に裏打ちされた音楽表現こそが求められる。そうした体験が体と心に、そして音楽に与える影響を、めぐみは田植えや稲刈りを体験することで、つくづく実感したらしい。そのうえで考えたスクールは、子どもたちだけを対象とするのではなく、世界一流の音楽家たちを招致して、大学生や社会人を対象とした短期留学なども、そこでやりたいのだと力説した。

めぐみの持論はこうだ。

ヨーロッパでは、自然が豊かな田舎に一流の音楽家たちが出向き、短期留学を受け入れる形でスクールを開講している。もちろん、日本からも音楽家の卵たちが多く参加している。これは何年も留学することを考えれば、経費も時間も手間もかからず、レッスンを受けたい音楽家やカリキュラムだけを選んで受講できるところが最大の利点だ。そのうえ、短期留学と観光、コンサートやオペラなどの芸術鑑賞と抱き合わせて企画が組まれているスクールもあるので、一般のＯＬや学生にとっても参加しやすくなっている。だから、その日本版をこの檮原でやれば、きっと人は集まってくるだろう――。

「檮原のような日本の田舎って、都会に住んでいる人やアジアの人たちにとっては、すごく魅力的だと私は思うの。季節ごとに美しい自然があって、食べ物は安全でおいしくて、独自の文化があって。しかも四国には昔からお遍路さんをもてなしてきたお接待の文化もあるじゃない。これを発揮しない手はないわ」

クラシック音楽は、自然のハーモニーに近いと、私もじつは思っている。

鳥のさえずりや川のせせらぎ、虫の声、木の葉を揺らす風の音が紡ぐハーモニーに、軸となる旋律が凛然と立つとき、人という生き物は心地よさを感じ、心が癒やされたり揺さぶられたりするのだ。だから本来なら、そういう音が体に染み込んでいる地域の人たちほど、本物の音楽を聴く心を持ち合わせているのではないか。豊かな自然のなかで、上質な文化と古い神楽を受け継ぐ檮原の人たちなどは格別といってもいいのではないか、とも。つまりは、めぐみのアイデアを受け入れる素地が、この檮原には十分にあると思い当たったのだが、それについて先に口を開いたのは秀俊と晶子だった

「なるほど……。過疎化が進む四国に、芸術の力で人を呼び込むというのは妙案ですね。そうなれば我々も日常生活に張りが出ます」

「それが実現すれば、世界中の人にお福分けができますね。うれしい。シェフの腕も存分に生かしてもらえるし……」

おそらくは、祭りの日の食卓で未来の夢が語られているという状況もあったのだろう。秀俊の顔はほころび、声もうれしそうだった。晶子も、いかにも晶子らしい言い方で震えるような仕草をして見せる。

その一方で、秀俊の妻のゆう子はというと、身を乗り出して周囲の会話を聞きながらも、黙って何かを考えている様子だ。いったい何を考えているのだろう。

そういえば、そもそもゆう子が農業を志すきっかけになったのも、ヨーロッパ旅行で宿泊した田舎の城だったはずだ。いずれはその体験を生かしたペンションを檮原に作りたいと、だっぱん屋を最初に訪ねた日に話していたが、そんな夢の情景が、めぐみの話と重なって脳裏に浮かんでいるのだろうか。

テーブルの話題は、そこから次第に地方論、町おこしの話へと広がっていった。

「うちの町は十年前から人口が加速度的に減り続けていて、このままでは大変なことになります。町では移住を促すためにさまざまな対策を打ち始めたのですが、しかし、農業体験型の音楽スクールっていうのは聞いたことがない。これはいいかもしれないですよ」

秀俊が笑って言うので、私も少し口を挿んだ。

「たしかにね、いまは地方創生なんていう錦の御旗が振りかざされる一方で、少子高齢化は進んで、地方では地域崩壊どころか地域消滅なんて言葉まで出ています。都市部でも少子化で学校経営が危ぶまれ、子どもをめぐる変な事件も年々増えている。けど、どちらにも内側に解決のための決定打はないんですよ。だったら、都市と地方をつなぐ何かが必要なんだけど、実際は都市生活者に農水産物や加工品、観光を売り込もうとして、いたずらに地域間競争が激化するばかりです」

「本当ですよねえ」

とそのとき、それまで黙っていた淳子が相づちを打ってきた。そして、ぼやくような口調で言葉を続けた。

「いまは全国各地、どこもご当地のB級グルメとキャラクターで観光合戦じゃないですか。都会の人も、それに乗せられていて……。そんなの、もういいかげんにやめようよ、もっと大事なことに気づこうよって感じですけどね」

あとで聞いたことだが、この立花淳子は六年前にインターネットでだっぱん屋が社員募集をしていることを知り、小学三年生の子どもを連れて縁もゆかりもないこの地に大阪からやってきたのだという。そして秀俊の指導のもとで有機農業を学び、二年目で独立、三年目には秀俊の紹介で茶や谷の兼業農家に嫁いだという。

「これからは、健康と安全と文化が重要な資源になる時代ですからね。都会の人も田舎の人も、そこに気がつかないと……、ねえ」

おそらくはそうしたものを求めて、淳子は母子で都会から移住してきたのだろう。そしてそれが手に入ったからなのか、静かで落ち着いた雰囲気を身につけているようだったが、最後はその雰囲気どおりに穏やかな口調で晶子に同意を求めた。晶子は淳子にとっては後輩の移住者にあたるから、特別に通い合うものがあるのだろうか。晶子もそれには深くうなずいて、応じている。

「そうですよね。檮原にはそうしたものが全部あるし、それにもともと、旅人や外から来る人を大切にする土地柄でしょう。津野山神楽という千年以上も続く文化を、暮らしの真ん中に置いてきた歴史もありますしね。そのうえで再生可能な自然エネルギー自給率は日本一だし、四万十川源流域の自然を生かした町づくりにも取り組んでいる。これに世界一流の音楽教育を加えたら、観光だけじゃなく、もっといろんな形で人が集まってきそうな気がします。これ、みんなで真面目に考えてみませんか？」

草の根の民主主義

テーブルではみんなの話が続いていた。

地方の豊かな自然や文化、それと反比例する過疎化、一方の都市の荒廃、全体の少子高齢化、教育と学校、町おこし……。ここにいるみんなは、それぞれに個人的な背景と経験を抱え、切実な問題として語っているのだが、それを聞いていると、私の脳裏にはどうしても浮かんでは広がってくる、ある情景があった。

それは、かつて山折哲雄が語っていた、ひとつの「提案」の姿だ。

山折は一昨年、愛媛県の久万高原町を講演で訪れ、私も松山から同行したのだが、その夜の晩酌の席で、「地域崩壊」と「大学の経営危機」とを、並行して食い止める手立てについて語ってくれた。

「ここまできたらもう、ちょっとやそっとの手立てでは、どうにもならないからな」

そう前置きして語った「提案」は、なんともダイナミックなものだった。

山折はつまり、大学が限界集落を丸ごと買い取って講師や学生を送り込み、そこに新たなコミュニティーを建設すればよいと主張するのだ。

少子化で入学者減に悩む大学と、高齢化、過疎化に悩む限界集落。それが一緒になることで、村の姿も大学の姿も変わる。そこを拠点に両者が手を携えて、政治も経済も文化も教育も、これからの時代に対応できるような形に変えていく、ひとつの「社会モデル」を、根本から構築してみせればよい。いや、そうした取り組みから始めるしか、両者の問題を解決する手立てはないし、ひいてはそれが、日本という人口減少社会の問題を解決する糸口やモデルにもなるだろう、と山折は解説した。

「お手本は明治初年に、北海道という広大な大地にフロンティア精神で創設された札幌農学校。それと宮本常一が残した著作や資料だ」

山折によれば、札幌農学校（現在の北海道大学）は北海道の開拓の歴史と密接に繋がっており、北海道の発展に伴って学校も発展拡大したが、人材教育や研究など北海道発展のための重要な要素となり出発点となったのが学校の存在でもあった。一方、学校の運営、なかでも教育や研究にはフロンティア精神のほかに「自治」というものが深く関わっており、その自治に関しては、これからの時代を考えたとき、日本流の「草の根の民主主義」を考えざるを得ないという。その草の根の民主主義で、学校も村落も運営し、そこから新たな社会モデルを創り出す必要があるというのだ。

西洋から持ち込まれた民主主義ではない、日本流の民主主義といえば、よく引き合いに出されるのが、『忘れられた日本人』にも収録されている宮本常一の「対馬にて」の記述だろう。「対馬にて」は、村の小さな取り決めをめぐり、住民たちが徹底的に話し合う村の寄り合いの様子を宮本が細かく綴ったものだ。話し合いは何日間も繰り広げられるが、そこでは寄り合いに関する宮本の考察が面白い。

> すくなくも京都、大阪から西の村々には、こうした村寄りあいが古くからおこなわれて来ており、そういう会合では郷士も百姓も区別はなかったようである。領主―藩士―百姓という系列の中へおかれると、百姓の身分は低いものになるが、村落共同体の一員ということになると発言は互角であったようである。（中略）反対の意見が出れば出たで、しばらくそのままにしておき、そのうち賛成意見が出ると、また出たままにしておき、それについてみんなが考えあい、最後に最高責任者に決をとらせるのである。これならせまい村の中で毎日顔をつきあわせていても気まずい思いをすることはすくないであろう。と同時に寄りあいというものに権威のあったことがよくわかる。

対馬ではどの村にも帳箱があり、その中に申し合せ覚えが入っていた。こうして村の伝承に支えられながら自治が成り立っていたのである。

山折は、民主主義は西洋流だけじゃないと断言し、そのうえで言う。

「西洋流の民主主義は力や数の原理で決定されるが、日本では中世以降、徹底的に話し合う草の根の民主主義があった。日本人が忘れかけた社会運営の手法だが、そうした大事なことはみんな宮本さんが調べ尽くして、具体的に書き残してくれている。それをもう一度見直してみることが、これからの時代を切り拓く鍵になるだろう」

そして、限界集落に大学を移すことについては、かつてあった「若衆組」という若者による伝統的な自治制度を引き合いに出し、こうも言った。

「若者主導による自治は、時代が急旋回していくときにこそ発揮され、そのことは幕末の長州や薩摩、土佐の例が象徴している。いまという時代も社会の重大な転換期なのだから、ここはひとつ、日本の伝統的な民主主義をもとに、若者たちが限界集落で試行錯誤しながら新しい社会モデルを作ってみるしかないのではないか。これはいまの教育にとっても、きわめて重要なテーマだろう――」

年寄りしかいなかった限界集落に若者が集まり、村人と交わりながら、新しい社会をつくるための実践的な学問をする。村人の生活もそのなかに融合されて活気づく。なんとも目の覚めるようなアイデアではないか、と私は感じ入り、その情景を想像したのだが、しかしそれを身近で実現するには、何を手がかりにすればいいのだろう。

テーブルではまだ町おこしとスクールの話が続いていた。

檮原には、伝統的な共同体に裏づけられた知恵や文化が受け継がれていること。

根っこには維新への突破口を開いた幕末史への誇りがあること。

この数年、都会からの移住希望者が増え、幾十人もいるということ。

そうした話がみんなの口から次々と語られ、にぎやかだが、まとまりがつく様子ではない。

ただ、ゆう子がこんなことを言ったときだけは、みんなが時代の変化ということを実感している様子で深くうなずいていた。

「最近は、うちに就職したいと面接に来る若い人が、故郷に貢献したい、なんて言うけれど、つい十年前には、そんなことを口にする若者はいませんでしたよねえ」

時代は、たしかに変わってきているのだろう。山折が言うように、宮本常一が遺してくれた鍵とピタリと合う状況が、いまこそ生まれつつあるのかもしれない。とすれば、ここからでも日本の新しい社会モデルは創り出せないはずはないのだが……。

めぐみが、急に大声で話し始めたのは、そんなことを私が考えて何かを言おうとしたときだった。私を遮って、いかにもめぐみらしい唐突な話し方と口調で、具体的なアイデアを披瀝したのだ。

「ねえねえ、ここには廃校になった小学校があるでしょ。そこを音楽学校の校舎に再利用して、スタイリッシュな町営ホテルや農家民泊で生徒たちを宿泊させるの。そして檮原座で生徒たちの発表会や先生たちの演奏会を開いてはどうかしら。カリキュラムに農業体験や神楽体験、林業体験なども取り入れて、暮らしの中から芸術を支えていく人間力みたいなものを育むのよ。神楽体験なんて最高じゃん。どう？」

ところが、それを受けた秀俊の反応は意外に鈍い。いや、鈍いと言うより重いものだった。

「うーん、それは考えられるアイデアだけど……」

と、腕を組んで考えている。やがて口にしたのは、檮原のさまざまにある現実を知り、人々を知り、そのなかで文化活動を展開してきた秀俊ならではの言葉だと私には思えた。

「問題は、どこから手をつけるか、じゃろうねえ。おそらく、周囲にいくら説明しても埒《らち》が明かんでしょう。それよりはむしろ、できることから具体的に、ひとつずつ既成事実を積み重ねて賛同者や共感者を増やしていくしかないじゃろうね」

しばらく沈黙が続くなか、四国カルストからの秋風が龍馬脱藩の道に吹き下ろし、カタカタと窓を鳴らした。そのとき、最初に口を開いたのは渡部シェフだった。

「まずは、めぐみさんが教えている生徒さんをここに連れてきて、実際に農村体験型の音楽スクールを始めてみるというのは、いかがですか？」

めぐみの生徒は現在、約二十人という。始めるには、たしかにいい規模だ。秀俊がそれに賛同した。

「それがええかもしれませんね。それならうちや仲間の農家だけでも引き受けられる。季節ごとにやってきて、レッスンの合間に田植え、草抜き、稲刈り……。面白うなりますよ。育てた米や野菜はお土産に持って帰ったらええ」

「そうしなよ。私も手伝うから」

と淳子もそれに同調する。その様子を見て、渡部シェフが少しうれしそうにめぐみを振返り、言葉を継いだ。

「じつは店の前に石釜を作ろうと思っていて、なかなか実行できずにいたんですけど、決心がつきました。地元産の小麦とうちの野菜を使って、生徒さんと一緒にピザを焼いて食べましょう。ピザ教室も併設です。作り方は私が指導させていただきます」

津野山神楽

神楽はすでに始まっているはずだが、秀俊らは焦らない。

「最初のしばらくは神儀神楽ですきに」

そう言って動かず、テーブルでの会話にひと区切りついたのを見計らってから、ようやくみんなを促した。

腹ごしらえもしっかりできて、私たちは意気揚々と車に乗り込み、三嶋神社へ向かう。

本日はお祭りなのだ。

四万川《しまがわ》川《かわ》沿いの道を下っていくと、清らかなせせらぎが車窓に映える。維新トンネルを抜け、檮原小学校が見えれば檮原町の中心部だ。

私たちは役場に車を置き、「神さまロード」をそぞろ歩く。

ところで、さっき秀俊が言っていた「神儀神楽」とは、十八演目からなるという津野山神楽のうち、最初に神職が神楽の由来や神々を讃え、神歌を舞う神事を指す。

まずは場を清めるという意味合いが強く、神楽の原点ともいえるのだろうが、同じ動作の繰り返しなので人によっては退屈するらしい。なにしろ、十八演目を正式に舞い納めるには八時間を要するのが津野山神楽なのである。

もうひとつ。最初に秀俊と会ったとき、彼が推薦してくれたのは竹の藪の三嶋神社の神楽だったが、結局は日程の都合などから、見るのは結局、こちらの檮原三嶋神社の神楽となった。私にすれば、そこはどちらでも異存のないところであった。

川向こうに三嶋神社の森が見えると、神楽囃子《ばやし》が耳に届き始めた。

太鼓の音が腹に響く。心が急に浮き立ってくる。

ソワソワしながら屋根付き橋を渡って、境内へ。

石段を上ると、正面の拝殿はふだんは閉じられている三方の雨戸が開け放たれ、人々が群がっているのが見えた。

その群がりの中からドン、タタンタ、ドン、タタンタ、ドン、タタンタと神楽囃子が響いてくる。


少し湿り気を帯び、ズシリと重い大太鼓にチャンカチャンカ、チャンカチャンカと軽快な鉦《かね》が絡む。足を踏み鳴らしたくなるようなリズムだ。笛が奏でる独特の節回しが、赤や黄色に染まった森に溶け、風に乗って四方の空気を清めているようでもある。

神楽囃子に絡《から》め捕られるように拝殿に近づくと、激しく舞う赤鬼の姿が垣間見えた。

真ん中に神楽を奉納する舞台が設えられている。この舞台のことを「舞殿」というらしい。

縦横約四メートルで四方に丸い柱が立てられ、柱と柱の上部は立派な梁が横たわる。そのまわりに注連縄《しめなわ》が張られ、色とりどりの御幣が下げられていた。梁には見事な彫刻が施されているが、それでわかるように、この舞台こそ長州大工の技の結晶なのだ。

ドン、タタンタ、ドン、タタンタ、ドン、タタンタ……。

リズムよく音を奏でる囃子方は「楽」と言い、本殿に向かって舞殿の左側に並んでいる。本殿側から大太鼓、締め太鼓、すり鉦、笛という順だ。拝殿と本殿をつなぐ部屋の両側には壁を背にスーツを着た大人たちが見守るように並んでいた。

拝殿の入り口で参拝を済ませ、私たちはそれぞれ群がりの中に隙間を探した。舞殿を幾重にも囲むように善男善女が座を占めている。よく見ると、家族や親戚ごとに寄り集まって座っているようだ。赤ん坊を抱いた人が妙に多い。初夏に化粧坂で出会ったヒマワリのおばさんたちや子どもたちの姿もあった。また高知市からも親戚一同が集まっているのだろうか。

拝殿内を丹念に眺め回していためぐみが、「こっち、こっち」と袖を引き、秀俊と私と三人で欄干を背に潜り込んだ。晶子は森に放たれた地ネズミのように見物客の隙間から隙間を抜けて移動し、舞殿にかぶりついた。

「さすが、岡田さんじゃな」

と、それを見た秀俊が笑って感嘆の声を上げる。すると私たちの前に座っていた大きな背中が左右に揺れ、こちらを振り向いた。

「あっ、鎌倉さん」

前にいたのは郷土史家の鎌倉安弘だった。鎌倉はニヤリと笑みを私に向けて、「遅い」とひとこと、低い声をかけてきた。

舞殿奥には、演目が掲げられ、「大蚕」と記されている。

「だいばんと読むんです」

と秀俊が教えてくれた。

赤鬼の面をつけた男が、黒髪を振り乱して激しく舞う。

荒ぶる山の神らしい。両手に長さ一メートルほどの榊の束を持ち、振りかざし、振り回して、ときに舞殿の床を叩く。七つの宝を自慢に四方に威力を誇示しているのだという。

「どうだ」と言わんばかりの、動きのひとつひとつが、格好いい。

秀俊の解説によると、「大蚕」は、東神、西神、南神、北神の武力には屈しないが、最後に中神の条理ある説得に応じて七つの宝を返上し、お祓《はら》いを受けてもとの善神に戻るというあらすじらしい。

もともと善い心で地道に生きていた人が、偶然のいたずらで利権や富を手にしてしまい、かえって不幸になってしまった。ところが、まわりに説得されて、利権を手放すか富を寄付するかして、もとのいい人に戻った――と私は勝手に解釈し、「リアルな話だな」とつぶやいてしまった。欲張れば鬼、手放せば神なのである。それは同時に、武力を使わず相手の立場に立って徹底的に話し合えば、相手が鬼であろうと理解し合える、ということを示唆しているようにも受け取れる。この「大蚕」は、そんな知恵と倫理を千年以上にもわたって人々に諭し続けてきたのだろうか。私は、山折が指摘していた日本伝統の草の根の民主主義のことなども思い出して、妙に感心した。

舞殿では、舞い終わった大蚕が肩で大きく息をしている。

面をつけ、あれだけ激しく舞い続ければ、いささか酸欠にもなるだろう。

だが、不思議なざわめきが起きたのは、それと同時だった。舞が終わると、赤ん坊を抱いた人たちが、一斉に舞殿へ押し寄せたのだ。そして大蚕に、宝物を貢ぐように赤ん坊を差し出した。

善神に戻った大蚕は赤ん坊を次から次へと抱き上げ、再度舞う。首の据わらない赤ん坊は慣れた手つきで首を支え、くるくると舞う。なんと優しく、美しい舞であることか。繰り返される舞のなかには、泣く子もいれば、うっとりとした表情を浮かべる子もいる。本当の宝は子どもなのだ、子どもたちの行く末を思う心なのだ、と教えられたような気がした。

赤ん坊大会が終了すると大蚕は消え、神官が一人で舞う「花米《はなよね》」、二人で刀を手に舞う「二天《にてん》」と続き、「山探し」という演目となった。

「山探し」は白い般若面をつけた派手な舞で、津野山神楽の神髄といわれる。

主人公は金山彦神の使いの神。金山彦神は『古事記』に登場する鉱業・鍛冶など、金属に関する技工を守護する神だ。「山探し」は主人公の神が紛失した宝剣を探し歩くことから始まり、最後は見つけて歓喜するという筋書きらしい。

舞殿に現れた主人公は黒いマントに全身を包み、うごめくような仕草を見せる。大切な剣をなくしてしまい、絶望にひしがれているということなのか。チラリ、チラリとマントをまくり、姿を見せるとマントの裏側は燃えるような赤。やがてマントを取り去って、全身全霊を込めて激しく舞い始めた。

異形である。耳まで裂けた口には牙、鷲鼻で大きな目が切れ上がり、額からは角が二本突き出している。髪は明るい茶色とプラチナブロンドが入り交った長髪で、片手に御幣、もう片手には扇を持ち、くるくると回しながら身をくねらせ、頭を激しく振り続ける。

ドン、タタンタ、ドン、タタンタ、ドン、タタンタ……。

神楽は日本の伝統的なロックだ、と私は勝手に思っている。

とりわけ津野山神楽はヘビーで哀愁がこもっている。

「山探し」を見ながら、私は「レッド・ツェッペリンみたいだ」と心躍らせていた。レッド・ツェッペリンは一九六八年にイギリスでデビューし、一九八〇年に解散した伝説的ロックバンドだ。発表したアルバムの累計売上枚数は約三億枚で、いまも伸び続け、コンサートの観客動員数は単独アーティストとしての世界記録を更新し続けた。

ツェッペリンの音楽がその底力として秘めていたヨーロッパ・中近東の民族音楽の要素が、私にそう思わせるのか。それとも森に覆われていた古いヨーロッパの魂と、山中で古式ゆかしい独自性を保ってきた檮原の風土には、通い合うものがあるからなのか、両者はともに怪しく、哀しく、ときに魔的で人間臭い雰囲気に包まれている。

やがて剣は見つかった。

主人公は、扇を剣に持ち替えて、目にも留まらぬ速さで手首でクルクル回している。やがて二刀流となり、祭りは最高潮。舞殿は熱くたぎり立つ。激しい二刀流の剣の舞を見つめながら、私はこの国を変えるため血煙を上げて散っていった檮原の志士たちの魂を見ているような気持になった。彼らもこの拝殿で、津野山神楽を見て育ったに違いない。

舞い終わると、また赤ん坊大会となった。

次から次へと異形の神が抱き上げる。

「大きな声を上げて泣く子は元気になるきに」

「下元さんも抱かれたんですか？」

秀俊の説明にめぐみが尋ねると、秀俊は笑って答えた。

「覚えちょらんですよ。そいでも檮原の子は誰でもみんな、大蛮や般若に抱かれて大きくなりますきに」

神楽は演目を変えながら終盤へと向かっていく。

陽は傾き、肌寒くなってきている。

「よかったら、どうぞ」

と隣に座っていた老女が、たこ焼きを差し出してきた。境内の屋台で買ってきたらしい。

「おばさん、すまんなぁ」

秀俊が礼を言って、ポイとひとつ、口に放り込んだ。めぐみも私もいただいて、最後に老女が口に運ぶ。たこ焼きでじんわりと腹の底から温もってくる。老女は取り立てて話をすることもなくニコニコとするばかりだ。その横顔に私は、「素朴な品格」という言葉を思い出していた。

舞殿では次の演目が始まっている。

稲束を手にした老人と頭巾をかぶって腰に小槌を下げた男神がユーモラスに舞っていた。老人はお稲荷さん、頭巾は大黒さまだという。ときおり見物客からドッと笑い声が上がるのは、ボケたり突っ込んだりという狂言のようなやりとりが展開しているからだ。隣のたこ焼きの老女も、手を叩いて笑っている。

津野山神楽は、神々への畏敬に始まり、鬼が邪気を払ったり、人間臭い神々がドラマを演じたりして、最後は笑いで福を分かち合う。その最後の見せ場が「鯛つり」だ。

主人公は七福神で知られる恵比寿さま。釣り竿を手に舞うのだが、釣り竿の先からは釣り糸に模した白く太い紐が垂れ下がっている。

背広を着た客席の老人が恵比寿さまを手招きした。

「これから面白いことになりますよ」

と秀俊がささやく。

見ていると、恵比寿さまは客席の手招きした老人の手元めがけて釣り糸を投げ込んだ。

すると老人は、素早く釣り糸の先をつかみ、背を丸めて何かを結び付けている。やがて恵比寿さまが満身の力を込めるような仕草で竿を立てると、一尾の鯛が釣りあげられた。濃い桜色のウロコがキラキラと光る。体長六十センチはありそうな立派な本物である。拝殿は拍手で包まれた。

恵比須さまは気をよくしたのか、再び釣り糸を客席に投げ込んだ。またまた鯛が釣れるのだろうか、と注視していると、釣り糸に善男善女が群がり、小さな紙を何枚も結びつけている。おひねりなのだ。恵比寿さまはポイントを変えながら釣り糸を投げ込む。まさに入れ食いの状態だった。

「すごい、大漁じゃん！」

とめぐみがはしゃぐと、鎌倉の隣に座っていた老人が振り向いて、いたずらっぽいまなざしでささやいた。

「ざっと二十万円くらいは釣り上げとるな」

生き方と思いの原点

神楽は終わった。

客は三々五々と散ってゆき、瀬音と木立を撫でる風音だけが、何ごともなかったかのように暮れかけた森に響いていた。

「ああ、面白かった」

と晶子が赤い顔をして拝殿から境内へ下りて行き、秀俊の子どもたちと鬼ごっこをしている。めぐみもその群れに交じっていた。傍らでは渡部シェフとゆう子、そして淳子が何の話か、笑いながらの会話に花を咲かせていた。秀俊と私は欄干を背にして座ったままだ。全身に神楽の余韻が残っている。

私は言った。

「これは……、日本の原風景ですね」

言ってから、手垢にまみれた俗っぽい表現だなと思ったが、遅かった。

ところが秀俊は何を思ったのか、こちらが戸惑うほどまっすぐな答えを返してきた。

「じつは私も、東京からこの町に戻って、そのことを痛感しました。この土地の人たちは日本人本来の生き方をずっと守って生きているように思えたんです。表面上はいろいろあっても、みんな根っこではまっすぐに生きていて、表裏がありません。だからこそ、正々堂々としていられるんです。その心根は先祖から引き継いできた〝思い〟のようなものに裏打ちされているんだな、とも思いました。そんな〝思い〟が自分のなかにもあることに気づいたし、ひょっとしたら幕末にこの土地から飛び出していった志士たちもそうだったのかな、と思えるようにもなりました」

「その〝思い〟って、何ですか？」

「さあ……。うまくは説明できませんけど、ひとつは、ともに生きる――という意識ですかね。そのことを大事にする気持ちというか……。うちの親父は茶や谷という狭い土地で必死に農業をやって地域を引っ張ってきました。もっと効率のいい生き方はあったと思うんですが、祖父や曾祖父を見て、その思いを引き継いだのだと思います」

つまりは、土地や人々との紐帯のことを言っているのだろうか、と私は思った。

かつての日本では、どこの誰もが大事にしていた、自分の土地や地域の人々との深いつながり。それを簡単に断ち切って生きていくのがふつうになったこの時代に、そうではない人々がいる、そうはさせない土地があるということに、気づいたということなのか。しかも檮原という自分の故郷が、そんな特別の土地であるということに――。

秀俊の話を聞きながら、私は思い出していた。

さっき見た津野山神楽には、魂を揺さぶるリズムとともに、先祖から引き継がれた思いや教えが込められているように思えたこと。それを家族や親戚、隣近所で誘い合わせて見ることで、あるいは外から来た人たちとも一緒に見ることで、この人たちは自分たちの共有する原点を確認しつつ、外来者をもてなしているのだと感じたことを。

「檮原には……津野山神楽があってよかったですね」

と私は言った。実際は、津野山神楽に象徴される大事な何かがあることで、檮原が檮原であり続け、住民たちの暮らしや思いも形作ってきたのだろうと言いたかったのだ。秀俊にはそれがわかったのだろう。

「思いの根にあるのは、歴史と文化です」

と、またまっすぐな答えを返してきた。そして、真面目な思いを真面目くさって言うのに照れたのか、今度は急に方言混じりになって、言った。

「先祖から引き継いできた思いを、次の世代に引き継いでいくことが、私たち世代の責任じゃち思うちょります」

次の世代へ引き継ぐ思い――。それはどんな形で生活に反映されるのだろう。

檮原町は十数年前から再生可能な自然エネルギーの開発や環境政策など、前衛的な取り組みを行ってきた。それについて、以前に秀俊が言っていた言葉を思い出す。

「ここは山しかない町ですから、みんなで話し合い、〝山に生きる〟という町の方針を立てたのです」

たしかに、その方針で町や人々が努力した結果、気がつけばここは、地方創生のモデルケースのようになっていた。そうした新しいことへの取り組みも、次の世代に引き継ぐ思いの表れなのだろうか。

私は今日の昼間の、だっぱん屋での議論を思い出して、聞いてみた。

「次の世代に、そうした思いを引き継ぐには……教育も必要ですよね？」

「そうですね」

秀俊は同意して続ける。

「教育には、農業や林業などの仕事体験だけじゃのうて、龍馬脱藩の道を歩き通す合宿とか、めぐみさんが言うちょった農村体験型の音楽スクールのように、歴史を知ったり感性を磨いたりする取り組みも必要じゃと思います。それも、檮原の子どもや若者だけじゃのうて、よそからの子どもや若者も呼び入れて学ばせることが大事ですね」

外部の若者が混じることで、地元の若者は外部の視点からも自分の土地の特性を見ることができるようになる。一方、外部の若者は、都会や他の地方では失われた日本の原風景を檮原に見て、何か現状変革につながる思いを抱くようになる。あるいはそれが檮原への移住促進につながるかもしれないし、日本を変える一助になるかもしれない。秀俊はそんなことを言いたいのだろう。

私がそうやって考えていると、秀俊はゆっくりと立ち上がりながら、最後に面白いことを口にした。

「よそからも若い人に来てもらいたいのは……、ひとつにはこの町の老人たちの感化力がすごいからなんですよ。迷っちょる若者がいれば、自然に立ち直らせて、まっすぐな道に導くような、無言の力があるようなんです。古いタイプの人間こそが、新しいタイプの人間を目覚めさせ、育む力がある、ちゅうことじゃないでしょうか」

散らばっていたみんなを集めて、私たちは境内を後にした。

めぐみはこのまま秀俊の家に泊まって、子どもたちとまだまだ遊ぶのだと言っている。

一時間後、だっぱん屋から私はひとりで家路につき、改めて韮ケ峠に立った。

薄墨を流し込んだような宵闇が足元に広がっている。

見上げれば星がまたたき始めていた。

何度目かの峠に立って、改めて振り返れば、あの冬の日に山折哲雄と初めて檮原という土地を訪ねてから、もうずいぶんと長い月日が経過しているように思われた。

あのとき山折が言った「思わぬ拾いもの」は、思いもよらぬ出会いと旅を呼び寄せて、私の心に根を張ったようだ。

この峠を越えれば我が故郷、伊予である。

しかし、心なしか寂しい気持ちがするのは、なぜだろう。

檮原を丸ごとつかみたい、と思った気持ちが、まだ満たされてないからか？

それともどこかで、満たされた思いがあるからなのか？

「また帰ってくる——」という言葉が唐突に内側から聞こえた。

そうだ、目的や旅の成果はもう関係ない。私はただ、何かを感じるためだけにでも檮原にまた帰ってくる。人々に会い、話すためにだけでも帰ってくる。

離れがたく、忘れがたくさせるもの、日本人として生きるうえでの大切なもの、見続けていなければならないものが、そこにはあると思えてきたから……どうせまた、この峠を下りて帰っていくだろう。

これは何だ。秀俊の言う「感化力」のゆえなのか。あるいは神楽のご利益か。

土地そのものが持つ感化力なら、檮原にはたしかにそれがあることを実感した。

そう思うと、晩秋の夜風に混じって、盲目の「土佐源氏」がつぶやく低い声が峠の下から聞こえてくるような気がした。

「……あんたはどこかな？　はァ長州か…………」

耳の奥底では、あの神楽囃子もまだ遠く小さく響いていた。

あとがき

都内のホテルのレストランで東海教育研究所のベテラン編集者、岡村隆さんから「土佐の檮原を舞台に、何か書けないですかねえ。『土佐源氏』や龍馬を絡めた歴史ロマンのような長編紀行かノンフィクションを――」と言っていただいたのは、平成二十五年の春だった。

都内に暮らす人から「檮原」という地名がポンと出てきたことにも驚いたが、檮原にはただ一度、山折哲雄氏と訪れたことがあるだけの私に、そんな依頼をする編集者の大胆さにも驚いた。

あとで聞けば、岡村さんはかつて宮本常一氏が所長を務めた日本観光文化研究所にいたことがあり、長く編集長を務めた月刊雑誌『望星』でも宮本常一特集を組むなどしたというから、「土佐源氏」の舞台を知っているのは当然だったし、その岡村さんに私のことを書き手として山折哲雄氏が熱心に推薦してくださったこともわかったのだが、何はともあれ「檮原」を書くというその一事に、私としては心惹かれた。その先に、何かが待ち受けているような強い予感がしたからだ。

檮原町へは愛媛県松山市から国道四四〇号で通った。

途中、愛媛と高知の県境を地芳トンネルで越える。トンネルの長さは二九九〇メートルで、東西に延びる四国カルストの腹を南北に貫いている。このトンネルが平成二十二年十一月に開通したおかげで、檮原と松山が一気に近づいていたことも私には幸いした。このトンネルが開通するまでは、標高一〇八四メートルの地芳峠を越えなければならなかったからだ。九十九折れの峠道は急峻な四国山地のなかでも圧巻で、運転しながら車酔いするほどの難所だからである。

高知城下から檮原を目指して龍馬が越えた当別峠といい、吉村虎太郎が愛媛県西南地域に脱藩した九十九曲峠、そして韮ケ峠といい、厳しい峠を越えなければ檮原には進入できない。ところが、いったん潜ってしまえば、そこは母の懐。豊かな水と肥沃な土壌に恵まれ、外部からは攻めにくく、内側からは守りやすい。ゆえに独立国的な気質が育まれたともいわれるし、伝統や文化、自然も温存された。人々の気質もそうなのかもしれない。土佐における尊王攘夷を決行し、志士たちが龍馬を伴って脱藩できた背景にはこの「地の利」があったといえるだろう。

「国境の長いトンネルを抜けると雪国であった」という一文で川端康成の小説『雪国』は始まる。地芳峠はその南国版といえるかもしれない。早春、雪深い愛媛県側の渓谷を登りつめ、地芳トンネルを抜けると、本当の春なのだ。風の匂いまでがほほえましく、町の中心部にたたずむ三嶋神社付近に至ると、桃源郷に迷い込んだような心地になる。川と森、人と神仏、伝統と現代科学が、うまく折り合いをつけながら、訪れる人に居心地のよさを伝えてくる。

この山里では、たとえ道に迷ったとしても、旅人は着実に、心地よく目的地に到達できるだろう。檮原の人たちは言葉や物腰、仕草が柔らかで、とにかく親切だからである。この地を訪れる旅人たちが、「檮原はいい」と口にするのは、食べ物や名所旧跡など具体的な事物以上に、こういう気質や雰囲気が多分に含まれているからではないだろうか。

たまたま「土佐源氏」のモデルとなった山本槌造から四代目という下元秀俊さんに出会ったことから、この物語は現実として一気に動き始めた。その動きを書き留めることを心がけながら、気がつけば私は、この町が抱える問題や活路の見出し方、そこに関わる人々に心を奪われていた。そのひとりに、「池畑めぐみ」と仮名で記した松山市在住のピアニストもいる。

ロシアでの生活が長かった彼女にとって、檮原はまるでお伽の国のように映ったのかもしれない。古き良き日本の風景や営みが、いちいち「アトリーチナ！」（最高！）なのである。田植えも稲刈りも、拝殿を飾る長州大工の彫刻も津野山神楽も、檮原座や町役場も、彼女の好奇心と美意識を刺激しているようだった。本文では少々騒々しい女性として描いてしまったが、私は彼女の日本人離れした眼差しや驚きを通して見える檮原の姿にも興味を覚えた。「そういう捉え方があるのか」と目からうろこが落ちたこともたびたびあった。彼女がだっぱん屋に持ち込んだロシアの家庭料理ボルシチは、檮原産の食材と渡部幹太シェフのアレンジで、いまやだっぱん屋の定番メニューとなっている。異文化相互の刺激が新たな価値を生んだ——と言ってしまえば大げさだろうか。しかしとにかく、そのボルシチもうまいのである。

檮原には、未来という時間に存在してほしいものが、具体的にいくつもある。

歴史や伝統、文化、自然は言うまでもない。

まずは再生可能な自然エネルギーの自給率の高さである。次に、なんとか黒字を保っている檮原町森林組合である。二酸化炭素を出さないモデルハウス、木造の町役場、町営ホテル、道の駅、学校などの公共施設、橋、セラピーを目的とした森の小路「セラピーロード」など、森とともに暮らす人々の姿である。

そうした「檮原の未来」に、私の関心が向かうのは、ここで改めて付記すれば、平成二十三年（二〇一一年）三月十一日に起きた東日本大震災と原発事故が脳裏にあるからにほかならない。

東京電力福島第一原子力発電所の建屋が水蒸気爆発した日（大地震と津波の翌日）、私は松山市中心地の「坂の上の雲ミュージアム」にいた。館長室のテレビで松原正毅館長と二人、唖然としてその状況を見つめていた。

この目の前で起きている現実を、どう言い表せばいいのか——。

松原氏は国立民族学博物館名誉教授で遊牧社会研究の第一人者である。司馬遼太郎氏とも知己で、週刊朝日に掲載された「街道をゆく」の取材にも同行したという。

「日本とは何か、日本人とは何か」という問いを追い続けた司馬氏なら、この事態を何と言い表したのだろうと思索しつつ、私は、我ながら妙なことを口走ってしまっていた。

「松原さん……、ついに産業革命以来の文明観を転換せざるを得ないときがきたような気がしますね」

すると松原氏は深くうなずき、「そのとおりだ」と言下に答えた。文明は何をエネルギー源とするかによって形態を変え、人々の価値観や幸福感までをも支配したのではないか——といったことを、松原氏と私はかねがね話してきたからでもあっただろう。

水蒸気爆発の瞬間、科学とモノは必ずしも人間を幸せに導くものではないことを私たちは認識せざるを得なくなった。一方で「絆」という泥臭い言葉が世を励ました。思いやり、励まし、祈り、義理、人情……。それは私たちが高度経済成長の中で「わずらわしいもの」として置き去りにした価値観ともいえる。あるいは森林などの自然もそのひとつなのかもしれない。

日本人にとって文明の大転換期のひとつに明治維新があった。

坂の上の雲ミュージアムは、司馬氏の小説『坂の上の雲』を基盤にして日本における近代国家制度の形成過程をたどる研究、展示、交流の施設である。

『坂の上の雲』の書き出しは、「まことに小さな国が、開化期をむかえようとしている」と綴られる。まことに小さな国が西洋の大きな国々からの圧力に対抗できるようにするため、世を切り拓こうとしたひとりに、たとえば坂本龍馬がいた。その龍馬が脱藩し、ひとりの「日本人」として目覚め、敵対する薩長などの勢力を糾合して維新へと向かわせる仲介役となっていくための、最初の後押しをしたのが檮原の人々だった。

檮原はまた、「日本とは何か、日本人とは何か」を追い求めたもうひとりの人物、民俗学者の宮本常一氏に、多大な影響を与えた土地でもあった。戦前、戦中、戦後を通じて日本各地を歩きに歩き、庶民の声を精力的に聞き書きした宮本氏に、代表作ともいえる「土佐源氏」を書かせる出会いをもたらしたからだ。

宮本氏が所属した民俗研究機関「アチック・ミューゼアム」は、国立民族学博物館の源流である。国立民族学博物館の創設から関わった松原氏は、「司馬さんは、宮本さんの仕事を高く評価し、強く意識していたようだ」と言う。司馬氏は『竜馬がゆく』を著したのち、檮原の人々に手引きされ、龍馬と宮本氏を追いかけるようにこの地を訪れている。そしてそこで、龍馬脱藩の時代とも、宮本氏が「土佐源氏」や「土佐で稼いだ長州大工」で描いた情景とも変わらぬものを発見する。

檮原というところは、このように歴史も自然も豊かで、その分、高度経済成長からは取り残された土地だったように思える。

しかし一方、高度経済成長からは取り残されたものの、それを追いかけるのではなく、むしろ都市文明に逆行するようなビジョンをいち早く描いたことで、気がつけば時代の先頭に立っていた、という土地のように見えなくもない。自然や伝統の保護の上に成り立っている木造建築の追求や、自然エネルギーの自給などはその象徴ともいえるのではないだろうか。

龍馬脱藩から約百五十年——。気がつけば、私たちの目の前には文明の分岐点ともいえる想定外の峠が隆起している。この峠をいかに越えるのか。改めて歴史をひもとき、人の生き方を考えて、それを活かすときが来ているように思えてならない。そしてそのためのヒントを、檮原という土地とそこで生きる人々の姿は、与えてくれているように思えてならないのである。私自身は、そのヒントをつかむためにも、これからも檮原に通い続けることだろう。

本書ではむろん、取り上げなかった事象や描き切れなかった人々の動きも多々あるが、檮原とはつまりそのような場所なのであり、読者にはその〝懐の深さ〟と〝先進性の豊かさ〟を知っていただきたいと、書き終えたいま、改めて願うばかりだ。

最後に、この「物語」を編み上げていくうえで、実名、仮名とり混ぜて登場させていただいたすべてのみなさま、アドバイスをいただいた山折氏、松原氏、構成や文章表現上の細かな助言から添削の実作業までしていただいた東海教育研究所の岡村氏、快く表紙画を提供していただいた田主誠氏をはじめ、出会った人々と見えざる手でご縁を結んでいただいた御霊、神仏に感謝を込めて、深くお礼を申し上げます。

二〇一六年四月　　黒田仁朗

引用および参考文献

宮本常一『忘れられた日本人』（岩波文庫）
司馬遼太郎『街道をゆく「檮原街道」』（朝日文庫）
佐野眞一『旅する巨人』（文藝春秋）
佐野眞一『宮本常一が見た日本』（ＮＨＫ出版）
木村哲也『「忘れられた日本人」の舞台を旅する』（河出書房新社）
毛利甚八『宮本常一を歩く』（小学館）
山折哲雄「宮本常一が見ようとしたものとは何か」（月刊『望星』二〇〇九年九月号　東海教育研究所）」
犬伏武彦・宮本光ほか『長州大工が遺した社寺建築』（愛媛文化双書）
檮原町文化協会『檮原文芸・史談　第37号、第38号』
長州大工調査ボランティア編『周防大島の建築文化①　長州大工の足跡』（周防大島町文化振興会）
犬伏武彦『民家と人間の物語』（愛媛新聞社）
坂本正夫『東和町誌　資料編一　長州大工』（山口県大島郡東和町）
宮本常一『宮本常一著作集31「旅にまなぶ」』（未來社）
宮本常一『宮本常一著作集40「周防大島民俗誌」』（未來社）

【著者プロフィール】

黒田 仁朗（くろだ・きみお）

1963 年、広島市生まれ。愛媛大学大学院農学研究科（修士課程）修了。産経新聞契約記者やラジオパーソナリティ、音楽イベントプロデューサーなどでマルチに活動する傍ら、NPO 法人石鎚森の学校理事として松山市の旧遍路宿「坂本屋」や大正期の芝居小屋「大黒座」を復興させるなど、四国の伝統的な生活文化の掘り起こしと地域活性化に取り組んでいる。山折哲雄氏との共著に『山折哲雄の新・四国遍路』(PHP 新書) がある。

ゆすはら物語——龍馬脱藩と「土佐源氏」の里で

2016 年 5 月 20 日　第 1 刷発行

著　者 ———— 黒田仁朗

発行者 ———— 原田邦彦

発行所 ———— 東海教育研究所

〒 160-0023 東京都新宿区西新宿 7-4-3 升本ビル

電話 03-3227-3700　FAX 03-3227-3701

発売所 ———— 東海大学出版部

〒 259-1292 神奈川県平塚市北金目 4-1-1

電話 0463-58-7811

組版所 ———— 株式会社ポンプワークショップ

印刷所 ———— 株式会社平河工業社

月刊『望星』ホームページ—— http://www.tokaiedu.co.jp/bosei/

Printed in Japan　ISBN978-4-486-03798-9　C0021

定価はカバーに表示してあります。

戦後新聞広告図鑑

── オモシロ懐かしい広告たち ──

町田　忍 著　A5 判　160 頁　定価（本体 1,800 円 + 税）

ISBN　978-4-486-03793-4

「お宅の鉄カブト、鍋に変えます」から「三種の神器」誕生まで、広告は世につれ、世は広告につれ。「なるほど！」「納得！」「なんだこりゃ？」の新聞広告満載。戦後の新聞紙面を彩った生活感あふれる愛しの広告たち、です。

寺田屋異聞　有馬新七、富士に立つ

幕末史の群像に新たな光を照らす歴史ドキュメント

千　草子 著　四六判　352 頁　定価（本体 2,300 円 + 税）

ISBN　978-4-486-03792-7

黒船来航から 4 年後。32 歳となった新七は、アメリカとの不平等条約の第一歩となる下田協約の直後に、富士の山頂を目指す旅に出る。危機の時代に、日本の針路を切り開くために奔走した志士の心を、渾身の歴史小説の筆致で描き出していく。

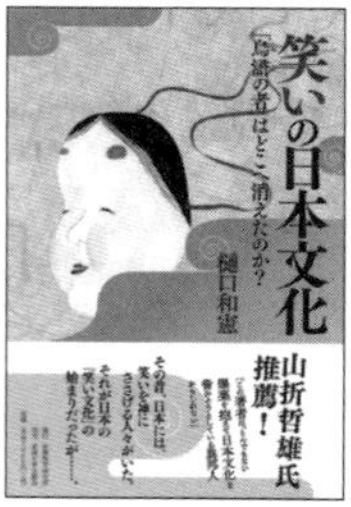

笑いの日本文化

「烏滸の者」はどこへ消えたのか?

樋口和憲 著　四六判　288 頁　定価（本体 2,000 円 + 税）

ISBN　978-4-486-03750-7

豊かな笑いが消えてしまった現代日本―。柳田国男が「烏滸の者」と呼び、その消滅を嘆いた人々は、いったいどこへ消えたのか？日本文化の源流深く分け入り、「笑い」の起源や歴史的変容を掘り起こす。

人類滅亡を避ける道

関野吉晴対論集

関野吉晴 著　四六判　280 頁　定価（本体 1,800 円 + 税）

ISBN　978-4-486-03748-4

誕生以来 700 万年、偉大な旅（グレートジャーニー）をしてきた人類。だが、このままでは世界は破滅だ！われわれがこの地球上で生き残るため、考えられる「旅路」はあるのか？山折哲雄、船戸与一、藤原新也、池澤夏樹、島田雅彦ら 9 人と語り合う。